公路工程试验检测技术操作手册

江西省交通建设工程质量监督管理局
江苏省交通科学研究院股份有限公司 主编

人民交通出版社股份有限公司
China Communications Press Co.,Ltd.

内 容 提 要

本手册分为十一个分册，主要内容包括：取样方法，土工试验，无机结合料试验，路基路面现场检测，岩石、集料及矿粉试验，沥青及沥青混合料试验，乳化沥青和乳化沥青稀浆封层混合料试验，水泥混凝土试验，钢筋及水泥试验，桥梁、隧道及交通安全设施检验，桥面铺装检测。

本手册可供公路工程试验检测人员及相关专业在校师生学习参考。

图书在版编目（CIP）数据

公路工程试验检测技术操作手册 / 江西省交通建设工程质量监督管理局，江苏省交通科学研究院股份有限公司主编. — 北京：人民交通出版社股份有限公司，2016.1

ISBN 978-7-114-12568-3

Ⅰ.①公… Ⅱ.①江… ②江… Ⅲ.①道路工程－试验－技术手册②道路工程－检测－技术手册 Ⅳ.①U41-62

中国版本图书馆 CIP 数据核字（2015）第 255415 号

书　　名：公路工程试验检测技术操作手册
著 作 者：江西省交通建设工程质量监督管理局
江苏省交通科学研究院股份有限公司
责任编辑：韩亚楠　崔　建
出版发行：人民交通出版社股份有限公司
地　　址：（100011）北京市朝阳区安定门外外馆斜街 3 号
网　　址：http://www.ccpress.com.cn
销售电话：（010）59757973
总 经 销：人民交通出版社股份有限公司发行部
经　　销：各地新华书店
印　　刷：北京市密东印刷有限公司
开　　本：720×960　1/16
印　　张：42
字　　数：757 千
版　　次：2016 年 1 月　第 1 版
印　　次：2016 年 5 月　第 2 次印刷
书　　号：ISBN 978-7-114-12568-3
定　　价：100.00 元

《公路工程试验检测技术操作手册》

编审委员会

主 任 委 员：胡钊芳
副主任委员：彭东领
委　　　员：贾　渝　吴幸华　吴春颖　蔡莉莉　朱木锋
王新武　谭显峰　吴晓明　于文金　刘　伟
特 邀 专 家：何玉珊　韩以谦　李国芬

编写委员会

主　　　编：胡钊芳
副　主　编：彭东领
编 写 人 员：徐远明　蒲　华　李　强　卢世军　郭捷菲
刘　伟　刘　兵　卞加前　范鹏举　胡兴国
卢　超　沈　慧　于迪尔　薛　松

第一分册 取样方法

编审委员会

编写委员会

主　　　编：胡钊芳

副　主　编：彭东领

编 写 人 员：徐远明　卞加前　李　强　卢世军　张可强
胡兴国　郭捷菲　尹华杰　卢　超　沈　慧
于迪尔　汪立诚　范鹏举

第二分册　土工试验

编审委员会

编写委员会

主　　　编：胡钊芳

副　主　编：彭东领

编 写 人 员：徐远明　杨　硕　吴幸华　姚曙光　孙雪伟
　　　　　　骆宏兵　张　东　康建仁　蔡立秀

第三分册　无机结合料试验

编审委员会

主 任 委 员：胡钊芳

副主任委员：彭东领

委　　　员：吴幸华　陈李峰　孙雪伟　徐远明　刘　兵
朱木锋　唐建亚　李　强　杨建新　吴晓明
张道英　王新武　吕　晟　谭显峰　梅　薇
刘吉睿　于文金

特 邀 专 家：韩以谦　李玉珍

编写委员会

主　　　编：胡钊芳

副　主　编：彭东领

编 写 人 员：徐远明　卢　超　孙雪伟　陈李峰　康建仁
张　印　蔡立秀　吴幸华　何传龙　范　萌
杨　硕　姚曙光　骆宏兵　张　东

第四分册　路基路面现场检测

编审委员会

主 任 委 员：胡钊芳

副主任委员：彭东领

委　　　员：吴幸华　陈李峰　孙雪伟　徐远明　刘　兵
朱木锋　唐建亚　李　强　杨建新　吴晓明
张道英　王新武　吕　晟　谭显峰　梅　薇
刘吉睿　于文金

特 邀 专 家：韩以谦　李玉珍　李国芬

编写委员会

主　　　编：胡钊芳

副　主　编：彭东领

编 写 人 员：徐远明　卢　超　孙雪伟　陈李峰　康建仁
张　印　蔡立秀　吴幸华　何传龙　范　萌
杨　硕　姚曙光　骆宏兵　张　东

第五分册 岩石、集料及矿粉试验

编审委员会

编写委员会

主　　　编：胡钊芳
副　主　编：彭东领
编 写 人 员：吴幸华　徐远明　唐建亚　孙雪伟　胡兴国
胡　亮　卢　健　卢和远

第六分册　沥青及沥青混合料试验

编审委员会

主任委员：胡钊芳

副主任委员：彭东领

委　　员：吴幸华　徐远明　吴春颖　谭显峰　杨建新
梅　薇　刘吉睿　于文金　刘　兵　刘运华

特邀专家：韩以谦　李玉珍　李国芬

编写委员会

主　　编：胡钊芳

副 主 编：彭东领

编写人员：徐远明　蒲　华　李　强　卢世军　蔡莉莉
朱木锋　郭捷菲　王新武　胡兴国　吴幸华
童　宽

第七分册　乳化沥青和乳化沥青稀浆封层混合料试验

编审委员会

主 任 委 员：胡钊芳

副主任委员：彭东领

委　　　员：徐远明　吴春颖　蔡莉莉　贾　渝　王新武

谭显峰　尹华杰　吴晓明　吴幸华　刘　兵

邹　涛　陈　罡

特 邀 专 家：何玉珊　韩以谦　李国芬

编写委员会

主　　　编：胡钊芳

副　主　编：彭东领

编 写 人 员：蒲　华　卢世军　徐远明　李　强　卞加前

朱木锋　郭捷菲　余　俊　谢全文　徐小信

童　宽　陈　炎

第八分册　水泥混凝土试验

编审委员会

主任委员：胡钊芳

副主任委员：彭东领

委　　员：吴幸华　张道英　徐远明　孙雪伟　梅　薇
刘吉睿　王新武　朱木锋　杨建新　吴晓明
李　强　吕　晟　谭显峰　于文金　刘　兵
杨　响

特邀专家：韩以谦　李玉珍

编写委员会

主　　编：胡钊芳

副 主 编：彭东领

编写人员：吴晓明　康建仁　张道英　蔡立秀　吴幸华
徐远明　杨　硕　姚曙光　骆宏兵　张　东

第九分册　钢筋及水泥试验

编审委员会

主 任 委 员：胡钊芳

副主任委员：彭东领

委　　　员：吴幸华　张道英　刘吉睿　于文金　徐远明
封晓桃　刘　兵　吴晓明　朱木锋　杨建新
王新武　吕　晟　谭显峰　梅　薇

特 邀 专 家：韩以谦　李玉珍

编写委员会

主　　　编：胡钊芳

副　主　编：彭东领

编 写 人 员：吴幸华　徐远明　康建仁　钱宇峰　程菊花
余　俊　王君娟　朱烈豪　刘　文　蔡立秀
杨　硕　姚曙光　骆宏兵　张　东

第十分册　桥梁、隧道及交通安全设施检验

编审委员会

主 任 委 员：胡钊芳

副主任委员：彭东领

委　　　员：朱木锋　王新武　吴春颖　谭显峰　蔡莉莉

贾　渝　尹华杰　刘　伟　吴幸华　胡金明

朱烈豪　范鹏举　万晓峰

特 邀 专 家：何玉珊　韩以谦　李国芬

编写委员会

主　　　编：胡钊芳

副　主　编：彭东领

编 写 人 员：徐远明　郭捷非　李　强　查小汉　马怀鹏

刘吉睿　杨　晶　张　成　梅　微　曹桥桥

薛　松　张　行　鲁华伟

第十一分册　桥面铺装检测

编审委员会

主 任 委 员：胡钊芳

副主任委员：彭东领

委　　　员：王新武　吴春颖　蔡莉莉　朱木锋　谭显峰

　　　　　　贾　渝　刘　兵　吴晓明　吴幸华　于文金

　　　　　　尹华杰　陈　罡　胡卓林

特 邀 专 家：何玉珊　韩以谦　李国芬

编写委员会

主　　　编：胡钊芳

副　主　编：彭东领

编 写 人 员：徐远明　李　强　卢世军　郭捷菲　章　弘

　　　　　　卞加前　邹　涛　于迪尔　刘吉睿　梅　薇

　　　　　　周振海　谢理巍　郭　宏

序

随着我国公路建设事业的飞速发展,试验检测工作对公路工程质量安全的基础保障作用日益突显,各级交通运输主管部门、质监机构和参建单位对试验检测数据重要性的认识普遍提高。

真实、准确、客观、公正的试验检测数据是控制和评定工程质量、保障工程施工安全和运营安全的重要依据和基本前提,是推进技术进步和加强质量管理的先导,是严把工程质量的重要关口。

真实、准确、客观、公正的试验检测数据来源于正确的操作。对于试验检测规程、规范的学习应用,理解的偏差、操作方法的不同、错误的习惯做法都会对试验检测的准确性和有效性造成很大影响。受传统授课方式的限制,实际操作往往难以按照标准、规程所规定的方法和步骤,完整、规范、熟练地进行。因此,亟须一部直观、生动、实用的试验检测操作教材。

为此,在总结提炼公路工程试验检测操作成功经验的基础上,江西省交通建设工程质量监督管理局、江苏省交通科学研究院股份有限公司历经数年,精心摄制了《公路工程试验检测技术操作手册》教学片。教学片遵循科学与实用的原则,以国家和部颁技术规范、规程、标准为依据,包含了公路工程取样方法、原材料、水泥混凝土、无机结合料、沥青混合料、乳化沥青稀浆封层混合料、桥梁隧道及交通安全试施检验、现场检测等 140 余个试验检测项目,演示了试验检测操作的全部过程。有助于不同层次的试验检测人员掌握试验操作步骤、要点,对规范试验检测操作具有较强的实用性和指导性。

近年来,为提高试验检测人员水平,各级质监机构和检测机构采取了不少措施,结合工程建设特点组织了技能竞赛、技术比武、实验室比对等活动。应该说,试验检测人员水平总体是不断提高的。但是,客观地讲,试验检测人员水平与我国公路建设不断加快发展的需要还不相适应。《公路工程试验检测技术操作手册》及教学片的出版发行为当前在全国范围内开展试验检测人员继续教育提供了良好教材。希望所有试验检测人员要增强对试验检测事业的责任心和使命感,认真学习操作,掌握技巧,破解难点,以良好的职业道德和过硬的业务素质,推动试验检测行业持续健康发展。

交通运输部办公厅副主任

2015 年 8 月

本手册所配套视频 U 盘需另外购买,如有需要,请拨打 010 - 85285963。

前　言

为了认真贯彻落实交通运输部《高速公路施工标准化活动实施方案》,推广高速公路建设典型示范经验,推进江西省高速公路建设管理标准化活动,进一步提升试验检测工作水平,促进试验检测操作标准化,江西省交通运输厅、江西省交通建设工程质量监督管理局、江苏省交通科学研究院股份有限公司联合编写了《公路工程试验检测技术操作手册》,分为十一个分册并录制了供视频学习的电子产品。

本学习视频的摄制规模之大,在国内尚属首次。课题组选取了公路工程主要试验检测项目进行学习视频的摄制,手册主要包含了公路工程取样方法、原材料、水泥混凝土、无机结合料、沥青混合料、乳化沥青稀浆封层混合料、桥梁隧道及交通安全试施检验、现场检测等11大类共140余个的试验项目。学习视频的摄制工作分七个工作小组,参加人员超过80人,并聘请了多名资深试验检测专家担任摄制工作的顾问,完成了多个样片的摄制和制作工作,组织专家召开了多次摄制台本和试验视频的评审会,为保证教学片摄制质量奠定了良好基础。

手册可与学习视频配套使用,具有"图文并茂,专业性强,通俗易懂"的优质效果。以路基、路面、桥涵等工程中的原材料试验、混合料配合比设计试验,施工抽检试验,交工验收检测等为主线,以现行试验规程和设计、施工技术规范及其他相关技术标准、资料为主要内容,涵盖了公路工程试验检测的各个方面。手册所引用的试验方法、技术标准都出自最新版本,所有试验方法均有注意事项栏。本手册可为试验检测行业不同层次水平的从业人员实现有效的可视化学习,不受时间、空间的限制,提高效率,可有效指导施工、提升工程质量,也可有效宣传江西省试验检测管理标准化活动的实践成果，为实现江西省交通运输厅提出的让“标准成为习惯、习惯符合标准、结果达到标准”的目标发挥重要作用。

本手册和学习视频，可供建设单位、监理单位和施工单位试验检测人员、管理人员使用，对于未涵盖的内容，应依据有关法律、法规和相关标准、规程执行。本手册在编写过程中得到了各级领导和专家的指导，在此一并表示感谢。由于编制时间仓促，疏漏之处在所难免，各有关单位和从业人员在使用本教材时，如发现问题或欲提出改进意见，请函告江西省交通建设工程质量监督管理局。

地　　址：江西省南昌市抚河北路249号，邮编：330008。

编　者

2015年8月

目　录

第一分册　取样方法

第二分册　土工试验

第三分册　无机结合料试验

第四分册　路基路面现场检测

第五分册　岩石、集料及矿粉试验

第八分册　水泥混凝土试验

第九分册　钢筋及水泥试验

第十一分册　桥面铺装检测

第一分册　取 样 方 法

水泥取样方法(参照 GB/T 12573—2008 执行)

1　目的与适用范围

1.1　本标准规定了出厂水泥取样方法的术语和定义、取样工具、取样部位、取样步骤、取样量和样品制备与试验等。

1.2　本标准适用于出厂水泥的取样。

2　主要取样设备

水泥取样器(图 GB/T 12573-1)、托盘、料铲、水泥留样筒等。

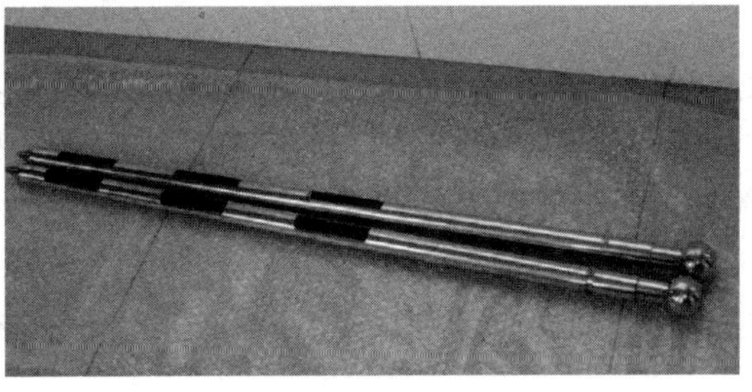

图 GB/T 12573-1　水泥取样器

3　取样部位

取样应在有代表性的部位进行,并且不应在有严重污染的环境中取样,一般在以下部位取样。

3.1　水泥输送管路中。

3.2　袋装水泥堆场。

3.3　散装水泥卸料处或水泥运输机具上。

4　取样步骤

4.1　手工取样。

4.1.1　散装水泥。

每 1/10 编号在 5min 内取至少 6kg,采用槽形管式取样器取样,通过转动内管控制开关,在适当位置插入水泥一定深度,关闭后小心抽出,将所取样品放入清洁、干燥、防潮、密闭且不影响水泥使用功能的容器中。每次所取的单样量应尽量一致。

4.1.2 袋装水泥。

每 1/10 编号从一袋中取至少 6kg 水泥,采用袋装水泥取样,随机选择 20 个以上不同的部位,将取样管插入适当深度,用大拇指按住气孔,小心抽出取样管。将所取样品放入清洁、干燥、防潮、密闭且不影响水泥使用功能的容器中。

4.2 自动取样。

采用自动取样器取样。该装置一般安装在尽量接近于水泥包装机或散装容器的管路中,从流动的水泥流中取出样品,将所取样品放入封闭的容器中,容器应洁净、干燥、防潮、密闭、不易破损且不影响水泥使用功能。

5 样品制备与试验

5.1 混合样。

每一编号所取水泥单样通过 0.9mm 方孔筛后充分混匀,一次或多次将样品缩分到相关标准要求的定量,均分为试验样与封存样。试验样按相关标准要求进行试验,封存样按相关规范要求储存以备仲裁。样品不得混入杂物与结块。

5.2 分割样。

每一编号所取 10 个分割样应分别通过 0.9mm 方孔筛,不得混杂。样品不得混入杂物与结块。

6 包装与储存

6.1 样品取得后应储存在密闭的容器中,封存样要加封条。容器应洁净、干燥、防潮、密闭、不易破损且不影响水泥使用功能。

6.2 存放封存样的容器应至少在一处加盖清晰、不易擦掉的标有编号、取样时间、取样地点和取样人的密封印,如只有一处标志应在容器外壁上。

6.3 封存样应密封储存,储存期应符合相应水泥标准的规定。试验样与分割样亦应妥善储存。

6.4 封存样应储存于干燥、通风的环境中。

粗集料取样法(参照 T 0301—2005 执行)

1　目的与适用范围

本方法适用于对粗集料的取样,也适用于含粗集料的集料混合料如级配碎石、天然砂砾等的取样方法。

2　试验准备

取样方法和试样份数:

2.1　通过皮带运输机的材料,如采石场生产线、沥青拌和楼的冷料输送带、无机结合料稳定集料、级配碎石混合料等,应从皮带运输机上采集样品。取样时,可在皮带运输机骤停状态下取其中一截的全部材料,或在皮带运输机的端部连续接一定时间的料得到,将间隔 3 次以上所取的试样组成一组试样,作为代表性试样。

2.2　在材料场同批来料的料堆上取样时,应先铲除堆脚等处无代表性的部分,再在料堆的顶部、中部和底部,各由均匀分布的几个不同部位,取得大致相等的若干份组成一组试样。务必使所取试样能代表本批来料情况和品质。

2.3　从火车、汽车、货船上取样时,应从各不同部位和深度处,抽取大致相等的试样若干份,组成一组试样。抽取的具体份数,应视能够组成本批来料代表样的需要而定。

注:①如经观察,认为各节车皮、汽车或货船的碎石或砾石的品质差异不大时,允许只抽取一节车皮、一部汽车、一艘货船的试样(即一组试样),作为该批集料的代表样品。

②如经观察,认为该批碎石或砾石的品质相差甚远时,则应对品质有怀疑的该批集料,分别取样和验收。

2.4　从沥青拌和楼的热料仓取样时,应在放料口的全段面上取样。通常宜将一开始按正式生产的配比投料拌和几锅(至少 5 锅以上)废弃,然后分别将每个热料仓放出至装载机上,倒在水泥地上,适当拌和,从 3 处以上的位置取样,拌和均匀,取要求数量的试样。

3　取样步骤

3.1　取样数量。

对每一单项试验,每组试样的取样数量宜不少于表 T 0301-1 所规定的最少取样量。需做几项试验时,如确能保证试样经一项试验后不致影响另一项试验的结果时,可用同一组试样进行几项不同的试验。

各试验项目所需粗集料的最小取样质量　　表 T 0301-1

试验项目	相对于下列公称最大粒径(mm)的最小取样量(kg)										
	4.75	9.5	13.2	16	19	26.5	31.5	37.5	53	63	75
筛分	8	10	12.5	15	20	20	30	40	50	60	80
表观密度	6	8	8	8	8	8	12	16	20	24	24
含水率	2	2	2	2	2	2	3	3	4	4	6
吸水率	2	2	2	2	4	4	4	6	6	6	8
堆积密度	40	40	40	40	40	40	80	80	100	120	120
含泥量	8	8	8	8	24	24	40	40	60	80	80
泥块含量	8	8	8	8	24	24	40	40	60	80	80
针片状含量	0.6	1.2	2.5	4	8	8	20	40	—	—	—
硫化物、硫酸盐	1.0										

3.2　试样的缩分

3.2.1　分料器法:将试样拌匀后,通过分料器分为大致相等的两份,再取其中的一份分成两份,缩分至需要的数量为止。

3.2.2　四分法:将所取试样置于平板上,在自然状态下拌和均匀,大致摊平,然后沿互相垂直两个方向,把试样由中向边摊开,分成大致相等的四份。取其对角的两份重新拌匀,重复上述过程,直至缩分后的材料量略多于试验所必需的量。

3.2.3　缩分后的试样数量应符合各项试验规定数量的要求。

4　试验规程及评定依据

《公路工程集料试验规程》(JTG E42—2005)。

5　注意事项

每组试样应采用能避免细料散失及防止污染的容器包装,并附卡片标明试样编号,取样时间、产地、规格、试样代表数量、试样品质、要求检验项目及取样方法等。取样表,见表 T 0301-2。

附 取 样 表　　　　表 T 0301-2

<table>
<tr><td colspan="2">样品名称:集料</td><td colspan="2">取样时间:2013-6-21</td></tr>
<tr><td colspan="4">取样地点:　　　　　　光明采石场</td></tr>
<tr><td>规　　格</td><td colspan="3">5 ~ 10mm</td></tr>
<tr><td>取 样 数 量</td><td colspan="3">100kg</td></tr>
<tr><td>备　　注</td><td colspan="3">—</td></tr>
<tr><td>取样人签字(盖章)</td><td></td><td>见证人签字(盖章)</td><td></td></tr>
</table>

沥青取样法(参照 T 0601—2011 执行)

1 目的与适用范围

1.1 本方法适用于在生产厂、储存或交货验收地点,为检查沥青产品质量而采集各种沥青材料的样品。

1.2 进行沥青性质常规检验的取样数量为:黏稠沥青或固体沥青不少于4.0kg;液体沥青不少于1L;沥青乳液不少于4L。

2 主要取样设备

2.1 盛样器:根据沥青的品种选择。液体或黏稠沥青采用广口、密封带盖的金属容器(如锅、桶等);乳化沥青也可使用广口、带盖的聚氯乙烯塑料桶;固体沥青可用塑料袋,但需要有外包装,以便携运。

2.2 沥青取样器:金属制、带塞、塞上有金属长柄提手,见图 T 0601-1。

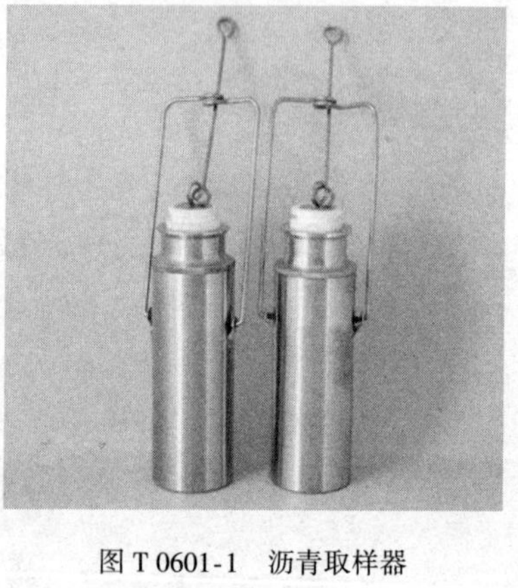

图 T 0601-1 沥青取样器

3 取样准备

检查取样和盛样器是否干净、干燥,盖子是否配合严密。使用过的取样器或金属桶等盛样器必须清洗干净、干燥后才可使用。对供质量仲裁用的沥青试样,应采用未使用过的新容器存放，且由供需双方人员共同取样，取样后双方在密封条上签字盖章。

4　试验步骤

4.1　从储油罐中取样。

4.1.1　无搅拌设备的储罐。

(1)液体沥青或经加热的已经变成流体的黏稠沥青取样时，应先关闭进油阀和出油阀，然后取样。

(2)用取样器按液面上、中、下位置(液面高各为1/3等分处，但距罐底不得低于总液面高度的1/6)各取1～4L样品。每层取样后，取样器应尽可能倒净。当储罐过深时，亦可在流出口按不同流出深度分3次取样。对静态存取的沥青，不得仅从灌顶用小桶取样，也不得仅从罐底阀门流出少量沥青取样。

(3)将取出的3个样品充分混合后取4kg样品作为试样，样品也可分别进行检验。

4.1.2　有搅拌设备的储罐。

将液体沥青或经加热已经变成流体的黏稠沥青充分搅拌后，用取样器从沥青层的中部取规定数量的试样。

4.2　从槽车、罐车、沥青洒布车中取样。

(1)设有取样阀时，可旋开取样阀，待流出至少4kg或4L后再取样，见图T 0601-2。

图T 0601-2　沥青取样阀

(2)仅有放料阀时，待放出全部沥青的1/2时取样。

(3)从顶盖处取样时，可用取样器从中部取样。

4.3　在装料或卸料过程中取样。

在装料或卸料过程中取样时，要按时间间隔均匀地取至少3个规定数量样品，然后将这些样品充分混合后，取规定数量样品作为试样，样品也可分别进行检验。

4.4 从沥青储存池中取样。

沥青储存池中的沥青，应待加热熔化后，经管道或沥青泵流至沥青加热锅之后取样。分间隔每锅至少取3个样品，然后将这些样品充分混匀后再取4.0kg作为试样，样品也可分别进行检验。

4.5 从沥青运输船中取样。

沥青运输船到港后，应分别从每个沥青舱取样，每个舱从不同的部位取3个4kg的样品，混合在一起，将这些样品充分混合后再从中取出4kg，作为一个舱的沥青样品供检验用。在卸油过程中取样时，应根据卸油量，大体均匀地分间隔3次从卸油口或管道途中的取样口取样，然后混合作为一个样品供检验用。

4.6 从沥青桶中取样。

(1)当能确认是同一批生产的产品时，可随机取样。当不能确认是同一批生产的产品时，应根据桶数按照表T 0601-1规定，或按总桶数的立方根数随机选取沥青桶数。

选取沥青样品桶数 表T 0601-1

沥青桶总数	选取桶数	沥青桶总数	选取桶数
2~8	2	217~343	7
9~27	3	344~512	8
28~64	4	513~729	9
65~125	5	730~1 000	10
126~216	6	1 001~1 331	11

(2)将沥青桶加热，使桶中沥青全部熔化成流体后，按罐车取样方法取样。每个样品的数量，以充分混合后能满足供检验用样品的规定数量不少于4.0kg要求为限。

(3)当沥青桶不便加热熔化沥青时，可在桶高的中部将桶凿开取样，但样品应在距桶壁5cm以上的内部凿取，并采用措施防止样品散落地面沾有尘土。

4.7 固体沥青取样。

从桶、袋子、箱或散装整块中取样时，应在表面以下及容器侧面以内至少5cm处采取。如沥青能够打碎，可用一个干净的工具将沥青打碎后取中间部分试样；若沥青是软塑的，则用一个干净的热工具切割取样。

当能确认是同一批生产的样品时，应随机取出一件按本条的规定取4kg供检验用。

4.8　在验收地点取样。

当沥青到达验收地点卸货时,应尽快取样,所取样品为两份:一份样品用于验收试验;另一份样品留存备查。

5　注意事项

5.1　除液体沥青、乳化沥青外,所有需加热的沥青试样必须存放在密封带盖的金属容器中,严禁灌入纸袋、塑料袋中存放。试样应存放在阴凉干净处,注意防止试样污染。装有试样的盛样器加盖、密封好并擦拭干净后,应在盛样器上(不得在盖上)标出识别标记,如试样来源、品种、取样日期、地点及取样人。

5.2　冬季乳化沥青试样,应注意采取妥善防冻措施。

5.3　除试样的一部分用于检验外,其余试样应妥善保存备用。

5.4　试样需加热采取时,应一次取够一批试验所需的数量,装入另一盛样器,其余试样密封保存,应尽量减少重复加热取样。用于质量仲裁检验的样品,重复加热的次数不得超过两次。

6　取样依据

《公路工程沥青及沥青混合料试验规程》(JTG E20—2011)。

沥青混合料取样方法(参照 T 0701—2000 执行)

1 目的与使用范围

本方法使用于在拌和厂及道路施工现场采集热拌沥青混合料或者常温沥青混合料试样。所取的试样应有充分的代表性。

2 主要取样设备

2.1 铁锹。

2.2 手铲。

2.3 搪瓷盘或者其他金属盛样容器。

2.4 温度计:分度为1℃。宜采用有金属插杆的热电偶沥青温度计,金属插杆的长度应不小于150mm,量程0~300℃。

2.5 其他:标签、溶剂(煤油)、棉纱等。

3 试验准备

3.1 取样数量。

取样数量应符合下列要求。

3.1.1 试样数量根据试验目的决定,宜不少于试验用量的2倍。按照现行规范规定进行沥青混合料试验取样,见表T 0701-1。

常用沥青混合料试验项目的样品数量　　表T 0701-1

试验项目	目的	最少试样量(kg)	取样量(kg)
马歇尔试验、抽提筛分	施工质量检查	12	20
车辙试验	高温稳定性检验	40	60
浸水马歇尔试验	水稳定性检验	12	20
冻融劈裂试验	水稳定性检验	12	20
弯曲试验	低温性能检验	15	25

平行试验应加倍取样。在现场取样直接装入试模或盛样盒成型时,也可等量取样。

3.1.2　取样材料用于仲裁试验时,取样数量除应满足本取样方法规定外,还应多取一份备用样,保留到仲裁结束。

4　试验步骤

4.1　沥青混合料取样应是随机的,并具有充分的代表性。以检查拌和质量(如油石比、矿料级配)为目的时,应从拌和机一次放料的下方或提升斗中取样,不得多次取样混合后使用。以评定混合料质量为目的时,必须分几次取样,拌和均匀后作为代表性试样。

4.2　在沥青混合料拌和厂取样。

在拌和厂取样时,宜用专用的容器(一次可装5~8kg)装在拌和机卸料斗下方,每放一次料取一次样,顺次装入试样容器中,每次倒在清扫干净的平板上,连续几次取样,混合均匀,按四分法取样至足够数量。

4.3　在沥青混合料运料车上取样。

在运料汽车上取沥青混合料样品时,宜在汽车装料一半后,分别用铁锹从不同方向的3个不同高度处取样,然后混在一起用手铲适当拌和均匀,取出规定数量。如在运料车到达施工现场后取样时,应在卸掉一半后将车开出去从不同方向的3个不同高度处取样,宜从3辆不同的车上取样混合使用。

注意:在运料车上取样时不得仅从满载的运料车车顶上取样,且不允许只在一辆车上取样。

4.4　在道路施工现场取样。

在道路施工现场取样时,应在摊铺后未碾压前于摊铺宽度的两侧1/2~1/3位置处取样,用铁锹将摊铺层的全厚铲出,但不得将摊铺层下的其他层料铲入,每摊铺一车料取一次样,连续3车取样后,混合均匀按四分法取样至足够数量。

4.5　对热拌沥青混合料每次取样时,都必须用温度计测量温度,准确至1℃。

4.6　乳化沥青常温混合料的取样方法与热拌沥青混合料相同,但宜在乳化沥青破乳水分蒸发后装袋,对袋装常温沥青混合料,亦可直接从储存的混合料中随机取样。取样袋数不少于3袋,使用时将3袋混合料倒出做适当拌和,按四分法取出规定数量试样。

4.7　液体沥青常温沥青混合料的取样方法同上,当用汽油稀释时,必须在溶剂挥发后方可封袋保存。当用煤油或柴油稀释时,可在取样后即装袋保存,保存时应特别注意防火安全。

4.8 从碾压成型的路面上取样时，应随机选取3个以上不同地点，钻孔、切割或刨取该层混合料，需重新制作试件时，应加热拌匀按四分法取样至足够数量。

5 试验记录

5.1 样品的标记。

5.1.1 取样后当场试验时，可将必要的项目一并记录在试验记录报告上。此时，试验报告必须包括取样时间、地点、混合料温度、取样数量、取样人等栏目。

5.1.2 取样后转送试验室试验或存放后用于其他项目试验时，应附有样品标签。标签应记录下列内容：

(1)工程名称、拌和厂名称。

(2)沥青混合料种类及摊铺层次，沥青品种、标号、矿料种类、取样时混合料温度及取样位置或用以摊铺的路段桩号等。

(3)取样人、取样日期。

(4)取样的目的或用途。

6 试验规程及评定依据

《公路工程沥青及沥青混合料试验规程》(JTG E20—2011)。

7 注意事项

7.1 热拌热铺的沥青混合料试样，需送至中心试验室或质量检测机构做质量评定且二次加热会影响试验结果(如车辙试验)时，必须在取样后趁高温立即装入保温桶内，送试验室立即成型试件，试件成型温度不得低于规定要求。

7.2 热混合料需要存放时，可在温度下降至60℃后装入塑料编织袋内，扎紧袋口，并宜低温保存，应防止潮湿、淋雨等，且时间不宜太长。

7.3 在进行沥青混合料质量检验或进行物理力学性质试验时，由于采集的热拌混合料试样温度下降或者结成硬块已不符合试验要求时，宜用微波炉或烘箱加热至符合压实的温度，通常加热时间不宜超过4h，只允许加热一次，不得重复加热。不得用电炉或燃气炉明火局部加热。

沥青混合料取样记录，见表T 0701-2。

沥青混合料取样记录单

取样单位：××××试验检测中心　　　　表 T 0701-2

工程名称	××××高速公路改扩建工程				
样品名称	沥青混合料	生产标段	21 标	混合料规格	SMA-13
取样日期	2013-6-27				
取样地点	道路施工现场	取样人		取样见证人	
现场取样部位	距摊铺宽度的两侧 5m 处				

现场取样方法(参照 T 0901—2008 执行)

1 目的与适用范围

1.1 本方法适用于路面取芯钻机或路面切割机在现场钻取或切割路面的代表性试样。

1.2 本方法适用于对水泥混凝土面层、沥青混合料面层或水泥、石灰、粉煤灰等无机结合料稳定基层取样,以测定其密度或其他物理力学性质。

1.3 本方法钻孔采取芯样的直径不宜小于最大集料粒径的 3 倍。

2 主要检测设备

2.1 路面取芯钻机(图 T 0901-1):牵引式(可用手推)或车载式。钻机由发动机或电力驱动。钻头直径根据需要决定,选用 100mm 或 150mm 钻头,均有淋水冷却装置。

2.2 路面切割机(图 T 0901-2):手推式或牵引式。由发动机或电力驱动,也可利用汽车动力由液压泵驱动,附金刚石锯片,有淋水冷却装置。

图 T 0901-1 路面取芯钻机

图 T 0901-2 路面切割机

2.3　台秤。

2.4　盛样器(袋)或铁盘等。

2.5　试样标签。

2.6　其他:取芯夹、铁锹、量尺、毛刷、棉纱等。

3　试验准备

3.1　确定路段,可以是一个作业段,一天完成的路段,或按相关规范的规定选取一定长度的检查路段。

3.2　按《公路路基路面现场测试随机选点方法》确定取样的位置。

3.3　将取样位置清洁干净。

4　取样步骤

4.1　在选取采样地点的路面上,先用粉笔对钻孔位置作出标记或画出切割路面的大致面积。切割路面的面积根据目的和需要确定。

4.2　用钻机在取样地点垂直对准路面放下钻头,牢固安放钻孔,使其在运转过程中不得移动。

4.3　开放冷却水,启动电动机,徐徐压下钻杆、钻取芯样,但不得使劲下压钻头。待钻透全厚后,上抬钻杆,拔出钻头,停止转动。注意不使芯样损坏,取出芯样。沥青混合料芯样及水泥混合混凝土芯样可用清水漂洗干净备用。

4.4　用切割机切割时,将锯片对准切割位置,开放冷却水,启动电动机,徐徐压下锯片到要求深度(厚度),仔细向前推进,到需要长度后抬起锯片,四面全部锯毕后,用镐或铁锹仔细取出试样,取得的路面试块应保持边角完整,试样不得散失。

4.5　采取的路面混合料试样应整层取样,试样不得破碎。

4.6　将钻取的芯样或切割的试块,妥善盛放于盛样器中,必要时用塑料袋封装。

5　试验记录

填写样品标签,一式两份,一份粘贴在试样上,另一份作为记录备查。

6　试验规程及评定依据

6.1　《公路路基路面现场测试规程》(JTG E60—2008)。

6.2　《公路路面基层施工技术规范》(附条文说明)(JTJ 034—2000)。

6.3　《公路沥青路面施工技术规范》(JTG F40—2004)。

6.4 《公路水泥混凝土路面施工技术细则》(JTG F30—2014)。

7 注意事项

7.1 对钻孔或被切割的路面坑洞,应采用同类型材料填补压实,但取样时留下的水分应用棉纱等吸走,待干燥后再补坑。

7.2 由于试验需要不能用冷水冷却时,应采用钻孔。此时为保护钻头,可先用干冰3kg放在取样位置上,冷却路面约1h,钻孔时通以低温 CO_2 等冷却气体以代替冷却水。

钢筋取样试验方法(参照 GB/T 2975—1998 执行)

1　目的与适用范围

1.1　规范工业与民用建筑、构筑物的钢筋混凝土和预应力混凝土结构中钢筋及焊接接头的取样及检测,保证工程质量。

1.2　适用于工业与民用建筑、构筑物的钢筋混凝土和预应力混凝土结构中钢筋及焊接接头的取样、标准及检测。

2　钢筋原材取样(表 GB/T 2975-1)

钢筋原材取样方法　　表 GB/T 2975-1

序号	样品名称	取样批量	取样数量与方法
1	钢筋原材(包括建筑用圆盘 HPB235)	同一生产厂家 同一牌号 同一规格 同一交货状态 每批:≤60t/批	每一验收批取试样 1 组,每组 5 根,每根长度不小于 600mm,从每批中任选两根钢筋,从每一根钢筋距端头不小 500mm 处切取拉伸试样和弯曲试件各 1 件
2	冷拉钢筋	应按批检查和验收,每批由同一级别、同一直径的冷拉钢筋组成 每批:≤60t/批	每一验收批取试样 1 组,按规定试件应从任意两根分别切取,即在每根钢筋上切取 1 个拉伸试件、1 个弯曲试件,每验收批的钢筋表面不得有裂纹和局部缩颈,当用作预应力筋时,应逐根检查。
3	冷轧带肋钢筋	同一规格 20t 为一批量,主要用在板筋,可以每一楼层作为检验批	在同一批钢筋中随机抽取,去掉 900mm 的端头,截取三根试件,一根做拉伸试验,两根做冷弯试验

3　试验步骤

3.1　拉伸试验。

(1)外观检查:尺寸、有(无)裂纹、有(无)麻坑等。

(2)压力机预热:15 ~ 30min。

(3)打点标距:5mm 或 10mm。

(4)拉伸试验:屈服、抗拉强度测定。

(5)伸长率的测量:游标卡尺(分辨率优于 0.1mm 的量具)。

3.2　弯曲试验。

(1)根据试样直径调整冷弯冲头。

(2)按照规定,弯曲到要求的角度。

(3)记录试验结果:无断裂、无裂纹、无起皮。

3.3　数据处理。

(1)屈服强度:屈服荷载除以试样原始横截面面积;

(2)抗拉强度:最大荷载除以试样原始横截面面积。

(3)数字修约,见表 GB/T 2975-2 所示。

数字修约表　　表 GB/T 2975-2

参　　数	范　　围	修约间隔
屈服强度 抗拉强度	≤200MPa 200 ~ 1 000MPa >1 000MPa	1MPa 5MPa 10MPa
伸长率		0.5%

3.4　取样。

(1)钢筋原材取样长度:450 ~ 500mm。

(2)闪光对焊取样长度:拉伸试验 350mm、弯曲试验 450mm。

(3)电渣压力焊取样长度:450 ~ 500mm。

(4)电弧焊取样长度:450 ~ 500mm;单面焊长度:为 10d 钢筋直径;双面焊长度:为 5d 钢筋直径。

(5)锥螺纹套筒连接取样长度:≥500mm。

3.5　型式检验取样:对每种类型、级别、规格、质料、工艺的钢筋机械连接接头,不该少于 9 个,其中单向拉伸试件不该少于 3 个,高应力反复拉压试件不该少于 3 个,大变形反复拉压试件不该少于 3 个,同时应另取 3 根钢筋试件做抗拉强度试验。全部试件应在统一根钢筋上截取。

3.6　接头工艺检验,应对每批进场钢筋进行取样检验:每种规格钢筋的接头试件不少于 3 根;钢筋母材抗拉强度试件不少于 3 根,且应取自接头试件的同一根钢筋接头的现场检验,按验收批进行统一施工前提下的同一批材料的同等级、同规格接头,以500个为一个验收批进行,不足500个也应作为一个验收批,每一批中截取三个试件,按设计要求的接头性能做单向拉伸试验。当持续10个验收批均一次抽样合格时,表明其施工质量处于优良且不变的状态,检验批接头数目可扩大一倍,按不大于1 000个接头为一批,以减少检验工作量。

3.7 结果评定。

当每批三个接头试件的抗拉强度,均符合响应等级的要求时,该验收批评为合格,如有一个试件的强度不符合要求,应再取6个试件进行复检,复检中如仍有1个试件的强度不符合要求时,则该验收批评为不合格。

3.8 钢筋焊接骨架和钢筋网。

凡钢筋牌号、直径及尺寸相同的焊接骨架和焊接网,应视同为同一类型制品,且每300件为一批,一周内不足300件也应按一批计。每批抽样不少于一次。外观检查应按同一类型制品分批检查,每批抽查5%,且不少于5件。力学性能检验的试件,应从每批成品中切取。

3.9 闪光对焊。

(1) 闪光对焊接头:在同一台班内,由同一焊工完成300个同牌号、同直径钢筋焊接接头应作为一批,或在一周内累计计算仍不足300个接头,应按一批计算。每批抽样不少于一次。在一批接头中任取6个接头,分别为拉伸试样3根,冷弯试样3根。

(2) 封闭环式箍筋闪光对焊接头,以600个同牌号、同规格接头作为一批。每批抽样不少于一次。在一批接头中任取6个接头,分别为拉伸试样3根,冷弯试样3根。

(3)取样时,接头应位于试件中央。冷弯试样,应将受压面的金属毛刺变形部分消除,且与母材的外表齐平。

3.10 电弧焊接。

在现浇混凝土结构中,应以300个同牌号、同形式接头为一批;在房屋结构中,应在不超过二楼层中300个同牌号、同类型接头为一批;当不足300个接头时仍应作为一批。每批抽样不少于一次。取样时注意接头搭接在试件中部。注意两根被连接钢筋在搭接段应先弯一角度(15°左右),使搭焊好后的两根钢筋处于同一直线上。在一批接头中任取3个接头,为拉伸试样3根。

3.11 电渣压力焊接头、气压焊接头。

在现浇混凝土结构中,应以300个同牌号钢筋接头为一批;在房屋结构中,应在不超过二楼层中300个同牌号钢筋接头为一批。

3.12 以上均适用桥涵、隧道、房建的检验批次。

4 试验规程及评定依据

4.1 《混凝土结构工程施工质量验收规范》(GB 50204—2002)。

4.2 《钢筋焊接及验收规程》(JGJ 18—2012)。

4.3 《钢及钢产品 力学性能试验取样位置及试样制备》(GB/T 2975—1998)。

4.4 《钢筋混凝土用钢 第2部分:热轧带肋钢筋》国家标准第1号修改单(GB/T 1499.2—2007/XG1—2009)。

4.5 《金属材料 弯曲试验方法》(GB/T 232—2010)。

4.6 《钢筋混凝土用钢 第1部分:热轧光圆钢筋》(GB/T 1499.1—2008)。

4.7 《金属材料 拉伸试验 第1部分:室温试验方法》(GB/T 228.1—2010)。

4.8 《钢筋机械连接技术规程》(附条文说明)(JGJ 107—2010)。

4.9 《钢筋焊接接头试验方法标准》(JGJ/T 27—2014)。

4.10 《公路桥涵施工技术规范》(JGJ/T F50—2011)。

5 注意事项

5.1 取样人员需查看现场实物、质保单与进场台账三相符情况。

5.2 取样人员需在当场封样、包装、做好标识和记录。

5.3 样品在传递过程中避免污染、压弯。

第二分册　土 工 试 验

土的含水率试验(烘干法)(参照 T 0103—1993 执行)

1　目的与适用范围

本试验方法适用于测定黏质土、粉质土、砂类土、砂砾土、有机质土和冻土土类的含水率。

2　主要检测设备

2.1　烘箱:可采用电热烘箱或温度能保持 105 ~ 110℃ 的其他能源烘箱,如图 T 0103-1 所示。

2.2　天平:感量 0.01g 和感量 0.1g 各一台,如图 T 0103-2 所示。

3　试验准备

3.1　试样准备

取具有代表性土样,细粒土 15 ~ 30g,砂类土、有机质土为 50g,砂砾石为 1 ~ 2kg,放入称量盒内,立即盖好盒盖,称质量。

图 T 0103-1　烘箱

图 T 0103-2　电子天平(感量 0.01g)

3.2　仪器准备

打开烘箱,调节温度在规定试验要求范围内。

4　试验步骤

4.1　揭开盒盖,将试样和盒放入烘箱内,细粒土在105 ~ 110℃温度烘干时间不得少于8h,砂类土在105~110℃温度烘干时间不得少于6h,对于有机质超过5%的土或含石膏的土,应将温度控制在60~70℃的恒温下,干燥12~15h为好。

4.2 将烘干后的试样和盒取出,放入干燥器内冷却(一般只需0.5~1h即可)。冷却后盖好盒盖,称质量,精确至0.01g。

注:对于大多数土,通常烘干16~24h就足够。但是,某些土或试样数量过多或试样很潮湿,可能需要烘更长时间。烘干的时间也与烘箱内试样的总质量、烘箱的尺寸及其通风系统的效率有关。

如铝盒的盖密闭,而且试样在称量前放置时间较短,可以不需要放在干燥器中冷却。

5 试验结果计算

5.1 按式(T 0103-1)计算含水率:

$$w = \frac{m - m_s}{m_s} \times 100 \qquad (\text{T 0103-1})$$

式中:w——含水率,%,计算精确至0.1;

m——湿土质量,g;

m_s——干土质量,g。

5.2 精度和允许误差

含水量试验需进行两次平行测定,取其算术平均值,允许平均差值应符合表T 0103-1规定。

土的含水率试验容许平均值误差 表T 0103-1

含水率(%)	允许平行差值(%)	含水率(%)	允许平行差值(%)
5以下	0.3	40以上	≤2
40以下	≤1	对层状和网状构造的冻土	<3

6 试验记录

土的含水率试验(烘干法)记录示例见表T 0103-2。

含水率试验记录(烘干法) 表T 0103-2

取样桩号	盒号	盒质量(g)	盒+湿土质量(g)	盒+干土质量(g)	水分质量(g)	干土质量(g)	含水率(%)	平均含水率(%)
1	020	23.86	72.68	64.54	8.14	40.68	20.0	20.2
	021	25.14	74.03	65.78	8.25	40.64	20.3	
2	022	23.08	72.15	63.57	8.58	40.49	21.2	21.4
	023	26.22	76.96	67.95	9.01	41.73	21.6	

7 试验规程

《公路土工试验规程》(JTG E40—2007)

8 注意事项

8.1 试验前必须检查所用的仪器设备,确保设备功能正常。

8.2 为减小平行误差含水率平行试验取样数量和取样位置尽量接近。

8.3 根据不同土样选择合适的天平(细粒土、砂类土和有机质土选用感量0.01g电子天平,砂砾石选用感量0.1g电子天平)。

界限含水率试验(液限和塑限联合测定法)
(参照T 0118—2007 执行)

1 目的和适用范围

1.1 本试验的目的是联合测定土的液限和塑限,用于划分土类、计算天然稠度和塑性指数,供公路工程设计和施工适用。

1.2 本试验适用于粒径不大于0.5mm、有机质含量不大于试样总质量5%的土。

2 主要检测设备

2.1 圆锥仪:锥质量为100g或76g,锥角30度,读数显示形式宜采用光电式、数码式、游标式、百分表式,联合测定仪如图T 0118-1所示。

2.2 盛土杯:直径50mm,深度40~50mm。

2.3 天平:称量200g,感量0.01g,如图T 0118-2所示。

3 试验准备

3.1 样品准备

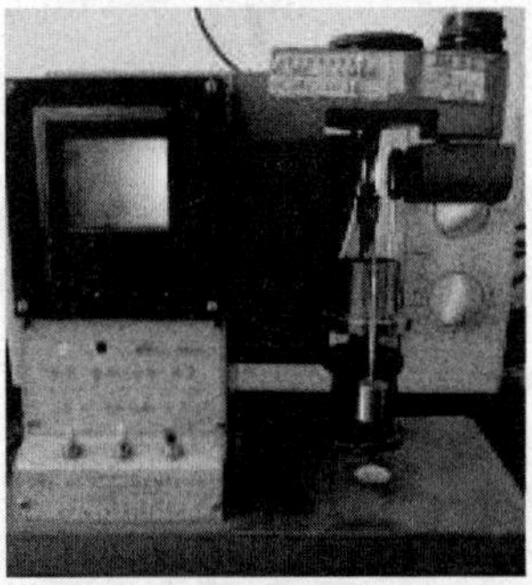

图T 0118-1 液塑限联合测定仪

图T 0118-2 感量0.01g电子天平

3.1.1　取有代表性的天然含水率或风干土样进行试验如土中含有大于0.5mm的土粒或杂物时，应将风干土样用带橡皮头的研杵研碎或用木棒在橡皮板上压碎，过0.5mm的筛。

3.1.2　取0.5mm筛下的代表性土样200g，分开放入三个盛土皿中，加不同数量的蒸馏水，土样的含水率分别控制在液限（a点）、略大于塑限（c点）和两者的中间状态（b点）。用调土刀调匀，盖上湿布，放置18h以上。测定a点的锥入深度，对于100g锥应为20mm±0.2mm，对于76g锥应为17mm。测定c点的锥入深，对于100g锥应控制在5mm以下，对于76g锥应控制在2mm以下。对于砂类土，用100g锥测定c点的锥入深度可大于5mm，用76g锥测定c点的锥入深度可大于2mm。

3.2　设备准备

3.2.1　检查数显式液塑限联合测定仪是否正常启动，定时功能是否正常。

3.2.2　设定烘箱温度105～110℃。

4　试验步骤

4.1　将制备的土样充分搅拌均匀，分层装入盛土杯，用力压密，使空气溢出。对于较干的土样，应先充分搓揉，用调土刀反复压实。试杯装满后，刮成与杯边齐平。

4.2　当用游标式或百分表式液限塑限联合测定仪试验时，调平仪器，提起锥杆（此时游标或百分表读数为零）、锥头上涂少许凡士林。

4.3　将装好土样的试杯放在联合测定仪的升降座上，转动升降旋钮，待锥尖与土样表面刚好接触时停止升降，扭动下降旋钮，同时开动秒表，经5s时，松开旋钮，锥体停止下落，此时游标读数即为锥入深度h_1。

4.4　改变锥尖与土接触位置（锥尖两次锥入位置及距试杯边缘距离均不小于1cm），重复本试验4.2和4.3步骤，得锥入深度h_2。h_1、h_2允许误差为0.5mm，否则，应重做。取h_1、h_2平均值作为该点的锥入深度h。

4.5　去掉锥尖入土处的凡士林，取10g以上的土样两个，分别装入称量盒内，称质量（精确至0.01g），测定其含水率（计算到0.1%）。计算含水率平均值w。

4.6　重复4.1～4.5步骤，对其两个含水率土样进行试验，测其锥入深度和含水率。

4.7　用光电式或数码式液限塑限联合测定仪测定时，接通电源，调平机身，打开开关，提上锥体（此时刻度或数码显示应为零）。将装好土样的试杯放在升降座上，转动升降旋钮，试杯徐徐上升，土样表面和锥尖刚好接触，指示灯亮，停止转动旋钮，锥体立刻自行下沉，5s时，自动停止下落，读数窗上或数码管上显示键入深度。试验完毕，按动复位按钮，锥体复位，读数显示为零。

5 试验结果计算

5.1 在双对数坐标纸上，以含水率 w 为横坐标，锥入深度 h 为纵坐标，点绘 a、b、c 三点含水率的 h-w 图，如图T 0118-3所示。连此三点，应呈一条直线。如三点不在同一直线上，要通过 a 点与 b、c 两点连成两条直线，根据液限（a 点含水率）在 h_p-w_L图上查得 h_p，以此 h_p 再在h-w图上的 ab 及 ac 两直线上求出相应的两个含水率，当两个含水率的差值小于2%时，以该两点含水率的平均值与 a 点连成一直线。当两个含水率的差值大于2%时，应重做试验。

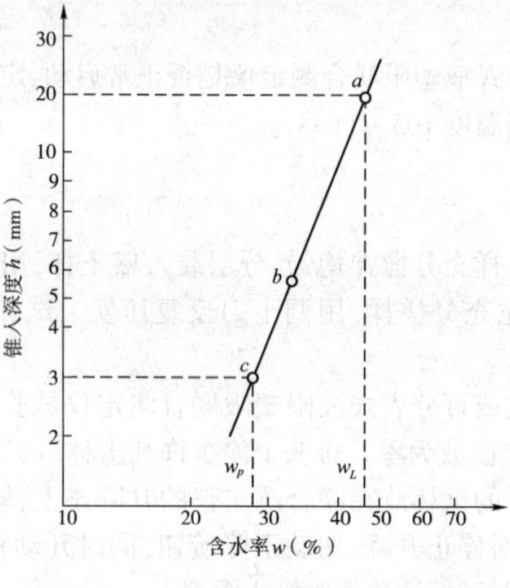

图 T 0118-3 锥入深度与含水率（h-w）关系

5.2 液限的确定方法

5.2.1 若采用76g 锥做液塑限试验，则在 h-w 图上，查得纵坐标入土深度 h = 17mm 所对应的横坐标的含水率 w，即为该土样的液限。

5.2.2 若采用100g 锥做液塑限试验，则在 h-w 图上，查得纵坐标入土深度 h = 20mm所对应的横坐标的含水率 w，即为该土样的液限。

5.3 塑限的确定方法

5.3.1 根据本试验 5.2.1 条求出的液限，通过 76g 锥入土深度 h 与含水率 w 的关系曲线查得锥入土深度为 2mm 所对应的含水率即为该土样的塑限 w_p。

5.3.2 根据本试验 5.2.2 条求出的液限，通过液限 w_L 与塑限时入土深度 h_p 的关系曲线如图 T 0118-4 所示，查得 h_p，再由图 T 0118-3 求出入土深度为 h_p 时所对应的含水率，即为该土样的塑限 w_p，查 h_p-w_L 关系图时，须先通过简易鉴别法及筛分法（见土的工程分类及T 0115—1993）把砂土和细粒土区别开来，再按这两种土分别采用相应的 h_p-w_L 关系曲线；对于细粒土，用双曲线确定 h_p 值，对于砂类土，则用多项式曲线确定 h_p 值。

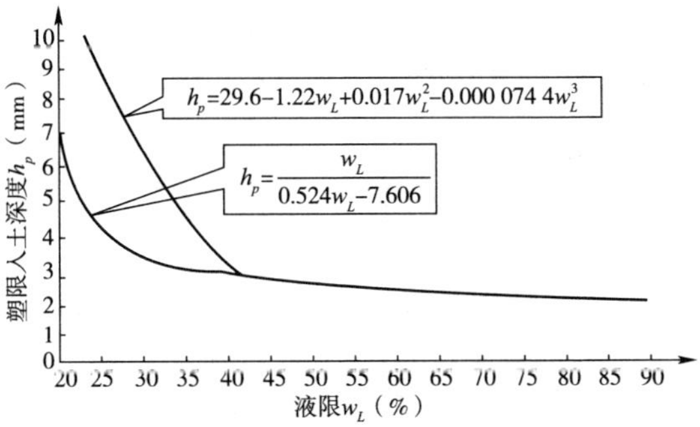

图 T 0118-4　h_p-w_L 关系曲线

5.3.3　根据本规程 5.2.8 求出的液限，当 a 点的锥入深度在 20mm ± 0.2mm 范围内时，应在 ad 线上查得入土深度为 20mm 处相对应的含水率，此为液限 w_L。在用此液限在“图 T 0118-3 h_p-w_L 关系曲线”上找出与之相对应的塑限入土深度 h'_p，然后到 h-w 图 ad 直线上查得 h'_p 相对应的含水率，此为塑限 w_p。

5.4　精密度和允许差

5.4.1　本试验须进行两次平行测定，取其算术平均值，以整数（%）表示。

5.4.2　其允许差值为：高液限土小于或等于 2%，低液限土小于或等于 1%。

6　试验记录

界限含水率试验（液限和塑限联合测定法）记录示例见表 T 0118-1。

7　试验规程

《公路土工试验规程》（JTG E40—2007）。

8　注意事项

8.1　本方法不适用于粒径大于 5mm 的土。

8.2　闷料时间需在 18h 以上。

8.3　锥入深度允许平行误差为 0.5mm。

8.4　本次试验需进行两次平行测定。

表 T 0118-1

界限含水率试验(液限和塑限联合测定法)记录表(1)							
试验项目 \ 试验次数		1		2		3	
入土深度(mm)	h_1	1.97		8.91		19.98	
	h_2	2.11		8.79		20.02	
	$(h_1+h_2)/2$	2.04		8.85		20.00	
含水率(%)	盒号	001	002	003	004	005	006
	盒质量(g)	24.31	24.16	23.74	22.54	22.41	23.65
	盒+湿土质量(g)	34.37	36.09	34.45	30.65	34.1	36.42
	盒+干土质量(g)	32.62	34.04	31.91	28.67	30.79	32.78
	水分质量(g)	1.75	2.05	2.54	1.98	3.31	3.64
	干土质量(g)	8.31	9.88	8.17	6.13	8.38	9.13
	含水率(%)	21.1	20.7	31.1	32.3	39.5	39.9
	平均含水率(%)	20.9		31.7		39.7	

续上表

试验项目 \ 试验次数		1	2	3
液限(%)	39.7	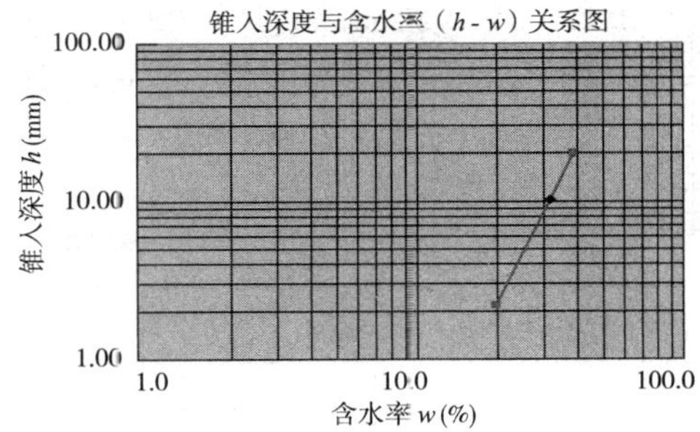		
塑限(%)	23.4			
塑性指数	16.3			

界限含水率试验(液限和塑限联合测定法)记录表(2)

试验项目 \ 试验次数		1	2	3
入土深度(mm)	h_1	2.12	10.10	20.03
	h_2	2.27	10.21	19.97
	$(h_1+h_2)/2$	2.20	10.16	20.00

续上表

试验项目 \ 试验次数		1		2		3	
含水率(%)	盒号	007	008	009	010	011	012
	盒质量(g)	22.35	30.68	23.68	22.45	22.31	24.65
	盒+湿土质量(g)	35.30	43.84	34.56	32.90	35.20	35.76
	盒+干土质量(g)	33.12	41.65	31.87	30.34	31.57	32.61
	水分质量(g)	2.18	2.19	2.69	2.56	3.63	3.15
	干土质量(g)	10.77	10.97	8.19	7.89	9.26	7.96
	含水率(%)	20.2	20.0	32.9	32.5	39.2	39.6
	平均含水率(%)	20.1		32.7		39.4	
液限(%)	39.4	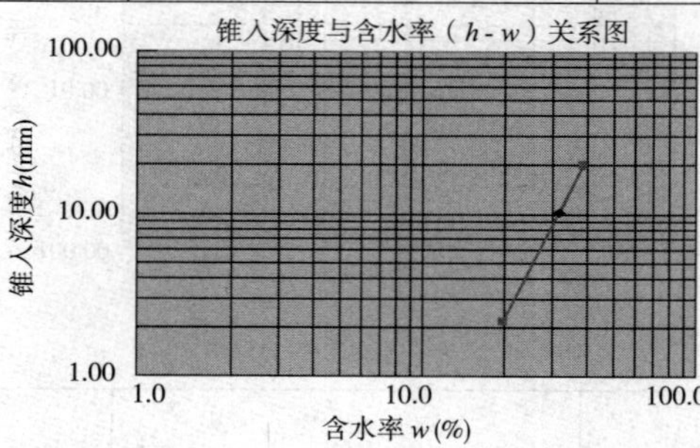					
塑限(%)	22.8						
塑性指数	16.6						
结论		该土经平行试验测得液限为40%,塑限为23%,塑性指数为16					

土的击实试验(参照 T 0131—2007 执行)

1 目的和适用范围

1.1 本试验方法适用于细粒土。

1.2 本试验分轻型击实和重型击实。轻型击实试验适用于粒径不大于 20mm 的土。重型击实试验适用于粒径不大于 40mm 的土。

1.3 当土中最大颗粒粒径大于或等于 40mm,并且大于或等于 40mm 的颗粒粒径的质量大于 5% 时,则应使用大尺寸试筒进行击实,或按 5.4 条进行最大干密度校正。大尺寸试筒要求其最小尺寸大于土样中最大颗粒粒径的 5 倍以上,并且击实试验的分层厚度应大于土样中最大颗粒粒径的 3 倍以上。单位体积击实功能应控制在 2 677.2 ~ 2 687.0kJ/m^3。

1.4 当细粒土中的粗粒土总含量大于 40% 或粒径大于 0.005mm 的颗粒的含量大于土总质量的 70%(即 $d_{30} \leqslant 0.005$mm)时,还应做粗粒土最大干密度试验,其结果与重型击实试验结果比较,最大干密度取两种试验结果的最大值。

2 主要检测设备

2.1 标准击实仪。击实试验方法和相应设备的主要参数应符合表 T 0131-1 规定。

2.2 烘箱及干燥器。

2.3 天平:感量 0.01g,如图 T 0131-1 所示。

图 T 0131-1 电子天平(感量 0.01g)

表 T 0131-1

击实试验方法种类

试验方法	类别	锤底直径（cm）	锤质量（kg）	落高（cm）	试筒尺寸		试样尺寸		层数	每层击数	击实功（kJ/cm^3）	最大粒径（mm）
					内径（cm）	高（cm）	高度（cm）	体积（cm^3）				
轻型	Ⅰ-1	5	2.5	30	10	12.7	12.7	997	3	27	598.2	20
	Ⅰ-2	5	2.5	30	15.2	17	12	2 177	3	59	598.2	40
重型	Ⅱ-1	5	4.5	45	10	12.7	12.7	997	5	27	2 687.0	20
	Ⅱ-2	5	4.5	45	15.2	17	12	2177	3	98	2 677.2	40

2.4　台秤:称量 10kg,感量 5g,如图 T 0131-2 所示。

图 T 0131-2　台秤(感量 1g)

2.5　圆孔筛:孔径 40mm、20mm 和 5mm 各 1 个。

3　试验准备

3.1　试样准备

3.1.1　本试验可分别采用不同的方法准备试样,各方法可按表 T 0131-2 准备试料。

试 料 用 量　　　　表 T 0131-2

使 用 方 法	类别	试筒内径(cm)	最大粒径(mm)	试 料 用 量
干土法,试样不重复使用	b	10 15.2	20 40	至少 5 个试样,每个 3kg 至少 5 个试样,每个 6kg
湿土法,试样不重复使用	c	10 15.2	20 40	至少 5 个试样,每个 3kg 至少 5 个试样,每个 6kg

3.1.2　十土法(土不重复使用)。按四分法至少准备 5 个试样,分别加入不同水分(按 2% ~3% 含水率递增),拌匀后闷料一夜备用。

3.1.3　湿土法(土布重复使用)。对于高含水率土,可省略过筛步骤,用手拣除大于 40mm 的粗石子即可。保持天然含水率的第一个土样,可立即用于击实试验。其余几个试样,将图分成小土块,分别风干,使含水率按 2% ~3% 递减。

3.2　仪器准备

设定烘箱温度 105 ~110℃。

4 试验步骤

4.1 根据工程要求,按表 T 0131-1 规定选择轻型或者重型试验方法。根据土的性质(含易击碎风化石数量多少、含水率高低),按表 T 0131-2 选用干土法(土不重复使用)或者湿土法。

4.2 将击实筒放在坚硬的地面上,在筒壁上抹一层薄凡士林,并在筒底(小试筒)或垫块(大试筒)上放蜡纸或塑料薄膜。取制备好的土样分 3 ~5 次倒入筒内。小筒按三层法时,每次 800 ~900g(其量应使击实后的试样等于或者略高于筒高的 1/3);按 5 层法时,每次 400 ~500g(其量应使击实后的试样等于或者略高于筒高的 1/5)。对于大试筒,先将垫块放入筒内底板上,按三层法,每层需试样1 700g左右。整平表面,并稍加压紧,然后按规定的击数进行第一层的击实时击锤应自由垂直落下,锤迹必须均匀分布于土样面,第一层击实完后,将试样层面"拉毛"然后再装入套筒,重复上述方法进行其余各层土的击实。小试筒击实后,试样不应高出筒顶面 5mm;大试筒击实后,试样不应高出筒顶面 6mm。

4.3 用修土刀沿套筒内壁削刮,使试样与套筒脱离后,扭动并取下套筒,齐筒顶细心削平试样,拆除底板、擦净筒外壁,称量,准确至 1g。

4.4 用推土器推出筒内试样,从试样中心处取样测其含水率,计算至 0.1%。测定含水率用试样的数量按表 T 0131-2 规定取样(取出有代表性的土样)。两个试样含水率的精度应符合表 T 0131-3 的规定。

4.5 对于干土法(土不重复使用)和湿土法(土不重复使用)将试样搓散,然后按本试验第 3 条方法进行洒水、拌和,每次约增加 2% ~3% 的含水率,其中有两个大于和两个小于最佳含水率,所需加水量按式(T 0131-1)计算。

测定含水率用试样的数量 表 T 0131-3

最大粒径(mm)	试样质量(g)	个　数
<5	15 ~20	2
约 5	约 50	1
约 20	约 250	1
约 40	约 500	1

$$m_w = \frac{m_i}{1 + 0.01w_i} \times 0.01(w - w_i) \qquad (T\ 0131\text{-}1)$$

式中:m_w——所需的加水量,g;

m_i——含水率 w_i 时土样的质量,g;

w_i——土样原有含水率,%;

w——要求达到的含水率,%。

5　试验结果计算

5.1　击实后各点的干密度按式(T 0131-2)计算。

$$\rho_d = \frac{\rho}{1 + 0.01w} \tag{T 0131-2}$$

式中:ρ_d——干密度,g/cm^3;

ρ——湿密度,g/cm^3;

w——含水率,%。

5.2　以干密度为纵坐标,含水率为横坐标,绘制干密度与含水率的关系式曲线,曲线上峰值点的纵、横坐标分别为最大干密度和最佳含水率。如曲线不能绘制出明显的峰值点,应进行补点或重做。

5.3　按式(T 0131-3)或式(T 0131-4)计算饱和曲线的饱和含水率 w_{max},并绘制饱和含水率与干密度的关系曲线图。

$$w_{max} = \left[\frac{G_s\rho_w(1 + w) - \rho}{G_s\rho}\right] \times 100 \tag{T 0131-3}$$

或

$$w_{max} = \left(\frac{\rho_w}{\rho_d} - \frac{1}{G_s}\right) \times 100 \tag{T 0131-4}$$

式中:w_{max}——饱和含水率,%,计算精确至0.01;

ρ——试样的湿密度;

ρ_w——水在4℃时的密度,g/cm^3;

ρ_d——试样的干密度,g/cm^3;

G_s——试样土粒相对密度,对于粗粒土,则为土中粗细颗粒的混合相对密度;

w——试样的含水率,%。

5.4　当试样中有大于40mm的颗粒时,应先取出大于40mm,并求得其百分率P,把小于40mm部分做击实试验,按下面公式分别对试验所得的最大干密度和最佳含水率进行校正(适用于大于40mm颗粒的含量小于30%时)。

最大干密度按式(T 0131-5)校正。

$$\rho'_{dm} = \frac{1}{\frac{1 - 0.01p}{\rho_{dm}} + \frac{0.01p}{\rho_w G'_s}} \tag{T 0131-5}$$

式中：ρ'_{dm}——校正后的最大干密度，g/cm³，计算精确至0.01；

ρ_{dm}——用粒径小于40mm的土样试验所得的最大干密度，g/cm³；

p——试料中粒径大于40mm颗粒的百分率，%；

G'_s——粒径大于40mm颗粒的毛体积比重，计算精确至0.01。

最佳含水率按式（T 0131-6）校正。

$$w'_0 = w_0(1 - 0.01p) + 0.01pw_2 \tag{T 0131-6}$$

式中：w'_0——校正后的最佳含水率，%，计算精确至0.01；

w_0——用粒径小于40mm的土样试验所得的最佳含水率，%；

p——同前；

w_2——粒径大于40mm颗粒的吸水量，%。

5.5 精密度和允许差。

本试验含水率需进行两次平行测定，取其算术平均值，允许平行差值应符合表（T 0131-4）的规定。

含水率测定允许平行差值 表 T 0131-4

含水率（%）	允许平行差值（%）	含水率（%）	允许平行差值（%）	含水率（%）	允许平行差值（%）
5以下	0.3	40以下	≤1	40以上	≤2

6 试验记录

土工击实试验记录示例见表T 0131-5。

7 试验规程

《公路土工试验规程》（JTG E40—2007）。

8 注意事项

8.1 试验前必须检查所用的仪器设备，确保设备功能正常。

8.2 选择合适的击实方法。

8.3 小试筒击实后，试样不应高出筒顶面5mm；大试筒击实后，试样不应高出筒顶面6mm。

8.4 如曲线不能绘制出明显的峰值点，应进行补点或重做。

8.5 本试验含水率需进行两次平行测定。

表 T 0131-5

土的击实试验记录表

击实试验记录表												
筒容积			$997cm^3$		击锤质量	4.5kg	每层击数	27 击	落距		45cm	
干密度	试验次数		1		2		3		4		5	
	筒+湿土质量	g	4 102		4 157		4 238		4 234		4 228	
	筒质量	g	2 026		2 026		2 026		2 026		2 026	
	湿土质量	g	2 076		2 131		2 212		2 208		2 202	
	湿密度	g/cm^3	2.08		2.14		2.22		2.22		2.21	
	干密度	g/cm^3	1.85		1.88		1.91		1.87		1.84	
含水率	盒号		001	002	003	004	005	006	007	008	009	010
	盒+湿土质量	g	95.90	95.63	108.46	115.03	95.41	85.43	93.45	87.52	100.33	93.36
	盒+二土质量	g	87.94	87.78	98.83	104.79	85.30	76.71	83.74	77.73	87.86	81.69
	盒质量	g	23.61	23.94	29.38	30.34	23.54	23.37	30.44	24.03	25.62	23.45
	水质量	g	7.96	7.85	9.63	10.24	10.11	8.77	9.71	9.79	12.47	11.67
	干土质量	g	64.33	63.84	69.45	74.45	61.76	53.34	53.3	53.7	62.24	58.24
	含水率	%	12.4	12.3	13.9	13.8	16.4	16.4	18.2	18.2	20.0	20.0
	平均含水率	%	12.3		13.8		16.4		18.2		20.0	

续上表

<table>
<tr><td colspan="8">击实试验记录表</td></tr>
<tr><td>筒　容　积</td><td>997cm³</td><td>击锤质量</td><td>4.5kg</td><td>每层击数</td><td>27 击</td><td>落　距</td><td>45cm</td></tr>
<tr><td>最大干密度
（g/cm³）</td><td>1.91</td><td colspan="6" rowspan="2">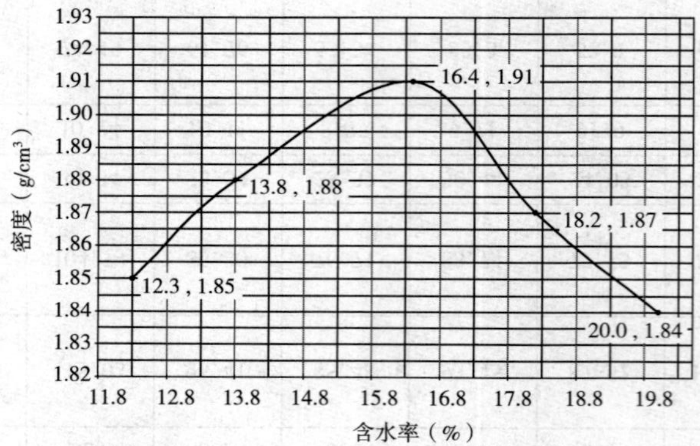
</td></tr>
<tr><td>最优含水率
（%）</td><td>16.4</td></tr>
<tr><td>结论</td><td colspan="7">该土在重型试验下测得的最大干密度为 1.91g/cm³，最佳含水率为 16.4%</td></tr>
</table>

土的承载比（CBR）试验（参照 T 0134—1993 执行）

1　目的和适用范围

1.1　本试验方法只适用于在规定的试筒内制件后，对各种土和路面基层、底基层材料进行承载比试验。

1.2　试样的最大粒径，宜控制在 20mm 以内，最大不得超过 40mm，且含量不超过 5%。

2　主要检测设备

2.1　圆孔筛：孔径 40mm、20mm 及 5mm 各一个。

2.2　试筒：内径 152mm、高 170mm 的金属圆筒；套环，高 50mm；筒内垫块，直径 151mm、高 50mm；夯击底板，同击实仪，电动击实仪如图 T 0134-1 所示。

2.3　夯锤和导管：夯锤的底面直径 50mm，总质量 4.5kg。夯锤在导管内的总行程为 450mm，夯锤的形式和尺寸与重型击实试验法所用的相同，CBR 测定仪如图T 0134-2 所示。

图 T 0134-1　电动击实仪

图 T 0134-2　CBR 测定仪

2.4　贯入杆，端面直径 50mm、长约 100mm 的金属柱。

2.5　路面材料强度仪或者其他荷载装置：能量不小于50kN，能调节贯入速度至每分钟贯入1mm。

2.6　百分表：3个。

3　试验准备

3.1　试样准备

将具有代表性的风干试料（必要时可在50℃烘箱内烘干），用木碾捣碎，但尽量注意不使土或粒料的单个颗粒破碎。土团均应捣碎到通过5mm的筛孔。采取有代表性的试料50kg，用40mm筛筛除大于40mm的颗粒，并记录超尺寸颗粒的百分数。将已过筛的试料按四分法取出约25kg。再用四分法将取出的试料分成4份，每份质量6kg，供击实试验和制试件之用。

3.2　在预定做击实试验前一天，取有代表性的试料测定其风干含水率。测定含水率用的试样数量可参照表T 0134-1。

3.3　仪器准备：检查CBR仪是否正常启动，贯入速度是否能控制在1mm/min。

测定含水率用试样的数量　　表T 0134-1

最大粒径(mm)	试验质量(g)	个　数
<5	15～20	2
约5	约50	1
约20	约250	1
约40	约500	1

4　试验步骤

4.1　称试筒本身质量（m_1），将试筒固定在底板上，将垫块放入筒中内，并在垫块上放一张滤纸，安上套环。

4.2　将试料按表T 0134-2规定的层数和每层击数进行击实，求试料的最大干密度和最佳含水率。

4.3　将其余3份试料，按最佳含水率制备3个试件。将一份试料平铺于金属盘内，按事先计算得的该份试料应加的水量按式（T 0134-1）均匀地喷洒在试料上。用小铲将试料充分拌和到均匀状态，然后装入密闭容器或塑料口袋内浸润备用。浸润时间：重黏土不得少于24h，轻黏土可缩短到12h，砂土可缩短到1h，天然砂砾可缩短到2h左右。制每一个试件时，都要取样测定试料的含水率。

击 实 试 验 方 法 种 类

表 T 0134-2

试验方法	类别	锤底直径（cm）	锤质量（kg）	落高（cm）	试筒尺寸		试样尺寸		层数	每层击数	击实功（kJ/cm^3）	最大粒径（mm）
					内径（cm）	高（cm）	高度（cm）	体积（cm^3）				
轻型	Ⅰ-1	5	2.5	30	10	12.7	12.7	997	3	27	598.2	20
	Ⅰ-2	5	2.5	30	15.2	17	12	2 177	3	59	598.2	40
重型	Ⅱ-1	5	4.5	45	10	12.7	12.7	997	5	27	2 687.0	20
	Ⅱ-2	5	4.5	45	15.2	17	12	2 177	3	98	2 677.2	40

$$m_w = \frac{m_i}{1 + 0.01w_i} \times 0.01(w - w_i) \quad \text{(T 0134-1)}$$

式中：m_w——所需的加水量，g；

m_i——含水率 w_i 时土样的质量，g；

w_i——土样原有含水率，%；

w——要求达到的含水率，%。

注：需要时，可制备三种干密度试件。如每种干密度试件制3个，则共制九个试件。每层击数分别为30次、50次和98次，使试件的干密度从低于95%到等于100%的最大干密度。这样，9个试件共需试料约55kg。

4.4　将试筒放在坚硬的地面上，取备好的试样分3次倒入筒内（视最大粒径而定），每层需试样1 700g左右（其量应使击实后的试样高出1/3筒高1～2mm）。整平表面，并稍加压紧，然后按规定的击数进行第一层试样的击实，击实时锤应自由垂直落下，锤迹必须均匀分布于试样面上。第一层击实完后，将试件层面"拉毛"，然后再装入套筒，重复上述方法进行其余每层试样的击实。大试筒击实后，试样不宜高出筒高10mm。

4.5　卸下套环，用直刮刀沿试筒顶修平击实的试件，表面不平整处用细集修补。取出垫块，称试筒和试件的质量（m_2）。

4.6　泡水测膨胀量的步骤如下：

4.6.1　在试件制成后，取下试件顶面的破残滤纸，放一张好滤纸，并在上安装附有调节杆的多孔板，在多孔板上加4块荷载板。

4.6.2　将试筒与多孔板一起放入槽中（先不放水），并用拉杆将模具拉紧，安装百分表，并读取初读数。

4.6.3　向水槽内放水，使水自由进到试件的顶部和底部。在泡水期间，槽中应保持在试件顶面以上大约25mm。通常试件要泡水4d。

4.6.4　泡水结束时，读取试件上百分表的终读数，并用式（T 0134-2）计算膨胀量：

$$\text{膨胀量} = \frac{\text{泡水后试件高度变化}}{\text{原试件高}(=12\text{mm})} \times 100 \quad \text{(T 0134-2)}$$

4.6.5　从水槽中取出试件，倒出试件顶面的水，静置15min，让其排水，然后卸去附加荷载和多孔板、底板和滤纸，并称量（m_3），以计算试件的湿度和密度的变化。

4.7　贯入试验：

4.7.1　将泡水试验终了的试件放到路面材料强度试验仪的升降台上，调整偏球座,使贯入杆与试件顶面全面接触,在贯入杆周围放置4块荷载板。

4.7.2　先在贯入杆上施加45N荷载,然后将测力和测变形的百分表的指针都调整至整数,并记读起始读数。

4.7.3　加荷使贯入杆以1~1.25mm/min的速度压入试件,记录测力计内百分表某些整读数(如20、40、60)时的贯入量,并注意使贯入量为250×10^{-2}mm时,能有5个以上的读数。因此,测力计内的第一个读数应是贯入量30×10^{-2}mm左右。

5　试验结果计算

5.1　以单位压力(p)为横坐标,贯入量(l)为纵坐标,绘制p-l关系曲线,如图T 0134-3所示。图上曲线1是合适的。曲线2开始段是凹曲线,需要进行修正。修正时在变曲率点引一切线,与纵坐标交于O'点,O'即为修正后的原点。

5.2　一般采用贯入量为2.5mm时的单位压力与标准压力之比作为材料的承载比(CBR),按式(T 0134-3)计算。

$$CBR = \frac{p}{7\ 000} \times 100 \quad (T\ 0134\text{-}3)$$

式中:CBR——承载比,%,计算至0.1;

p——单位压力,kPa。

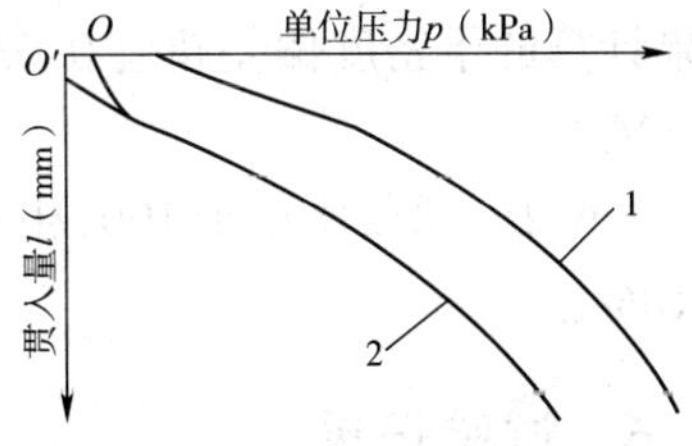

图T 0134-3　单位压力与贯入量的关系曲线

同时按式(T 0134-4)计算贯入量为5mm时的承载比。

$$CBR = \frac{p}{10\ 500} \times 100 \quad (T\ 0134\text{-}4)$$

如贯入量为5mm时的承载比大于2.5mm时的承载比,则试验要重作。如果仍然如此,则采用5mm时的承载比。

5.3　试件的湿密度用式(T 0134-5)计算。

$$\rho = \frac{m_2 - m_1}{2\ 177} \quad (T\ 0134\text{-}5)$$

式中:ρ——试件的湿密度,g/cm³,计算精确至0.01;

m_2——试筒和试件的和质量,g;

m_1——试筒的质量,g;

2 177——试筒的容积,cm³。

5.4　试件的干密度按式(T 0134-6)计算。

$$\rho_d = \frac{\rho}{1 + 0.01w} \quad (T\ 0134\text{-}6)$$

式中：ρ_d——试件的干密度，g/cm³，计算精确至 0.01；

w——试件的含水率。

5.5　泡水后试件的吸水量按式（T 0134-7）计算。

$$\omega_a = m_3 - m_2 \quad (T\ 0134\text{-}7)$$

式中：ω_a——泡水后试件的吸水量，g；

m_3——泡水后试筒和试件的和质量，g；

m_2——试筒和试件的合质量，g。

5.6　精密度和允许差

5.6.1　如根据 3 个平行试验结果计算得的承载比变异系数 C_V 大于 12%，则去掉一个偏离大的值，取其余 2 个结果的平均值。如果 C_V 小于 12%，且 3 个平行试验结果计算的干密度偏差小于 0.03g/cm³，则取 3 个结果的平均值。如 3 个试验结果计算的干密度偏差超过 0.03g/cm³，则去掉一个偏离大的值，取其 2 个结果的平均值。

5.6.2　承载比小于 100，相对偏差不大于 5%；承载比大于 100，相对偏差不大于 10%。

6　试验记录

土的承载比（CBR）试验记录示例见表 T 0134-3。

7　试验规程

《公路土工试验规程》（JTG E40—2007）。

8　注意事项

8.1　浸润时间：重黏土不得少于 24h，轻黏土可缩短到 12h，砂土可缩短到 1h，天然砂砾可缩短到 2h 左右。

8.2　加荷使贯入杆以 1 ~2.5mm/min 的速度压入试件。

8.3　如贯入量为 5mm 时的承载比大于 2.5mm 时的承载比，则试验要重做。如果仍然如此，则采用 5mm 时的承载比。

8.4　承载比小于 100，相对偏差不大于 5%；承载比大于 100，相对偏差不大于 10%。

8.5　路面材料强度仪或者其他荷载装置，建议能量不大于 10kN。

表 T 0134-3

土的承载比(CBR)试验记录表

土的承载比(CBR)试验记录表(1)

贯 入 试 验

荷载测力计百分表读数 R	单位压力 p(kPa) $p=C\times R/A$	左表读数(0.01mm)	右表读数(0.01mm)	平均值(0.01mm)	贯入量(mm)
103.2	223	51.3	50.9	51.5	0.51
105.4	361	101.4	102.2	101.8	1.02
108.3	544	150.8	150.6	150.7	1.51
111.2	727	200.0	200.6	200.3	2.00
112.6	815	251.1	250.3	250.7	2.51
113.5	872	301.3	300.9	301.1	3.01
114.0	904	352.1	352.1	352.1	3.52
114.6	941	400.8	401.5	401.2	4.01
115.4	992	450.7	451.1	450.9	4.51
116.0	1 030	500.8	500.6	500.7	5.01

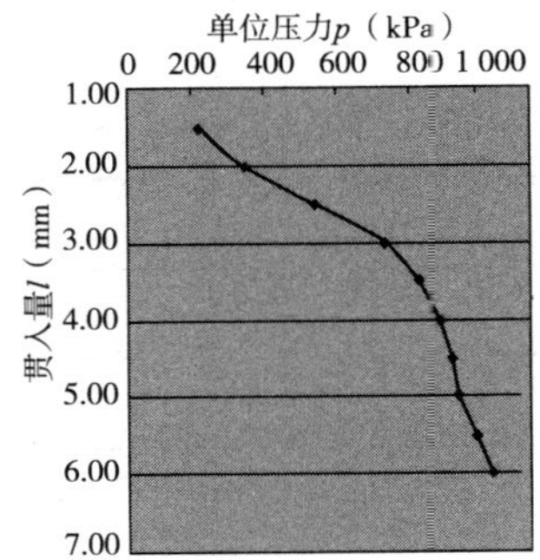

续上表

贯入试验				
膨胀量	试验次数	1	2	3
	筒号	26		—
	泡水前试件高度(mm)	120	—	—
	泡水后试件高度(mm)	120.73	—	—
	膨胀量(%)	0.608	—	—
密度	筒质量(g)	4 705	—	—
	筒+试件质量(g)	9 244	—	—
	筒体积(cm^3)	2 177	—	—
	湿密度(g/cm^3)	2.08	—	—
	含水率(%)	16.0	—	—
	干密度(g/cm^3)	1.80	—	—
吸水量	泡水后筒+试件合质量(g)	9 307	—	—
	吸水量(g)	63	—	—
量力环校正系数 $C=R\times0.1238-12.339$		贯入杆面积(m^2):1.9635×10^{-3}		
贯入量为2.5mm时的承载比(%)		11.6	贯入量为5mm时的承载比(%)	9.8

续上表

土的承载比(CBR)试验记录表(2)

贯 入 试 验

荷载测力计百分表读数 R	单位压力 p(kPa) $p=C\times R/A$	左表读数(0.01mm)	右表读数(0.01mm)	平均值(0.01mm)	贯入量 l(mm)
104.2	286	48.1	48.5	48.3	0.48
107.2	475	100.9	100.2	100.6	1.01
110.3	670	151.0	151.5	151.2	1.51
112.2	790	199.9	200.7	200.3	2.00
113.0	841	250.7	250.9	250.8	2.51
113.8	891	301.8	300.7	301.2	3.01
114.3	923	350.7	350.7	350.7	3.51
114.8	954	401.4	401.2	401.3	4.01
115.4	992	450.8			4.51
116.1	1 036	500.4			5.00

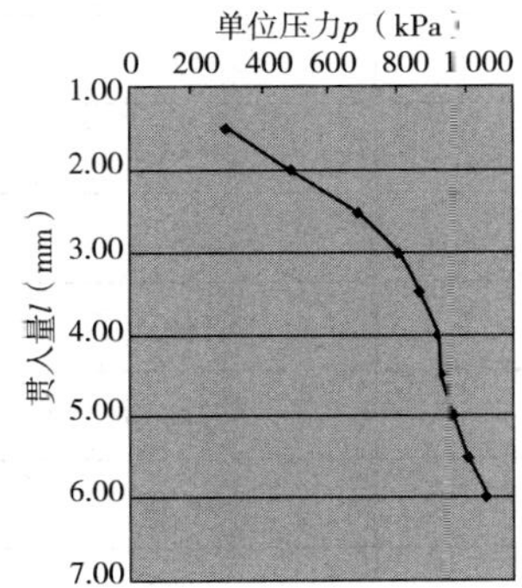

续上表

贯入试验				
	试验次数	1	2	3
膨胀量	筒号	—	27	—
	泡水前试件高度(mm)	—	120	—
	泡水后试件高度(mm)	—	120.65	—
	膨胀量(%)	—	0.542	—
密度	筒质量(g)	—	4 160	—
	筒+试件质量(g)	—	8 787	—
	筒体积(cm^3)	—	2 177	—
	湿密度(g/cm^3)	—	2.13	—
	含水率(%)	—	16.0	—
	干密度(g/cm^3)	—	1.83	—
吸水量	泡水后筒+试件合质量(g)	—	8 857	—
	吸水量(g)	—	70	—
量力环校正系数 $C=R\times0.1238-12.339$		贯入杆面积(m^2):1.9635×10^{-3}		
贯入量为2.5mm时的承载比(%)		12.0	贯入量为5mm时的承载比(%)	9.9

续上表

土的承载比(CBR)试验记录表(3)

贯入试验

荷载测力计百分表读数 R	单位压力 P(kPa) $P=C\times R/A$	百分表读数(0.01mm)	贯入量 l(mm)	
103.5	242	50.6	0.51	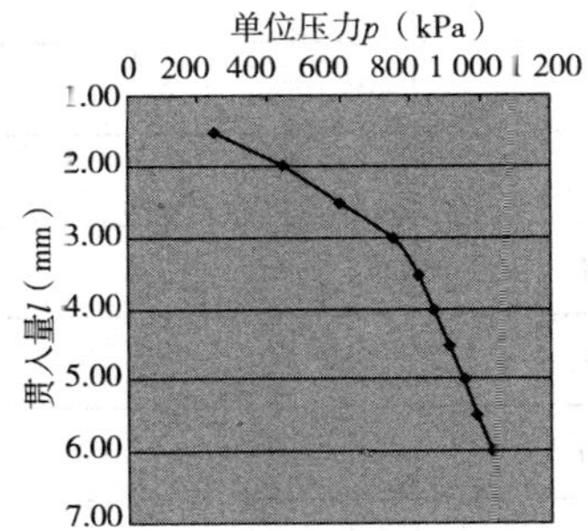
106.7	443	100.6	1.01	
109.2	601	150.8	1.51	
111.6	752	201.2	2.01	
112.7	822	250.7	2.51	
113.4	866	301.2	3.01	
114.1	910	353.6	3.54	
114.8	954	401.3	4.01	
115.4	992	450.6	4.51	
116.1	1 036	500.6	5.01	

续上表

贯入试验				
	试验次数	1	2	3
膨胀量	筒号	—	—	28
	泡水前试件高度(mm)	—	—	120
	泡水后试件高度(mm)	—	—	120.64
	膨胀量(%)	—	—	0.533
密度	筒质量(g)	—	—	4 096
	筒+试件质量(g)	—	—	8 725
	筒体积(cm^3)	—	—	2 177
	湿密度(g/cm^3)	—	—	2.13
	含水率(%)	—	—	16.0
	干密度(g/cm^3)	—	—	1.83
吸水量	泡水后筒+试件合质量(g)	—	—	8 795
	吸水量(g)	—	—	70
量力环校正系数 $C=R\times0.1238-12.339$		贯入杆面积(m^2):1.9635×10^{-3}		
贯入量为2.5mm时的承载比(%)		11.7	贯入量为5mm时的承载比(%)	9.9
结论:击实次数为98次时,该土的三次膨胀量平均值为0.561%,干密度平均值为1.82g/cm^3,吸水量平均值为68g,CBR平均值为11.8%,变异系数为1.8%<12%				

第三分册　无机结合料试验

水泥或石灰稳定材料中水泥或石灰剂量测定方法
(EDTA 滴定法)(参照 T 0809—2009 执行)

1　目的与适用范围

1.1　本方法适用于在工地快速测定水泥和石灰稳定材料中水泥和石灰的剂量,并可用于检查现场拌和和摊铺的均匀性。

1.2　本方法适用于水泥终凝之前的水泥含量测定,现场土样的石灰剂量应在路拌后尽快测试,否则需要用相应龄期的 EDTA 二钠标准溶液消耗量的标准曲线确定。

1.3　本方法也可以用来测定水泥和石灰综合稳定材料中结合料的剂量。

2　主要检测设备

2.1　电子天平:量程不小于 1 500g,感量 0.01g,如图T 0809-1 所示。

2.2　滴定设备,如图 T 0809-2 所示。

图 T 0809-1　电子天平(感量 0.01g)

图 T 0809-2　滴定设备

3　试验准备

3.1　试剂准备

3.1.1　0.1mol/L 乙二胺四乙酸二钠(EDTA 二钠)标准溶液(简称 EDTA 二钠

标准溶液):准确称取 EDTA 二钠(分析纯)37.23g,用 40 ~ 50℃无二氧化碳的蒸馏水溶解,待全部溶解并冷却至室温后,定容至 1 000mL。

3.1.2　10%氯化铵(NH_4Cl)溶液:将 500g 氯化铵(分析纯或化学纯)放在 10L 的聚乙烯桶内,加蒸馏水 4 500mL,充分振荡,使氯化铵完全溶解。也可以分批在 1 000mL的烧杯内配制,然后倒入塑料桶内摇匀。

3.1.3　1.8%氢氧化钠(内含三乙醇胺)溶液:用电子天平称 18g 氢氧化钠($NaOH$)(分析纯),放入洁净干燥的1 000mL烧杯中,加 1 000mL 蒸馏水使其全部溶解,待溶液冷却至室温后,加入 2mL 三乙醇胺(分析纯),搅拌均匀后储于塑料桶中。

3.1.4　钙红指示剂:将 0.2g 钙试剂羧酸钠(分子式 $C_{21}H_{13}N_2NaO_7S$,分子量 460.39)与 20g 预先在 105℃供箱中烘 1h 的硫酸钾混合。一起放入研钵中,研成极细粉末,储于棕色广口瓶中,以防吸潮。

3.2　准备标准曲线

3.2.1　取样:取工地用石灰和土,风干后用烘干法测其含水率(如为水泥,可假定含水率为0)。

3.2.2　混合料组成的计算:

(1)公式:干料质量 = 湿料质量/(1 + 含水率)。

(2)计算步骤:

①干混合料质量 = 湿混合料质量/(1 + 最佳含水率);

②干土质量 = 干混合料质量/(1 + 石灰或水泥剂率);

③干石灰或水泥质量 = 干混合料质量 - 干土质量;

④湿土质量 = 干土质量 ×(1 + 土的风干含水率);

⑤湿石灰质量 = 干石灰质量 ×(1 + 石灰的风干含水率);

⑥石灰土中应加入的水 = 湿混合料质量 - 湿土质量 - 湿石灰质量。

3.2.3　准备 5 种试样,每种两个样品(以水泥稳定材料为例),如为水泥稳定中、粗粒土,每个样品取 1 000g 左右(如为细粒土,则可称取 300g 左右)准备试验。为了减少中、粗粒土的离散,宜按设计级配单份掺配的方式备料。

5 种混合料的水泥剂量,应为水泥剂量为 0,最佳水泥剂量左右、最佳水泥剂量 ±2%和 4%,每种剂量取两个(为湿质量)试样,共 10 个试样,并分别放在 10 个大口聚乙烯桶(如为稳定细粒土,可用搪瓷杯或 1 000mL 具塞三角瓶;如为粗粒土,可用 5L 的大口聚乙烯桶)内。土的含水量应等于工地预期达到的最佳含水率,土中所加的水应与工地所用的水相同。

3.2.4　取一个盛有试样的盛样器,在盛样器内加入 2 倍试样质量(湿料质量)

体积的10%氯化铵溶液，如湿料质量为300g，则氯化铵溶液为600mL；如湿料质量为1 000g，则氯化铵溶液为2 000mL。料为300g，则搅拌3min（每分钟搅110～120次）；料为1 000g，则搅拌5min。如用1 000mL具塞三角瓶，则手握三角瓶（瓶口向上）用力振荡3min（每分钟120次±5次），以代替搅拌棒搅拌。放置沉淀10min，然后将上部清液转移到300mL烧杯内，搅匀，加盖表面皿待测。

3.2.5　用移液管吸取上层（液面上1～2cm）悬浮液10.0mL放入200mL的三角瓶内，用量管量取1.8%氢氧化钠（内含三乙醇胺）溶液50mL倒入三角瓶中，此时溶液pH值为12.5～13.0（可用pH12～14精密试纸检验），然后加入钙红指示剂（质量约为0.2g），摇匀，溶液呈玫瑰红色。记录滴定管中二钠标准溶液的体积V_1，然后用EDTA二钠标准溶液滴定，边滴定边摇匀，并仔细观察溶液的颜色；在溶液颜色变为紫色时，放慢滴定速度，并摇匀；直到纯蓝色为终点，记录滴定管中EDTA二钠标准溶液体积V_2（以mL计，读至0.1mL）。计算V_1-V_2，即为EDTA二钠标准溶液的消耗量。

3.2.6　对其他几个盛样器中的试样，用同样的方法进行试验，并记录各自的EDTA二钠标准溶液的消耗量。

3.2.7　以同一水泥或石灰剂量稳定材料EDTA二钠标准溶液消耗量（mL）的平均值为纵坐标，以水泥或石灰剂量（%）为横坐标制图。两者的关系应是一根顺滑的曲线，如图T 0809-3所示。如素土、水泥或石灰改变，必须重做标准曲线。

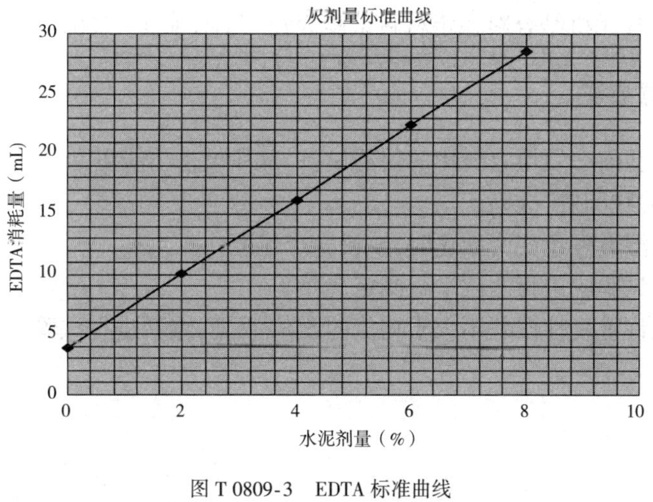

图T 0809-3　EDTA标准曲线

4 试验步骤

4.1 选取有代表性的无机结合料稳定材料,对稳定中、粗粒土取试样约 3 000g,对稳定细粒土取试样约 1 000g。

4.2 对水泥或石灰稳定细粒土,称 300g 放在搪瓷杯中,用搅拌棒将结块搅散,加 600mL 10% 氯化铵溶液,对水泥或石灰稳定中、粗粒土,可直接取 1 000g 左右,放入2 000mL 10% 氯化铵溶液,然后如前述步骤进行试验。

4.3 利用所绘制的标准曲线,根据 EDTA 二钠标准溶液消耗量,确定混合料中的水泥或石灰剂量。

5 试验结果计算

本试验应进行两次平行测定,取算术平均值,精确至 0.1mL。允许重复性误差不大于均值的 5%,否则,重新进行试验。

6 试验记录

水泥或石灰稳定材料中水泥或石灰剂量测定方法(EDTA 滴定法)记录示例见表 T 0809-1。

7 试验规程

《公路工程无机结合料稳定材料试验规程》(JTG E51—2009)。

8 注意事项

8.1 试验前必须检查所用的仪器设备,确保设备功能正常。

8.2 溶液配制需准确。

8.3 在溶液颜色变为紫色时,放慢滴定速度。

8.4 本试验应进行两次平行测定。

8.5 允许重复性误差不大于均值的 5%,否则,重新进行试验。

水泥或石灰剂量试验记录表

表 T 0809-1

试验编号	现场混合料试验结果				标准曲线		
	初读数 V_1（mL）	初读数 V_2（mL）	EDTA 耗量（mL）	查标准曲线对应的剂量（%）	平均值（%）	拟配剂量（%）	EDTA 耗量（mL）
1	0.3	13.5	13.2	6.8	6.8	3	6.3
	13.5	26.9	13.4	6.9		4	8.3
2	1.1	13.0	11.9	6.0	6.1	5	10.2
	13.0	25.2	12.2	6.2		6	11.9
3	0.8	12.7	11.9	6.0	6.0	7	13.5
	12.7	24.8	12.1	6.1			
4	1.0	13.8	12.8	6.6	6.5		
	13.8	26.3	12.5	6.4			
5	0.4	12.8	12.4	6.3	6.3		
	12.8	25.2	12.4	6.3			
6	0.3	13.3	13.0	6.7	6.7		
	13.3	26.3	13.0	6.7			

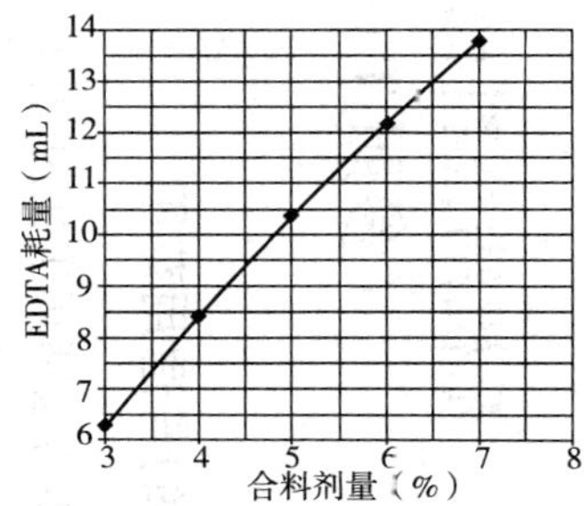

无机结合料稳定材料击实试验方法
(参照 T 0804—1994 执行)

1 目的与适用范围

1.1 本方法适用于在规定的试筒内,对水泥稳定材料(在水泥水化前)、石灰稳定材料及石灰(或水泥)粉煤灰稳定材料进行击实试验,以绘制稳定材料的含水率—干密度关系曲线,从而确定其最佳含水率和最大干密度。

1.2 试验集料的公称最大粒径宜控制在 37.5mm 以内(方孔筛)。

1.3 试验方法类别。本试验方法分 3 类,各类击实方法的主要参数列于表T 0804-1。

试验方法类别表　　表 T 0804-1

类别	锤的质量(kg)	锤击面直径(cm)	落高(cm)	试筒尺寸			锤击层数	每层锤击次数	平均单位击实功(J)	容许最大公称粒径(mm)
				内径(cm)	高(cm)	容积(cm)				
甲	4.5	5.0	45	10.0	12.7	997	5	27	2.687	19.0
乙	4.5	5.0	45	15.2	12.0	2 177	5	59	2.687	19.0
丙	4.5	5.0	45	15.2	12.0	2 177	3	98	2.677	37.5

2 主要检测设备

2.1 击实筒:小型,内径 100mm、高 127mm 的金属圆筒,套环高 50mm,底座;大型,内径 152mm、高 170mm 的金属圆筒,套环高 50mm,直径 151mm 和高 50mm 的筒内垫块,底座。

2.2 多功能自控电动击实仪:击锤的底面直径 50mm,总质量 4.5kg。击锤在导管内的总行程为 450mm。可设置击实次数,并保证击锤自由垂直落下,落高 450mm,锤迹均匀分布于试样面,如图 T 0804-1 所示。

图 T 0804-1　电动击实仪

2.3　电子天平：量程 4 000g，感量 0.01g，如图 T 0804-2 所示。

2.4　电子天平：量程 15kg，感量 0.1g，如图 T 0804-3 所示。

图 T 0804-2　电子天平（感量 0.01g）

图 T 0804-3　电子天平（感量 0.1g）

3　试验准备

3.1　试样准备

3.1.1　将具有代表性的风干试料（必要时，也可以在 50℃烘箱内烘干）用木锤捣碎或用木碾碾碎。土团均应破碎到能通过 4.75mm 的筛孔。但应注意不使粒料的单个颗粒破碎或不使其破碎程度超过施工中拌和机械的破碎率。

3.1.2　如试料是细粒土，将已破碎的具有代表性的土过 4.75mm 筛备用（用甲法或乙法做试验）。

3.1.3　如试料中含有粒径大于 4.75mm 的颗粒，则先将试料过 19mm 筛；如存留在 19mm 筛上的颗粒的含量不超过 10%，则过 26.5mm 筛，留作备用（用甲法或乙法做试验)。

3.1.4 如试料中粒径大于19mm的颗粒含量超过10%,则将试料过37.5mm筛;如果存留在37.5mm筛上的颗粒的含量不超过10%,则过53mm筛备用(用丙法试验)。

3.1.5 每次筛分后,均应记录超尺寸颗粒的百分率P。

3.1.6 在预定做击实试验的前一天,取有代表性的试料测定其风干含水率。对于细粒土,试样应不少于100g;对于中粒土,试样应不少于1 000g;对于粗粒土的各种集料,试样应不少于2 000g。

3.2 仪器准备

3.2.1 在试验前用游标卡尺准确测量试模的内径、高和垫块的厚度,以计算试筒的容积。

3.2.2 在试验前应将试验所需要的各种仪器设备准备齐全,测量设备应满足精度要求;调试击实仪器,检查其运转是否正常。

4 试验步骤

4.1 甲法

4.1.1 将已筛分的试样用四分法逐次分小,至最后取出10~15kg试料。再用四分法将已取出的试料分成5~6份,每份试料的干质量为2.0kg(对于细粒土)或2.5kg(对于各种中粒土)。

4.1.2 预定5~6个不同含水率,依次相差0.5%~1.5%,且其中至少有两个大于和两个小于最佳含水率。

注:对于中、粗粒土,在最佳含水率附近取0.5%,其余取1%。对于细粒土,取1%,但对于黏土,特别是重黏土,可能需要取2%。

4.1.3 按预定含水率制备试样。将1份试料平铺于金属盘内,将事先计算得的该份试料中应加的水量均匀地喷洒在试料上,用小铲将试料充分拌和到均匀状态(如为石灰稳定材料、石灰粉煤灰综合稳定材料、水泥粉煤灰综合稳定材料和水泥、石灰综合稳定材料,可将石灰、粉煤灰和试料一起拌匀),然后装入密闭容器或塑料口袋内浸润备用。

浸润时间要求:黏质土12~24h,粉质土6~8h,砂类土、砂砾土、红土砂砾、级配砂砾等可以缩短到4h左右,含土很少的未筛分碎石、砂砾和砂可缩短到2h。浸润时间一般不超过24h。

应加水量可按式(T 0804-1)计算。

$$m_w = \left(\frac{m_n}{1+0.01w_n} + \frac{m_c}{1+0.01w_c}\right) \times 0.01w - \frac{m_n}{1+0.01w_n} \times 0.01w_n - \frac{m_c}{1+0.01w_c} \times 0.01w_c \quad (T\ 0804\text{-}1)$$

式中：m_w——混合料中应加的水量，g；

m_n——混合料中素土（或集料）的质量，g；其原始含水率为 w_n，即风干含水率，%；

m_c——混合料中水泥或石灰的质量，g；其原始含水率为 w_c，%；

w——要求达到的混合料的含水率，%。

4.1.4 将所需要的稳定剂水泥加到浸润后的试料中，并用小铲、泥刀或其他工具充分拌和到均匀状态。水泥应在土样击实前逐个加入。加有水泥的试样拌和后，应在 1h 内完成击实试验，拌和后超过 1h 的试样，应予作废（石灰稳定材料和石灰粉煤灰稳定材料除外）。

4.1.5 试筒套环与击实底板应紧密联结。将击实筒放在坚实地面上，取制备好的试样（用四分法）400 ~ 500g（其量应使击实后的试样等于或略高于筒高的 1/5）倒入筒内，整平其表面并稍加压紧，然后按所需击数进行第 1 层试样的击实。第 1 层击实完后，检查该层高度是否合适，以便调整以后几层的试样用量。用刮土刀或螺丝刀将已击实层的表面“拉毛”，然后重复上述做法，进行其余 4 层试样的击实。最后一层试样击实后，试样超出试筒顶的高度不得大于 6mm，超出高度过大的试件应该作废。

4.1.6 用刮刀沿套环内壁削挖（使试样与套环脱离）后，扭动并取下套环。齐筒顶细心刮平试样，并拆除底板。如试样底面略凸出筒外或有孔洞，则应细心刮平或修补。最后用工字形刮平尺齐筒顶和筒底将试样刮平。擦净试筒的外壁，称其质量 m_1。

4.1.7 用脱模器推出筒内试样。从试样内部从上到下取两个有代表性的样品（可将脱出试件用锤打碎后，用四分法采取），测定其含水率，计算至 0.1%。两个试样的含水量的差值不得大于 1%。所取样品的数量见表 T 0804-2（如只取一个样品测定含水量，则样品的质量应为表列数值的 2 倍）。擦净试筒，称其质量 m_2。

烘箱的温度应事先调整到 110℃左右，以使放入的试样能立即在 105 ~ 110℃的温度下烘干。

测稳定土含水率的样品数量　　表 T 0804-2

公称最大粒径(mm)	样品质量(g)
2.36	约 50
19	约 300
37.5	约 1 000

4.1.8　按本款第③~⑦项的步骤进行其余含水率下稳定土的击实和测定工作。凡已用过的试样,一律不再重复使用。

4.2　乙法

4.2.1　在缺乏内径 10cm 的试筒时,以及在需要与承载比等试验结合起来进行时,采用乙法进行击实试验。本法更适宜于公称最大粒径达 19mm 的集料。

4.2.2　将已过筛的试料用四分法逐次分小,至最后取出约 30kg 试料。再用四分法将取出的试料分成 5~6 份,每份试料的干重约为 4.4kg(细粒土)或 5.5kg(中粒土)。

4.2.3　以下各步的做法与 4.1.2~4.1.8 项相同,但应该先将垫块放入筒内底板上,然后加料并击实。所不同的是,每层需取制备好的试样约 900g(对于水泥或石灰稳定细粒土)或 1100g(对于稳定中粒土),每层的锤击次数为 59 次。

4.3　丙法

4.3.1　将已过筛的试料用四分法逐次分小,至最后取出约 33kg 试料。再用四分法将取出的试料分成 6 份(至少要 5 份),每份重约 5.5kg(风干质量)。

4.3.2　预定 5~6 个不同含水率,依次相差 0.5%~1.5%。在估计的最佳含水率左右可只差 0.5%~1%。

注:对于水泥稳定类材料,在最佳含水率附近取 0.5%;对于石灰、二灰稳定类材料,根据具体情况在最佳含水率附近取 1%。

4.3.3　同甲法 4.1.3。

4.3.4　同甲法 4.1.4。

4.3.5　将试筒、套环与夯击底板紧密地联结在一起,并将垫块放在筒内底板上。击实筒应放在坚实地面上,取制备好的试样 1.8kg 左右[其量应使击实后的试样略高于(高出 1~2mm)筒高的 1/3]倒入筒内,整平其表面,并稍加压紧。然后按所需击数进行第 1 层试样的击实。第 1 层击实完后检查该层的高度是否合适,以便调整以后两层的试样用量。用刮土刀或螺丝刀将已击实的表面"拉毛",然后重复上述做法,进行其余两层试样的击实。最后一层试样击实后,试样超出试筒顶的高度不得大于 6mm。超出高度过大的试件应作废。

4.3.6　用刮土刀沿套环内壁削挖(使试样与套环脱离)后,扭动并取下套环。

齐筒顶细心刮平试样，并拆除底板，取走垫块。擦净试筒的外壁，称其质量。

4.3.7　用脱模器推出筒内试样。从试样内部从上到下取两个有代表性的样品(可将脱出试件用锤打碎后，用四分法采取)，测定其含水率，计算至0.1%。两个试样的含水率的差值不得大于1%。所取样品的数量应不少于700g，如只取一个样品测定含水率，则样品的数量应不少于1 400g。烘箱的温度应事先调整至110℃左右，以使放入的试样能立即在105～110℃的温度下烘干。

4.3.8　按本款第4.3.3～4.3.7项进行其余含水率下稳定土的击实和测定。凡已用过的试料，一律不再重复使用。

5　试验结果计算

5.1　稳定材料湿密度计算

按式(T 0804-2)计算每次击实后稳定土的湿密度。

$$\rho_{\mathrm{w}}=\frac{m_1-m_2}{V} \tag{T 0804-2}$$

式中：ρ_{w}——稳定土湿密度，g/cm^3；

m_1——试筒和湿试样的总质量，g；

m_2——试筒的质量，g；

V——试筒的容积，cm^3。

5.2　稳定材料干密度计算

按式(T 0804-3)计算每次击实后稳定土的干密度。

$$\rho_{\mathrm{d}}=\frac{\rho_{\mathrm{w}}}{1+0.01w} \tag{T 0804-3}$$

式中：ρ_{d}——试样的干密度，g/cm^3；

w——含水率，%。

5.3　制图

5.3.1　以干密度为纵坐标，以含水率为横坐标，在普通直角坐标纸上绘制干密度与含水率的关系曲线。曲线必须为凸形的，如试验点不足以连成完整的凸形曲线，则应该进行补充试验。

5.3.2　将试验各点采用二次曲线方法拟合曲线，曲线的峰值点对应的含水率及干密度即为最佳含水量和最大干密度。

5.4　超尺寸颗粒的校正

当试样中大于规定最大粒径的超尺寸颗粒的含率为5%～30%时，按下式对试验所得最大干密度和最佳含水率进行校正(超尺寸颗粒的含率小于5%时，可以不进行校正)。

5.4.1 最大干密度按式(T 0804-4)校正。

$$\rho'_{dm} = \rho_{dm}(1 - 0.01p) + 0.9 \times 0.01pG'_a \quad (T\ 0804\text{-}4)$$

式中:ρ'_{dm}——校正后的最大干密度,g/cm³;

ρ_{dm}——试验所得的最大干密度,g/cm³;

p——试样中超尺寸颗粒的百分率,%;

G'_a——超尺寸颗粒毛体积相对密度。

5.4.2 最佳含水率按式(T 0804-5)校正。

$$w'_0 = w_0(1 - 0.1p) + 0.01pw_a \quad (T\ 0804\text{-}5)$$

式中:w'_0——校正后的最佳含水率,%;

w_0——试验所得的最佳含水率,%;

p——试样中超尺寸颗粒的百分率,%;

w_a——超尺寸颗粒的吸水率,%。

注:超尺寸颗粒的含量少于5%时,它对最大干密度的影响位于平行试验的误差范围内。

5.5 结果整理

5.5.1 应做两次平行试验,取两次试验的平均值作为最大干密度和最佳含水率。两次重复性试验最大干密度的差不应超过0.05g/cm³(稳定细粒土)和0.08g/cm³(稳定中粒土和粗粒土),最佳含水率的差不应超过0.5%(最佳含水率小于10%)和1.0%(最佳含水率大于10%)。超出上述规定值,应重做试验,直到满足精度要求。

5.5.2 混合料密度计算应保留小数点后3位有效数字,含水率应保留小数点后1位有效数字。

6 试验记录

无机结合料稳定材料击实试验记录示例,见表T 0804-3。

7 试验规程

《公路工程无机结合料稳定材料试验规程》(JTG E51—2009)

8 注意事项

8.1 浸润时间要求:黏质土12~24h,粉质土6~8h,砂类土、砂砾土、红土砂砾、级配砂砾等可以缩短到4h左右,含土很少的未筛分碎石、砂砾和砂可缩短到2h。浸润时间一般不超过24h。

稳定材料击实试验记录表

表 T 0804-3

筒容积		997			击锤质量		4.5	每层击数	27	落距	45
干密度	试验次数		1		2		3		4		5
	筒+湿土质量	g	3 937.6		3 972.5		4 018.2		4 006.9		3 996.7
	筒质量	g	2 026.0		2 026.0		2 026.0		2 026.0		2 026.0
	湿土质量	g	1 911.6		1 946.5		1 992.2		1 980.9		1 970.7
	湿密度	g/cm³	1.917		1.952		1.998		1.987		1.977
	干密度	g/cm³	1.707		1.722		1.745		1.720		1.699
含水率	盒号		12	35	214	56	102	201	23	34	108	14
	盒+湿土质量	g	95.36	94.27	98.56	102.13	81.28	73.06	94.35	94.12	85.46	80.63
	盒+干土质量	g	87.31	86.53	89.67	92.88	75.20	67.02	85.02	84.31	76.78	72.5
	盒质量	g	22.18	23.34	22.65	24.02	32.64	25.99	23.34	22.67	23.45	23.18
	水质量	g	8.05	7.74	8.89	9.25	6.08	6.04	9.33	9.81	8.68	8.13

续上表

筒容积		997			击锤质量		4.5		每层击数	27	落距	45
含水率	干土质量	g	65.13	63.19	67.02	68.86	42.56	41.03	61.68	61.64	53.33	49.32
	含水率	%	12.4	12.2	13.3	13.4	14.3	14.7	15.1	15.9	16.3	16.5
	平均含水率	%	12.3		13.3		14.5		15.5		16.4	

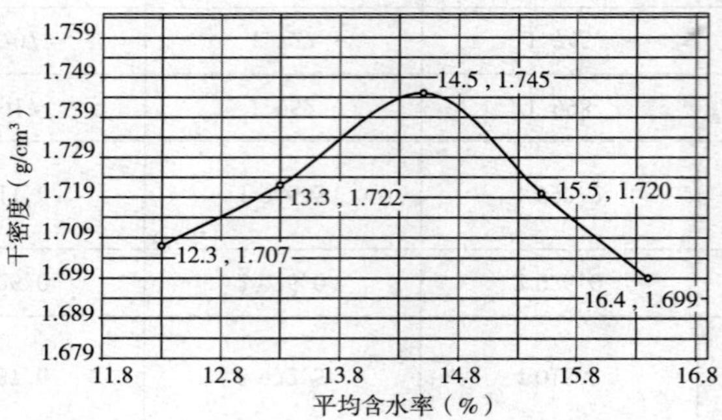

8.2　加有水泥的试样拌和后，应在1h内完成下述击实试验，拌和后超过1h的试样，应予作废。

8.3　最后一层试样击实后，试样超出试筒顶的高度不得大于6mm，超出高度过大的试件应该作废。

8.4　烘箱的温度应事先调整到110℃左右，以使放入的试样能立即在105～110℃的温度下烘干。

8.5　两次重复性试验最大干密度的差不应超过0.05g/cm^3（稳定细粒土）和0.08g/cm^3（稳定中粒土和粗粒土），最佳含水率的差不应超过0.5%（最佳含水率小于10%）和1.0%（最佳含水率大于10%）。超出上述规定值，应重做试验，直到满足精度要求。

无机结合料稳定材料无侧限抗压强度试验方法
(参照 T 0805—1994 执行)

1 目的与适用范围

本方法适用于测定无机结合料稳定材料(包括稳定细粒土、中粒土和粗粒土)试件的无侧限抗压强度。

2 主要检测设备

2.1 压力机或万能试验机(也可用路面强度试验仪和测力计):压力机应符合现行《液压式压力试验机》(GB/T 3722—1992)及《试验机通用技术要求》(GB/T 2611—2007)中的要求,其测量精度为 ±1%,同时应具有加载速率指示装置或加载速率控制装置。上下压板平整并具有足够的刚度,可以均匀的连续加载卸载,可以保持固定荷载。开机停机均灵活自如,能够满足试件吨位要求,且压力机加载速率应控制在 1mm/min,如图 T 0805-1 所示。

图 T 0805-1 电液式抗折试验机

2.2 电子天平:量程 15kg,感量 0.1g,如图 T 0805-2 所示;量程 4 000g,感量 0.01g,如图T 0805-3 所示。

图 T 0805-2 电子天平(感量0.01g)

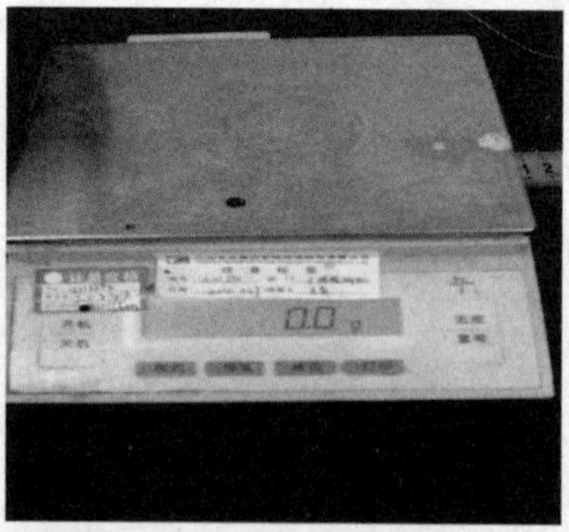

图 T 0805-3 电子天平(感量0.1g)

3 试验准备

3.1 试件制备

3.1.1 将具有代表性的风干试料(必要时,可以在50℃烘箱内烘干),用木锤和木碾捣碎,但应避免破碎粒料原粒径。按照公称最大粒径的大一级筛,将土过筛并进行分类。

3.1.2 在预定做实验的前一天,取有代表性的试料测定起风干含水率。对于细粒土,试样应不小于100g;对于中粒土,试样应不少于1 000g;对于粗粒土,试样的质量应不少于2 000g。

3.1.3 按T 0804—1994确定无机结合料的最佳含水率和最大干密度。

3.1.4 根据击实结果,称取一定质量的风干土,其质量随试件大小而变。对ϕ50mm×50mm的试件,1个试件需干土180~210g;对ϕ100mm×100mm的试件,1个试件需干土1 700~1 900g;对ϕ150mm×150mm的试件,1个试件需干土5 700~6 000g。

3.1.5 对于细粒土,一次可称取6个试件的土;对于中粒土,一次宜称取一个试件的土;对于粗粒土,一次只称取一个试件的土。

3.1.6 将成型用的模具擦拭干净,并涂抹机油。成型中、粗粒土时,试模筒的数量应与每组试件的个数相配套。上下垫块应与试模筒相配套,上下垫块能够刚好放入试筒内上下自由移动(一般来说,上下垫块直径比试筒内径小约0.2mm)且上下垫块完全放入试筒后,试筒内未被上下垫块占用的空间体积能满足径高比为1:1的设计要求。

3.1.7 对于无机结合料稳定细粒土,至少应该制备6个试件;对于无机结合料稳定中粒土和粗粒土,至少应该分别制备9个和13个试件。

3.1.8 根据击实结果和无机结合料的配合比按式JTG E51-6计算每份料的加水量、无机结合料的质量。

3.1.9 将称好的土样放在长方盘(约400mm×600mm×70mm)内。向土中加水拌料、闷料。石灰稳定材料、水泥和石灰综合稳定材料、水泥粉煤灰综合稳定材料,可将石灰或粉煤灰和土一起拌和,将拌和均匀后的试料放在密闭容器或塑料袋(封口)内浸润备用。对于细粒土(特别是黏性土),浸润时间的含水率应比最佳含水率小3%;对于中粒土和粗粒土,可按最佳含水率加水;对于水泥稳定类材料,加水量应比最佳含水率小1%~2%。

注:应加的水量可按式(T 0805-1)计算。

$$m_w = \left(\frac{m_n}{1+0.01w_n} + \frac{m_c}{1+0.01w_c}\right) \times 0.01w - \frac{m_n}{1+0.01w_n} \times 0.01w_n - \frac{m_c}{1+0.01w_c} \times 0.01w_c \tag{T 0805-1}$$

式中：m_w——混合料中应加的水量，g；

m_n——混合料中素土（或集料）的质量，g，其含水率为 w_n（风干含水率），%；

m_c——混合料中水泥或石灰的质量，g，其原始含水率为 w_c，%（水泥的 w_c 通常很小，也可以忽略不计）；

w——要求达到的混合料的含水率，%。

浸润时间要求：黏质土 12～24h，粉质土 6～8h，砂类土、砂砾土、红土砂砾、级配砂砾等可以缩短到 4h 左右，含土很少的未筛分碎石、砂砾及砂可以缩短到 2h。浸润时间一般不超过 24h。

3.1.10　在试件成型前 1h 内，加入预定数量的水泥并拌和均匀。在拌和过程中，应将预留的水（对于细粒土为 3%，对于水泥稳定类为 1%～2%）加入土中，使混合料达到最佳含水量。拌和均匀的加有水泥的混合料应在 1h 内按下述方法制成试件，超过 1h 的混合料应该作废。其他结合料稳定材料，混合料虽不受此限，但也应尽快制成试件。

3.1.11　将试模配套的下垫块放入试模下部，但外露 2cm 左右。将称量的规定数量 m_2 的稳定材料混合料分 2～3 次灌入试模中，每次灌入后用夯棒轻轻均匀插实。如制取 ϕ50mm×50mm 的小试件，则可以将混合料一次倒入试模中，然后将与试模配套的上垫块放入试模内，也应该使其外露 2cm 左右（即上、下垫块露出试模外的部分应该相等）。

3.1.12　将整个试模（连同上、下垫块）放到反力架内的千斤顶上（千斤顶下应放一扁球座）或压力机上，以 1mm/min 的加载速率加压，直到上下压柱都压入试模为止。维持压力 2min。

3.1.13　解除压力后，取下试模，并放到脱模器上将试件顶出。用水泥稳定有黏结性的材料（如黏质土）时，制件后可以立即脱模；用水泥稳定无黏结性细粒土时，最好过 2～4h 再脱模；对于中、粗粒土的无机结合料稳定材料，也最好过 2～6h 脱模。

3.1.14　在脱模器上取试件时，应用双手抱住试件侧面的中下部，然后沿水平方向轻轻旋转，待感觉到试件移动后，再将试件轻轻捧起，放置到试验台上。切勿直接将试件向上捧起。

3.1.15　称试件质量 m_2,小试件精确至0.01g,中试件精确至0.01g,大试件精确至0.1g。然后用游标卡尺测量试件高度 h,精确至0.1mm。检查试件的高度和质量,不满足成型标准的试件作为废件。

3.1.16　试件称量后应立即放在塑料袋中封闭,并用潮湿的毛巾覆盖,移放至标准养生室。

3.1.17　单个试件的标准质量:

$$m_0 = V \times \rho_{\max} \times (1 + w_{\text{opt}}) \times \gamma \tag{T 0805-2}$$

考虑到试件成型过程中的质量损耗,实际操作过程中每个试件的质量可增加0%～2%,即:

$$m'_0 = m_0 \times (1 + \delta) \tag{T 0805-3}$$

每个试件的干料(包括干土和无机结合料)总质量:

$$m_1 = \frac{m'_0}{1 + w_{\text{opt}}} \tag{T 0805-4}$$

每个试件中的无机结合料质量:

外掺法

$$m_2 = m_1 \times \frac{a}{1 + a} \tag{T 0805-5}$$

内掺法

$$m_2 = m_1 \times a \tag{T 0805-6}$$

每个试件中的干土质量:

$$m_3 = m_1 - m_2 \tag{T 0805-7}$$

每个试件的加水量:

$$m_{\text{w}} = (m_2 + m_3) \times w_{\text{opt}} \tag{T 0805-8}$$

验算

$$m'_0 = m_2 + m_3 + m_{\text{w}} \tag{T 0805-9}$$

以上式中:V——试件体积,cm^3;

w_{opt}——混合料最佳含水率,%;

$\rho_{\max}$——混合料最大干密度,g/cm^3;

γ——混合料压实度标准,%;

m_0、m'_0——混合料质量,g;

m_1——干混合料质量,g;

m_2——无机结合料质量,g;

m_3——干土质量,g;

δ——计算混合料质量的冗余量,%;

a——无机结合料的掺量,%;

m_w——加水质量,g。

3.2 试件的标准养生(参照 T 0845—2009 执行)

3.2.1 试件从试模内脱出并量高称质量后,小试件、中试件和大试件均应装入塑料袋内。试件装入塑料袋后,将袋内的空气排除干净,扎紧袋口,将包好的试件放入养护室。

3.2.2 标准养生的温度为20℃ ±2℃,标准养生的湿度为≥95%。试件宜放在铁架或木架上,间距至少 10 ~ 20mm。试件表面应保持一层水膜,并避免用水直接冲淋。

3.2.3 对无侧限抗压强度试验,标准养生龄期是 7d,最后一天浸水。对弯拉强度、间接抗拉强度,水泥稳定材料类的标准养生龄期是 90d,石灰稳定材料类的标准养生龄期是 180d。

3.2.4 在养生期的最后一天,将试件取出,观察试件的边角有无磨损和缺块,并量高称质量,然后将试件浸泡于 20℃ ±2℃水中,应使水面在试件顶上约 2.5cm。

3.2.5 养生期间,试件质量损失应符合下列规定:小试件不超过 1g;中试件不超过 4g;大试件不超过 10g。质量损失超过此规定的试件,应予作废。

3.3 仪器准备

根据试验材料的类型和一般工程经验,选择合适量程的测力计和压力机,试件破坏荷载应大于测力量程的 20% 且小于测力量程的 80%。球形支座和上下顶板涂上机油,使球形支座能灵活转动。

4 试验步骤

4.1 将已浸水一昼夜的试件从水中取出,用软的旧布吸去试件表面的可见自由水,并称试件的质量。

4.2 用游标卡尺量试件的高度,精确到 0.1mm。

4.3 将试件放到路面材料强度试验仪的升降台上(台上先放一扁球座),进行抗压试验。试验过程中,应使试件的形变等速增加,并保持速率约为 1mm/min。记录试件破坏时的最大压力 p(N)。

4.4 从试件内部取有代表性样品(经过打破),测定其含水率。

5 试验结果计算

5.1 试件的无侧限抗压强度按式(T 0805-10)计算:

$$R_c = \frac{p}{A} \quad (T\ 0805\text{-}10)$$

式中：R_c——试件的无侧限抗压强度，MPa；

p——试件破坏时的最大压力，N；

A——试件的截面积，mm^2；

$$A = \frac{1}{4}\pi D^2$$

D——试件的直径，mm。

5.2　抗压强度保留1位小数。

5.3　同一组试件试验中，采用3倍均方差方法剔除异常值，小试件可以允许有1个异常值，中试件1～2个异常值，大试件2～3个异常值。异常值数量超过上述规定的试验重做。

5.4　同一组试验的变异系数C_v(%)符合下列规定，方为有效试验：小试件$C_v \leq 6\%$；中试件$C_v \leq 10\%$；大试件$C_v \leq 15\%$。如不能保证试验结果的变异系数小于规定的值，则应按允许误差10%和90%。概率重新计算所需的试件数量，增加试件数量并另做新试验。新试验结果与老试验结果一并重新进行统计评定，直到变异系数满足上述规定。

6　试验记录

无机结合料稳定材料无侧限抗压强度试验记录示例见表T 0805-1。

7　试验规程

《公路工程无机结合料稳定材料试验规程》(JTG E51—2009)。

8　注意事项

8.1　对于无机结合料稳定细粒土，至少应该制备6个试件；对于无机结合料稳定中粒土和粗粒土，至少应该分别制备9个和13个试件。

8.2　在试件成型前1h内，加入预定数量的水泥并拌和均匀。

8.3　加荷速率约为1mm/min。

8.4　小试件可以允许有1个异常值，中试件1～2个异常值，大试件2～3个异常值。

8.5　小试件变异系数$C_v \leq 6\%$；中试件$C_v \leq 10\%$；大试件$C_v \leq 15\%$。

无侧限抗压强度试验记录表

表 T 0805-1

试验规程:	JTG E51—2009				试样描述					
仪器设备名称及编号										
制件日期____ 成型含水率(%) 6				浸水日期____ 结合料剂量(%) 6(水泥)				最大干密度(g/cm^3) 2.30 试件直径 D(mm) 150		
试件编号	试件成型后养生前		养生后质量(g)	养生前后质量差(g)	试件浸水后			无侧限抗压试验		
	质量(g)	高度(mm)			质量(g)	高度(mm)	吸水量(g)	应力环读数(10^{-2}mm)	轴向荷载 P(kN)	强度值 Rc(MPa)
1	6 329.8	150.8	6 328.6	1.2	6 342.6	151.2	14.0	—	80.26	4.5
2	6 328.6	151.6	6 328.5	0.1	6 347.5	152.3	19.0	—	79.56	4.5
3	6 330.4	151.3	6 330.0	0.4	6 358.7	152.0	28.7	—	79.85	4.5
4	6 332.8	150.6	6 333.1	0.3	6 360.6	153.1	27.5	—	76.49	4.3
5	6 327.9	152.1	6 328.1	0.2	6 348.3	152.8	20.2	—	85.67	4.8
6	6 332.4	151.4	6 331.7	0.7	6 357.4	152.6	25.7	—	65.49	3.7
7	6 326.8	151.6	6 325.9	0.9	6 346.2	152.5	20.3	—	69.58	3.9
8	6 327.9	151.4	6 327.8	0.1	6 346.4	153.0	18.6	—	78.56	4.4

续上表

试件编号	试件成型后养生前		养生后质量(g)	养生前后质量差(g)	试件浸水后			无侧限抗压试验		
	质量(g)	高度(mm)			质量(g)	高度(mm)	吸水量(g)	应力环读数(10^{-2}mm)	轴向荷载P(kN)	强度值Rc(MPa)
9	6 331.5	150.8	6 332.0	0.5	6 354.8	152.1	22.8	—	75.48	4.3
10	6 326.6	152.3	6 327.1	0.5	6 352.7	153.4	25.6	—	81.06	4.6
11	6 333.4	151.8	6 330.1	3.3	6 360.3	153.0	30.2	—	73.64	4.2
12	6 330.8	151.0	6 329.2	1.6	6 359.4	152.1	30.2	—	78.12	4.4
13	6 329.1	150.9	6 327.4	1.7	6 356.1	151.8	28.7	—	75.65	4.3
强度平均值$\bar{R}$(MPa)		4.3			应力环系数(kN/10^{-2}mm)			—		
均方差σ(MPa)		0.29			偏差系数C_v(%)			6.7		
设计强度R_d(MPa)		—			试件数量n			13		
强度代表值$R_{代}$(MPa)		3.8			保证率系数Z_a			1.645		
备注		—								

第四分册　路基路面现场检测

挖坑灌砂法测定压实度试验方法
（参照 T 0921—2008 执行）

1　目的和适用范围

1.1　本试验方法适用于在现场测定基层（或底基层）、砂石路面及路基土的各种材料压实层的密度和压实度检测。但不适用于填石路堤等有大孔洞或大孔隙的材料压实层的压实度检测。

1.2　用挖坑灌砂法测定密度和压实度时，应符合下列规定：

1.2.1　当集料的最大粒径小于 13.2mm，测定层的厚度不超过 150mm 时，宜采用 ϕ100mm 的小型灌砂筒测试。

1.2.2　当集料的最大粒径等于或大于 13.2mm，但不大于 31.5mm，测定层的厚度不超过 200mm 时，应用 ϕ150mm 的大型灌砂筒测试。

2　主要检测设备

2.1　灌砂筒：有大小两种，根据需要采用。形式和主要尺寸见表 T 0921-1，当尺寸与表中不一致，但不影响适用时，亦可使用。上部为储砂筒，筒底中心有一个圆孔，下部装一倒置的圆锥形漏斗，漏斗上端开口，直径与储砂筒的圆孔相同，漏斗焊接在一块铁板上，铁板中心有一圆孔与漏斗上开口相接。在储砂筒筒底与漏斗顶端铁板之间设有开关。开关为一薄铁板，一端与筒底及漏斗铁板铰接在一起，另一端伸出筒身外，开关铁板上也有一个相同直径的圆孔，如图 T 0921-1 所示。

灌砂仪的主要尺寸要求　　　　表 T 0921-1

结构		小型灌砂筒	大型灌砂筒
储砂筒	直径（mm）	100	150
	容积（cm^3）	2 120	4 600
流沙孔	直径（mm）	10	15
金属标定罐	内径（mm）	100	150
	外径（mm）	150	200

续上表

结　构		小型灌砂筒	大型灌砂筒
金属方盘基板	边长(mm)	350	400
	深(mm)	40	50
中孔	直径(mm)	100	150

2.2　金属标定罐:用薄铁板制作的金属罐,上端周围有一罐缘。

2.3　基板:用薄铁板制作的金属方盘,盘的中心有一圆孔。

2.4　天平或台秤:称量 10 ~ 15kg,感量不大于 1g。用于含水率测定的天平精度,对于细粒土、中粒土、粗粒土宜分别为 0.01g、0.1g、1.0g,如图 T 0921-1 ~ 图 T 0921-4所示。

图 T 0921-1　灌砂筒

图 T 0921-2　电子秤(感量 1g)

图 T 0921-3　电子天平(感量 0.01g)

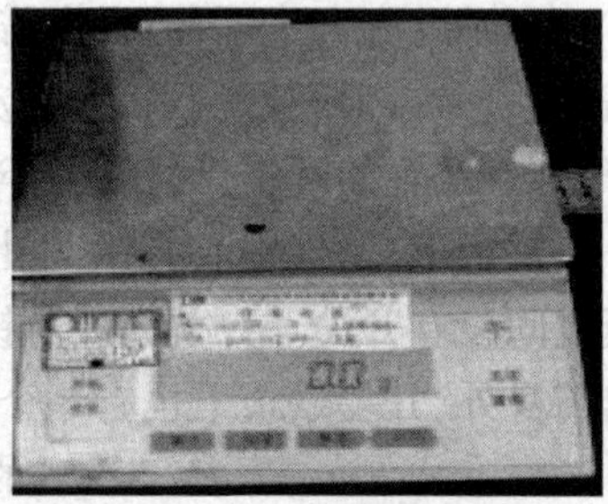

图 T 0921-4　电子天平(感量 0.1g)

3　试验准备

3.1　按现行试验方法对检测对象试样用同种材料进行击实试验,得到最大干密度 ρ_c 及最佳含水率。

3.2　按第 1.2 条的规定选用适宜的灌砂筒。

3.3　按下列步骤标定罐砂筒下部圆锥体内砂的质量:

3.3.1　在灌砂筒筒口高度上,向灌砂筒内装砂至距筒顶的距离15mm左右为止。称取装入筒内砂的质量 m_1,准确至1g。以后每次标定及试验都应该维持装砂高度与质量不变。

3.3.2　将开关打开,使灌砂筒筒底的流砂孔、圆锥形漏斗上端开口圆孔及开关铁板中心的圆孔上下对准重叠在一起,让砂自由流出,并使流出砂的体积与工地所挖试坑内的体积相当(或等于标定罐的容积),然后关上开关。

3.3.3　不晃动储砂筒的砂,轻轻地将灌砂筒移至玻璃板上,将开关打开,让砂流出,直到筒内砂不在下流时,将开关关上,并细心地取走灌砂筒。

3.3.4　收集并称量留在玻璃板上的砂或称量筒内的砂,准确至1g。玻璃板上的砂就是填满灌砂筒下部圆锥体的砂(m_2)。

3.3.5　重复上述测量三次,取其平均值。

3.4　按下列步骤标定量砂的松方密度 ρ_s(g/cm^3):

3.4.1　用水确定标定罐的容积 V,精确至1mL。

3.4.2　在储砂筒中装入质量为 m_1 的砂,并将灌砂筒放在标定罐上,将开关打开,让砂流出。在整个流砂过程中,不要碰动灌砂筒,直到储砂筒内的砂不在下流时,将开关关闭。取下灌砂筒,称取筒内剩余砂的质量 m_3,精确至1g。

3.4.3　按式(T 0921-1)计算填满标定罐所需砂的质量 m_a。

$$m_a = m_1 - m_2 - m_3 \tag{T 0921-1}$$

式中:m_a——标定罐中砂的质量,g;

m_1——装入灌砂筒内砂的总质量,g;

m_2——灌砂筒下部圆锥体内砂的质量,g;

m_3——灌砂入标定罐后,筒内剩余砂的质量,g。

3.4.4　重复上述测量三次,取其平均值。

3.4.5　按式(T 0921-2)计算量砂的松方密度 ρ_s。

$$\rho_s = \frac{m_a}{V} \tag{T 0921-2}$$

式中:ρ_s——量砂的松方密度,g/cm^3;

V——标定罐的体积,cm^3。

4　试验步骤

4.1　在试验地点,选一块平坦表面,并将其清扫干净,其面积不得小于基板面积。

4.2　将基板放在此平坦表面上。如此表面的粗糙度较大,则将盛有量砂

(m_5)的灌砂筒放在基板中间的圆孔上。打开灌砂筒开关,让砂流入基板的中孔内,直到储砂筒内的砂不再下流时关闭开关。取下灌砂筒,并称筒内砂的质量 m_6,精确至1g。

4.3　取走基板,并将留在试验地点的量砂收回,重新将表面起扫干净。

4.4　将基板放回清扫干净的表面上(尽量放在原处),沿基板中孔凿洞(洞的直径与灌砂筒一致)。在凿洞过程中,应注意不使凿出的试样丢失,并随时将凿松的材料取出塑料袋中,不使水分蒸发,也可放在大试样盒内。试坑的深度应等于碾压层厚度,但不得有下层材料混入,最后将洞内的全部凿松材料取出。对土基或基层,为防止试样盘内材料的水分蒸发,可分几次称取材料的质量,全部取出材料的总质量为 m_w,精确至1g。

4.5　从挖出的全部试样中取出代表性的试样品,放入铝盒中,测定其含水率 w(以%计)。样品数量如下:用小型灌砂筒测定时,对于细粒土,不少于100g;对于各种中粒土,不少于500g。用大型灌砂筒测定时,对于细粒土,不少于200g;对于各种中粒土,不少于1 000g;对于粗粒土或水泥、石灰、粉煤灰等无机结合料稳定材料,宜将取出的全部材料烘干,且不少于2 000g,称其质量 m_d。

4.6　将基板安放在试坑上,将灌砂筒安放在基板中间(储砂筒内放满砂至恒质量 m_1),使灌砂筒的下口对准基板的中孔及试坑。打开灌砂筒开关,让砂流入试坑中,关闭开关。仔细取走灌砂筒,称量筒中剩余砂的质量 m_4,精确至1g。

4.7　如清扫干净的平坦的表面上,粗糙度不大,也可省略4.2和4.3的操作。将灌砂筒直接放在已挖好的试坑上。打开筒的开关,让砂流入试坑内。在此期间,应注意勿碰动灌砂筒。直到储砂筒内的砂不再下流时,关闭开关。仔细取走灌砂筒,称量筒内剩余砂的质量 m'_4,精确至1g。

4.8　取出试坑内的量砂,以备下次试验时再用。若量砂的湿度已发生变化或量砂中混有杂质,则应重新烘干,过筛,并放置一段时间,使其与空气中的湿度达到平衡后再用。

4.9　如试坑有较大孔隙,量砂可能进入孔隙时,则应按试坑外形,松弛地放入一层柔软的纱布。然后再进行灌砂工作。

5　试验结果计算

5.1　按式(T 0921-3)或式(T 0921-4)计算填满试坑所用砂的质量 m_b(g)。

灌砂时,试坑上放有基板:

$$m_b = m_1 - m_4 - (m_5 - m_6) \qquad \text{(T 0921-3)}$$

灌砂时,试坑上不放基板:

$$m_b = m_1 - m'_4 - m_2 \tag{T 0921-4}$$

以上式中：m_b——填满试坑的砂的质量，g；

m_1——灌砂前灌砂筒内砂的质量，g；

m_2——灌砂筒下部圆锥体内砂的质量，g；

m_4、m'_4——灌砂后，灌砂筒内剩余砂的质量，g；

$m_5 - m_6$——灌砂筒下部圆锥体及基板和粗糙表面间砂的总质量，g。

5.2　按式（T 0921-5）计算坑材料的湿密度 ρ_w（g/cm^3）。

$$\rho_w = \frac{m_w}{m_b} \times \rho_s \tag{T 0921-5}$$

式中：m_w——试坑中取出的全部材料的质量，g；

ρ_s——量砂的松方密度，g/cm^3。

5.3　按式（T 0921-6）计算试坑材料的干密度 ρ_d（g/cm^3）。

$$\rho_d = \frac{\rho_w}{1 + 0.01w} \tag{T 0921-6}$$

式中：w——含水率，%。

5.4　当为水泥、石灰、粉煤灰等无机结合料稳定土的场合，可按式（T 0921-7）计算干密度 ρ_d（g/cm^3）。

$$\rho_d = \frac{m_d}{m_b} \times \rho_s \tag{T 0921-7}$$

式中：m_d——试坑中取出的稳定土的烘干质量，g。

5.5　按式（T 0921-8）计算施工压实度。

$$K = \frac{\rho_d}{\rho_c} \times 100 \tag{T 0921-8}$$

式中：K——测试地点的施工压实度，%；

ρ_d——试样的干密度，g/cm^3；

ρ_c——由击实试验得到的试样的最大干密度，g/cm^3。

5.6　各种材料的干密度均应精确至 $0.01g/cm^3$。

6　试验记录

挖坑灌砂法测定压实度试验记录示例见表 T 0921-2。

压实度(灌砂法)试验记录表 表 T 0921-2

最大干密度:1.65g/cm³			最佳含水率:16%			
取样桩号			930 左	930 右	950 左	950 右
灰剂量试验盒号			—	—	—	—
量砂的单位质量	g	ρ_s	1.436	1.436	1.436	1.436
灌入试坑前桶 + 砂质量	g	m_1	9 400	9 400	9 400	9 400
灌砂入试坑后桶 + 剩余砂质量	g	m_4、m_4'	4 852	4 925	4 764	4 826
灌砂桶下部圆锥体内及基板和地面粗糙表面间砂的合计质量	g	m_5-m_6	867	859	829	868
填满试坑所需砂质量,试坑上放板时:$m_b=m_1-m_4-(m_5-m_6)$不放板时:$m_b=m_1-m_4'-m_2$	g	m_b	3 681	3 616	3 807	3 706
土或稳定土湿质量	g	m_w	4 802	4 730	5 017	4 831
土或稳定土湿密度	g/cm³	$\rho_w=m_w\times\rho_s/m_b$	1.873	1.878	1.892	1.872

续上表

最大干密度:1.65g/cm³			最佳含水率:16%							
取样桩号			930 左		930 右		950 左		950 右	
灰剂量试验盒号			—		—		—		—	
土或稳定土含水率	%	w	17.6		18.2		19.2		17.6	
土或稳定土干密度	g/cm³	$\rho_d=\frac{\rho_w}{(1+0.01w)}$	1.592		1.589		1.587		1.592	
实测石灰剂量	%		5.7		6.4		5.8		6.0	
取用最大干密度	g/cm³	ρ_{dmax}	1.65		1.65		1.65		1.65	
压实度	%	$k=\rho_d/\rho_{dmax}$	96.5		96.9		96.2		96.5	
含水量测定	盒号		235	203	253	219	239	226	258	224
	盒+湿土重(g)		104.48	107.27	114.57	108.28	99.94	96.01	113.36	113.99
	盒+干土重(g)		91.94	94.01	100.05	94.60	87.19	83.65	99.61	99.74
	盒重(g)		20.01	19.77	19.61	20.01	20.12	20.07	20.06	19.86
	水重(g)		12.53	13.26	14.52	13.68	12.75	12.36	13.75	14.25
	干土重(g)		71.93	74.24	80.44	74.59	67.07	63.58	79.55	79.88
	含水率(%)		17.42	17.86	18.05	18.34	19.01	19.44	17.29	17.84
	平均含水率(%)		17.6		18.2		19.2		17.6	

7 试验规程及评定依据

7.1 《公路路基路面现场测试规程》(JTG E60—2008)

7.2 《公路工程质量检验评定标准》(JTG F80/1—2004)

8 注意事项

8.1 试验前,必须检查所用的仪器设备,确保设备功能正常。

8.2 灌砂过程中,勿碰触灌砂筒,并直至砂不再下流时,关闭开关,仔细取走灌砂筒。

8.3 在凿洞过程中,应注意不使凿出的试样丢失,并随时将凿松的试料取出。

8.4 若砂放置时间过长,再次使用时,应烘干、过筛,重新标定量砂密度。

环刀法测定压实度试验方法
(参照 T 0923—1995 执行)

1　目的和适用范围

1.1　本方法规定在公路工程现场用环刀法测定土基及路面材料的密度及压实度。

1.2　本方法适用于测定细粒土及无机结合料稳定细粒土的密度。但对无机结合料稳定细粒土,其龄期不宜超过2d,且宜用于施工过程中的压实度检验。

2　主要检测设备

2.1　人工取土器:包括环刀、环盖、定向筒和击实锤系统(导杆、落锤、手柄)。环刀内径6~8cm,高2~3cm,壁厚1.5~2mm。

2.2　天平:感量0.1g。

2.3　其他:镐、小铁锹、修土刀、毛刷、直尺、凡士林、木板及测定含水率设备等。

3　试验准备

按有关试验方法对检测对象试样用同种材料进行击实试验,得到最大干密度及最佳含水率。

4　试验步骤

4.1　用人工取土器测定黏性土及无机结合料稳定细粒土密度的步骤。

4.1.1　擦净环刀,称取环刀质量 m_2,准确至0.1g。

4.1.2　在试验地点,将面积约30cm×30cm的地面清扫干净,并将压实层铲去表面浮动及不平整的部分,达到一定深度,使环刀打下后,能达到要求的取土深度,但不得将下层扰动。

4.1.3　将定向筒齿钉固定于铲平的地面上。顺次将环刀、环盖放入定向筒内与地面垂直。

4.1.4　将导杆保持垂直状态,用取土器落锤将环刀打入压实层中,至环盖顶面与定向筒上口齐平为止。

4.1.5　去掉击实锤和定向筒,用镐将环刀及试样挖出。

4.1.6　轻轻取下环盖,用修土刀自边至中削去环刀两端余土,用直尺检测直至修平为止。

4.1.7　擦净环刀外壁,用天平称取出环刀及试样合计质量 m_1,精确至0.1g。

4.1.8　自环刀中取出试样,取具有代表性的试样,测定其含水率 w。

4.2　用人工取土器测定砂性土或砂层密度的步骤。

4.2.1　如为湿润的砂土,试验室不需使用击实锤和定向筒,在铲平的地面上,细心挖出一个直径较环刀外径略大的砂土柱,将环刀刃口向下,平置于砂土柱上,用两手平稳地将环刀垂直压下,直至砂土柱突出环刀上端约2cm时为止。

4.2.2　削掉环刃口上的多余砂土,并用直尺刮平。

4.2.3　在环刀上口盖一块平滑的木板,一手按住木板,另一手用小铁锹将试样从环刀底部切断,然后将装满试样的环刀反转过来,削去环刀刃口上部的多余砂土,并用直尺刮平。

4.2.4　擦净环刀外壁,称环刀与试样合计质量 m_1,精确至0.1g。

4.2.5　自环刀中取具有代表性的试样测定其含水率 w。

4.2.6　干燥的砂土不能挖成砂土柱时,可直接将环刀压入或打入土中。

4.3　精密度和允许差

本试验须进行两次平行测定,取其算术平均值,其平行差值不得大于0.03g/cm³。求其算术平均值。

5　试验结果计算

5.1　按式(T 0923-1)、式(T 0923-2)计算试样的湿密度及干密度。

$$\rho = \frac{4 \times (m_1 - m_2)}{\pi d^2 h} \tag{T 0923-1}$$

$$\rho_d = \frac{\rho}{1 + 0.01w} \tag{T 0923-2}$$

以上式中:ρ——试样的湿密度,g/cm³;

ρ_d——试样的干密度,g/cm³;

m_1——环刀与试样合计质量,g;

m_2——环刀质量,g;

d——环刀直径,mm;

h——环刀高度,mm;

w——试样的含水率,%。

压实度（环刀法）试验记录表

表 T 0923-1

测点桩号		—				—			
环刀号		1		2		3		4	
环刀容积（cm^3）		200		200		200		200	
环刀质量（g）		177.0		180.1		179.9		174.3	
土＋环刀质量（g）		580.1		578.9		584.5		579.2	
湿土质量（g）		403.1		398.8		404.6		404.9	
湿密度（g/cm^3）		2.02		1.99		2.02		2.02	
含水率测定	盒号	201	202	203	204	205	206	207	208
	盒质量（g）	23.51	22.64	23.65	24.40	22.68	24.04	35.25	24.48
	盒＋湿土质量（g）	73.36	73.54	77.31	79.38	71.66	79.05	80.18	67.53
	盒＋干土质量（g）	65.00	65.25	68.43	70.37	63.24	69.85	72.30	59.86
	水质量（g）	8.36	8.29	8.88	9.01	8.42	9.20	7.88	7.67
	干土质量（g）	41.49	42.61	44.78	45.97	40.56	45.81	37.05	35.38
	含水率（%）	20.15	19.46	19.83	19.60	20.76	20.08	21.27	21.68
	平均含水率（%）	19.8		19.7		20.4		21.5	
干密度（g/cm^3）		1.69		1.66		1.68		1.66	
平均干密度（g/cm^3）		1.68				1.67			
取用最大干密度（g/cm^3）		1.75				1.75			
压实度（%）		96.0				95.4			

5.2　按式(T 0923-3)计算施工压实度。

$$K = \frac{\rho_d}{\rho_c} \times 100 \quad (T\ 0923\text{-}3)$$

式中:K——测试地点的施工压实度,%;

ρ_d——试样的干密度,g/cm^3;

ρ_c——由击实试验得到的试样的最大干密度,g/cm^3。

6　试验记录

环刀法测定压实度试验记录示例见表 T 0923-1。

7　试验规程及评定依据

7.1　《公路路基路面现场测试规程》(JTG E60—2008)

7.2　《公路工程质量检验评定标准》(JTG F80/1—2004)

8　注意事项

8.1　在压实层上铲去表面浮动及不平整的部分时应达到一定深度,使环刀打下后,能达到要求的取土深度。

8.2　环刀应垂直打入压实层中。

3m 直尺测定平整度试验方法
(参照 T 0931—2008 执行)

1　目的与适用范围

1.1　本方法适用于3m 直尺测定路表面的平整度。定义 3m 直尺的基准面距离路表面的最大间隙表示路基路面的平整度,以毫米计。

1.2　本方法用于测定压实成形的路面各层表面的平整度。以评定路面的施工质量,也可用于路基表面成形后的施工平整度检测。

2　主要检测设备

2.1　3m 直尺:测量基准面长度为3m 长,基准面应平直,用硬木或铝合金钢等材料制成。

2.2　楔形塞尺:硬木或金属制的三角形塞尺,有手柄。塞尺的长度与高度之比不小于 10,宽度不大于 15mm,边部带有高度标记,刻度读数分辨率小于或等于 0.2mm。

2.3　其他:皮尺、扫帚、粉笔等。

3　试验准备

3.1　测定路段的选择:当为沥青路面施工过程中的质量检测时,试验地点应选在接缝处,以单杆测定评定;除高速公路以外,可用于其他等级公路路基路面工程质量检查验收或进行路况评定,每 200m 测 2 处,每处连续测量 10 尺。除特殊需要者以外,应以行车道一侧车轮轮迹(距车道线 0.8 ~ 1.0m)作为连续测定的标准位置。对旧路已形成车辙的路面,应取车辙中间位置为测定位置,用粉笔在路面上做好标记。

3.2　清扫路面测定位置处的污物。

4　试验步骤

4.1　施工过程中检测时,根据需要确定方向,将 3m 直尺摆在测试点的路面上。

4.2 目测3m直尺底面与路面之间的间隙情况，确定最大间隙的位置。

4.3 用有高度标线的塞尺塞进间隙处，量测其最大间隙高度，精确至0.2mm。

5 试验结果计算

单杆检测路面的平整度计算，以3m直尺与路面的最大间隙为测定结果。连续测定10尺时，根据要求计算10个最大间隙的平均值。

6 试验记录

3m直尺测定平整度试验记录示例见表T 0931-1。

3m直尺测定路面平整度试验记录表 表T 0931-1

桩号区间	位置	平整度（mm）										平均值（mm）
		1	2	3	4	5	6	7	8	9	10	
K0+000～K0+100	上行行车道左轮迹带	3.2	3.6	3.4	3.2	3.4	3.4	3.2	3.4	3.6	3.6	3.4
—	—	—	—	—	—	—	—	—	—	—	—	—
—	—	—	—	—	—	—	—	—	—	—	—	—
—	—	—	—	—	—	—	—	—	—	—	—	—
—	—	—	—	—	—	—	—	—	—	—	—	—
—	—	—	—	—	—	—	—	—	—	—	—	—

7 试验规程及判定依据

7.1 《公路工程质量检验评定标准》(JTG F80/1—2004)。

7.2 《公路沥青路面施工技术规范》(JTG F40—2004)。

7.3 《公路沥青路面设计规范》(JTG D50—2006)。

7.4 《公路路基设计规范》(JTG D30—2004)。

7.5 《公路路基路面现场测试规程》(JTG E60—2008)。

7.6 《公路养护安全作业规程》(JTG H30—2004)。

8　注意事项

8.1　使用楔形塞尺读数时,视线应垂直刻度线,保证读数精确。

8.2　目测 3m 直尺底面与路面间较大间隙时,需用粉笔将其位置标出,以便确定最大间隙位置。

8.3　试验过程中试验人员必须做好安全防范措施,身穿反光服饰。

贝克曼梁测定路基路面回弹弯沉试验方法
(参照T 0951—2008 执行)

1 目的与适用范围

1.1 本方法适用于测定各类路基、路面的回弹弯沉,用以评定其整体承载能力,可供路面结构设计使用。

1.2 沥青路面的弯沉以沥青面层平均温度20℃时为准,当路面平均温度在20℃ ±2℃可不修正,对厚度大于5cm的沥青路面,弯沉值应予温度修正。

2 主要检测设备

2.1 标准车:双轴,后轴双侧4轮的载重车。其标准轴荷载、轮胎尺寸、轮胎间隙及轮胎气压等主要参数应符合表T 0951-1的要求。测试车应采用后轴100kN标准轴载BZZ-100的汽车。

测定弯沉用的标准车参数 表T 0951-1

标准轴载等级	BZZ-100
后轴标准轴载P(kN)	100 ±1
一侧双轮荷载(kN)	50 ±0.5
轮胎充气压力(MPa)	0.70 ±0.05
单轮传压面当量圆直径(cm)	21.30 ±0.5
轮隙宽度	应满足能自由插入弯沉仪测头的测试要求

2.2 路面弯沉仪:由贝克曼梁、百分表及表架组成。贝克曼梁由合金铝制成,上有水准泡,其前臂(接触路面)与后臂(装百分表)长度比为2:1,弯沉仪长度有两种:一种长3.6m,前后臂分别为2.4m和1.2m;另一种加长的弯沉仪长5.4m,前后臂分别为3.6m和1.8m。当在半刚性基层沥青路面或水泥混凝土路面上测定时,应采用长度为5.4m的贝克曼梁弯沉仪;对柔性基层或混合式结构沥青路面可采用长度为3.6m的贝克曼梁弯沉仪测定,弯沉采用百分表量得,也可用自动记录装置

进行测量。

2.3　接触式路表温度计或红外线测温仪：分度不大于1℃。

2.4　其他：皮尺、口哨、粉笔、指挥旗等。

3　试验准备

3.1　检查并保持测定用标准车的车况及制动性能良好，轮胎胎压符合规定充气压力。

3.2　向汽车车槽中装载（铁块或集料），并用地中衡称量后轴总质量及单侧轮荷载，均应符合要求的轴重规定，汽车行驶及测定过程中，轴重不得变化。

3.3　测定轮胎接地面积：在平整度光滑的硬质路面上用千斤顶将汽车后轴顶起，在轮胎下方铺一张新的复写纸和一张方格纸，轻轻落下千斤顶，即在方格纸上印上轮胎印痕，用求积仪或数方格的方法测算轮胎接地面积，精确至0.1cm^2。

3.4　检查弯沉仪百分表量测灵敏情况。

3.5　当在沥青路面上测定时，用路面温度计测定试验时气温及路表温度（一天中气温不断变化，应随时测定），并通过气象台了解前5天的平均气温（日最高气温与最低气温的平均值）。

3.6　记录沥青路面修建或改建材料、结构、厚度、施工及养护等情况。

4　试验步骤

4.1　在测试路段布置测点，其距离随测试需要而定。测点应在路面行车道的轮迹带上，并用白油漆或粉笔画上标记。

4.2　将试验车后轮轮隙对准测点后3～5cm处的位置上。

4.3　将弯沉仪插入汽车后轮之间的缝隙处，与汽车方向一致，梁臂不得碰到轮胎，弯沉仪测头置于测点上（轮隙中心前方3～5cm处），并安装百分表于弯沉仪的测定杆上，用手指轻轻叩打弯沉仪，检查百分表应稳定回零。弯沉仪可以是单侧测定，也可以双侧同时测定。

4.4　测定者吹哨发令指挥汽车缓缓前进，百分表随路面变形的增加而持续向前转动。当表针转动到最大值时，迅速读取初读数L_1。汽车仍在继续前进，表针反向回转，待汽车驶出弯沉影响半径（约3m以上）后，吹口哨或挥动红旗指挥停车。待表针回转稳定后读取终读数L_2。汽车前进的速度宜为5km/h左右。

5　试验结果计算

5.1　测点的回弹弯沉值按式（T 0951-1）计算：

$$l_t = (L_1 - L_2) \times 2 \tag{T 0951-1}$$

式中：l_t——在路面温度为 t 时的回弹值，0.01mm；

L_1——车轮中心临近弯沉仪测头时百分表的最大读数，0.01mm；

L_2——汽车驶出弯沉影响半径后百分表的终读数，0.01mm。

5.2 沥青面层厚度大于5cm 的沥青路面，回弹弯沉值应进行温度修正，温度修正及回弹弯沉的计算宜按下列步骤进行。

5.2.1 测定时的沥青层平均温度按式(T 0951-2)计算：

$$t = \frac{(t_{25} + t_m + t_e)}{3} \tag{T 0951-2}$$

式中：t——测定时沥青层平均温度，℃；

t_{25}——根据 t_0 由图 T 0951-1 决定的路表下 25mm 处的温度，℃；

t_m——根据 t_0 由图 T 0951-1 决定的沥青层中间深度的温度，℃；

t_e——根据 t_0 由图 T 0951-1 决定的沥青层底面处的温度，℃。

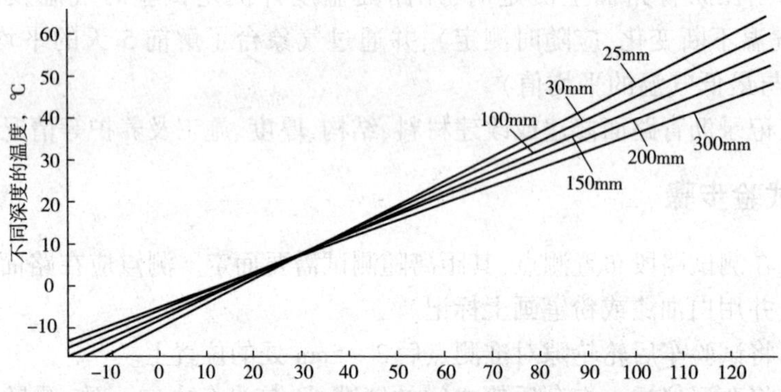

图 T 0951-1 沥青层平均温度的决定

注：线上的数字表示从路表向下的不同深度(mm)

图 T 0951-1 中 t_0 为测定时路表温度与测定前 5d 日平均气温的平均值之和(℃)，日平均气温为日最高气温与最低气温的平均值。

5.2.2 采用不同基层的沥青路面弯沉值的温度修正系数 K，根据沥青层平均温度 t 及沥青层厚度求取，如图 T 0951-2 所示。

③沥青路面回弹弯沉按式(T 0951-3)计算：

$$l_{20} = l_t \times K \tag{T 0951-3}$$

式中：K——温度修正系数；

l_{20}——换算为20℃的沥青路面回弹弯沉值，0.01mm；

l_t——测定时沥青面层内平均温度为 t 时的回弹弯沉值,0.01mm。

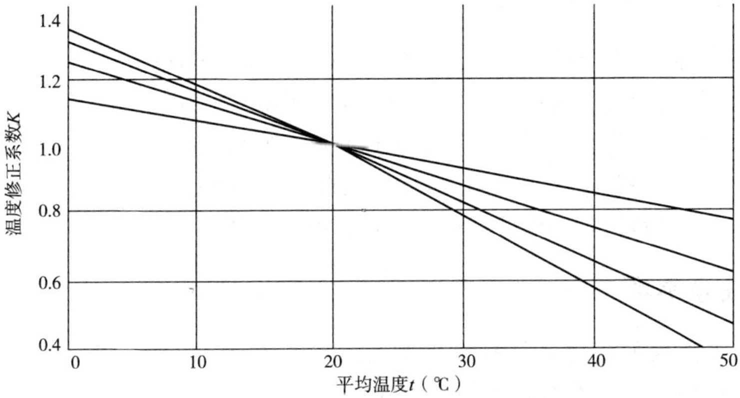

图 T 0951-2　路面弯沉温度系数曲线

6　试验记录

贝克曼梁测定路基路面回弹弯沉试验记录示例见表 T 0951-2。

贝克曼梁测定路基路面回弹弯沉试验记录表　　　　表 T 0951-2

弯沉仪长度		5.4m	标准车轴载等级			BZZ-100	后轴重(kN)		100
轮胎气压左侧(MPa)		0.70	轮胎气压右侧(MPa)			0.70	路基干湿状况		—
路面等级	一级	路面结构类型	上面层(AC-16) 中面层(AC-20) 下面层(AC-25)			路面厚度(mm)	180	前5天平均气温(℃)	28
季节修正系数	—	保证率系数	1.645			剔除系数	—	设计弯沉值(0.01mm)	35
桩号	位置	路表温度(℃)	左侧(0.01mm)			右侧(0.01mm)			—
			初读数	终读数	回弹弯沉	初读数	终读数	回弹弯沉	备注
K0+050	上行行车道	30	11	1	20	13	1	24	—
—	—		—	—	—	—	—	—	—
—	—	—	—	—	—	—	—	—	—
—	—	—	—	—	—	—	—	—	—
—	—	—	—	—	—	—	—	—	—
—	—	—	—	—	—	—	—	—	—
—	—	—	—	—	—	—	—	—	—
—	—	—	—	—	—	—	—	—	—
—	—	—	—	—	—	—	—	—	—
—	—	—	—	—	—	—	—	—	—

7 试验规程及判定依据

7.1 《公路工程质量检验评定标准》(JTG F80/1—2004)。

7.2 《公路沥青路面施工技术规范》(JTG F40—2004)。

7.3 《公路沥青路面设计规范》(JTG D50—2006)。

7.4 《公路路基路面现场测试规程》(JTG E60—2008)。

7.5 《公路养护安全作业规程》(JTG H30—2004)。

8 注意事项

8.1 弯沉仪的任何部分不得接触轮胎。

8.2 随时记录各个测点的路表温度。

8.3 弯沉仪测点位置位于后轮隙中心前方 3 ~5cm 处。

8.4 采用长度为 5.4m 的弯沉仪测定时,可不进行支点变形修正。

8.5 测试过程中测试人员必须做好安全防范措施,身穿反光服饰。

手工铺砂法测定路面构造深度试验方法
(参照T 0961—1995 执行)

1　目的与适用范围

本方法适用于测定沥青路面及水泥混凝土路面表面构造深度,用以评定路面表面的宏观构造。

2　主要检测设备

2.1　人工铺砂仪:由圆筒、推平板组成。

2.1.1　量砂筒:形状尺寸如图 T 0961-1 所示,一端是封闭的,容积为 25mL ± 0.15mL,可通过称量砂筒中水的质量以确定其容积 V,并调整其高度,使其容积符合规定。带一专门的刮尺,可将筒口量砂刮平。

2.1.2　推平板:形状尺寸如图 T 0961-2 所示。推平板应为木制或铝制,直径 50mm,底面粘一层厚 1.5mm 的橡胶片,上面有一圆柱把手。

2.1.3　刮平尺:可用 30cm 钢板尺代替。

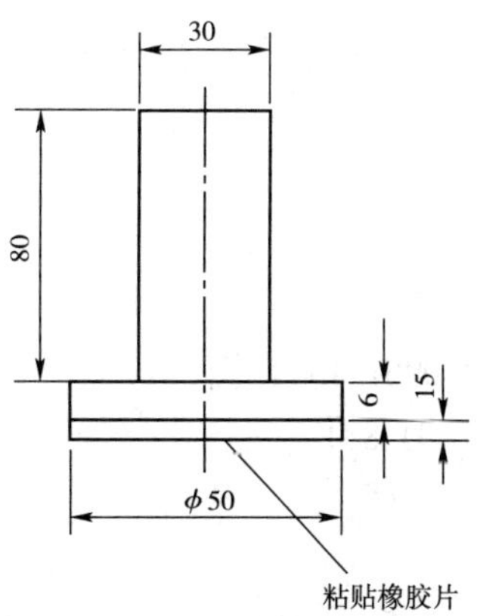

图 T 0961-1　量砂筒(单位:mm)

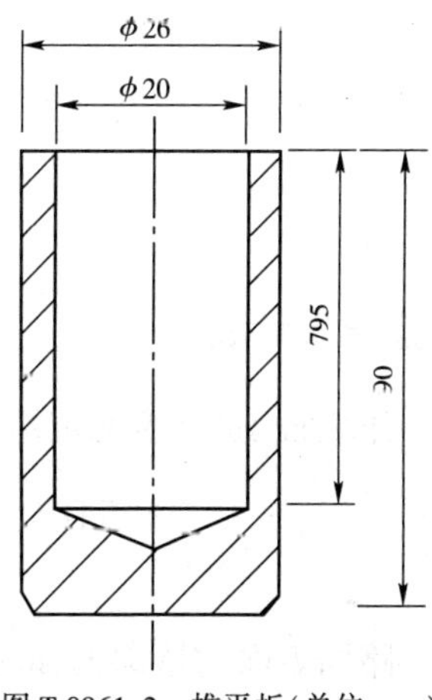

图 T 0961-2　推平板(单位:mm)

2.2　量砂:足够数量的干燥洁净的匀质砂,粒径 0.15 ~ 0.3mm。

2.3　量尺:钢板尺,钢卷尺,或采用已按式 T 0961-4 将直径换成构造深度作为刻度单位的专用构造深度尺。

2.4　其他:装砂容器(小铲)、扫帚或毛刷、挡风板等。

3　试验准备

3.1　量砂准备:取洁净的细砂,晾干过筛,取 0.15 ~ 0.3mm 的砂置适当的容器中备用。量砂只能在路面上使用一次,不宜重复使用。

3.2　《公路路基路面现场测试规程》(JTG E60—2008)附录 A 的方法,对试验路段按随机取样选点的方法,决定测点所在的横断面位置。测点应选在车道的轮迹带上,距路面边缘不应小于 1m。

4　试验步骤

4.1　用扫帚或毛刷将测点附近的路面清扫干净,面积不小于 30cm × 30cm。

4.2　用小铲装砂,沿筒壁向量砂筒中注满砂,手提量砂筒上方,在硬质路表面上轻轻地叩打 3 次,使砂密实,补足砂面用钢尺一次刮平。

4.3　将砂倒在路面上,用底面粘有橡胶片的推平板,由里向外重复做旋转摊铺运动,稍稍用力将砂细心地尽可能地向外摊开,使砂填入凹凸不平的路表面的空隙中,尽可能将砂摊成圆形,并不得在表面留有浮动余砂。注意摊铺时不可用力过大或向外推挤。

4.4　用钢板尺测量所构成圆的两个垂直方向的直径,取其平均值,精确至 5mm。

4.5　按以上方法,同一处平行测定不少于 3 次,3 个测点均位于轮迹带上,测点间距 3 ~ 5m。对同一处,应该由同一试验员进行测定。该处的测定位置以中间测点的位置表示。

5　试验结果计算

5.1　路面表面构造深度测定结果按式(T 0961-1)计算:

$$TD = \frac{1\,000V}{\frac{\pi D^2}{4}} = \frac{31\,831}{D^2} \qquad (T\ 0961\text{-}1)$$

式中:TD——路面表面构造深度,mm;

V——砂的体积,25cm^3;

D——摊平砂的平均直径,mm。

手工铺砂法测定路面构造深度试验记录表

表 T 0961-1

试验路段	格致路			试验日期	2012.07.04	
试验规程及方法	《公路路基路面现场测试规程》(JTG E60—2008)			试验设备及编号	铺砂仪(3111479)	
测点位置		摊平砂直径(mm)		直径平均值(mm)	TD(mm)	平均值 TD(mm)
桩号	位置	*D*1	*D*2			
K0 + 500	上行行车道右轮迹带	220	215	220	0.66	0.65
		225	225	225	0.63	
		215	220	220	0.66	
—	—	—	—	—	—	—
		—	—	—	—	
		—	—	—	—	
—	—	—	—	—	—	—
		—	—	—	—	
		—	—	—	—	
—	—	—	—	—	—	—
		—	—	—	—	
		—	—	—	—	
—	—	—	—	—	—	—
		—	—	—	—	
		—	—	—	—	

5.2 精确度要求

每一处均取3次路面构造深度的测定结果的平均值作为试验结果，精确至0.01mm。

6 试验记录

列表逐点报告路面构造深度的测定值及3次测定的平均值。当平均值小于0.2mm时，试验结果以 <0.2mm 表示。

手工铺砂法测定路面构造深度试验记录示例见表T 0961-1。

7 试验规程及评定依据

7.1 《公路工程质量检验评定标准》(JTG F80/1—2004)。

7.2 《公路沥青路面施工技术规范》(JTG F40—2004)。

7.3 《公路沥青路面设计规范》(JTG D50—2006)。

7.4 《公路路基路面现场测试规程》(JTG E60—2008)。

7.5 《公路养护安全作业规程》(JTG H30—2004)。

8 注意事项

8.1 量砂应使用干燥洁净的均质砂，粒径0.15 ~ 0.3mm，量砂筒装入砂的体积25cm^3。

8.2 量砂不应回收重复使用，以免影响量砂密度的均匀性。

8.3 摊铺时不可用力过大或向外推挤，且应按同一方向由内向外摊铺，尽可能将砂摊成圆形。

8.4 装入砂的量砂筒必须在硬质路表面上轻轻叩打3次，以使砂密实。

8.5 不可直接用量砂筒装砂，应采用装砂容器(小铲)装砂，以免影响量砂密度的均匀性。

8.6 铺砂法试验测试点应与摆式仪法测点和渗水试验测点位置一一对应。

8.7 试验过程中试验人员必须做好安全防范措施，身穿反光服饰。

摆式仪测定路面摩擦系数试验方法
（参照 T 0964—2008 执行）

1　目的与适用范围

本方法适用于以摆式摩擦系数测定仪（摆式仪）测定沥青路面、标线或其他材料试件的抗滑值，用以评定路面或路面材料试件在潮湿状态下的抗滑能力。

2　主要检测设备

2.1　摆式仪：摆及摆的连接部分总质量为 1 500g ± 30g，摆动中心至摆的重心距离为 410mm ± 5mm，测定时摆在路面上滑动长度为 126mm ± 1mm，摆上橡胶片端部距摆动中心的距离为 510mm，橡胶片对路面的正向静压力为 22.2N ± 0.5N。

2.2　橡胶片：当用于测定路面抗滑值时，其尺寸为 6.35mm × 25.4mm × 76.2mm。橡胶质量应符合表 T 0964-1 的要求。当橡胶片使用后，端部在长度方向上磨耗超过 1.6mm 或边缘在宽度方向上磨耗超过 3.2mm，或有油类污染时，即应更换新橡胶片。新橡胶片应先在干燥路面上测试 10 次后再用于测试。橡胶片的有效使用期从出厂日期起算为 12 个月。

2.3　滑动长度量尺：长 126mm。

2.4　喷水壶。

2.5　硬毛刷。

2.6　路面温度计：分度不大于 1℃。

2.7　其他：扫帚、记录表格等。

橡胶物理性质技术要求　　表 T 0964-1

性质指标	温　度　（℃）				
	0	10	20	30	40
弹性（%）	43 ~ 49	58 ~ 65	66 ~ 73	71 ~ 77	74 ~ 79
硬度（IR）	55 ± 5				

3 试验准备

3.1 检查摆式仪的调零灵敏情况,并定期进行仪器的标定。当用于路面工程检查验收时,仪器必须重新标定。

3.2 按《公路路基路面现场测试规程》(JTG E60—2008)附录A的方法,在测试路段的取样选点。在横断面上测点应选在行车道轮迹处,且距路面边缘应不小于1m。

4 测试步骤

4.1 清洁路面:用扫帚或其他工具将测点处的路面打扫干净。

4.2 仪器调平。

4.2.1 将仪器置于路面测点上,并使摆的摆动方向与行车方向一致。

4.2.2 转动底座上的调平螺栓,使水准泡居中。

4.3 调零。

4.3.1 放松紧固把手,转动升降把手,使摆升高并能自由摆动,然后旋紧紧固把手。

4.3.2 将摆固定在右侧悬臂上,使摆处于水平释放位置,并把指针拨至右端与摆杆平行处。

4.3.3 按下释放开关,使摆向左带动指针摆动。当摆达到最高位置后下落时,用手将摆杆接住,此时指针应指零。若不指零,可稍旋紧或旋松摆的调节螺母。重复上述4个步骤,直至指针指零。调零允许误差为±1。

4.4 校核滑动长度。

4.4.1 让摆处于自然下垂状态,松开固定把手,转动升降把手,使摆下降。与此同时,提起举升柄使摆向左侧移动,然后放下举升柄使橡胶片下缘轻轻触地,紧靠橡胶片摆放滑动长度量尺,使量尺左端对准橡胶片下缘;再提起举升柄使摆向右侧移动,放下举升柄使橡胶片下缘轻轻触地,检查橡胶片下缘应与滑动长度量尺的右端齐平。

4.4.2 若齐平,则说明橡胶片两次触地的距离(滑动长度)符合126mm的规定。校核滑动长度时,应以橡胶片长边刚刚接触路面为准,不可借摆的力量向前滑动,以免标定的滑动长度与实际不符。

4.4.3 若不齐平,升高或降低摆或仪器底座的高度。微调时用旋转仪器底座上的调平螺丝调整仪器底座的高度的方法比较方便,但需注意保持水准泡居中。

4.4.4 重复上述动作,直至滑动长度符合126mm的规定。

4.4.5　将摆固定在右侧悬臂上,使摆处于水平释放位置,并把指针拨至右端与摆杆平行处。

4.4.6　用喷水壶浇洒测点使路面处于湿润状态。

4.4.7　按下右侧悬臂上的释放开关,使摆在路面滑过。当摆杆回落时,用手接住,读数但不记录。然后使摆杆和指针重新置于水平释放位置。

4.4.8　重复4.4.6和4.4.7的操作5次,并读记每次测定的摆值。

单点测定的5个值中最大值与最小值的差值不得大于3(BPN),如差值大于3(BPN)时,应检查产生的原因,并再次重复上述各项操作,至符合规定为止。

取5次测定的平均值作为单点的路面抗滑值(即摆值 BPN_t),取整数。

4.4.9　在测点位置用温度计测记潮湿路表温度,精确至1℃。

4.4.10　每个测点由3个单点组成,即需按以上方法在同一测点处平行测定3次,以3次测定结果的平均值作为该测点的代表值(精确到1BPN)。3个单点均位于轮迹带上,单点间距离为3～5m。该测定的位置以中间单点的位置表示。

5　试验结果计算

当路面温度为 t(℃)时,测得的摆值为 BPN_t 必须按式(T 0964-1)换算成标准温度20℃的摆值 BPN_{20}。

$$BPN_{20} = BPN_t + \Delta BPN \quad (T\ 0964\text{-}1)$$

式中:BPN_{20}——换算成标准温度20℃时的摆值;

BPN_t——路面温度 t 时测得的摆值;

ΔBPN——温度修正值按表T 0964-2采用。

温度修正值　　表T 0964-2

温度(℃)	0	5	10	15	20	25	30	35	40
温度修正值 ΔBPN	-6	-4	-3	-1	0	+2	+3	+5	+7

6　试验记录

摆式仪测定路面摩擦系数试验记录示例见表T 0964-3。

7　试验规程及评定依据

7.1　《公路路基路面现场测试规程》(JTG E60—2008)。

7.2　《公路养护安全作业规程》(JTG H30—2004)。

7.3　《公路沥青路面养护技术规范》(JTJ 073.2—2001)。

路面摩擦系数试验记录表 表 T 0964-3

<table>
<tr><td colspan="2">试验路段</td><td colspan="6">格致路</td><td>路表温度</td><td colspan="2"></td></tr>
<tr><td colspan="2">试验规程及方法</td><td colspan="6">《公路路基路面现场测试规程》(JTG E60—2008)</td><td>试验设备及编号</td><td colspan="2">摆式仪</td></tr>
<tr><td colspan="2">路面外观情况</td><td colspan="6"></td><td>试验日期</td><td colspan="2"></td></tr>
<tr><td rowspan="2">桩号</td><td rowspan="2">位置</td><td colspan="9">摆式仪(单位:BPN)</td></tr>
<tr><td>1</td><td>2</td><td>3</td><td>4</td><td>5</td><td>平均值</td><td>总平均值</td><td>温度修正值</td><td>标准值</td></tr>
<tr><td rowspan="3">K0 + 100</td><td rowspan="3">上行行车道
右轮迹带</td><td>50</td><td>49</td><td>49</td><td>50</td><td>48</td><td>49</td><td rowspan="3">49</td><td rowspan="3">+5</td><td rowspan="3">54</td></tr>
<tr><td>49</td><td>49</td><td>50</td><td>51</td><td>51</td><td>50</td></tr>
<tr><td>48</td><td>49</td><td>48</td><td>49</td><td>49</td><td>49</td></tr>
<tr><td rowspan="3">—</td><td rowspan="3">—</td><td>—</td><td>—</td><td>—</td><td>—</td><td>—</td><td>—</td><td rowspan="3">—</td><td rowspan="3">—</td><td rowspan="3">—</td></tr>
<tr><td>—</td><td>—</td><td>—</td><td>—</td><td>—</td><td>—</td></tr>
<tr><td>—</td><td>—</td><td>—</td><td>—</td><td>—</td><td>—</td></tr>
<tr><td rowspan="5">—</td><td rowspan="5">—</td><td>—</td><td>—</td><td>—</td><td>—</td><td>—</td><td>—</td><td rowspan="5">—</td><td rowspan="5">—</td><td rowspan="5">—</td></tr>
<tr><td>—</td><td>—</td><td>—</td><td>—</td><td>—</td><td>—</td></tr>
<tr><td>—</td><td>—</td><td>—</td><td>—</td><td>—</td><td>—</td></tr>
<tr><td>—</td><td>—</td><td>—</td><td>—</td><td>—</td><td>—</td></tr>
<tr><td>—</td><td>—</td><td>—</td><td>—</td><td>—</td><td>—</td></tr>
<tr><td rowspan="5">—</td><td rowspan="5">—</td><td>—</td><td>—</td><td>—</td><td>—</td><td>—</td><td>—</td><td rowspan="5">—</td><td rowspan="5">—</td><td rowspan="5">—</td></tr>
<tr><td>—</td><td>—</td><td>—</td><td>—</td><td>—</td><td>—</td></tr>
<tr><td>—</td><td>—</td><td>—</td><td>—</td><td>—</td><td>—</td></tr>
<tr><td>—</td><td>—</td><td>—</td><td>—</td><td>—</td><td>—</td></tr>
<tr><td>—</td><td>—</td><td>—</td><td>—</td><td>—</td><td>—</td></tr>
<tr><td rowspan="5">—</td><td rowspan="5">—</td><td>—</td><td>—</td><td>—</td><td>—</td><td>—</td><td>—</td><td rowspan="5"></td><td rowspan="5"></td><td rowspan="5">—</td></tr>
<tr><td>—</td><td>—</td><td>—</td><td>—</td><td>—</td><td>—</td></tr>
<tr><td>—</td><td>—</td><td>—</td><td>—</td><td>—</td><td>—</td></tr>
<tr><td>—</td><td>—</td><td>—</td><td>—</td><td>—</td><td>—</td></tr>
<tr><td>—</td><td>—</td><td>—</td><td>—</td><td>—</td><td>—</td></tr>
</table>

7.4 《公路技术状况评定标准》(JTG H20—2007)。

7.5 《公路沥青路面设计规范》(JTG D50—2006)。

7.6 《公路工程质量检验评定标准》(JTG F80/1—2004)。

8　注意事项

(1)确定设备已标定,在正常使用期限内。

(2)观察橡胶片的尺寸,保证在可用范围内。

(3)检测位置必须是车道的轮迹处,并且摆式仪的摆动方向必须与行车方向一致。

(4)单点测定的5个值中最大值与最小值的差值不得大于3(BPN),如差值大于3(BPN)时,应检查产生的原因,并重新操作。

(5)详细记录每个测点的路表温度。

(6)校核滑动长度时,应以橡胶片长边刚刚接触路面为准,不可借摆的力量向前滑动,以免标定的滑动长度与实际不符,滑动长度应为126mm。

(7)测试过程中测试人员必须做好安全防范措施,身穿反光背心。

沥青路面渗水系数测试方法
（参照 T 0971—2008 执行）

1　目的与适用范围

本方法适用于在路面现场测定沥青路面的渗水系数。

2　主要检测设备

2.1　路面渗水仪：上部盛水量筒由透明有机玻璃制成，容积 600mL，上有刻度，在 100mL 及 500mL 处有粗标线，下方通过 ϕ10mm 的细管与底座相接，中间有一开关。量筒通过支架联结，底座下方开口内径 ϕ150mm，外径 ϕ220mm。底座上部有一气孔，可通过开关控制底座内部空气与外部相通。仪器附不锈钢圈压重两个，每个质量约 5kg，内径 ϕ160mm。

2.2　水筒、烧杯。

2.3　秒表。

2.4　密封材料：防水腻子或油灰。

2.5　其他：水、粉笔、塑料圈、刮刀、扫帚等。

3　试验准备

3.1　在测试路段的行车道路面上，按《公路路基路面现场测试规程》（JTG E60—2008）附录 A 的随机取样方法选择试验位置，每一个检测路段应测定 5 个测点，并用粉笔画上试验标记。

3.2　试验前，首先用扫帚清扫表面，并用刷子将路面的杂物刷去。杂物的存在一方面会影响水的渗入；另一方面也会影响渗水仪和路面或者试件的密封效果。

4　试验步骤

4.1　将塑料圈置于试件中央或者路面表面的测点上，用粉笔分别沿塑料圈的内侧和外侧画上圈，在外环和内环之间的部分就是需要用密封材料进行密封的区域。

4.2　用密封材料对环状密封区域进行密封处理,注意不要使密封材料进入内圈。如果密封材料不小心进入内圈,必须用刮刀将其刮走。再将搓成拇指粗细的条状密封材料摞在环状密封区域的中央,并且摞成一圈。

4.3　将渗水仪放在试件或者路面表面的测点上,注意使渗水仪的中心尽量和圆环中心重合,然后略微使劲将渗水仪压在条状密封材料表面,再将配重加上,以防压力水从底座与路面间流出。

4.4　将进水开关关闭,向量筒中注满水,然后打开排气开关,再打开进水开关,使量筒中的水下流,排出渗水仪底部内的空气。当排气孔流出水后,先关闭排气开关,再关闭进水开关,并再次向量筒中注满水。

4.5　将进水开关打开,待水面下降至100mL刻度时,立即开动秒表开始计时,每间隔60s,读计量管的刻度一次,至水面下降至500mL刻度线时为止。测试过程中,如水从底座与密封材料间渗出,说明底座与路面密封不好,应移至附近干燥路面处重新操作。当水面下降速度较慢,则测定3min的渗水量即可停止;如果水面下降速度较快,在不到3min的时间内到达了500mL刻度线,则记录到达500mL刻度线时的时间;若水面下降至一定程度后基本保持不动,说明基本不透水或根本不透水,在报告中注明。

4.6　按以上步骤在同一个检测路段选择5个测点测定渗水系数,取其平均值作为试验结果。

5　试验结果计算

计算时以水面从100mL下降到500mL所需的时间为标准,若渗水时间过长,也可以采用3min通过的水量计算,见式(T 0971-1)。

$$C_w = \frac{V_2 - V_1}{t_2 - t_1} \times 60 \qquad (T\ 0971\text{-}1)$$

式中:C_w——路面渗水系数,mL/min;

V_1——第一次计时的水量,mL,通常为100mL;

V_2——第二次计时的水量,mL,通常为500mL;

t_1——第一次计时的时间,s;

t_2——第二次计时的时间,s。

6　试验记录

现场检测,每一个检测路段应测定5个测点,计算其平均值作为检测结果。若路面不透水,在报告中注明渗水系数为0。

沥青路面渗水系数试验记录示例见表T 0971-1。

沥青路面渗水系数试验记录表 表T 0971-1

<table>
<tr><td colspan="2">试验路段</td><td colspan="3"></td><td>试验日期</td><td colspan="2"></td></tr>
<tr><td colspan="2">试验规程及方法</td><td colspan="3">《公路路基路面现场测试规程》(JTG E60—2008)</td><td>试验设备及编号</td><td colspan="2">渗水仪(3110574)</td></tr>
<tr><td rowspan="2">桩号</td><td rowspan="2">位置</td><td colspan="3">渗水情况读数(mL)</td><td rowspan="2">流失500mL的时间(s)</td><td rowspan="2">渗水系数(mL/min)</td><td rowspan="2">渗水系数平均值(mL/min)</td></tr>
<tr><td>第一分钟末</td><td>第二分钟末</td><td>第三分钟末</td></tr>
<tr><td rowspan="5">K0+200</td><td rowspan="5">上行行车道右轮迹带</td><td>290</td><td>420</td><td>530</td><td>170</td><td>141</td><td rowspan="5">70</td></tr>
<tr><td>165</td><td>235</td><td>300</td><td>—</td><td>67</td></tr>
<tr><td>150</td><td>210</td><td>257</td><td>—</td><td>52</td></tr>
<tr><td>132</td><td>162</td><td>220</td><td>—</td><td>40</td></tr>
<tr><td>145</td><td>195</td><td>245</td><td>—</td><td>48</td></tr>
<tr><td rowspan="5">—</td><td rowspan="5">—</td><td>—</td><td>—</td><td>—</td><td>—</td><td>—</td><td rowspan="5">—</td></tr>
<tr><td>—</td><td>—</td><td>—</td><td>—</td><td>—</td></tr>
<tr><td>—</td><td>—</td><td>—</td><td>—</td><td>—</td></tr>
<tr><td>—</td><td>—</td><td>—</td><td>—</td><td>—</td></tr>
<tr><td>—</td><td>—</td><td>—</td><td>—</td><td>—</td></tr>
<tr><td rowspan="5">—</td><td rowspan="5">—</td><td>—</td><td>—</td><td>—</td><td>—</td><td>—</td><td rowspan="5">—</td></tr>
<tr><td>—</td><td>—</td><td>—</td><td>—</td><td>—</td></tr>
<tr><td>—</td><td>—</td><td>—</td><td>—</td><td>—</td></tr>
<tr><td>—</td><td>—</td><td>—</td><td>—</td><td>—</td></tr>
<tr><td>—</td><td>—</td><td>—</td><td>—</td><td>—</td></tr>
<tr><td colspan="8">备注(特殊情况记录):
□当水面下降速度较慢,则测定3min的渗水量即可停止;
□如果水面下降速度较快,在不到3min的时间内达到了500mL刻度线,则记录达到了500mL刻度线时的时间;
□若水面下降至一定程度后基本保持不动,说明基本不透水或根本不透水</td></tr>
</table>

7 试验规程及评定依据

7.1 《公路工程质量检验评定标准》(JTG F80/1—2004)。

7.2 《公路沥青路面施工技术规范》(JTG F 40—2004)。

7.3 《公路沥青路面设计规范》(JTG D50—2006)。

7.4 《公路路基路面现场测试规程》(JTG E60—2008)。

7.5 《公路养护安全作业规程》(JTG H30—2004)。

8 注意事项

8.1 为了防止密封材料进入密封内圈,在密封时可在内圈处加一相同大小的铁环。

8.2 试验前,将测试位置处路面清扫干净,确保仪器底座与路面间的密封效果。

8.3 渗水试验测点位置,应与铺砂法试验、摆式仪法试验测点位置一一对应。

8.4 现场试验过程中,试验人员必须做好安全防范措施,身穿反光服饰。

超声回弹综合法混凝土抗压强度检测方法
（参照 CECS 02—2005 执行）

1 目的与适用范围

超声回弹综合法混凝土抗压强度检测方法，适用于混凝土结构中普通混凝土，目的是检测及推定普通混凝土强度。本规程不适用于检测因冻害、化学侵蚀、火灾、高温等已造成表面疏松、剥落的混凝土。

2 仪具与材料技术要求

主要仪器设备见表 CECS 02-1。

主要仪器设备　　表 CECS 02-1

主要仪器设备			
仪器名称	规格型号	测量范围	准确度等级
回弹仪	ZC3-A	0～100MPa	2MPa
非金属超声波检测仪	TICO	0.5～9 999μs	0.1μs
钢尺	1m	0～1m	1mm
配套仪器设备			
钢丝刷	—	—	—
凡士林耦合剂	—	—	—

2.1 回弹仪。

所采用的回弹仪（图 CECS 02-1）应符合国家计量检定规程《混凝土回弹仪》（JJG 817）的要求，并通过技术鉴定，必须具有产品合格证和检定证，并应具有中国计量器具制造 CMC 许可证标志。

2.2 混凝土超声波检测仪器。

所采用的混凝土超声波检测仪（图 CECS 02-2）应通过技术鉴定，必须具有产品合格证和检定证，且应符合现行行业标准《混凝土超声波检测仪》（JTG/T 5004）的要求，并在计量检定有效期内使用。

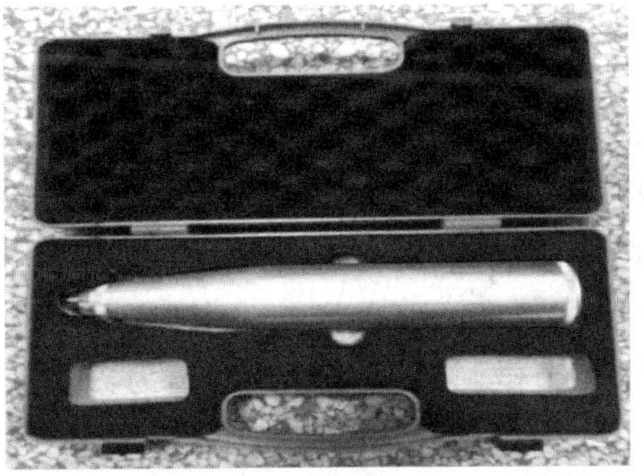

图 CECS 02-1　回弹仪

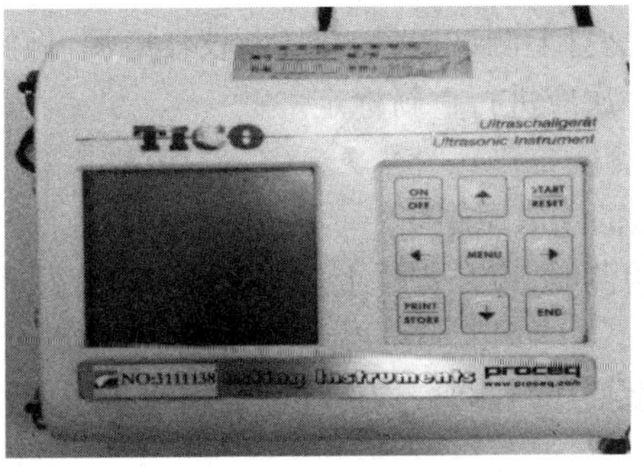

图 CECS 02-2　混凝土超声波检测仪器

3　试验准备与检测步骤

3.1　仪器操作规程。

3.1.1　回弹仪的操作规程。

(1)将回弹仪从包装盒中取出。

(2)将回弹仪的弹击杆顶住混凝土表面,轻压仪器,使按钮松开。

(3)弹击杆伸出,并使挂钩挂上弹击锤。

(4)使回弹仪对混凝土表面缓慢均匀施压。

(5)待弹击锤脱钩,冲击弹击杆后,弹击锤即带动指针向后移动直达一定位置,此时指针块的刻度即在刻度尺上指示某一回弹值。

(6)使回弹仪继续顶住混凝土表面,进行读数并记录回弹值。

(7)如条件不利于读数,锁住机芯,将回弹仪移至它处读数。

(8)回弹仪使用完毕后,应使弹击杆伸出机壳,清除弹击杆、杆前端球面、刻度尺表面和外壳上的污垢、尘土。回弹仪不使用时,应将弹击杆压入仪器内,经弹击后用按钮锁住机芯,将回弹仪装入仪器箱,平放在干燥阴凉处。

3.1.2 非金属超声波检测仪操作规程。

(1)将检测仪从盒子中取出。

(2)将接发传感器与检测仪相连接,注意发射与接收不能接反。

(3)打开电源开关,仪器启动,屏幕上出现操作界面。

(4)测试前应对仪器进行标定,将接发传感器与标定块耦合,声时应为20.7μs±0.1μs,否则需调节微调旋钮,直至声时值为20.7μs。

(5)测量声时值,将一对发射和接收换能器耦合在对应测点上,并始终保持两个换能器的轴线在同一直线上。

(6)根据不同测试条件要求,将两传感器置于对应测点,待数据稳定后读数。

(7)测试完毕时,需打上测试记号,并切断仪器电源,做好仪器的保养工作。

(8)仪器每关机一次应进行重新标定。

3.2 测试准备(测区布置)。

3.2.1 测区数量的选取原则。

(1)按单个构件检测时,应在构件上均匀布置测区,每个构件上测区数量不应少于10个。

(2)同批构件按批抽样检测时,构件抽样数不应少于同批构件的30%,且不应少于10件。

(3)对某一方向尺寸不大于4.5m且另一方向尺寸不大于0.3m的构件,其测区数量可适当减少,但不应少于5个。

3.2.2 测区布置应满足的要求。

(1)测试面应清洁、平整、干燥,不应有接缝、施工缝、饰面层、浮浆和油垢,并应避开蜂窝麻面部位。

(2)必要时,可用钢丝刷片清除表面杂物和磨平不平整处,并擦净残留粉尘。

(3)测区可在构件的两个对称可测面上、相邻可测面上或同一可测面上进行布置,且应均匀分布。

(4)相邻两测区的间距不宜大于2m。

(5)测区应布置在回弹仪处于水平方向检测混凝土浇筑侧面。当不能满足这一要求时,可使回弹仪处于非水平方向检测混凝土浇筑侧面、表面或底面。

(6)测区布置时,宜避开钢筋密集区和预埋铁件。

(7)超声测试时,应在测区点涂抹耦合剂。

(8)测区尺寸宜为200mm×200mm;采用平测时宜为400mm×400mm的平行四边形。

(9)超声测点应布置在回弹测试的同一测区内,每一测区布置3个测点。

(10)超声测试宜优先采用对测或角测,当被测构件不具备对测或角测条件时,可采用单面平测,测试方向应与结构主筋位置呈40°~50°(图CECS 02-3~图CECS 02-5)。

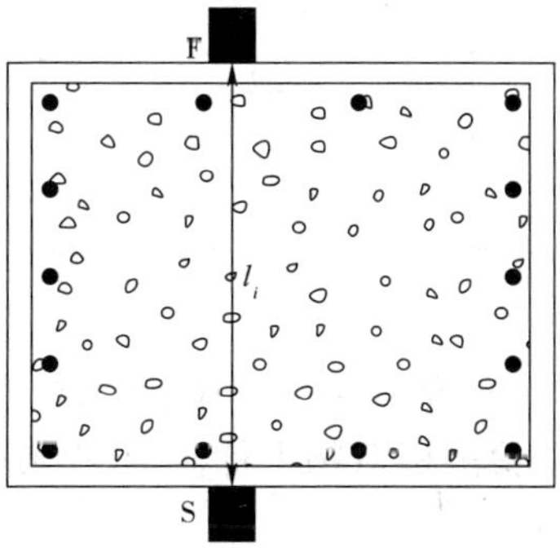

图CECS 02-3　对测布置示意图

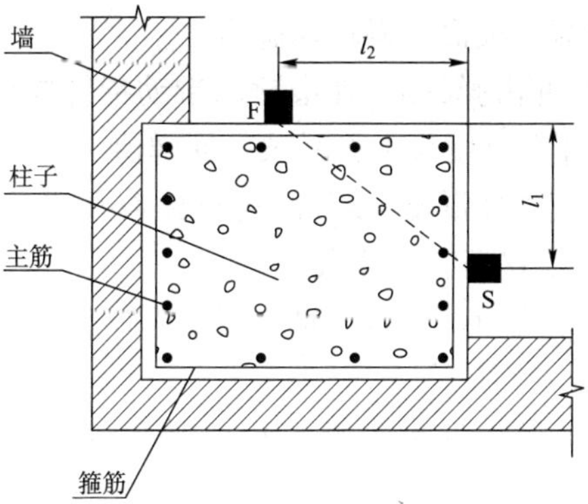

图CECS 02-4　角测布置示意图

3.2.3　按批抽样检测时,当同时满足下列条件时可作为同批构件:

(1)混凝土设计强度等级相同。

(2)混凝土原材料、配合比、成型工艺、养护条件和龄期基本相同。

(3)构件种类相同。

(4)施工阶段所处状态基本相同。

3.3　检测步骤。

3.3.1　回弹法检测结构物混凝土强度的步骤。

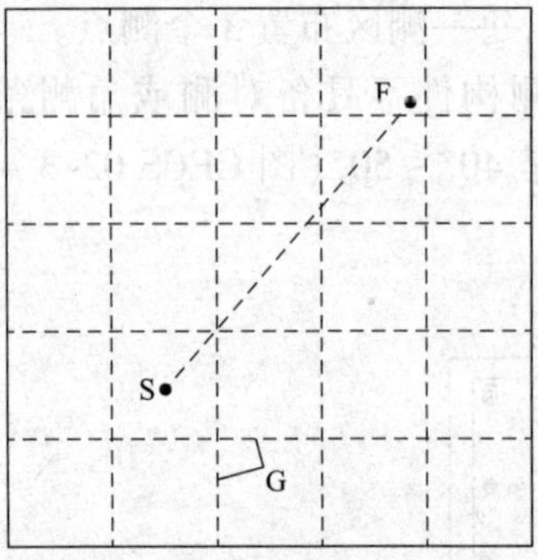

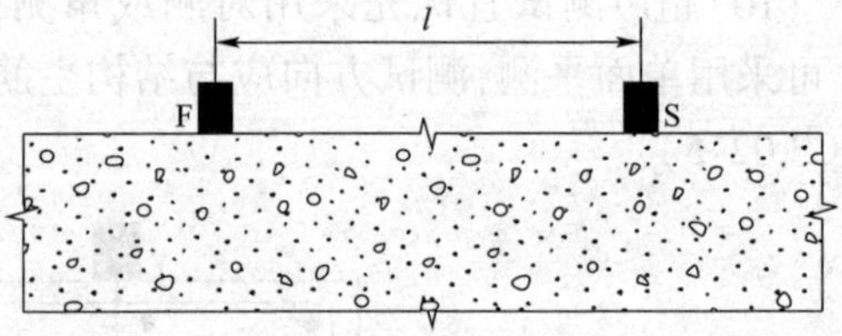

图 CECS 02-5　平测布置示意图

(1)用粉笔和钢尺在被检测构造物上标注 10 个测区，测区尺寸为 200mm × 200mm。

(2)将回弹仪的弹击杆顶住已确定的测区的混凝土表面，轻压仪器，使按钮松开，弹击杆徐徐伸出，并使挂钩挂上弹击锤。

(3)使回弹仪对混凝土表面缓慢均匀施压。

(4)待弹击钩脱钩，冲击弹杆后，弹击锤即带动指针向后移动直至达到一定位置时，指针块的刻度线即在刻度尺上指示某一回弹值。

(5)使用回弹仪继续顶住混凝土表面，进行读数并记录回弹值，如条件不利于读数，锁住机芯，将回弹仪移至它处读数。

(6)每一个测区应布置 16 个测点，每一测点应弹击一次，读取 16 个回弹值，其回弹值读数应精确至 1。

(7)逐渐对回弹仪减压，使弹击杆自机壳伸出，挂钩挂上弹击锤，待下一次使用。

3.3.2　超声法检测结构物混凝土强度的步骤。

(1)在构件测试面上标示超声测点，在两个相对测试面上分别画出相对应的 3 个测点。

(2)采用钢卷尺或钢板尺测量试件的超声测距。在两个超声测试面的两侧边缘处逐点测量两测试面的垂直距离，取两边缘对应垂直距离的平均值作为测点的超声测距值。

(3)在超声测试前，在测区测点上均匀涂上凡士林耦合剂，并对仪器固定频率进行标定。

(4)将测距等参数输入仪器。

(5)测量声时值,将一对发射和接收换能器耦合在对应测点上,并始终保持两个换能器的轴线在同一直线上。

(6)逐点测量,待数据稳定后记录数据。

(7)待检测结束后,关闭仪器电源并清理维护好仪器,待下一次使用。

(8)如果采取平测的检测方法,两金属探头应在同一直线位置上,并且在测试完成后进行修正值的确认,选取有代表性位置,以测距分别为200mm、250mm、300mm、350mm、400mm、450mm、500mm取的声时值,进行时距图绘制,计算修正值;如果采取对测的检测方法,两金属探头应垂直对应。

3.3.3　填写原始记录,检测员将任务单号、构件编号、仪器名称、型号和编号及其他信息填写完整;原始记录如填写错误,严禁涂改,应在其上面画一横杠,在其右上角签上自己的姓名,保持卷面整洁,空白处画杠;原始记录填写完整后签字,交由复核人员进行复核并签字。

3.3.4　检测完成后,若仪器未发生故障,在仪器使用记录"使用后"一栏中填写"正常";若发生故障不能正常使用,则在"使用后"一栏中填写"故障"并填写仪器设备台账和设备维修单,通知设备管理员进行维修。

4　注意事项

4.1　操作过程中,仪器要轻拿轻放,并严格按照仪器操作规程检测。

4.2　检测人员在检测过程中,要注意安全,戴好安全帽,尤其在顶板回弹等较高位置检测时,必须保证爬梯等辅助工具的稳固安全。

4.3　使用仪器时,应注意防尘防潮,避免漏电。

4.4　检测过程中,应注意保护仪器,避免产生的杂物污染或损坏仪器。

4.5　若现场有需要进行破损检测时,应按规范要求操作,避免意外。

4.6　检测过程要做到文明施测。

4.7　仪器每次使用完毕后,应及时清理擦拭干净,再次标定保养,并储存在干燥阴凉处。

4.8　在搬运过程中防止碰撞或剧烈振动;长途运输时,应将设备固定不能滑动,以免影响行车安全。

4.9　超声波检测仪器使用时,环境温度应为0~40℃。

5　试验记录

超声回弹综合法检测混凝土强度记录表与桥涵构造物混凝土强度相关系数记录表,分别见表CECS 02-2、表CECS 02-3。

混凝土强度试验检测记录表(超声回弹综合法) 表 CECS 02-2

试验室名称:苏交科集团股份有限公司工程检测中心 记录编号:ZY02-010-2015-01

工程部位/〔用途〕		委托/任务编号	
样品名称		样品编号	
试验依据		样品描述	
试验条件		试验日期	
主要仪器设备及编号			

项目 编号		回弹值 R																	修正后回弹值	超声声时值 (μs)					测距 (mm)	声速 v (km/s)	修正后声速值 v (km/s)	换算强度 f_{cu}^{c} (MPa)
构件	测区	1	2	3	4	5	6	7	8	9	10	11	12	13	14	15	16	R_m	R_n	1	2	3	4	5				
	1																											
	2																											
	3																											
	4																											
	5																											
	6																											
	7																											
	8																											
	9																											
	10																											
备注	回弹测试角度: 浇筑面:侧面 底面 顶面 碳化深度: mm 超声测试方法:平测 对测 是否泵送:是 否 设计强度: MPa 率定值 MPa 平均值 标准差: 推定值: 回归参数:200: 250: 300: 350: 400: 450: 500:																											

试验: 复核: 日期: 年 月 日

表 CECS 02-3

桥涵构造物混凝土强度相关记录表

项目名称：

构件名称	是否泵送混凝土	集料岩性	集料级配	钢筋保护层厚度及钢筋间距	设计强度	浇筑日期	相关人员签字		
							单位	签字	日期
1—1 号板梁	否	玄武岩	连续级配	25mm,200mm	C50	2008 年 6 月 18 日	×××	×××	2015-4-2

钻芯法测定沥青面层压实度试验方法
(参照 T 0924—2008 执行)

1 目的与适用范围

1.1 沥青混合料面层的压实度是按施工规范规定的方法测定的混合料试样的毛体积密度与标准密度之比值,以百分率表示。

1.2 本方法适用于检验从压实的沥青路面上钻取的沥青混合料芯样试件的密度,以评定沥青面层的施工压实度。

2 主要检测设备

2.1 路面取芯钻机(图 T 0924-1)。

2.2 天平:感量不大于0.1g。

2.3 水槽。

2.4 吊篮。

2.5 石蜡。

2.6 其他:卡尺、毛刷、小勺、取样袋(容器)、电风扇。

图 T 0924-1 路面取芯钻机

3 试验准备

3.1 确定路段。可以是一个作业段、一天完成的路段,或按相关规定选取一定长度的检查路段。

3.2 确定取样的位置。

3.3 将取样的位置清扫干净。

4 试验步骤

4.1 钻芯取样。

4.1.1 在选取采样地点的路面上,先用油漆对钻孔位置作出标记。

4.1.2 用钻机在取样地点垂直对准路面放下钻头,牢固安放钻机,使其在运转过程中不得移动。

4.1.3　开放冷却水，启动电动机，徐徐压下钻杆，钻取芯样，但不得使劲下压钻头。待钻透全厚后，上抬钻杆，拔出钻头，停止转动，不使芯样损坏，取出芯样。沥青混合料芯样及水泥混凝土芯样可用清水漂洗干净备用。

4.1.4　采取的路面混合料试样应整层取样，试样不得破碎。

4.1.5　填写样品标签，一式两份，一份粘贴在试样上，另一份作为记录备查。

4.1.6　将钻取芯样或切割的试块，妥善盛放于盛样器中，必要时用塑料袋封装。

4.1.7　对于钻孔或被切割的路面坑洞，应采用同类型材料填补压实，但取样时留下的水分应用棉纱等吸走，待干燥后再补坑。

4.2　测定试件密度。

4.2.1 在室内温度为25℃ ±0.3℃的条件下，将钻取的试件在水中用毛刷轻轻刷净黏附的粉尘。如试件边角有浮松颗粒，应仔细清除。

4.2.2　将试件晾干或用电风扇吹干不少于24h，直至恒重。

4.2.3　按现行《公路工程沥青及沥青混合料试验规程》(JTG E20—2011)的沥青混合料试件密度试验方法测定试件密度ρ_s。通常情况下采用表干法测定试件的毛体积相对密度；对吸水率大于2%的试件，宜采用蜡封法测定试件的毛体积相对密度；对吸水率小于0.5%特别致密的沥青混合料试件，在施工质量检验时，允许采用水中重法测定表观相对密度。

4.3　根据《公路沥青路面施工技术规范》(JTG F40—2004)附录E的规定，确定用于计算压实度的标准密度。

5　试验结果计算

5.1　当计算压实度的标准密度采用每天试验室实测的马歇尔击实试件密度或试验路段钻孔取样密度时，沥青面层的压实度按式(T 0924-1)计算。

$$K = \frac{\rho_s}{\rho_0} \times 100 \tag{T 0924-1}$$

式中：K——沥青面层某一测定部位的压实度，%；

ρ_s——沥青混合料芯样试件的实际密度，g/cm³；

ρ_0——沥青混合料的标准密度，g/cm³。

5.2　计算压实度的标准密度采用最大理论密度时，沥青面层的压实度按式(T 0924-2)计算。

$$K = \frac{\rho_s}{\rho_t} \times 100 \tag{T 0924-2}$$

式中：ρ_s——沥青混合料芯样试件的实际密度，g/cm³；

ρ_t——沥青混合料的最大理论密度，g/cm³。

5.3　计算一个评定路段检测的压实度的平均值、标准差、变异系数，并计算代表压实度。

6　试验记录

钻芯法测定沥青面层压实度试验记录示例，见表 T 0924-1。

钻芯法测定沥青面层压实度试验记录表　　表 T 0924-1

路段名称		宁杭高速		试验环境(℃)		23			
试验日期		2013-4-28		试验设备		浸水天平			
水密度(g/cm³)		0.997	压实度标准(%)			98～100		极值要求(%)	
取样位置 桩号	层次	空气中重(g)	水中重(g)	表干重(g)	密度(g/cm³)	标准密度(g/cm³)	最大理论密度(g/cm³)	马氏压实度(%)	最大理论密度压实度(%)
K165 +000 车辙凹	上	1 102.3	674.9	1104.1	2.561	2.670	2.589	98.9	95.9
K165 +000 车辙凹	中	1 029.8	629.1	1031.6	2.551	2.656	2.589	98.5	96.0
K165 +000 车辙凹	下	1 205.6	734.6	1208.1	2.539	2.648	2.589	98.0	95.9
K165 +000 车辙凸起左	上	1 124.2	689.2	1127.1	2.560	2.670	2.589	98.9	95.9
K165 +000 车辙凸起左	中	989.3	607.6	991.3	2.571	2.656	2.589	99.3	96.8
K165 +000 车辙凸起左	下	993.4	610.1	996.2	2.565	2.648	2.589	99.1	96.9
K165 +000 车辙凸起右	上	1 123.5	685.3	1125.3	2.546	2.670	2.589	98.3	95.3
K165 +000 车辙凸起右	中	1 234.1	651.4	1136.1	2.539	2.656	2.589	98.0	95.6
K165 +000 车辙凸起右	下	1 025.5	628.4	1028.6	2.555	2.648	2.589	98.7	96.5

试验：　　　　复核：　　　　日期：

7　试验规程及评定依据

7.1　《公路路基路面现场测试规程》(JTG E60—2008)。

7.2　《公路沥青路面养护技术规范》(附条文说明)(JTJ 073.2—2001)。

7.3　《公路技术状况评定标准》(附条文说明)(JTG H20—2007)。

7.4　《公路沥青路面设计规范》(JTG D50—2006)。

7.5　《公路工程质量检验评定标准　第一册　土建工程》(JTG F80/1—2012)。

8　注意事项

8.1　确定设备已标定,在正常使用期限内。

8.2　所取试样应完整无损。

8.3　取出的试样应及时放入器皿中或塑料袋封装。

8.4　现场取芯过程中,测试人员必须做好安全防范措施,身穿反光背心。

连续式平整度仪测定平整度试验
(参照 T 0932—2008 执行)

1 目的与适用范围

1.1 本方法规定用连续式平整度仪测量路面的不平整度的标准差(σ),以表示路面的平整度,以 mm 计。

1.2 本方法适用于测定路表面的平整度,评定路面的施工质量和使用质量,不适用于在已有较多坑槽、破损严重的路面上测定。

2 主要检测设备

2.1 连续式平整度仪(图 T 0932-1):除特殊情况外,连续度仪的标准长度为 3m,其质量应符合仪器标准的要求。中间为一个 3m 长的机架,机架可缩短或折叠,前后各有 4 个行车轮,前后两组轮的轴间距离为 3m。

机架中间有一个能起落的测定轮。机架上装有蓄电池电源及可拆卸的检测箱,检测箱可采用显示、记录、打印或绘图等方式输出测试结果。测定轮上装有位移传感器、距离传感器等检测器,当为人工检测、无自动采集数据及计算功能时,应能记录测试曲线。机架头装有一牵引钩及手拉柄,可用人力或汽车牵引。

图 T 0932-1 连续式平整度仪

2.2 牵引车:小面包车或其他小型牵引汽车。

2.3 皮尺或测绳。

3　试验准备

3.1　选择测试路段。

3.2　当为施工过程中质量检测需要时，测试地点根据需要决定；当为路面工程质量检查验收或进行路况评定需要时，通常以行车道一侧车轮轮迹带作为连续测定的标准位置。对已形成车辙的旧路路面，取一侧车辙中间位置为测定位置。按规定在测试路段路面上确定测试位置，当以内侧轮迹带（IWP）或外侧轮迹带（OWP）作为测定位置时，测定位置距车道标线 80～100cm。

3.3　清扫路面测定位置处的脏物。

3.4　检查仪器检测箱各部分是否完好、灵敏，并将各连接线接妥，安装记录设备。

4　试验步骤

4.1　将连续式平整度测定仪置于测定路段路面起点上。

4.2　将牵引架挂在牵引汽车的后部，放下测定轮，启动检测器及记录仪，随即起动汽车，沿道路纵向行驶，横向位置保持稳定，并检查平整度检测仪表上测定数字显示、打印、记录情况。如遇检测设备中某项仪表发生故障，即须停止检测。牵引平整仪的速度应保持匀速，速度宜为 5km/h，最大不超过 12km/h。

测试路段较短时，可用人力拖拉平整度仪测定路面的平整度，但拖拉时应保持匀速前进。

5　试验结果计算

5.1　连续式平整度仪测定后，可按每 10cm 间距采集的位移值自动计算得到每 100m 计算区间的平整度标准差（mm），还可记录测试长度（m）。

5.2 每一计算区间的路面平整度以该区间测定结果的标准差表示，按式（T 0932-1）计算：

$$\sigma_i = \sqrt{\frac{\sum d_i^2 - (\sum d_i)^2/N}{N-1}} \qquad (T\ 0932\text{-}1)$$

式中：σ_i —— 各计算区间的平整度计算值，mm；

d_i ——以 100m 为一个计算区间，每隔一定距离（自动采集间距 10cm，人工采集间距为 1.5m）采集的路面凹凸偏差位移值，mm；

N ——计算区间用于计算标准差的测试数据个数。

5.3　计算一个评定路段内各区间平整度的平均值、标准差、变异系数。

6　试验记录

连续式平整度仪测定平整度试验记录表示例，见表 T 0932-1。

连续式平整度仪测定平整度试验记录表　　表 T 0932-1

工程名称	—		起止桩号		K0 +000 ~ K0 +900
测试方向			测试位置		—
试验环境	16℃		试验日期		2014-6-11
试验依据	T 0973—2008（JTG E60—2008）				
主要仪器设备及编号	连续式平整度仪 3110279				
平均值（mm）	0.77	标准差 σ（mm）	0.15	变异系数（%）	18.96
起点桩号	终点桩号	位移值（mm）	标准差 σ（mm）	测点数 N	
K0 +000	K0 +100	1.52	0.91	1 000	
K0 +100	K0 +200	1.61	0.97	1 000	
K0 +200	K0 +300	0.98	0.59	1 000	
K0 +300	K0 +400	0.87	0.52	1 000	
K0 +400	K0 +500	1.33	0.80	1 000	
K0 +500	K0 +600	1.53	0.92	1 000	
K0 +600	K0 +700	1.27	0.76	1 000	
K0 +700	K0 +800	1.41	0.85	1 000	
K0 +800	K0 +900	1.16	0.70	1 000	
K0 +900	K1 +000	1.17	0.70	1 000	
备注					

7　试验规程及评定依据

7.1　《公路路基路面现场测试规程》（JTG E60—2008）。

7.2 《公路沥青路面施工技术规范》(JTG F40—2004)。

7.3 《公路工程质量检验评定标准　第一册　土建工程》(JTG F80/1—2004)。

8　注意事项

8.1 检查仪器与试验车是否连接牢固。

8.2 试验时试验车的行驶速度应符合试验要求,防止车辆过快使平整度仪受到损坏。

车载式激光平整度仪测定平整度试验方法
（参照 T 0934—2008 执行）

1 目的与适用范围

1.1 本方法适用于各类车载式激光平整度仪在新建、改建路面工程质量验收，以及无严重坑槽、车辙等病害及无积水、积雪、泥浆的正常通行条件下连续采集路段平整度数据。

1.2 本方法的数据采集、传输、记录和处理分别由专用软件自动控制进行。

2 主要检测设备

2.1 测试系统（图 T 0934-1）：测试系统由承载车辆、距离传感器、纵断面高程传感器和主控制系统组成。主控制系统对测试装置的操作实施控制，完成数据采集、传输、存储与计算过程。

图 T 0934-1 车载式激光平整度测试系统

2.2 设备承载车要求：根据设备供应商的要求选择测试系统承载车辆，使用气压表检查测试车辆轮胎气压。

2.3 测试系统基本技术要求和参数：

测试速度：30 ~ 100km/h。

采样间隔：≤500mm。

传感器测试精度:0.5mm。

距离标定误差:<0.1%。

系统工作环境温度:0~60℃。

3 试验准备

3.1 根据设备操作手册的要求对测试系统各设备进行安装校准。

3.2 检查测试车轮胎气压,应达到车辆轮胎规定的标准气压,车胎应清洁,不得黏附杂物。

3.3 距离测量装置需要现场安装的,根据设备操作手册说明进行安装,确保机械紧固装置安装牢固。

3.4 检查测试系统各部分,应符合测试要求,不应有明显的可视性破损。

3.5 打开系统电源,启动控制程序,检查各部分的工作状态。

4 试验步骤

4.1 测试开始之前,应让测试车以测试速度行驶5~10km,按照设备使用说明规定的预热时间对测试系统进行预热。

4.2 测试车停在测试起点前50~100m处,启动平整度测试系统程序,按照设备操作手册的规定和测试路段的现场技术要求设置完毕所需的测试状态。

4.3 驾驶员应按照设备操作手册要求的测试速度范围驾驶测试车,宜在50~80km/h之间,避免急加速和急减速,急弯路段应放慢车速,沿正常行车轨迹驶入测试路段。

4.4 进入测试路段后,测试人员启动系统采集和记录程序,在测试过程中必须及时准确地将测试路段的起终点和其他需要特殊标记位置输入测试数据记录中。

4.5 当测试车辆驶出测试路段后,测试人员停止数据采集和记录,并恢复仪器各部分至初始状态。

4.6 检查测试数据文件,文件应完整,内容应正常,否则需要重新测试。

4.7 关闭测试系统电源,结束测试。

5 试验结果计算

激光平整度仪采集的数据是路面相对高程值,应以100m为计算区间长度,用IRI的标准计算程序计算IRI值,以m/km计。

6 试验记录

平整度检测数据记录示例,见表 T 0934-1。

平整度检测数据记录表 表 T 0934-1

路段名称:格致路 设备及编号:激光断面仪(3113243-1) 序号:01

试验环境:晴 25℃ 测试时间:2014-6-18 测试位置:第三车道 检测方向:上行

上行 方向 第三 车道			
序号	起点桩号	终点桩号	IRI(m/km)
1	0.000	0.100	1.34
2	0.100	0.200	1.01
3	0.200	0.300	0.83
4	0.300	0.400	0.80
5	0.400	0.500	1.10
6	0.500	0.600	1.03
7	0.600	0.700	0.72
8	0.700	0.800	0.72
9	0.800	0.900	1.13
10	0.900	1.000	0.75
11	1.000	1.100	0.71
12	1.100	1.200	0.76
13	1.200	1.300	0.63
14	1.300	1.400	0.63
15	1.400	1.500	0.92
16	1.500	1.600	0.76
17	1.600	1.700	0.65
18	1.700	1.800	0.83
19	1.800	1.900	1.06
20	1.900	2.000	1.75
21	2.000	2.100	1.31
22	2.100	2.200	0.74
23	2.200	2.300	1.09
24	2.300	2.400	0.97

续上表

上行 方向 第三 车道			
序号	起点桩号	终点桩号	IRI(m/km)
25	2.400	2.500	1.25
26	2.500	2.600	1.36
27	2.600	2.700	0.79
28	2.700	2.800	0.51
29	2.800	2.900	0.51
30	2.900	3.000	0.82

试验：　　　　　　　　　　复核：　　　　　　　　　　日期：

7　试验规程及评定依据

7.1　《公路路基路面现场测试规程》(JTG E60—2008)。

7.2　《公路沥青路面养护技术规范》(附条文说明)(JTJ 073.2—2001)。

7.3　《公路技术状况评定标准》(附条文说明)(JTG H20—2007)。

7.4　《公路沥青路面设计规范》(JTG D50—2006)。

7.5　《公路工程质量检验评定标准　第一册　土建工程》(JTG/T F80/1—2004)。

8　注意事项

8.1　确定设备已标定,在正常使用期限内。

8.2　使用轮胎气压表检查车辆轮胎气压,保证为标准气压。

8.3　测试过程中,保证测试轮在路面行车轨迹带测试。

8.4　测试过程中,测试人员必须做好安全防范措施,身穿反光背心。

承载板测定土基回弹模量试验方法

（参照 T 0943—2008 执行）

1　目的与适用范围

1.1　本方法适用于在现场土基表面，通过用承载板对土基逐级加载、卸载的方法，测出每级荷载下相应的土基回弹变形值，通过计算求得土基回弹模量。

1.2　本方法测定的土基回弹模量可作为路面设计参数使用。

2　仪具与材料技术要求

2.1　加载设备：载有铁块或集料等重物，后轴重不小于 60kN 的载重汽车一辆，作为加载设备。在汽车大梁的后轴之后约 80cm 处，附设加劲横梁一根作反力架。汽车轮胎充气压力 0.50MPa。

2.2　现场测试装置：由千斤顶、测力计（测力环或压力表）及球座组成，如图 T 0943-1 所示。

图 T 0943-1　现场测试装置

2.3　刚性承载板一块，板厚 20mm、直径为 30cm，承载板安放在土基表面上。

2.4　路面弯沉仪两台，由贝克曼梁、百分表及支架组成。

2.5　液压千斤顶一台，80～100kN，装有经过标定的压力表或测力环，其容量不小于土基强度，测定精度不小于测力计量程的 1%。

2.6　秒表、水平尺。

3　方法与步骤

3.1　准备工作。

3.1.1　根据需要选择有代表性的测点，测点应位于水平的路基上，土质均匀，不含杂物。

3.1.2　仔细平整土基表面，撒干燥洁净的细砂（石灰）填平土基凹处，砂子（石灰）不可覆盖全部土基表面，避免形成一层砂（石灰）面。

3.1.3　安置承载板，并用水平尺进行校正，使承载板置于水平状态。

3.1.4　将试验车置于测点上，在加劲小梁中部悬挂垂球测试，使之恰好对准承载板中心，然后收起垂球。

3.1.5　在承载板上安放千斤顶，上面衬垫钢圆筒、钢板，并将球座置于顶部与加劲横梁接触。如用测力环时，应将测力环置于千斤顶与横梁中间，千斤顶衬垫物必须保持垂直，以免加压时千斤顶倾倒发生事故并影响测试数据的准确性。

3.1.6 安放弯沉仪，将两台弯沉仪的测头分别置于承载板立柱的支座上，百分表对零或其他合适的初始位置上。

3.2　试验步骤。

3.2.1　用千斤顶开始加载，注视测力环或压力表，至预压 0.05MPa，稳压 1min。使承载板与土基紧密接触，同时检查百分表的工作情况是否正常，然后放松千斤顶油门卸载，稳压 1min 后，将指针对零或记录初始读数。

3.2.2　测定土基的压力—变形曲线。用千斤顶加载，采用逐级加载卸载法，用压力表或测力环控制加载量，荷载小于 0.1MPa 时，每级增加 0.02MPa，以后每级增加 0.04MPa 左右。为了使加载和计算方便，加载数值可适当调整为整数。每次加载至预定荷载（P）后，稳定 1min，立即读记两台弯沉仪百分表数值，然后轻轻放开千斤顶油门卸载至零，待卸载稳定 1min 后，再次读数，每次卸载后百分表不再对零。当两台弯沉仪百分表读数之差小于平均值的 30% 时，取平均值。如超过 30%，则应重测。当回弹变形值超过 1mm 时，即可停止加载。

3.2.3　各级荷载的回弹变形和总变形，按以下方法计算：

回弹变形 L =（加载后读数平均值 − 卸载后读数平均值）× 弯沉仪杠杆比

总变形 L' =（加载后读数平均值 − 加载初始前读数平均值）× 弯沉仪杠杆比

3.2.4　测定总影响量 a。最后一次加载卸载循环结束后，取走千斤顶，重新读取百分表初读数，然后将汽车开出 10m 以外，读取终读数，两只百分表的初、终读数差之平均值即为总影响量 a。

3.2.5 在试验点下取样，测定材料含水率。取样数量如下：

(1)最大粒径不大于4.75mm，试样数量约120g。

(2)最大粒径不大于19.0mm，试样数量约250g。

(3)最大粒径不大于31.5mm，试样数量约500g。

3.2.6 在紧靠试验点旁边的适当位置，用灌砂法或环刀法等测定土基的密度。

4 计算

4.1 各级压力的回弹变形值加上该级的影响量后，则为计算回弹变形值。表T 0943-1是以后轴重60kN的标准车为测试车的各级荷载影响量的计算值。当使用其他类型测试车时，各级压力下的影响量 a_i 按式(T 0943-1)计算：

$$a_i = \frac{(T_1 + T_2)\pi D^2 P_i}{4 T_i Q} a \qquad (T\ 0943\text{-}1)$$

式中：T_1——测试车前后轴距，m；

T_2——加劲小梁距后轴距离，m；

D——承载板直径，m；

Q——测试车后轴重，N；

P_i——该级承载板压力，Pa；

a——总影响量，0.01mm；

a_i——该级压力的分级影响量，0.01mm。

各级荷载影响量(后轴60kN车)　　表T 0943-1

承载板压力(MPa)	0.05	0.10	0.15	0.20	0.30	0.40	0.50
影响量	$0.06a$	$0.12a$	$0.18a$	$0.24a$	$0.36a$	$0.48a$	$0.60a$

4.2 将各级计算回弹变形值点绘于标准计算纸上，排除显著偏离的异常点并绘出顺滑的 $P \sim L$ 曲线。

4.3 按式(T 0943-2)计算相应于各级荷载下的土基回弹模量 E_i 值。

$$E_i = \frac{\pi D}{4} \cdot \frac{P_i}{L_i}(1 - u_0^2) \qquad (T\ 0943\text{-}2)$$

式中：E_i——相应于各级荷载下的土基回弹模量，MPa；

μ_0——土的泊松比，根据相关路面设计规范规定选用；

D——承载板直径，取30cm；

P_i——承载板压力，MPa；

L_i——相对于荷载 P_i 时的回弹变形，cm。

承载板测定土基回弹模量试验记录表

表 T 0943-2

路线和编号		K59 + 690				路面结构		—		
测定层位		土基层				测定用汽车型号		东风		
承载板直径(cm)		30				试验日期		2013-5-11		
千斤顶读数	荷载 P (kN)	承载板压力(MPa)	百分表读数(0.01mm)			总变形(0.01mm)	回弹变形(0.01mm)	分级影响量(0.01mm)	计算回弹变形(0.01mm)	E_i(MPa)
			加载前	加载后	卸载后					
1	3.53	50	0	2.21	1.98	2.21	0.23	—	—	1798
2	7.07	100	1.98	5.62	3.21	5.62	2.38	—	—	434
3	10.6	150	3.24	9.31	5.01	9.31	4.30	—	—	337
9	14.4	200	5.01	15.20	7.32	15.20	7.88	—	—	275
13	21.21	300	7.32	22.75	9.46	22.75	13.29	—	—	233
15	24.74	350	9.46	32.76	12.12	32.76	20.64	—	—	210
总影响量 a(0.01mm)			4.1							
土基回弹模量 E_o(MPa)			231							

4.4 取结束试验前的各回弹变形值,按线性回归方法由式(T 0943-3)计算土基回弹模量 E_0值。

$$E_0 = \frac{\pi D}{4} \cdot \frac{\sum p_i}{\sum L_i}(1 - \mu_0^2) \qquad \text{(T 0943-3)}$$

式中:E_0——土基回弹模量,MPa;

μ_0——土的泊松比,根据相关路面设计规范规定选用;

L_i——结束试验前的各级实测回弹变形值;

p_i——对应于 L_i的各级压力值。

5 试验记录

承载板测定土基回弹模量试验记录示例,见表 T 0943-2。

6 试验规程及评定依据

6.1 《公路路基路面现场测试规程》(JTG E60—2008)。

6.2 《公路路基施工规范》(JTG F10—2006)。

7 注意事项

测试顺序应按照选点、安放承载板、千斤顶、弯沉仪、汽车就位、逐级加载、卸载、测回弹模量的顺序进行。

动力锥贯入仪测定路基路面回弹模量试验方法

(参照 T 0945—2008 执行)

1　目的与适用范围

本方法适用于动力锥贯入仪(DCP)现场快速测定或评估无结合料材料路基、路面的强度。实际使用中,对细粒土的检测效果较好,对于粗粒土、土石混填、压实后的粒料基层,检测过程有一定难度。

2　仪具与材料技术要求

2.1　动力锥贯入仪(DCP)包括手柄、落锤、导向杆、联轴器(轴座)、扶手、夹紧环、探杆、1m 刻度尺、锥头。如图 T 0945-1 所示。

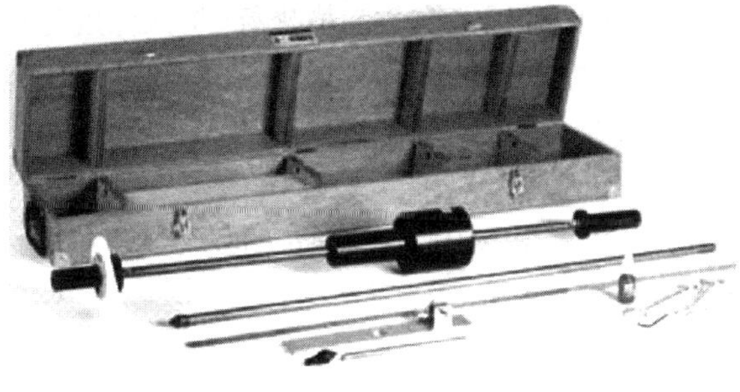

图 T 0945-1　动力锥贯入仪(DCP)

2.2　标准落锤质量为 8kg 或 10kg。

2.3　锥头锥尖角度为 90°、60°或 30°等,最大直径 20mm。锥头最大允许磨损尺寸,尖端为 4mm,直径为 10%,否则必须更换。

3　方法与步骤

3.1　准备工作。

3.1.1　利用当地材料进行对比试验,建立现场 CBR 值或强度与用 DCP 测定的贯入度 D_d 或贯入阻力 Q_d 之间的相关关系。测点数宜不少于 15 个,相关系数 R 应不小于 0.95。

3.1.2　放入落锤，将仪器的导向杆与探杆在联轴器处紧固连接，保证不会松动。

3.1.3　将 DCP 竖直立于硬地（如混凝土）上，然后记录零读数。

3.1.4　根据需要选择有代表性的测点，测点应位于平整的路基、路面基层、面层上。若要探测的层位上面有难以穿透的坚硬结构层时，应钻孔或刨挖至其顶面。

3.2　试验步骤。

3.2.1　将 DCP 放至测点位置。一人手扶仪器手柄，使探杆保持竖直。一人提起落锤至导向杆顶端，然后松开，使之呈自由落体下落。如果试验中探杆稍有倾斜，不可扶正；如果倾斜较大，造成落锤不是自由落体，则该点试验应废弃。

3.2.2　读取贯入深度。每贯入约 10mm 读一次数，记录锤击数和贯入量（mm）。

3.2.3　连续锤击、测量，直到需要的结构层深度。当材料层坚硬，贯入量低到连续锤击 10 次而无变化时，可以停止试验或钻孔透过后继续试验。

3.2.4　将落锤移走，从探坑中取出 DCP 仪器。

4　计算

4.1　DCP 测试结果可用以锤击次数为横坐标、贯入深度为纵坐标的贯入曲线表示，或使用专用的计算程序进行处理，得出结构层材料的现场强度或 CBR 值等。

4.2　计算出贯入度（平均每次的贯入量，mm/锤击次数）D_d，按得出的相关关系式（T 0945-1）计算 CBR 值。

$$\lg(\mathrm{CBR}) = a - b \cdot \lg D_d \tag{T 0945-1}$$

式中：CBR——结构层材料的现场 CBR 值；

D_d——贯入度，mm；

a、b——回归系数。

4.3　也可以按公式（T 0945-2）计算出动贯入阻力 Q_d，按得出的相关关系式（T 0945-3）计算 CBR 值。

$$Q_d = \frac{m}{(m + m_0)} \cdot \frac{MgH}{A} \tag{T 0945-2}$$

式中：Q_d——动贯入阻力，kPa；

m_0——贯入器即被打入部分（包括锥头、探杆、锤座和导向杆等）的质量，kg；

m——落锤质量，kg；

g——重力加速度，$g = 9.8\mathrm{m/s^2}$；

H——落距，m；

A——探头截面积，cm^2。

$$\lg(\text{CBR}) = a + b \cdot \lg D_d \quad (\text{T 0945-3})$$

式中：CBR——结构层材料的现场CBR值；

Q_d——动贯入阻力，kPa；

a、b——回归系数。

5　试验记录

动力锥贯入仪测定路基路面回弹模量试验记录示例，见表T 0945-1。

动力锥贯入仪测定路基路面回弹模量试验记录表　　表T 0945-1

<table>
<tr><td>检测桩号</td><td colspan="2">K6 +450</td><td colspan="2">试验设备</td><td colspan="2">动力锥贯入仪3114531</td></tr>
<tr><td>结构层名称</td><td colspan="2">面层</td><td colspan="2">环境条件</td><td colspan="2">温度：　10℃　　湿度：70%</td></tr>
<tr><td>试验规程</td><td colspan="2">JTG F40—2004</td><td colspan="2">试验日期</td><td colspan="2">2014-5-23</td></tr>
<tr><td>测点编号</td><td colspan="2">K6 +450.005</td><td colspan="2">测点桩号</td><td colspan="2">K6 +450</td></tr>
<tr><td>路基(路面)结构</td><td colspan="2">—</td><td colspan="3">材料描述</td><td>—</td></tr>
<tr><td>动力贯入仪型号</td><td colspan="2">XPP315</td><td>落锤质量(g)</td><td>8000</td><td>锥头锥尖角度(℃)</td><td>60</td></tr>
<tr><td>贯入度与CBR关系式</td><td colspan="2">$\lg(\text{CBR}) = a - b \cdot \lg D_d$ (%)</td><td>$a=$</td><td>2.632</td><td>$b=$</td><td>1.28</td></tr>
<tr><td>序号</td><td>锤击次数</td><td colspan="2">∑锤击次数</td><td>贯入深度(mm)</td><td>贯入度 D_d(mm)</td><td>CBR值</td></tr>
<tr><td>1</td><td>6</td><td colspan="2">6</td><td>10</td><td>1.67</td><td>0.50</td></tr>
<tr><td>2</td><td>8</td><td colspan="2">8</td><td>11</td><td>1.38</td><td>0.87</td></tr>
<tr><td>3</td><td>7</td><td colspan="2">7</td><td>9</td><td>1.29</td><td>0.99</td></tr>
<tr><td>4</td><td>4</td><td colspan="2">4</td><td>9</td><td>1.50</td><td>0.71</td></tr>
<tr><td>5</td><td>6</td><td colspan="2">6</td><td>8</td><td>1.33</td><td>0.93</td></tr>
<tr><td></td><td></td><td colspan="2"></td><td></td><td></td><td></td></tr>
<tr><td>备注</td><td colspan="6">—</td></tr>
</table>

6　试验规程及评定依据

6.1　《公路路基施工技术规范》(JTG F10—2006)。

6.2　《公路沥青路面施工技术规范》(JTG F40—2004)。

6.3　《公路路基路面现场测试规程》(JTG E60—2008)。

超声波回弹法测定路面水泥混凝土抗弯强度试验方法(参照 T 0955—1995 执行)

1 目的与使用范围

1.1 水泥混凝土路面的混凝土抗弯强度是标准条件下的梁式试件龄期 28d 时的抗弯强度。本方法适用于采用回弹仪、低频超声仪在现场对水泥混凝土路面按综合法快速检测,并利用测强曲线方程推算混凝土的抗弯强度。

1.2 本方法适用于视密度为 1.9 ~ 2.5t/m^3,板厚大于 100mm,龄期大于 14d,强度已达到设计抗压强度 80% 以上的水泥混凝土。

1.3 本方法不适用于下列情况的水泥混凝土:

(1)隐蔽或外露局部缺陷区。

(2)裂缝或微裂区(包括路面伸缩缝和工作缝)。

(3)路面角隅钢筋和边缘钢筋处,特别是超声波与钢筋方向相同时。

(4)距路面边缘小于 10cm 的部位。

1.4 现场用超声波回弹法测定不能代替试验室标准条件下的抗弯强度测定,本试验不适用于作为仲裁试验或工程验收的最终依据。

2 仪具与材料技术要求

2.1 超声波检测仪:有良好的稳定性。仪器具有示波屏显示及手动油表测度功能,显示应清晰稳定,其声时范围应为 0.5 ~ 9 999μs,测试精度为 0.1μs;声时显示调节在 20 ~ 30μs 范围内时,2h 内声时显示的漂移不得大于 ±0.2us。超声波在空气中传播的计算速度与实测声速值之比,误差不大于 ±0.5%。

2.2 换能器:为厚度振动形式压电材料,其频率在 50 ~ 100kHz 范围内,实测频率与标准频率相差不大于 ±0.5%。

2.3 耦合剂:采用易于变形、有较大的声阻、有较好黏性且不流淌的材料,通常采用黄油,也可使用凡士林、蜡泥型料等。

2.4 回弹仪。

(1)水平弹击时,在弹击脱钩的瞬间,回弹仪的标称动能应为 2.207J。

(2)弹击锤与弹击杆碰撞的瞬间,弹击拉簧处于自由状态,此时弹击锤应位于刻度的0点处。

(3)在洛氏硬度为HRC60±HRC2的钢砧上,回弹仪的率值应为80±2。

2.5　手持砂轮。

2.6　其他:油污清洁剂、毛刷、抹布等。

3　方法与步骤

3.1　回弹仪率定试验。

在每次测定前,均应在钢砧上进行率定。率定时,钢砧应稳固地平放在刚度大的混凝土地坪上。回弹仪向下弹击时,弹击杆分4次旋转,每次旋转约90°,弹击3~5次,取其中最后连续3次且读数稳定的回弹值进行平均作为率定值。如率定试验结果不在规定的80±2范围内,应对回弹仪进行常规保养后再进行率定,如再次率定仍不合格,应送检定单位检验。

3.2　区和测点布置。

(1)按《公路路基路面现场测试规程》(JTG E60—2008)附录A的方法选择测定的水泥混凝土板,测区和测点布置将每一块水泥混凝土路面板作为一个试样,均匀布置10个测区,每个测区不宜小于150mm×550mm,测区表面应清洁、干燥、平整,不应有蜂窝、麻面,对浮浆和油垢以及粗糙处应清洗或用砂轮片磨平,并擦净残留粉尘。

(2)每个测区的测点宜在测区范围内均匀分布,但不得布置在气孔或外露石子上,相邻两测点的距离不宜小于30mm。

3.3　回弹值测定。

按《公路路基路面现场测试规程》(JTG E60—2008)T 0954的方法用回弹仪对每个测区的16个测点进行回弹值测定。

3.4　超声声时值测量。

(1)在进行回弹值测试的同一测区内布置三条测轴线,作为换能器布置区。

(2)在换能器放置处抹上耦合剂。

(3)将换能器分别放置在轴线Ⅰ的1点及2点处,换能器与路面混凝土应充分接触,耦合良好,发射和接收两换能器直径与测轴线重合,边缘与测距线相切。超声波仪振幅应调到规定振幅(2.5~3.0cm)。测读声时为t_{11},准确至0.1μs。

(4)放置在1点处的换能器不动,将放置在2点处的换能器移置3点处,再测读声时为t_{12},准确至0.1μs。

(5)按上述方法测量测轴线Ⅱ、Ⅲ,分别得声时为t_{21}、t_{22}、t_{31}、t_{32}。

3.5 碳化深度测定。

对龄期超过3个月的水泥混凝土路面,在测区内或测区内混凝土各种条件相同的测区附近路面按《公路路基路面现场测试规程》(JTG E60—2008)T 0954的方法进行混凝土表面碳化深度的测定。

4 计算

4.1 按式(T 0955-1)~式(T 0955-4)计算测区的超声波声速,准确至0.01km/s。

$$v_{i1}=\frac{350}{t_{i1}} \tag{T 0955-1}$$

$$v_{i2}=\frac{450}{t_{i2}} \tag{T 0955-2}$$

$$v_i=\frac{1}{2}(v_{i1}+v_{i2}) \tag{T 0955-3}$$

$$v=\frac{1}{3}(v_1+v_2+v_3) \tag{T 0955-4}$$

式中:v_{i1}——第i条测轴线1点与2点350mm测距声速,km/s,$i=1\sim3$;

v_{i2}——第i条测轴线1点与3点450mm测距声速,km/s,$i=1\sim3$;

v_i——第i条测轴线平均声速,km/s,$i=1\sim3$;

v——测区平均声速,km/s;

t_{i1}——第i条测轴线350mm测距声时,μs;

t_{i2}——第i条测轴线450mm测距声时,μs。

4.2 碳化深度按《公路路基路面现场测试规程》(JTG E60—2008)T 0954的方法计算。

4.3 回弹值按《公路路基路面现场测试规程》(JTG E60—2008)T 0954的方法计算,并按式(T 0955-5)对实测回弹值进行碳化深度修正计算。

$$N'=0.879\,5N-1.444\,3L+4.48 \tag{T 0955-5}$$

式中:N'——修正后的测区回弹值,当$L=0$,$N'=N$;

N——实测的测区平均回弹值;

L——碳化深度,mm。

4.4 混凝土抗弯强度推算。

4.4.1 测强曲线方程的确定。

建立专用测强曲线方程。取用与路面混凝土相同的原材料,设计几种不同水灰比的混凝土配合比，在标准条件下养护 28d 后，按上述方法进行超声及回弹检测，并按水泥混凝土试验规程进行抗弯强度试验，再用二元非线性方程按式（T 0955-6）回归，确定回归系数，得出测强曲线方程，相对标准误差 e_r 应不大于 12%。

$$R_f = av^b e_r^c N \quad (T\ 0955\text{-}6)$$

式中：R_f——混凝土抗弯强度，MPa；

v——超声声速，km/s；

N——修正后的回弹值；

a、b、c——回归系数。

e_r——相对标准误差，%，按式（T 0955-7）计算：

$$e_r = \sqrt{\frac{\sum(R'_{fi}/R_{fi}-1)^2}{n-1}} \times 100 \quad (T\ 0955\text{-}7)$$

R'_{fi}——第 i 块试件实测抗弯强度，MPa；

R_{fi}——第 i 块试件由超声、回弹推算的抗弯强度，MPa；

n——试件数（按单块计）。

4.4.2　混凝土路面抗弯强度推定。

①每一段（或子段）中每一幅为一个单位作为抗弯强度评定对象。

②评定抗弯强度第一条件和第二条件值按式（T 0955-8）、式（T 0955-9）计算。

$$R_{n1} = 1.18(\overline{R} - m \times S_n) \quad (T\ 0955\text{-}8)$$

$$R_{n2} = 1.18\,(R_{fi})_{min} \quad (T\ 0955\text{-}9)$$

式中：R_{n1}——抗弯强度第一条件值，MPa，准确至 0.1MPa；

R_{n2}——抗弯强度第二条件值，MPa，准确至 0.1MPa；

S_n——抗弯强度标准差，MPa，按式（T 0955-10）计算，准确至 0.1MPa；

$$S = \sqrt{\frac{\sum(R_{fi})^2 - n(\overline{R}_n)^2}{n-1}} \quad (T\ 0955\text{-}10)$$

$\overline{R_n}$——抗弯强度平均值，MPa，按式（T 0955-11）计算，准确至 0.1MPa；

$$\overline{R}_n = \frac{1}{2}\sum R_{fi} \quad (T\ 0955\text{-}11)$$

R_{fi}——第 i 测区推算的抗弯强度，MPa；

$(R_{fi})_{min}$——所有推算的抗弯强度中的最小值，MPa；

n——测区数；

m——合格判定系数值，当 $n = 10 \sim 14$ 时，$m = 1.70$；$n = 15 \sim 24$ 时，$m = 1.65$；$n \geqslant 25$ 时，$m = 1.60$。

表 T 0955-1

隧道周边位移量测记录表

工程名称______ 合同号 A4 任务单号 —

试验日期		试验环境	温度:10℃
试验规程	JGJ/T 23—2011	试验人员	
评定标准	—	复核人员	
试验设备	回弹仪(JC-079)		

试样描述 泵送 分项工程 箱涵 结构部位 2-5

设计强度(C) 30(40) 施工日期 2012-11-27 龄期

测区编号	回弹值(R_i)																	碳化深度
	1	2	3	4	5	6	7	8	9	10	11	12	13	14	15	16	R_m	d_i(mm)
1	42	44	46	52	48	46	46	46	46	40	42	46	42	50	44	46	45.2	0
2	44	44	46	40	46	46	44	47	46	44	46	40	42	40	46	46	44.8	0
3	44	44	46	45	44	42	42	42	43	40	42	42	46	48	46	45	43.7	0
4	44	54	44	50	52	48	44	40	43	62	44	42	41	42	44	46	44.9	0
5	40	50	40	43	54	46	43	41	40	46	45	47	52	46	45	42	44.4	0
6	43	40	42	46	62	44	48	46	42	42	43	43	44	44	46	42	43.7	0
7	48	46	42	46	48	56	49	50	44	42	46	44	40	44	46	48	46.0	0
8	40	46	42	42	42	43	43	46	44	49	46	46	46	39	43	44	43.9	0
9	42	42	48	43	42	48	48	43	40	46	45	42	42	45	40	42	43.2	0
10	42	43	41	45	45	54	42	48	46	40	47	42	42	44	50	40	43.8	0

续上表

测面状态及角度	√侧面	表面	底面	√干燥	潮湿	√光洁	粗糙	+90	+60	+45	+30	√0	-30	-45	-60
项目						测区号									
						1	2	3	4	5	6	7	8	9	10
回弹值	角度修正值					—	—	—	—	—	—	—	—	—	—
	角度修正后					45.2	44.8	43.7	44.9	44.4	43.7	46.0	43.9	43.2	43.8
	浇筑面修正值					—	—	—	—	—	—	—	—	—	—
	浇筑面修正后					45.2	44.8	43.7	44.9	44.4	43.7	46.0	43.9	43.2	43.8
强度(MPa)	平均碳化	0.0 mm	测区强度			56.1	55.1	52.5	55.4	54.1	52.5	58.0	53.0	51.3	52.7
	泵送修正值					—	—	—	—	—	—	—	—	—	—
	修正后					—	—	—	—	—	—	—	—	—	—
	平均值	54.1	标准差	2.06		测区数		10	最小值		—	推定值		50.7	
结论：	—														

③按式(T 0955-12)以第一条件值及第二条件值中的小者作为混凝土抗弯强度评定值 R_n

$$R_n = \min\{R_{n1}, R_{n2}\} \quad (T\ 0955\text{-}12)$$

5 报告(表 T 0955-1)

沥青路面车辙测试方法
(参照 T 0973—2008 执行)

1　目的与适用范围

本方法适用于测定沥青路面车辙,供评定路面使用状况及计算维修工作量时使用。

2　仪具与材料技术要求

本方法可选用下列仪具与材料:

2.1　激光或超声波车辙仪:包括多点激光或超声波车辙仪、线激光车辙仪和线扫描激光车辙仪等类型,通过激光测距技术或激光成像和数字图像分析技术得到车道横断面相对高程数据,并按规定模式计算车辙深度。

要求激光或超声波车辙仪有效测试宽度不小于 3.2m,测点不少于 13 点,测试精度 1mm。

2.2　横断面尺:横断面尺为硬木或金属制直尺,刻度间距 5cm,长度不小于一个车道宽度。顶面平直,最大弯曲不超过 1mm,两端有把手及高度为 10 ~ 20cm 的支脚,两支脚的高度相同。

2.3　量尺:塞尺,量程大于车辙深度,刻度至 1mm。

3　方法与步骤

3.1　车辙测定的基准测量宽度应符合下列规定:

3.1.1　对高速公路及一级公路,以发生车辙的一个车道两侧标线宽度中点到中点的距离为基准测量宽度。

3.1.2　对二级及二级以下公路,有车道区画线时,以发生车辙的一个车道两侧标线宽度中点到中点的距离为基准测量宽度;无车道区画线时,以形成车辙部位的一个设计车道宽作为基准测量宽度。

3.2　以一个评定路段为单位,用激光车辙仪连续检测时,测定断面间隔不大于 10m。用其他方法非连续测定时,在车道上每隔 50m 作为一测定断面,用粉笔画上标记进行测定。在特殊需要的路段,如交叉口前后可予加密。

3.3 采用激光或超声波车辙仪的测试步骤如下:

3.3.1 将检测车辆就位于测定区间起点前。

3.3.2 启动并设定检测系统参数。

3.3.3 启动车辙和距离测试装置,开动测试车沿车道轮迹位置且平行于车道线平稳行驶,测试系统自动记录出每个横断面和距离数据。

3.3.4 到达测定区间终点后,结束测定。

3.3.5 系统处理软件按规定的模式通过各横断面相对高程数据计算车辙深度。

3.4 采用横断面尺的测试步骤如下:

3.4.1 将横断面尺就位于测定断面上,两端支脚置于测定车道两侧。

3.4.2 沿横断面尺每隔20cm一点,用量尺垂直立于路面上,用眼平视测记横断面尺顶面与路面之间的距离,准确至1mm。如断面的最高处或最低处明显不在测定点上应加测该点距离。

3.4.3 记录测定读数,绘出断面图,最后连接成圆滑的横断面曲线。

3.4.4 横断面尺也可用线绳代替。

3.4.5 当不需要测定横断面,仅需要测定最大车辙时,亦可用不带支脚的横断面尺架在路面上由目测确定最大车辙位置用尺量取。

4 计算

4.1 根据断面线画出横断面图及顶面基准线。

4.2 在图上确定车辙深度 D_1 及 D_2,读至1mm。以其中最大值作为断面的最大车辙深度。

4.3 求取各测定断面最大车辙深度的平均值作为该评定路段的平均车辙深度。

5 试验记录

沥青路面车辙测试试验记录示例,见表T 0973-1。

6 试验规程及评定依据

6.1 《公路路基路面现场测试规程》(JTG E60—2008)。

6.2 《公路技术状况评定标准》(附条文说明)(JTG H20—2007)。

6.3 《公路沥青路面养护技术规范》(附条文说明)(JTJ 073.2—2001)。

沥青路面车辙测试试验记录表　　表 T 0973-1

工程部位/用途	SMA－13 上面层	委托/任务编号	HL(Z)－1406133
试验依据	T 0973—2008(JTG E60—2008)	样品编号	—
样品描述	—	样品名称	—
试验条件	晴,25℃	试验日期	2014-5-22
主要仪器设备及编号	激光平整度仪 3144543		
序号	开始桩号	结束桩号	车辙(mm)
1	K2＋000	K2＋010	2.68
2	K2＋010	K2＋020	1.81
3	K2＋020	K2＋030	2.44
4	K2＋030	K2＋040	3.23
5	K2＋040	K2＋050	3.08
6	K2＋050	K2＋060	1.85
7	K2＋060	K2＋070	2.58
8	K2＋070	K2＋080	3.41
9	K2＋080	K2＋090	2.53
10	K2＋090	K2＋100	2.98
11	K2＋100	K2＋110	1.53
12	K2＋110	K2＋120	2.51
13	K2＋120	K2＋130	1.95
14	K2＋130	K2＋140	1.06
15	K2＋140	K2＋150	1.11
16	K2＋150	K2＋160	1.02
17	K2＋160	K2＋170	1.14
18	K2＋170	K2＋180	1.69
19	K2＋180	K2＋190	2.68
20	K2＋190	K2＋200	2.99
备注			

热拌沥青混合料施工温度测试方法
(参照 T 0981—2008 执行)

1 目的与适用范围

本方法适用于检测热拌热铺沥青混合料的施工温度,包括拌和厂沥青混合料的出厂温度、施工现场的摊铺温度、碾压开始时混合料的内部温度及碾压终了的内部温度等,供施工质量检验和控制使用。

2 主要检测设备

2.1 温度计:常温至300℃,最小读数1℃,宜采用有数字显示或度盘指针显示的金属杆插入式热电阻温度计,测杆的长度不小于300mm。

2.2 其他:棉纱、软布、螺丝刀等。

3 试验步骤

3.1 在运料卡车上测试。

3.1.1 混合料出厂温度或运输至现场温度应在运料卡车上测试,每车检测一次。当运料卡车的侧面中部有专用的温度检测孔(距底板高约300mm)时,可采用插入式温度计直接插入测试孔内的混合料中测试;当运料卡车无专用的温度检测孔时,必须进行打孔,并插入温度计测试混合料。在拌和厂检测的为混合料出厂温度,在运输至现场后检测的为现场温度。

3.1.2 测试时,温度计插入深度不小于150mm,注视温度变化直至不再继续上升为止,读记温度,准确至1℃。

3.2 在摊铺现场检测。

3.2.1 混合料摊铺温度宜在摊铺机的一侧拨料器前方的混合料堆上测试。在测试位置,将温度计插入混合料堆内150mm以上,并跟着向前走,如料堆向前滚,拔出后重新插入,注视温度变化直到不再继续上升为止,读记温度,准确至1℃。

3.2.2 摊铺温度应每车检测一次,要求符合现行《公路沥青路面施工技术规范》(JTG F40)的规定。

3.3　在沥青混合料碾压过程中测定压实温度。

3.3.1　根据需要,随时选择初压开始、复压或终压成型等各个阶段的测点,供测试碾压温度及碾压终了温度用。

3.3.2　将温度计仔细插入路面混合料压实层一半深度,轻轻压紧温度计旁被松动的混合料;当温度上升停止后,立即拔出并再次插入旁边的混合料层中测量;当测杆插入路面较困难时,可用螺丝刀先插一孔后再插入温度计。注视温度变化至不再继续上升为止,读记温度,准确至1℃。

3.3.3　压实温度一次检测不得少于3个测点,取平均值作为测试温度。

4　试验记录

4.1　沥青牌号、每车沥青混合料的出厂温度、到达现场温度、摊铺温度。

4.2　压实温度,取3次以上测定值的平均值。

4.3　风速、气温、地温、测定时间、层位、每层厚度、测定位置等。

4.4　热拌沥青混合料施工温度记录示例,见表T 0981-1。

热拌沥青混合料施工温度记录表　　表T 0981-1

<table>
<tr><td>路面层次</td><td colspan="3">沥青上面层</td><td>天气状况</td><td colspan="2">晴</td><td>混合料类型</td><td colspan="2">AC-16</td></tr>
<tr><td rowspan="2">时间</td><td rowspan="2">车号</td><td rowspan="2">桩号</td><td rowspan="2">出厂温度(℃)</td><td rowspan="2">到场温度(℃)</td><td rowspan="2">摊铺温度(℃)</td><td colspan="2">初压温度(℃)</td><td colspan="2">碾压终了温度(℃)</td></tr>
<tr><td>实测值</td><td>平均值</td><td>实测值</td><td>平均值</td></tr>
<tr><td rowspan="3">7:05</td><td rowspan="3">4618</td><td rowspan="3">K1+100</td><td rowspan="3">177</td><td rowspan="3">172</td><td rowspan="3">165</td><td>157</td><td rowspan="3">158</td><td>115</td><td rowspan="3">114</td></tr>
<tr><td>159</td><td>113</td></tr>
<tr><td>157</td><td>113</td></tr>
<tr><td rowspan="3">—</td><td rowspan="3">—</td><td rowspan="3">—</td><td rowspan="3">—</td><td rowspan="3">—</td><td rowspan="3">—</td><td>—</td><td rowspan="3">—</td><td>—</td><td rowspan="3">—</td></tr>
<tr><td>—</td><td>—</td></tr>
<tr><td>—</td><td>—</td></tr>
</table>

5　试验规程及评定依据

5.1　《公路路基路面现场测试规程》(JTG E60—2008)。

5.2　《公路沥青路面施工技术规范》(JTG F40—2004)。

6　注意事项

6.1　测杆插入困难需要先用螺丝刀插孔时,注意螺丝刀插孔不可过粗,须保证测温时温度测杆被混合料紧密包裹。

6.2　温度测试后,要随手用布或纸将粘在测杆上的混合细料或沥青清理干净,避免测杆被沥青胶结料包裹,不能准确测出混合料中实际温度。

6.3　碾压终了,建议使用非接触式温度计检测表面温度。

6.4　插入式温度计、非接触式温度计当日使用前需使用水银温度计进行标定。

沥青喷洒法施工沥青用量测试方法
（参照 T 0982—1995 执行）

1　目的与适用范围

本方法适用于检测沥青表面处治、沥青贯入式、透层、黏层等采用喷漆法施工的沥青材料喷洒数量，供施工质量检验和控制使用。

2　主要检测设备

2.1　天平或磅秤：感量不大于 10g。

2.2　受样盘：浅搪瓷盘或自制铁皮盘，面积不小于 1 000cm^2，也可用硬质牛皮纸代替。

2.3　钢卷尺或皮尺。

2.4　地秤。

3　试验步骤

3.1　用钢卷尺测量受样盘开口面积或牛皮纸的面积，计算准确至 0.1cm^2。并称取受样盘或牛皮纸的质量 m_1，准确至 1g。

3.2　根据沥青洒布车的沥青用量预计洒布的路段长度，在距两端 1/3 长度附近的洒布宽度的任意位置上，放置 2 个搪瓷盘或硬质牛皮纸，但应躲开车轮轨迹。

3.3　沥青洒布车按正常施工速度和洒布方法喷洒沥青。

3.4　将已接受有沥青的搪瓷盘或牛皮纸仔细取走，称取总质量 m_2，准确至 1g。当采用牛皮纸时，应待沥青稍凝固并将四角稍稍抬起，以防沥青流失。

3.5　搪瓷盘或牛皮纸取走后的空白处，应采用适当方式补洒沥青。

3.6　沥青洒布车喷洒的沥青用量也可用洒布车喷洒沥青的总质量及洒布总面积相除求得。此时洒布车喷洒前后的质量应由地秤校正，洒布总面积由皮尺测量求得。

4 试验结果计算

4.1 洒布的沥青用量按式(T 0982-1)计算。

$$Q = \frac{m_2 - m_1}{F} \tag{T 0982-1}$$

式中:Q——沥青洒布车洒布的沥青用量,kg/m^2;

m_1——搪瓷盘或牛皮纸质量,kg;

m_2——搪瓷盘或牛皮纸与沥青的合计质量,kg;

F——搪瓷盘或牛皮纸的面积,m^2。

4.2 计算所放置的各搪瓷盘或牛皮纸测定值的平均值。当两个测定值的误差不超过平均值10%时,取两个数据的平均值作为洒布沥青用量的报告值。

5 试验记录

5.1 试验时洒布车的车速、挡数等数据。

5.2 施工路段(桩号)、洒布沥青用量的逐次测定值及平均值。

5.3 喷洒法施工沥青用量测试记录示例,见表 T 0982-1。

喷洒法施工沥青用量测试记录表 表 T 0982-1

<table>
<tr><td colspan="2">洒布时车速(km/h)</td><td>10</td><td colspan="2">洒布车挡数</td><td colspan="3">1</td></tr>
<tr><td colspan="2">施工桩号</td><td>K0 +000 ~ K0 +080</td><td colspan="2">设计用量(kg/m²)</td><td colspan="3">1.25</td></tr>
<tr><td colspan="8">沥青喷洒量测定</td></tr>
<tr><td rowspan="2">试验次数</td><td rowspan="2">喷洒前接样用容器干质量 m_1(kg)</td><td rowspan="2">喷洒后试样加接样用容器质量 m_2(kg)</td><td colspan="3">接样用容器面积</td><td rowspan="2">乳化沥青喷洒量(kg/m²)</td><td rowspan="2">平均值(kg/m²)</td></tr>
<tr><td>长(m)</td><td>宽(m)</td><td>面积(m²)</td></tr>
<tr><td>1</td><td>0.014</td><td>0.141</td><td>0.33</td><td>0.33</td><td>0.109</td><td>1.2</td><td rowspan="2">1.2</td></tr>
<tr><td>2</td><td>0.015</td><td>0.141</td><td>0.33</td><td>0.33</td><td>0.109</td><td>1.2</td></tr>
</table>

6 试验规程及评定依据

6.1 《公路路基路面现场测试规程》(JTG E60—2008)。

6.2 《公路沥青路面施工技术规范》(JTG F40—2004)。

7 注意事项

7.1 为保证测试的代表性,避开可能存在的喷洒不稳定期段,测试点尽量不要布置在喷洒段的距起始点及尾部5m范围内。

7.2　为避免沥青洒布车轮胎对测试点接样容器的扰动或污染,测试点布置时还要注意避开沥青洒布车的轮迹带。

7.3　洒布车的车速、挡数根据实际情况填写。

沥青混合料质量总量检验方法
(参照 T 0983—2008 执行)

1 目的与适用范围

本方法适用于热拌沥青混凝土路面施工过程中,对各层沥青混合料的厚度、矿料级配、油石比及拌和温度进行现场监测。通过拌和厂对混合料生产质量的总量检验,计算摊铺层的平均压实层厚度。

2 主要检测设备

2.1 拌和机类型:按现行《公路沥青路面施工技术规范》(JTG F40)规定选用。

2.2 高速公路和一级公路宜采用间歇式拌和机生产沥青混合料,拌和机必须配备计算机自动采集及记录打印数据的装置,以进行沥青混合料的总量检验。

3 试验准备

3.1 对拌和机的各种称重传感器逐个认真标定,自动采集、记录打印的结果应经过校验,如与实际数量有差异时应求出修正系数,保证各项施工参数的准确性。

3.2 开始拌和前应设定每拌和一盘沥青混合料的生产量,各个热料仓、矿粉、沥青等的标准配合比用量,设定各项施工温度。

4 试验步骤

4.1 拌和过程中,计算机通过传感器采集每拌和一盘混合料的各项数据,由计算机自动处理或者逐盘打印这些数据,进行沥青混合料质量的在线监测。当计算机能够实时监测、自动处理、显示、保存所采集的各项数据时,也允许不逐锅打印数据,只打印汇总统计值。

4.2 计算机必须逐盘采集各项数据,按各个料仓的筛分曲线,逐锅计算出矿料级配,与工程设计级配范围及容许的施工波动范围进行比较,实时评定矿料级配是否符合要求。当发现有不合格情况时,必须引起注意。如果连续 3 锅以上都出现不合格情况，宜对设定值进行适当调整。

4.3　计算机必须逐盘采集沥青结合料的实际使用及沥青混合料的生产量，计算油石比（或沥青用量），与设计值及容许的波动范围相比较，评定是否符合要求；如果连续3锅以上不符要求，宜对设定值进行适当调整。

4.4　计算机必须实时监测和采集与混合料生产有关的各种施工温度，与施工规范的要求进行比较，评定其是否符合规定。

5　试验结果计算

5.1　沥青混合料总量检验的计算方法。

5.1.1　总量检测的报告周期可以是一个工作日或一个台班。施工停止时，计算机应自动计算并及时打印出各项数据的统计结果。

5.1.2　对沥青混合料的矿料级配，可以打印全部筛孔的结果，但评定是否符合要求可只对5个控制性筛孔（0.075mm、2.36mm、4.75mm、公称最大粒径、一档较粗的控制性粒径等筛孔）。并按式（T 0983-1）、式（T 0983-2）、式（T 0983-3）计算全过程各种指标的平均值、标准差、变异系数，进行生产质量的总量检验。

$$K_0 = \frac{K_1 + K_2 + \cdots + K_N}{N} \tag{T 0983-1}$$

$$S = \sqrt{\frac{(K_1 - K_0)^2 + (K_2 - K_0)^2 + \cdots + (K_N - K_0)^2}{N - 1}} \tag{T 0983-2}$$

$$C_V = \frac{S}{K_0} \tag{T 0983-3}$$

式中：K_0——该报告周期的平均值，%；

S——一个报告周期的测定值的标准差，%；

C_V——一个报告周期的测定值的变异系数，%；

K_1、K_2、…、K_N——该报告周期内每一盘的测定值，%；

N——该报告周期内总的拌和盘数，其自由度为 $N-1$。

5.2　计算摊铺层的平均压实厚度。

利用一个评定周期的沥青混合料总生产量、施工总面积、沥青混合料密度按式（T 0983-4）计算该摊铺层的平均压实厚度。

$$H = \frac{\sum m_i}{A \times d} \times 1\,000 \tag{T 0983-4}$$

式中：H——该评定周期沥青路面摊铺层的平均施工压实厚度，mm；

m_i——每一盘沥青混合料的质量；

i——依次记录的盘次；

$\sum m_i$——一个评定周期内沥青混合料的总生产量，t；

A——该评定周期沥青路面摊铺层的实际总面积，m^2；

d——该评定周期内摊铺层的现场压实密度的平均值，由钻孔试件的干燥密度（即试验室标准密度乘以压实度）测定得到，t/m^3。

6 试验记录

6.1 沥青混合料生产过程中的动态质量管理按现行《公路沥青路面施工技术规范》（JTG F40）的方法进行。

6.2 一个沥青层全部铺筑完成后，应绘制出各个检测指标的变化过程，并计算总的平均值、标准差、变异系数。计算各指标总合格率，作为施工质量检验依据。

6.3 计算机采集、计算的沥青混合料过程控制及施工质量总量检验的数据图表，均必须要求随工程档案一起存档。

6.4 沥青总量检测计算示例，见表 T 0983-1；摊铺层平均压实厚度计算示例，见表 T 0983-2。

沥青总量检测计算表 表 T 0983-1

项目	油石比（%）	筛孔通过率（%）			矿料温度（℃）	沥青温度（℃）	拌和温度（℃）	混合料温度（℃）
		0.075mm	2.36mm	4.75mm				
K_1	6.03	10.5	20.3	26.4	192	166	172	176
K_2	6.01	10.7	21.6	26.6	195	167	172	178
K_3	6.05	11.0	21.8	28.5	193	167	173	178
…	6.04	9.9	19.7	28.0	194	166	173	178
K_N	6.02	10.4	18.9	25.5	194	168	172	179
平均值 K_0	6.03	10.5	20.5	27.1	194	167	173	178
标准差 S	0.016	0.383	1.108	1.104	1.169	0.894	0.548	1.033
变异系数 C_V	0.27	3.65	5.40	4.07	0.60	0.54	0.32	0.58
合格率（%）	100	100	100	100	100	100	100	100

7 试验规程及评定依据

7.1 《公路路基路面现场测试规程》（JTG E60—2008）。

7.2 《公路沥青路面施工技术规范》（JTG F40—2004）。

摊铺层平均压实厚度计算　　表 T 0983-2

<table>
<tr><td rowspan="7">每盘混合料质量 m_i(kg)</td><td>373.4</td><td>386.0</td><td>374.4</td><td>382.9</td><td>366.6</td><td>382.1</td><td>380.4</td><td>384.0</td><td>371.5</td><td>366.6</td></tr>
<tr><td>365.9</td><td>370.4</td><td>382.3</td><td>371.1</td><td>380.1</td><td>374.4</td><td>384.4</td><td>387.3</td><td>366.9</td><td>365.4</td></tr>
<tr><td>373.1</td><td>370.0</td><td>380.4</td><td>370.0</td><td>386.2</td><td>382.6</td><td>384.1</td><td>368.2</td><td>373.2</td><td>386.2</td></tr>
<tr><td>377.8</td><td>378.9</td><td>376.6</td><td>372.6</td><td>383.4</td><td>383.5</td><td>378.0</td><td>376.1</td><td>377.9</td><td>366.3</td></tr>
<tr><td>375.5</td><td>370.8</td><td>381.8</td><td>377.7</td><td>383.0</td><td>375.9</td><td>373.6</td><td>389.4</td><td>367.7</td><td>383.1</td></tr>
<tr><td>378.6</td><td>365.7</td><td>381.9</td><td>365.9</td><td>381.0</td><td>380.0</td><td>379.8</td><td>387.5</td><td>383.2</td><td>385.1</td></tr>
<tr><td>371.5</td><td>374.2</td><td>380.9</td><td>382.8</td><td>369.7</td><td>382.6</td><td>386.6</td><td>385.5</td><td>368.6</td><td>371.0</td></tr>
<tr><td colspan="2">混合料总生产量 $\sum m_i$(t)</td><td colspan="3">26.4</td><td colspan="3">摊铺层实际面积 A(m^2)</td><td colspan="3">262.2</td></tr>
<tr><td colspan="2">密度平均值 d(t/m^3)</td><td colspan="3">2.530</td><td colspan="3">平均施工压实厚度 H(mm)</td><td colspan="3">39.8</td></tr>
</table>

8　注意事项

本方法内所采集的原始数据均为拌和楼内部系统显示，为保证原始数据的可靠性，拌和楼各传感器及计量系统应经过计量部门检定合格。另外，应定期自查校验拌和楼的各温度传感器和称量设备，确保这些功能设备的正常有效。

半刚性基层透层油渗透深度测试方法
（参照 T 0984—2008 执行）

1 目的与适用范围

本方法适用于测定半刚性基层透层油的渗透深度，以评价透层油的渗透效果。

2 主要检测设备

2.1 路面取芯机。

2.2 钢板尺：量程不大于200mm，最小刻度1mm。

2.3 填补钻孔材料：与基层材料相同。

2.4 填补钻孔用具：夯、锤等。

2.5 其他：毛刷、量角器、棉布等。

3 试验准备

在透层油基本渗透或喷洒48h后，在测试段内随机选取芯样位置，按《公路路基路面现场测试规程》（JTG E60—2008）T 0901 中的钻孔法钻取芯样。芯样直径宜为100mm，也可为150mm，芯样高度不宜小于50mm。

4 试验步骤

4.1 用水和毛刷（或棉布等）轻轻地将芯样表面黏附的粉尘除净。

4.2 将芯样晾干，使其能分辨出芯样侧立面透层油的下渗情况。

4.3 用钢板尺或量角器将芯样顶面圆周随机分成约8等份，分别量测圆周上各等分点处透层油渗透的深度（mm），估读至0.5mm，分别以 d_i（$i=1,2,\cdots,8$）表示。

4.4 填补钻孔。

4.4.1 清理孔中残留物，钻孔时留下的积水应用棉布吸干。

4.4.2 采用与基层相同的材料（包括配合比）进行填补，并用夯、锤击实。

5　试验结果计算

5.1　单个芯样渗透深度的计算。

去掉3个最小值，计算其他5点渗透深度的算术平均值。

5.2　测试路段渗透深度的计算。

取所有芯样渗透深度的算术平均值。

注：检查频度为每5 000m^2 取1组，每组3个芯样。

6　试验记录

6.1　透层油渗透深度的报告应记录各测点的位置及各个芯样的渗透深度测试值。

6.2　半刚性基层透层油渗透深度检测计算示例，见表T 0984-1。

半刚性基层透层油渗透深度检测计算表　　　　表T 0984-1

桩号	幅别	距路中线距离(m)	各分点处透层油渗透深度实测值(mm)								单个芯样渗透深度平均值(mm)
			d_1	d_2	d_3	d_4	d_5	d_6	d_7	d_8	
K0+500	左	4.0	4.5	3.5	4.5	3.5	5.0	3.5	3.0	4.5	4.4
K0+753	左	7.0	4.0	4.5	3.5	5.0	4.0	5.0	4.5	3.5	4.6
K0+900	左	10.2	5.0	4.5	3.0	4.0	4.5	4.0	3.5	5.0	4.6
—	—	—	—	—	—	—	—	—	—	—	—
—	—	—	—	—		—	—	—	—	—	—
—	—	—	—	—	—	—	—	—	—	—	—
测试路段渗透深度(mm)											4.5

7　试验规程及评定依据

7.1　《公路路基路面现场测试规程》(JTG E60—2008)。

7.2　《公路沥青路面施工技术规范》(JTG F40—2004)。

8　注意事项

8.1　测量芯样的渗透深度时，须按分成约8等份对应的8条边线进行测量，不可随机定测点位置。

8.2　取芯后，务必按要求填补取芯的试洞，试洞内混合料夯、锤击实后的高度宜高出周边约5mm。

单轮式横向力系数测试系统测定路面摩擦系数试验方法(参照 T 0965—2008 执行)

1　目的与适用范围

1.1　本方法适用于工作原理和结构与 SCRIM 测试车相同的横向力系数测试系统。在新建、改建路面工程质量验收和无严重坑槽、车辙等病害的正常行车条件下连续采集路面的横向力系数。

1.2　本方法的数据采集、传输、记录和处理分别应由专用软件自动控制进行。

2　主要检测设备

2.1　测试系统:测试系统由承载车辆、距离测试装置、横向力测试装置、供水装置和主控制系统组成。主控制系统除实施对测试装置和供水装置的操作控制外,同时还控制数据的传输、记录与计算等环节。

单轮式横向力系数测试系统,如图 T 0965-1 所示。

图 T 0965-1　单轮式横向力系数测试系统

2.2　设备承载车基本技术要求和参数:横向力系数测试系统的承载车辆应为能够固定和安装测试、储供水、控制和记录等系统的载货车底盘,具有在水罐满载状态下最高车速大于 100km/h 的性能。

2.3　测试系统基本技术要求和参数。

(1)测试轮胎类型:光面天然橡胶充气轮胎。

(2)测试轮胎规格:3.00/20。

(3)测试轮胎标准气压:0.35MPa ±0.02MPa。

(4)测试轮偏置角:19.5° ~21.0°。

(5)测试轮静态垂直标准荷载:2 000N ±20N。

(6)拉力传感器非线性误差: <0.05% 。

(7)拉力传感器有效量程:0 ~2 000N。

(8)距离标定误差: <2% 。

3　试验准备

3.1　每个测试项目开始前或连续测试超过 1 000km 后,必须按照设备使用手册规定的方法进行测试系统的标定,记录标定数据并存档。

3.2　检查测试车轮胎气压,应达到车辆轮胎规定的标准气压。

3.3　检查测试轮胎磨损情况,当其直径比新轮胎减小达 6mm(也即胎面磨损 3mm)以上或有明显磨损裂口时,必须立即更换新轮胎。更换的新轮胎在正式测试前应试测 2km。

3.4　检测测试轮气压,应达到 0.35MPa ±0.02MPa 的要求。

3.5　检查测试轮固定螺栓应拧紧。将测试轮放到正常测试时的位置,检查其应能够沿两侧滑柱上下自由升降。

3.6　根据测试里程的需要向水罐加注清洁测试用水。

3.7　检查洒水口出水情况和洒水位置应正常;洒水位置应在测试轮触地面中点沿行驶方向前方 400mm ±50mm 处,洒水宽度应为中心线两侧各不小于 75mm。

3.8　将控制面板电源打开,检查各项控制功能键、指示灯和技术参数选择状态应正常。

4　试验步骤

4.1　正式开始测试前,首先应按设备操作手册规定的时间要求对系统进行通电预热。

4.2　进入测试路段前,应将测试轮胎降至路面上预跑约 500m。

4.3　按照设备操作手册的规定和测试路段的现场技术要求设置完毕所需的测试状态。

4.4　驾驶员在进入测试路段前,应提前加速并保持车速在规定的测试速度范围内,沿正常行车轨迹驶入测试路段。

4.5　进入测试路段后,测试人员启动系统的采集和记录程序。在测试过程中必须及时准确地将测试路段的起终点和其他需要特殊标记点的位置输入测试数据记录中。

4.6　当测试车辆驶出测试路段后,仪器操作人员停止数据采集和记录,提升测量轮并恢复仪器各部分至初始状态。

4.7　操作人员检查数据文件应完整,内容应正常,否则需要重新测试。

4.8　关闭测试系统电源,结束测试。

5　试验结果计算

5.1　SFC 值的速度修正。

测试系统的标准测试速度范围规定为 50km/h ±4km/h,其他速度条件下测试的 SFC 值必须通过式(T 0965-1)转换至标准速度下的等效 SFC 值。

$$SFC_{标} = SFC_{测} - 0.22(v_{标} - v_{测}) \quad (T\ 0965\text{-}1)$$

式中:$SFC_{标}$——标准测试速度下的等效 SFC 值;

$SFC_{测}$——现场实际测试速度条件下的 SFC 测试值;

$v_{标}$——标准测试速度,取值 50km/h;

$v_{测}$——现场实际测试速度。

5.2　SFC 值的温度修正。

测试系统的标准现场测试地面温度范围为 20℃ ±5℃,其他地面温度条件下测试的 SFC 值必须通过表 T 0965-1 转换至标准温度下的等效 SFC 值。系统测试要求地面温度控制在 8 ~60℃范围内。

SFC 值 温 度 修 正　　表 T 0965-1

温度(℃)	10	15	20	25	30	35	40	45	50	55	60
修正	-3	-1	0	+1	+3	+4	+6	+7	+8	+9	+10

5.3　试验数据处理。

5.3.1　分别计算出每种速度下各路段 3 次测试结果的总平均值和标准差,超过 3 倍标准差的值应予以舍弃。

5.3.2　用数理统计的回归分析方法建立试验设备测值与速度的相关关系式,相关系数 R 不得小于 0.95。

5.3.3　建立不同速度下试验设备测值 SFC 的相关关系式,相关系数 R 不得小于 0.95。

6　试验记录(表 T 0965-2)

横向力系数测试记录表　　　　表 T 0965-2

路段名称：×××　　设备及编号：横向力系数车(3111815)　　序号：×××

试验环境：晴 25℃　　测试时间：×××　　测试位置：第三车道　　检测方向：上行

上行 方向 第三 车道			
序号	起点桩号	终点桩号	SFC
1	0.000	0.020	48
2	0.020	0.040	50
3	0.040	0.060	50
4	0.060	0.080	50
5	0.080	0.100	53
6	0.100	0.120	50
7	0.120	0.140	49
8	0.140	0.160	50
9	0.160	0.180	53
10	0.180	0.200	52
11	0.200	0.220	52
12	0.220	0.240	49
13	0.240	0.260	61
14	0.260	0.280	56
15	0.280	0.300	63
16	0.300	0.320	54
17	0.320	0.340	53
18	0.340	0.360	54
19	0.360	0.380	55
20	0.380	0.400	54
21	0.400	0.420	51
22	0.420	0.440	50
23	0.440	0.460	49
24	0.460	0.480	48
25	0.480	0.500	53

续上表

上行 方向 第三 车道			
序号	起点桩号	终点桩号	SFC
26	0.500	0.520	52
27	0.520	0.540	52
28	0.540	0.560	49
29	0.560	0.580	48
30	0.580	0.600	50

试验者： 审核： 日期：

7 试验规程及评定依据

7.1 《公路路基路面现场测试规程》(JTG E60—2008)。

7.2 《公路沥青路面养护技术规范》(附条文说明)(JTJ 073.2—2001)。

7.3 《公路技术状况评定标准》(JTG H20—2007)。

7.4 《公路沥青路面设计规范》(JTG D50—2006)。

7.5 《公路工程质量检验评定标准 第一分册 土建工程》(JTG/T F80—2004)。

8 注意事项

8.1 控制喷水量,严格按照说明书执行;

8.2 检查测试轮胎磨损情况,保证在可用范围内;

8.3 检查测试车轮胎气压,保证达到车辆轮胎规定的标准气压;

8.4 测试车水罐应加入足够的清水,防止杂物堵塞出水口;

8.5 测试过程中保证测试轮在路面行车轨迹带测试;

8.6 测试过程中测试人员必须做好安全防范措施,身穿反光背心。

第五分册　岩石、集料及矿粉试验

第一部分 岩石试验

单轴抗压强度试验(参照 T 0221—2005 执行)

1 目的与适用范围

1.1 单轴抗压强度试验是测定规则形状岩石试件单轴抗压强度的方法,主要用于岩石的强度分级和岩性描述。

1.2 本方法采用饱和状态下的岩石立方体(或圆柱体)试件的抗压强度来评定岩石强度(包括碎石或卵石的原始岩石强度)。

1.3 在某些情况下,试件含水状态还可根据需要选择天然状态、烘干状态或冻融循环后状态。试件的含水状态要在试验报告中注明。

2 主要检测设备

2.1 压力试验机或万能试验机。

2.2 钻石机、切石机、磨石机等岩石试件加工设备。

2.3 烘箱、干燥器、游标卡尺、角尺及水池等。

3 试验准备

3.1 建筑地基的岩石试验,采用圆柱体作为标准试件,直径为 50mm ± 2mm、高径比为 2:1。每组共 6 个试件。

3.2 桥梁工程用的石料试验,采用立方体试件,边长为 70mm ± 2mm。每组共 6 个试件。

3.3 路面工程的石料试验,采用圆柱体或立方体试件,其直径或边长和高均为 50mm ± 2mm。每组共 6 个试件。

3.4 有显著层理的岩石,分别沿平行和垂直层理方向各取 6 个试件。试件上、下端面应平行和磨平,试件端面的平面度公差应小于 0.05mm,端面对于试件轴线垂直度偏差不应超过 0.25°。对于非标准圆柱体试件,试验后抗压强度试验值(R)按式(T 0221-1)换算成高径比为 2:1 的标准抗压强度值(R_e)。

$$R_e = \frac{8R}{7 + 2D/H} \qquad (\text{T 0221-1})$$

式中：R_e——岩石的标准抗压强度，MPa；

R——非标准圆柱体试件的抗压强度值，MPa；

D——非标准圆柱体试件的直径，mm；

H——非标准圆柱体试件的高度，mm。

4　试验步骤

4.1　用游标卡尺量取试件尺寸（精确至0.1mm），对立方体试件在顶面和底面上各量取其边长，以各个面上相互平行的两个边长的算术平均值计算其承压面积。对于圆柱体试件在顶面和底面分别测量两个相互正交的直径，并以其各自的算术平均值分别计算底面和顶面的面积，取其顶面和底面面积的算术平均值作为计算抗压强度所用的截面面积。

4.2　试件的含水状态可根据需要选择烘干状态、天然状态、饱和状态、冻融循环后状态。试件烘干和饱和状态应符合本规程T 0205中相关条款的规定，试件冻融循环后状态应符合本规程T 0241中相关条款的规定。

4.3　按岩石强度性质，选定合适的压力机。将试件置于压力机的承压板中央，对正上、下承压板，不得偏心。

4.4　以0.5～1.0MPa/s的速率进行加载直至破坏，记录破坏荷载及加载过程中出现的现象。抗压试件试验的最大荷载记录以N为单位，精度1%。

5　试验结果计算

5.1　岩石的抗压强度和软化系数分别按式（T 0221-2）、式（T 0221-3）计算。

$$R = \frac{P}{A} \tag{T 0221-2}$$

式中：R——岩石的抗压强度，MPa；

P——试件破坏时的荷载，N；

A——试件的截面积，mm^2。

$$K_p = \frac{R_w}{R_d} \tag{T 0221-3}$$

式中：K_p——软化系数；

R_w——岩石饱和状态下的单轴抗压强度，MPa；

R_d——岩石烘干状态下的单轴抗压强度，MPa。

5.2　单轴抗压强度试验结果应同时列出每个试件的试验值及同组岩石单轴抗压强度的平均值；有显著层理的岩石，分别报告垂直与平行层理方向的试件强度的平均值。计算值精确至 0.1MPa。

软化系数计算值精确至 0.01,3 个试件平行测定,取算术平均值;3 个值中最大值与最小值之差不应超过平均值的 20%,否则应另取第 4 个试件,并在 4 个试件中取最接近的 3 个值的平均值作为试验结果,同时在报告中将 4 个值全部给出。

6 试验记录

单轴抗压强度试验记录应包括岩石名称、试验编号、试件描述、试件尺寸、破坏荷载、破坏形态。单轴抗压强度试验记录示例见表 T 0221-1。

单轴抗压强度试验记录表 表 T 0221-1

试样编号	岩石类别	极限荷载(N)	试件截面面积(mm^2)	抗压强度(MPa)		备 注
				实测值	平均值	
1	石灰岩	356 000	2 500	142.4	145.4	—
2	石灰岩	316 000	2 500	124.0		
3	石灰岩	285 000	2 500	114.0		
4	石灰岩	318 000	2 500	127.2		
5	石灰岩	498 000	2 500	199.2		
6	石灰岩	414 000	2 500	165.6		
试样状态:饱水抗压			破坏形态:边角破裂			

7 试验规程及评定依据

7.1 《公路工程岩石试验规程》(JTG E41—2005)。

7.2 《公路沥青路面施工技术规范》(JTG F40—2004)。

7.3 《公路桥涵施工技术规范》(JTG/T F50—2011)。

8 注意事项

8.1 试件上下端面应平行和磨平,试件端面的平面度公差应小于 0.05mm,端面对于试件轴线垂直度偏差不应超过 0.25°。

8.2 在试验过程中,将切割好的试样在压力机底座上摆平,不得使试样翘起。

第二部分　粗集料试验

粗集料及集料混合料的筛分试验
(参照 T 0302—2005 执行)

1 目的与适用范围

1.1 测定粗集料(碎石、砾石、矿渣等)的颗粒组成。对水泥混凝土用粗集料可采用干筛法筛分,对沥青混合料及基层用粗集料必须采用水洗法试验。

1.2 本方法也适用于同时含有粗集料、细集料、矿粉的集料混合料筛分试验,如未筛碎石、级配碎石、天然沙砾、级配沙砾、无机结合料稳定基层材料、沥青拌和楼的冷料混合料、热料仓材料、沥青混合料经溶剂抽提后的矿料等。

2 主要检测设备

2.1 试验筛:根据需要选用规定的标准筛。

2.2 摇筛机。

2.3 天平或台秤:感量不大于试样质量的 0.1%。

2.4 其他:盘子、铲子、毛刷等。

3 试验准备

3.1 试样准备

按规定将来料用分料器或四分法缩分至表 T 0302-1 要求的试样所需量,风干后备用。根据需要可按要求的集料最大粒径的筛孔尺寸过筛,除去超粒径部分颗粒后,再进行筛分。

筛分用的试样质量 表 T 0302-1

公称最大粒径(mm)	75	63	37.5	31.5	26.5	19	16	9.5	4.75
试样质量不少于(kg)	10	8	5	4	2.5	2	1	1	0.5

3.2 仪器准备

检查所用的试验检测仪器(电子天平、套筛、振筛机等),仪器功能应正常。

调平天平:检查水准气泡是否居中,如果不居中,调节天平下方的脚螺旋,直至水准气泡居中为止。

4 试验步骤

4.1 水泥混凝土用粗集料干筛法试验步骤

4.1.1 取试样一份置105℃ ±5℃烘箱中烘干至恒重，称取干燥集料试样的总质量(m_0)，精确至0.1%。

4.1.2 用搪瓷盘作筛分容器，按筛孔大小排列顺序逐个将集料过筛。人工筛分时，需使集料在筛面上同时有水平方向和上下方向的不停顿的运动，使小于筛孔的集料通过筛孔，直至1min内通过筛孔的质量小于筛上残余量的0.1%为止；当采用摇筛机筛分时，应在摇筛机筛分后再逐个由人工补筛。将筛出通过的颗粒并入下一号筛，和下一号筛中的试样一起过筛，顺序进行，直至各号筛全部筛完为止。应确认1min内通过筛孔的质量确实小于筛上残余量的0.1%。

4.1.3 如果某个筛上的集料过多，影响筛分作业时，可以分两次筛分。当筛余颗粒的粒径大于19mm时，筛分过程中允许用手指轻轻拨动颗粒，但不得逐颗塞过筛孔。

4.1.4 称取每个筛上的筛余量，精确至总质量的0.1%。各筛分计筛余量及筛底存量的总和与筛分前试样的干燥总质量m_0相比，相差不得超过m_0的0.5%。

4.2 沥青混合料及基层用粗集料水洗法试验步骤

4.2.1 取一份试样，将试样置105℃ ±5℃烘箱中烘干至恒重，称取干燥集料试样的总质量(m_3)，精确至0.1%。

4.2.2 将试样置一洁净容器中，加入足够数量的洁净水，将集料全部淹没，但不得使用任何洗涤剂、分散剂或表面活性剂。

4.2.3 用搅棒或手充分搅动集料，使集料表面洗涤干净，使细粉悬浮在水中，但不得破碎集料或有集料从水中溅出。

4.2.4 根据集料粒径大小选择组成一组套筛，其底部为0.075mm标准筛，上部为2.36mm或4.75mm筛。仔细将容器中混有细粉的悬浮液倒出，经过套筛流入另一容器中，尽量不将粗集料倒出，避免损坏标准筛筛面。

4.2.5 重复4.2.2～4.2.4步骤，直至倒出的水洁净为止，必要时采用水流缓慢冲洗。

4.2.6 将套筛的每个筛子上的集料及容器中的集料全部回收在一个搪瓷盘中，容器上不得有黏附的集料颗粒。

4.2.7 在确保细粉不散失的前提下，小心泌去搪瓷盘中的积水，将搪瓷盘连同集料一起置于105℃ ±5℃烘箱中烘干至恒重，称取干燥集料试样的总质量

(m_4),精确至0.1%。以m_3与m_4之差作为0.075mm筛下部分。

4.2.8 将回收的干燥集料按干筛方法筛分出0.075mm筛以上各筛的筛余量,此时0.075mm筛下部分应为0,如果尚能筛出,则应将其并入水洗得到的0.075mm的筛下部分,且表示水洗得不干净。

5 试验结果计算

5.1 干筛法筛分结果的计算

5.1.1 计算各筛分计筛余量及筛底存量的总和与筛分前试样的干燥总质量m_0之差,作为筛分时的损耗,并计算损耗率,记入表T 0302-2之第(1)栏,若损耗率大于0.3%,应重新进行试验。

$$m_5 = m_0 - (\sum m_i + m_{底}) \quad \text{(T 0302-1)}$$

式中:m_5——由于筛分造成的损耗量,g;

m_0——用于干筛的干燥集料总质量,g;

m_i——各号筛上的分计筛余量,g;

i——依次为0.075mm、0.15mm.…至集料最大粒径的排序;

$m_{底}$——筛底(0.075mm以下部分)集料总质量,g。

5.1.2 干筛分计筛余百分率。干筛后各号筛上的分计筛余百分率按式(T 0302-2)计算,记入表T 0302-2之第(2)栏,精确至0.1%。

$$p'_i = \frac{m_i}{m_0 - m_5} \times 100 \quad \text{(T 0302-2)}$$

式中:p'_i——各号筛上的分计筛余百分率,%;

m_5——由于筛分造成的损耗量,g;

m_0——用于干筛的干燥集料总质量,g;

m_i——各号筛上的分计筛余量,%;

i——依次为0.075mm、0.15mm、…至集料最大粒径的排序。

5.1.3 干筛累计筛余百分率。各号筛的累计筛余百分率为该号筛以上各号筛的分计筛余百分率之和,记入表T 0302-2之第(3)栏,精确至0.1%。

5.1.4 干筛各号筛的质量通过百分率。各号筛的质量通过百分率P_i等于100减去该号筛累计筛余百分率,记入表T 0302-2之第(4)栏,精确至0.1%。

5.1.5 由筛底存量除以扣除损耗后的干燥集料总质量,计算0.075mm筛的通过率。

5.1.6 试验结果以两次试验的平均值表示,记入表T 0302-2之第(5)栏,精确至0.1%。当两次试验结果$P_{0.075}$的差值超过1%时,试验应重新进行。

表 T 0302-2

粗集料干筛法筛分记录

干燥试样总质量 m_3(g)		第1组				第2组				平　均
		3 000				3 000				
筛孔尺寸(mm)		筛上质量 m_i(g)	分计筛余(%)	累计筛余(%)	通过百分率(%)	筛上质量 m_i(g)	分计筛余(%)	累计筛余(%)	通过百分率(%)	通过百分率(%)
		(1)	(2)	(3)	(4)	(1)	(2)	(3)	(4)	(5)
水洗后干筛法筛分	19	0	0	0	100	0	0	0	100	100
	16	696.3	23.2	23.2	76.8	699.4	23.3	23.3	76.7	76.7
	13.2	431.9	14.4	37.6	62.4	434.6	14.5	37.8	62.2	62.3
	9.5	801.0	26.7	64.4	35.6	802.3	26.8	64.6	35.4	35.5
	4.75	989.8	33.0	97.4	2.6	985.3	32.9	97.4	2.6	2.6
	2.36	70.1	2.3	99.7	0.3	68.5	2.3	99.7	0.3	0.3
	1.18	8.2	0.3	100.0	0.0	7.9	0.3	100.0	0.0	0.0
	0.6	0.5	0.0	100.0	0.0	0.2	0.0	100.0	0.0	0.0
	0.3	0.0	0.0	100.0	0.0	0.0	0.0	100.0	0.0	0.0
	0.15	0.0	0.0	100.0	0.0	0.0	0.0	100.0	0.0	0.0
	0.075	0.0	0.0	100.0	0.0	0.0	0.0	100.0	0.0	0.0
	筛底 $m_{底}$	0.0	0.0	100.0		0	0.0	100.0	0.0	
	干筛后总量 $\sum m_i$(g)	2 997.8	100.0			2 998.2	100.0			
损耗量 m_5(g)		2.2				1.8				
损耗率(%)		0.07				0.06				

5.2　水洗法筛分结果的计算。

5.2.1　按式(T 0302-3)、式(T 0302-4)计算粗集料中0.075mm筛下部分质量$m_{0.075}$和含量$P_{0.075}$,精确至0.1%。

$$m_{0.075} = m_3 - m_4 \quad \text{(T 0302-3)}$$

$$P_{0.075} = \frac{m_{0.075}}{m_3} = \frac{m_3 - m_4}{m_3} \times 100 \quad \text{(T 0302-4)}$$

式中:$P_{0.075}$——粗集料中小于0.075mm的含量(通过率),%;

$m_{0.075}$——粗集料中水洗得到的小于0.075mm部分的质量,g;

m_3——用于水洗的干燥粗集料总质量,g;

m_4——水洗后的干燥粗集料总质量,g。

5.2.2　计算各筛分计筛余量及筛底存量的总和与筛分前试样的干燥总质量m_4之差,作为筛分时的损耗,并计算损耗率,记入表T 0302-3之第(1)栏,若损耗率大于0.3%,应重新进行试验。

$$m_5 = m_3 - (\sum m_i + m_{0.075}) \quad \text{(T 0302-5)}$$

式中:m_5——由于筛分造成的损耗量,g;

m_3——用于水筛筛分的干燥集料总质量,g;

m_i——各号筛上的分计筛余量,g;

i——依次为0.075mm、0.15mm至集料公称最大粒径的排序;

$m_{0.075}$——水洗后得到的0.075mm以下部分质量,g,即$(m_3 - m_4)$。

5.2.3　计算其他各筛的分计筛余百分率、累计筛余百分率、质量通过百分率,计算方法与“干筛法”相同。当干筛时筛分有损耗时,应按5.1的方法从总质量中扣除损耗部分,将计算结果分别记入表T 0302-3之第(2)、(3)、(4)栏。

6　试验记录

6.1　试验结果以两次试验的平均值表示,记入表T 0302-3之第(5)栏。

6.2　筛分结果以各筛孔的质量通过百分率表示,宜记录为表T 0302-2或表T 0302-3的格式。

6.3　对于沥青混合料、基层材料配合比设计用的集料,宜绘制集料筛分曲线,其横坐标为筛孔尺寸的0.45次方(表T 0302-4),纵坐标为普通坐标,如图T 0302-1所示。

粗集料水筛法筛分记录

表 T 0302-3

干燥试样总量 m_3(g)		第1组				第2组				平均
		3 000				3 000				
水洗后筛上总量 m_4(g)		2 879				2 868				
水洗后0.075mm筛下量 $m_{0.075}$(g)		121				132				
0.075mm通过率 $P_{0.075}$(%)		4.0				4.4				4.2
筛孔尺寸(mm)		筛上质量 m_i(g)	分计筛余(%)	累计筛余(%)	通过百分率(%)	筛上质量 m_i(g)	分计筛余(%)	累计筛余(%)	通过百分率(%)	通过百分率(%)
		(1)	(2)	(3)	(4)	(1)	(2)	(3)	(4)	(5)
水洗后干筛法筛分	19	5	0.2	0.2	99.8	0	0	0	100	99.9
	16	696.3	23.2	23.4	76.6	680.3	22.7	22.7	77.3	76.9
	13.2	882.3	29.4	52.8	47.2	839.2	28	50.7	49.3	48.2
	9.5	713.2	23.8	76.6	23.4	778.5	26	76.7	23.3	23.4
	4.75	343.4	11.5	88.1	11.9	348.7	11.6	88.3	11.7	11.8
	2.36	70.1	2.3	90.4	9.6	68.3	2.3	90.6	9.4	9.5
	1.18	87.5	2.9	93.3	6.7	79.1	2.6	93.2	6.8	6.7
	0.6	67.8	2.3	95.6	4.4	59.3	2	95.2	4.8	4.6
	0.3	4.6	0.2	95.7	4.3	4.3	0.1	95.3	4.7	4.5
	0.15	5.6	0.2	95.9	4.1	3.8	0.1	95.5	4.5	4.3
	0.075	2.3	0.1	96	4	4	0.1	95.6	4.4	4.2
	筛底 $m_{底}$	0				0				
	干筛后总量 $\sum m_i$(g)	2 878.1	96			2 865.5	95.6			
损耗 m_5(g)		0.9				2.5				
损耗率(%)		0.03				0.09				
扣除损耗后总量(g)		2 999.1				2 997.5				

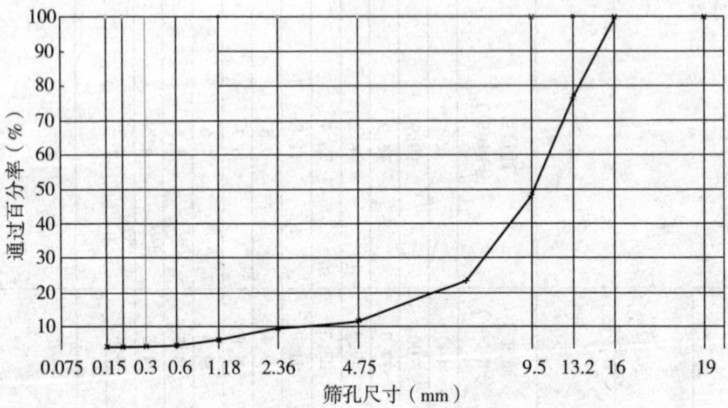

图 T 0302-1　集料筛分曲线与矿料级配设计曲线

级配曲线的横坐标（按 $X = d_i^{0.45}$ 计算）　　　表 T 0302-4

筛孔 d_i(mm)	0.075	0.15	0.3	0.6	1.18	2.36	4.75
横坐标 x	0.312	0.426	0.582	0.795	1.077	1.472	2.016
筛孔 d_i(mm)	9.5	13.2	16	19	26.5	31.5	37.5
横坐标 x	2.745	3.193	3.482	3.762	4.370	4.723	5.109

6.4　试验精确度与允许误差

同一种集料至少取两个试样平行试验两次，取平均值作为每号筛上筛余量的试验结果，试验报告中给出集料级配组成、通过百分率及级配曲线。

7　试验规程及判定依据

7.1　《公路工程集料试验规程》(JTG E42—2005)。

7.2　《公路路面基层施工技术规范》(JTJ 034—2000)。

7.3　《公路沥青路面施工技术规范》(JTG F40—2004)。

8　注意事项

8.1　集料试验的取样代表性非常重要，因为在不同条件下，集料都有可能离析或变异，在试样四分法取样后应采用毛刷、铲刀等，对应收起因翻动而落在平板上的粉料，确保试验样品处于原样状态。

8.2　水洗前后的集料应烘干至恒重，恒重系指相邻两次称量间隔时间大于3h 的情况下，前后两次称量之差小于该项试验所要求的称量精度，通常不少于6h。

8.3　洗料过程中试样不得损失，不可直接将悬浮液倒至 0.075mm 筛上，以免集料掉出损坏筛面。

8.4　必要时应将筛子反扣在搪瓷盘上，采用缓慢的水流以毛刷辅助，将粘在套筛上的细粉料仔细洗刷入搪瓷盘中。

8.5　如果试验为含有粗集料的集料混合料，套筛筛孔根据需要选择。

8.6　如果筛底 $m_{底}$ 的值不是0，应将其并入 $m_{0.075}$ 中重新计算 $P_{0.075}$。

粗集料密度及吸水率试验(网篮法)
(参照 T 0304—2005 执行)

1 目的与适用范围

本方法适用于测定各种粗集料的表观相对密度、表干相对密度、毛体积相对密度、表观密度、表干密度、毛体积密度,以及粗集料的吸水率。

2 主要检测设备

2.1 天平或浸水天平:可悬挂吊篮测定集料的水中质量,称量应满足试样数量称量要求,感量不大于最大称量的 0.05%。

2.2 烘箱:能控温在 105℃ ±5℃。

2.3 吊篮:耐锈蚀材料制成,直径和高度为 150mm 左右,四周及底部用 1 ~ 2mm 的筛网编制或具有密集的孔眼。

2.4 溢流水槽:在称量水中质量时能保持水面高度一定。

2.5 毛巾:纯棉制、洁净,也可用纯棉的汗衫布代替。

2.6 温度计。

2.7 标准筛。

2.8 盛水容器(如搪瓷盘)。

2.9 其他:刷子等。

3 试验准备

3.1 调平天平。检查水准气泡是否居中,如果不居中,调节天平下方的脚螺旋,直至水准气泡居中为止。

3.2 将试样用标准筛过筛,对较粗的集料采用 4.75mm 筛,对 2.36 ~4.75mm 集料,或者混在 4.75mm 以下石屑中的粗集料,则用 2.36mm 标准筛过筛,用四分法缩分至要求的质量,分两份备用。对沥青路面用粗集料,应对不同规格的集料分别测定,不得混杂,所取的每一份集料试样应基本上保持原有的级配。在测定 2.36 ~4.75mm 的粗集料时,试验过程中应特别小心,不得丢失集料。

3.3　经缩分后供测定密度和吸水率的粗集料质量应符合表 T 0304-1 的规定。

测定密度所需要的试样最小质量　　表 T 0304-1

公称最大粒径(mm)	4.75	9.5	16	19	26.5	31.5	37.5	63	75
每一份的最小质量(kg)	0.8	1	1	1	1.5	1.5	2	3	3

3.4　将每一份集料试样浸泡在水中,并适当搅动,仔细洗去附在集料表面的尘土和石粉,经多次漂洗干净至水清澈为止。清洗过程中不得散失集料颗粒。

4　试验步骤

4.1　取试样一份装入干净的搪瓷盘中,注入洁净的水,水面至少应高出试样 20mm,轻轻搅动石料,使附着石料上的气泡逸出。在室温下保持浸水 24h。

4.2　将吊篮挂在天平的吊钩上,浸入溢流水槽中,向溢流水槽中注水,水面高度至水槽的溢流孔,将天平调零。吊篮的筛网应保证集料不会通过筛孔流失,对 2.36～4.75mm粗集料应更换小孔筛网,或在网篮中加放一个浅盘。

4.3　调节水温在 15～25℃。将试样移入吊篮中。溢流水槽中的水面高度由水槽的溢流孔控制,维持不变。称取集料的水中质量(m_w)。

4.4　提起吊篮,稍稍滴水后,将试样倒入浅搪瓷盘中,或直接将较粗的粗集料倒在拧干的湿毛巾上。将较细的粗集料(2.36～4.75mm)连同浅盘一起取出,稍稍倾斜搪瓷盘,仔细倒出余水,将粗集料倒在拧干的湿毛巾上,用毛巾吸走漏出的自由水。此步骤需特别注意不得有颗粒丢失,或有小颗粒附在吊篮上。用拧干的湿毛巾轻轻擦干颗粒的表面水,至表面看不到发亮的水迹,即为饱和面干状态。当粗集料尺寸较大时,可逐颗擦干。注意对较粗的粗集料,拧湿毛巾时不要太用劲,防止拧得太干。对较细的含水较多的粗集料,毛巾可拧得稍干些。擦颗粒的表面水时,既要将表面水擦掉,又不能将颗粒内部的水吸出。整个过程中不得有集料丢失,且已擦干的集料不得继续在空气中放置,以防止集料干燥。

4.5　立即在保持表干状态下,称取集料的表干质量(m_f)。

4.6　将集料置于浅盘中,放入 105℃ ±5℃的烘箱中烘干至恒重。取出浅盘,放在带盖的容器中冷却至室温,称取集料的烘干质量(m_a)。

4.7　对同一规格的集料应平行试验两次,取平均值作为试验结果。

5　试验结果计算

5.1　表观相对密度 γ_a、表干相对密度 γ_s、毛体积相对密度 γ_b 分别按式(T 0304-1)、式(T 0304-2)及式(T 0304-3)计算,保留小数点后3位。

$$\gamma_a = \frac{m_a}{m_a - m_w} \tag{T 0304-1}$$

$$\gamma_s = \frac{m_f}{m_f - m_w} \tag{T 0304-2}$$

$$\gamma_b = \frac{m_a}{m_f - m_w} \tag{T 0304-3}$$

式中:γ_a——集料的表观相对密度,量纲为1;

γ_s——集料的表干相对密度,量纲为1;

γ_b——集料的毛体积相对密度,量纲为1;

m_a——集料的烘干质量,g;

m_f——集料的表干质量,g;

m_w——集料的水中质量,g。

5.2 集料的吸水率以烘干试样为基准,按式(T 0304-4)计算,精确至0.01%。

$$w_x = \frac{m_f - m_a}{m_a} \times 100 \tag{T 0304-4}$$

式中:w_x——粗集料的吸水率,%。

5.3 粗集料的表观密度(视密度)ρ_a、表干密度ρ_s、毛体积密度ρ_b,分别按式(T 0304-5)、式(T 0304-6)及式(T 0304-7)计算,保留至小数点后3位。不同水温条件下测量的粗集料表观密度需进行水温修正,不同试验温度下水的密度ρ_T及水的温度修正系数α_T见表T 0304-2,此表适用于在15~25℃测定的情况。

$$\rho_a = \gamma_a \times \rho_T \text{ 或 } \rho_a = (\gamma_a - \alpha_T) \times \rho_w \tag{T 0304-5}$$

$$\rho_s = \gamma_s \times \rho_T \text{ 或 } \rho_s = (\gamma_s - \alpha_T) \times \rho_w \tag{T 0304-6}$$

$$\rho_b = \gamma_b \times \rho_T \text{ 或 } \rho_b = (\gamma_b - \alpha_T) \times \rho_w \tag{T 0304-7}$$

式中:ρ_a——粗集料的表观密度,g/cm^3;

ρ_s——粗集料的表干密度,g/cm^3;

ρ_b——粗集料的毛体积密度,g/cm^3;

ρ_T——试验温度T时水的密度,g/cm^3;

ρ_w——水在4℃时的密度值,1.000g/cm^3;

α_T——试验温度T时的水温修正系数。

不同水温时水的密度 ρ_T 及水温修正系数 α_T　　表 T 0304-2

水温(℃)	15	16	17	18	19	20
水的密度(g/cm^3)	0.999 13	0.998 97	0.998 80	0.998 62	0.998 43	0.998 22
水温修正系数	0.002	0.003	0.003	0.004	0.004	0.005
水温(℃)	21	22	23	24	25	
水的密度(g/cm^3)	0.998 02	0.997 79	0.997 56	0.997 33	0.997 02	
水温修正系数	0.005	0.006	0.006	0.007	0.007	

5.4　重复试验的精密度，对表观相对密度、表干相对密度、毛体积相对密度，两次结果相差不得超过 0.02，对吸水率不得超过 0.2%。

6　试验记录

粗集料密度及吸水率试验记录示例见表 T 0304-3。

粗集料密度及吸水率试验记录表　　表 T 0304-3

集料规格(mm)	次数	试样的烘干质量(g)	试样的水中质量(g)	试样的表干质量(g)	表观相对密度		毛体积相对密度		吸水率(%)		备注
					测定值	平均值	测定值	平均值	测定值	平均值	
10~15	1	1 222.3	774.5	1 229.9	2.730	2.729	2.684	2.682	0.62	0.64	水温23℃
	2	1 314.5	832.6	1 323.1	2.728		2.680		0.65		

7　试验规程及评定依据

7.1　《公路工程集料试验规程》(JTG E42—2005)。

7.2　《公路沥青路面施工技术规范》(JTG F40—2004)。

7.3　《公路水泥混凝土路面施工技术规范》(JTG F30—2003)。

7.4　《公路桥涵施工技术规范》(JTG/T F50—2011)。

8　注意事项

8.1　对 2.36~4.75mm 集料，用毛巾擦拭时容易黏附细颗粒集料，从而造成集料损失，此时宜改用洁净的纯棉布擦拭至表干状态。

8.2　在擦拭过程中，要用拧过的湿毛巾进行擦拭，不得用干燥的毛巾进行擦拭,以免把集料内部水分吸出。

8.3 在称取表干质量的过程中不得有集料颗粒丢失。

8.4 恒重是指相邻两次称量间隔时间大于3h的情况下,其前后两次称量之差小于该项试验所要求的精密度,即0.1%。一般在烘箱中烘烤的时间不得少于4～6h。

粗集料密度及吸水率试验(容量瓶法)
(参照 T 0308—2005 执行)

1　目的与适用范围

1.1　本方法适用于测定碎石、砾石等各种粗集料的表观相对密度、表干相对密度、毛体积相对密度、表观密度、表干密度、毛体积密度,以及粗集料的吸水率。

1.2　本方法测定的结果不适用于仲裁及沥青混合料配合比设计计算理论密度时使用。

2　主要检测设备

2.1　天平:称量应满足试样数量称量要求,感量不大于最大称量的 0.05%。

2.2　容量瓶:1 000mL,也可用磨口的广口玻璃瓶代替,并带玻璃片。

2.3　标准筛:4.75mm、2.36mm。

2.4　烘箱:能控温在 105℃ ±5℃。

2.5　其他:刷子、毛巾等。

3　试验准备

3.1　调平天平:检查天平水准气泡是否居中,如果不居中,调节天平下方的脚螺旋,直至水准气泡居中为止。

3.2　将试样过筛,对水泥混凝土用集料采用 4.75mm 筛,沥青混合料用集料采用2.36mm筛,分别筛去筛孔以下的颗粒。用四分法缩分至表 T 0308-1 要求的质量,分两份备用。

测定密度所需要的试样最小质量　　表 T 0308-1

公称最大粒径(mm)	4.75	9.5	16	19	26.5	31.5	37.5	63	75
每一份试样的最小质量(kg)	0.8	1	1	1	1.5	1.5	2	3	3

3.3　将每一份集料试样浸泡在水中,仔细洗去附在集料表面的尘土和石粉,经多次漂洗干净至水清澈为止。清洗过程中不得散失集料颗粒。

4　试验步骤

4.1　取两份试样中的一份装入容量瓶（或广口瓶）中，注入洁净的水，水面高出试样，轻轻摇动容量瓶（或广口瓶），使附着在石料上的气泡逸出。盖上容量瓶塞（采用广口瓶时盖上玻璃片），在室温下浸水24h。3～5mm集料宜采用容量瓶，其他粒径集料采用广口瓶。

4.2　向瓶中加水至容量瓶刻度线，然后盖上容量瓶塞，（采用广口瓶时向瓶中加水至水面凸出瓶口，用玻璃片沿广口瓶瓶口迅速滑行，使其紧贴瓶口水面。玻璃片与水面之间不得有空隙）。

4.3　确认瓶中没有气泡，擦干瓶外的水分后，称取集料试样、水、瓶及瓶塞（或玻璃片）的总质量（m_2）。

4.4　将试样倒入浅搪瓷盘中，稍稍倾斜搪瓷盘，倒掉流动的水，再用毛巾吸干漏出的自由水。需要时可称取带表面水的试样质量（m_4）。

4.5　用拧干的湿毛巾轻轻擦干颗粒的表面水，至表面看不到发亮的水迹，即为饱和面干状态。当粗集料尺寸较大时，可逐颗擦干。注意拧湿毛巾时不要太用劲，防止拧得太干。擦颗粒的表面水时，既要将表面水擦掉，又不能将颗粒内部的水吸出。整个过程中不得有集料丢失。

4.6　立即称取饱和面干集料的表干质量（m_3）。

4.7　将集料置于浅盘中，放入105℃±5℃的烘箱中烘干至恒重。取出浅盘，放在带盖的容器中冷却至室温，称取集料的烘干质量（m_0）。

4.8　将瓶洗净，重新装入洁净水至容量瓶刻度线，盖上容量瓶塞（采用广口瓶时向瓶中加水至水面凸出瓶口，用玻璃片紧贴广口瓶瓶口水面。玻璃片与水面之间不得有空隙，确认瓶中没有气泡）。擦干瓶外水分后称取水、瓶及容量瓶塞（或玻璃片）的总质量（m_1）。

5　试验结果计算

5.1　表观相对密度 γ_a、表干相对密度 γ_s、毛体积相对密度 γ_b 分别按式（T 0308-1）、式（T 0308-2）、式（T 0308-3）计算，保留小数点后3位。

$$\gamma_{\mathrm{a}} = \frac{m_0}{m_0 + m_1 - m_2} \tag{T 0308-1}$$

$$\gamma_{\mathrm{s}} = \frac{m_3}{m_3 + m_1 - m_2} \tag{T 0308-2}$$

$$\gamma_{\mathrm{b}} = \frac{m_0}{m_3 + m_1 - m_2} \tag{T 0308-3}$$

式中：γ_a——集料的表观相对密度，量纲为1；

γ_s——集料的表干相对密度，量纲为1；

γ_b——集料的毛体积相对密度，量纲为1；

m_0——集料的烘干质量，g；

m_1——水、瓶及容量瓶塞（或玻璃片）的总质量，g；

m_2——集料试样、水、瓶及容量瓶塞（或玻璃片）的总质量，g；

m_3——集料的表干质量，g。

5.2　集料的吸水率 w_x、含水率 w 以烘干试样为基准，分别按式（T 0308-4）、式（T 0308-5）计算，精确至0.1%。

$$w_x = \frac{m_3 - m_0}{m_0} \times 100 \tag{T 0308-4}$$

$$w = \frac{m_4 - m_0}{m_0} \times 100 \tag{T 0308-5}$$

式中：m_4——集料饱和状态下含表面水的湿质量，g；

w_x——集料的吸水率，%；

w——集料的含水率，%。

5.3　当水泥混凝土集料需要以饱和面干试样作为基准求取集料的吸水率 w_x 时，按式（T 0308-6）计算，精确至0.1%，但需在报告中予以说明。

$$w_x = \frac{m_3 - m_0}{m_3} \times 100 \tag{T 0308-6}$$

式中：w_x——集料的吸水率，%。

5.4　粗集料的表观密度 ρ_a、表干密度 ρ_s、毛体积密度 ρ_b 分别按式（T 0308-7）、式（T 0308-8）、式（T 0308-9）计算小数点后3位。不同水温条件下测量的粗集料表观密度需进行水温修正，不同试验温度下水的密度 ρ_T 及水的温度修正系数 α_T 见表T 0308-2，此表适用于在15～25℃测定的情况。

$$\rho_a = \gamma_a \times \rho_T \text{ 或 } \rho_a = (\gamma_a - \alpha_T) \times \rho_w \tag{T 0308-7}$$

$$\rho_s = \gamma_s \times \rho_T \text{ 或 } \rho_s = (\gamma_s - \alpha_T) \times \rho_w \tag{T 0308-8}$$

$$\rho_b = \gamma_b \times \rho_T \text{ 或 } \rho_b = (\gamma_b - \alpha_T) \times \rho_w \tag{T 0308-9}$$

式中：ρ_a——集料的表观密度，g/cm^3；

ρ_s——集料的表干密度，g/cm^3；

ρ_b——集料的毛体积密度，g/cm^3；

ρ_T——试验温度 T 时水的密度，g/cm^3；

ρ_w——水在4℃时的密度值，1.000g/cm^3；

α_T——试验温度 T 时的水温修正系数。

不同水温时水的密度 ρ_T 及水温修正系数 α_T 表 T 0308-2

水温(℃)	15	16	17	18	19	20
水的密度(g/cm³)	0.999 13	0.998 97	0.998 80	0.998 62	0.998 43	0.998 22
水温修正系数	0.002	0.003	0.003	0.004	0.004	0.005
水温(℃)	21	22	23	24	25	
水的密度(g/cm³)	0.998 02	0.997 79	0.997 56	0.997 33	0.997 02	
水温修正系数	0.005	0.006	0.006	0.007	0.007	

5.5 重复性试验的精密度，两次结果之差对相对密度不得超过 0.02，对吸水率不得超过 0.2%。

6 试验记录

粗集料密度及吸水率试验记录示例见表 T 0308-3。

粗集料密度及吸水率试验记录表 表 T 0308-3

集料规格(mm)	次数	试样的烘干质量(g)	水、瓶及瓶塞(或玻璃片)的总质量(g)	集料试样、水、瓶及瓶塞(或玻璃片)的总质量(g)	试样的表干质量(g)	表观相对密度		毛体积相对密度		吸水率(%)		备注
						测定值	平均值	测定值	平均值	测定值	平均值	
10 ~ 15	①	1 438.4	685.6	1 602.2	1 443.5	2.757	2.754	2.730	2.727	0.35	0.36	—
	②	1 526.4	688.5	1 660.2	1 532.0	2.752		2.724		0.37		

7 试验规程及评定依据

7.1 《公路工程集料试验规程》(JTG E42—2005)。

7.2 《公路沥青路面施工技术规范》(JTG F40—2004)。

7.3 《公路水泥混凝土路面施工技术规范》(JTG F30—2003)。

7.4 《公路桥涵施工技术规范》(JTG/T F50—2011)。

8 注意事项

8.1 水温应在 15 ~ 25℃，浸水最后 2h 内的水温相差不得超过 2℃。

8.2 恒重是指相邻两次称量间隔时间大于 3h 的情况下，其前后两次称量之差小于该项试验所要求的精密度，即 0.1%。一般在烘箱中加热的时间不得少于 4 ~ 6h。

水泥混凝土用粗集料针片状颗粒含量试验
(规准仪法)(参照 T 0311—2005 执行)

1　目的与适用范围

1.1　本方法适用于测定水泥混凝土使用的 4.75mm 以上的粗集料的针状及片状颗粒含量,以百分率计。

1.2　本方法测定的针片状颗粒,是指使用专用规准仪测定的粗集料颗粒的最小厚度(或直径)方向与最大长度(或宽度)方向的尺寸之比小于一定比例的颗粒。

1.3　本方法测定的粗集料中针片状颗粒的含量,可用于评价集料的形状及其在工程中的适用性。

2　主要检测设备

2.1　水泥混凝土集料针状规准仪和片状规准仪如图T 0311-1所示,片状规准仪的钢板基板厚度 3mm,尺寸应符合表 T 0311-1 的要求。

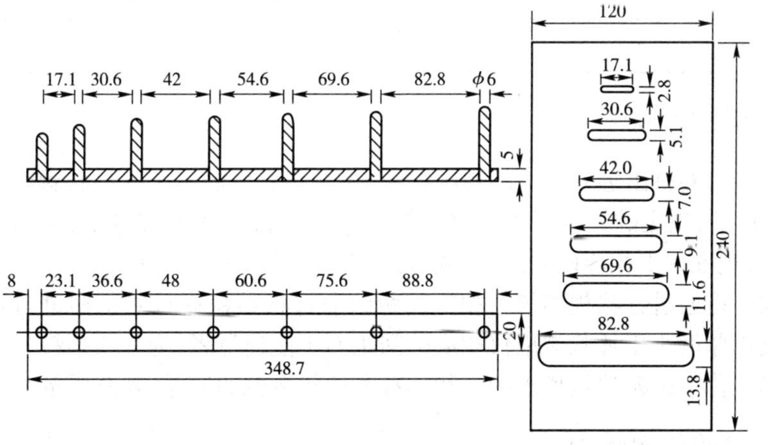

图 T 0311-1　针状与片状规准仪(尺寸单位:mm)

2.2　天平或台秤:感量不大于称量值的0.1%。

2.3　标准筛:筛孔孔径分别为4.75mm、9.5mm、16mm、19mm、26.5mm、31.5mm、37.5mm,试验时根据需要选用。

水泥混凝土集料针片状颗粒试验的粒级划分及其相应的规准仪孔宽或间距　　表 T 0311-1

粒级(方孔筛)(mm)	4.75~9.5	9.5~16	16~19	19~26.5	26.5~31.5	31.5~37.5
针状规准仪上相对应的立柱之间的间距宽(mm)	17.1 (B1)	30.6 (B2)	42.0 (B3)	54.6 (B4)	69.6 (B5)	82.8 (B6)
片状规准仪上相对应的孔宽(mm)	2.8 (A1)	5.1 (A2)	7.0 (A3)	9.1 (A4)	11.6 (A5)	13.8 (A6)

3　试验准备

3.1　调平天平:将天平平放在操作台上,看水准气泡是否居中,如果不居中,调节天平下方的脚螺旋,直至水准气泡居中为止。

3.2　将来样在室内风干至表面干燥,并用四分法或分料器法缩分至满足表T 0311-2的质量,称量(m_0),然后筛分成表T 0311-2所规定的粒级备用。

针片状颗粒试验所需的试样最小质量　　表 T 0311-2

公称最大粒径(mm)	9.5	16	19	26.5	31.5	37.5	37.5	37.5
试样最小质量(kg)	0.3	1	2	3	5	10	10	10

4　试验步骤

4.1　目测挑出近立方体的规则颗粒,将目测有可能属于针片状颗粒的集料按表T 0311-2所规定的粒级用规准仪逐粒对试样进行针状颗粒鉴定,挑出颗粒长度大于针状规准仪上相应的间距而不能通过者,为针状颗粒。

4.2　将通过针状规准仪上相应间距的非针状颗粒逐粒对试样进行片状颗粒鉴定,挑出厚度小于片状规准仪相应的间距而不能通过者,为片状颗粒。

4.3　称量由各粒级挑出的针状颗粒和片状颗粒的质量,其总质量为m_1。

5　试验结果计算

碎石或砾石中针片状颗粒含量按式(T 0311-1)计算,精确至0.1%。

$$Q_e = \frac{m_1}{m_0} \times 100 \qquad (T\ 0311\text{-}1)$$

式中：Q_e——试样的针片状颗粒含量，%；

m_1——试样中所含针状颗粒与片状颗粒的总质量，g；

m_0——试样总质量，g。

注：如果需要可以分别计算针状颗粒和片状颗粒的含量百分数。

6　试验记录

试验记录数据示例见表 T 0311-3。

粗集料针片状颗粒试验记录（规准仪法）　　表 T 0311-3

岩石类别	次数	试样总质量（g）	针状颗粒		片状颗粒		平均值（%）	备注
			质量（g）	含量（%）	质量（g）	含量（%）		
石灰岩	1	2 235.6	67.2	3.0	94.2	4.2	7.0	
	2	2 350.2	70.5	3.0	90.5	3.8		
石灰岩	1	1 325.6	31.2	2.4	42.7	3.2	5.5	
	2	1 250.3	30.8	2.5	36.5	2.9		

7　试验规程及评定依据

7.1　《公路工程集料试验规程》（JTG E42—2005）。

7.2　《公路水泥混凝土路面施工技术规范》（JTG F30—2003）。

7.3　《公路路面基层施工技术规范》（JTJ 034—2000）。

7.4　《公路水泥混凝土路面滑模施工技术规程》（JTJ/T 037.1—2000）。

7.5　《公路隧道施工技术规范》（JTG/T F60—2009）。

7.6　《公路桥涵施工技术规范》（JTG/T F50—2011）。

8　注意事项

规准仪法测定的针片状颗粒含量比 T 0312 用游标卡尺法测定的 1：3 要少得多。这一点务必注意，两个方法千万不能混用。

粗集料针片状颗粒含量试验(游标卡尺法)
(参照 T 0312—2005 执行)

1 目的与适用范围

1.1 本方法适用于测定粗集料的针状及片状颗粒含量,以百分率计。

1.2 本方法测定的针片状颗粒,是指用游标卡尺测定的粗集料颗粒的最大长度(或宽度)方向与最小厚度(或直径)方向的尺寸之比大于 3 的颗粒。有特殊要求采用其他比例时,应在试验报告中注明。

1.3 本方法测定的粗集料中针片状颗粒的含量,可用于评价集料的形状和抗压碎能力,以评定石料生产厂的生产水平及该材料在工程中的适用性。

2 主要检测设备

2.1 天平:感量不大于 1g。

2.2 游标卡尺:精密度为 0.1mm。

2.3 标准筛:方孔筛 4.75mm。

3 试验准备

3.1 调平天平:检查天平水准气泡是否居中,如果不居中,调节天平下方的脚螺旋,直至水准气泡居中为止。

3.2 按 T 0301 方法采集粗集料试样,将取来的集料试样按四分法选取 1kg 左右的试样。对每一种规格的粗集料,应按照不同的公称粒径,分别取样检验。

4 试验步骤

4.1 将试样用 4.75mm 标准筛过筛,取筛上部分供试验用,称取试样的总质量 m_0,精确至 1g,试样数量应不少于 800g,并不少于 100 颗。

4.2 将试样平摊于桌面上,首先用目测挑出接近立方体的颗粒,剩下可能属于针状和片状的颗粒。

4.3 将欲测量的颗粒放在桌面上成一稳定的状态,图 T 0312-1 中颗粒平面方

向的最大长度为 L，侧面厚度的最大尺寸为 t，颗粒最大宽度为 $w(t<w<L)$。用卡尺逐颗测量石料的 L 及 t，将 $L/t \geqslant 3$ 的颗粒（即最大长度方向与最大厚度方向的尺寸之比大于 3 的颗粒）分别挑出作为针片状颗粒。称取针片状颗粒的质量 m_1，精确至 1g。

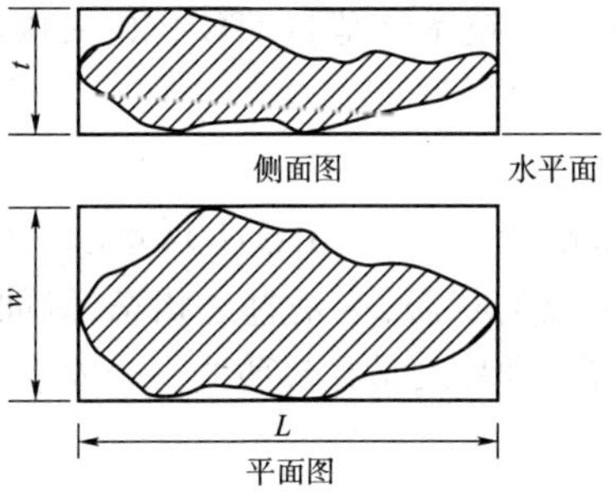

图 T 0312-1　针片状颗粒稳定状态

5　试验结果计算

5.1　按式（T 0312-1）计算针片状颗粒含量。

$$Q_e = \frac{m_1}{m_0} \times 100 \qquad (T\ 0312\text{-}1)$$

式中：Q_e——针片状颗粒含量，%；

m_0——试验用的集料总质量，g；

m_1——针片状颗粒的质量，g。

5.2　试验要平行测定两次，计算两次结果的平均值，如两次结果之差小于平均值的 20%，取平均值作为试验值；如大于或等于 20%，应追加测定一次，取三次结果的平均值作为测定值。

6　试验记录

粗集料针片状颗粒含量试验记录示例见表 T 0312-1。

粗集料针片状颗粒含量试验记录表（游标卡尺法）　　表 T 0312-1

次　数	试样总质量（g）	针片状颗粒质量（g）	针片状颗粒含量（%）		备　注
			测定值	平均值	
一	1 852	122	7	7	粒径 >9.5mm
二	1 755	120	7		
一	812	66	8	9	粒径 <9.5mm
二	855	72	9		

7　试验规程及评定依据

7.1《公路工程集料试验规程》(JTG E42—2005)。

7.2　《公路沥青路面施工技术规范》(JTG F40—2004)。

8　注意事项

8.1　对2.36～4.75mm级粗集料,由于卡尺量取有困难,故一般不作测定。

8.2　稳定状态是指平放的状态,不是直立状态,侧面厚度的最大尺寸 t 为图T 0312-1中的颗粒顶部至平台的厚度,是在最薄的一个面上测量,但并非颗粒中最薄部位的厚度。

8.3　可以对集料进行分档测定,试验前准备4.75mm和9.5mm标准筛将试样过筛,取4.75～9.5mm和大于9.5mm两档,用四分法缩分至要求的质量,对粒径4.75～9.5mm每份不少于800g,对粒径大于9.5mm每份不少于1 200g,且试样数量不少于100颗。

粗集料压碎值试验(参照 T 0316—2005 执行)

1　目的与适用范围

集料压碎值用于衡量石料在逐渐增加的荷载下抵抗压碎的能力,是衡量石料力学性质的指标,以评定其在公路工程中的适用性。

2　主要检测设备

2.1　石料压碎值试验仪:由内径 150mm、两端开口的钢制圆形试筒、压柱和底板组成,其形状和尺寸如图T 0316-1和表 T 0316-1 所示。试筒内壁、压柱的底面及底板的上表面等与石料接触的表面都应进行热处理,使表面硬化,达到维氏硬度 65℃并保持光滑状态。

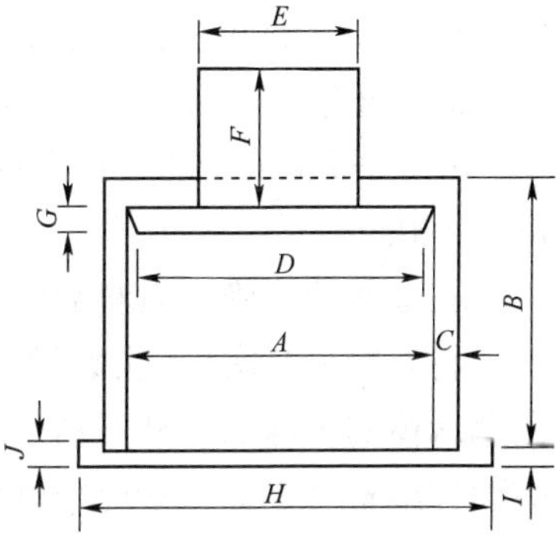

图 T 0316-1　压碎指标值测定仪

试筒、压柱和底板尺寸　　表 T 0316-1

部　　位	符　　号	名　　称	尺寸(mm)
试筒	*A*	内径	150 ±0.3
	B	高度	125 ~ 128
	C	壁厚	≥12
压柱	*D*	压头直径	149 ±0.2
	E	压杆直径	100 ~ 149
	F	压柱总长	100 ~ 110
	G	压头厚度	≥25
底板	*H*	直径	200 ~ 220
	I	厚度(中间部分)	6.4 ±0.2
	J	边缘厚度	10 ±0.2

2.2　金属棒:直径 10mm,长 450 ~ 600mm,一端加工成半球形。

2.3　天平：称量 2g ~ 3kg，感量不大于 1g。

2.4　标准筛：筛孔尺寸 13.2mm、9.5mm、2.36mm 方孔筛各一个。

2.5　压力机：500kN，应能在 10min 内达到 400kN。

2.6　金属筒：圆柱形，内径 112.0mm，高 179.4mm，容积1 767cm^3。

3　试验准备

3.1　调平天平：检查天平水准气泡是否居中，如果不居中，调节天平下方的脚螺旋，直至水准气泡居中为止。

3.2　采用风干石料用 13.2mm 和 9.5mm 标准筛过筛，取 3 组 9.5 ~ 13.2mm 的试样各 3kg，供试验用。如过于潮湿需加热烘干时，烘箱温度不应超过 100℃，烘干时间不超过 4h。试验前，石料应冷却至室温。

3.3　每次试验的石料数量应满足按下述方法夯击，夯击后石料在试筒内的深度为 100mm。

在金属筒中确定石料数量的方法如下：

将石料分 3 次（每次数量大致相同）均匀装入试模中，每次均将试样表面整平，用金属棒的半球面端从石料表面上均匀捣实 25 次。最后用金属棒作为直刮刀将表面仔细整平。称取量筒中试样质量（m_0）。以相同质量的试样进行压碎值的平行试验。

4　试验步骤

4.1　将试筒安放在底板上。

4.2　将要求质量的试样分 3 次（每次数量大体相同）均匀装入试模中，每次均将试样表面整平，用金属棒的半球面端从石料表面上均匀捣实 25 次。最后用金属棒作为直刮刀将表面仔细整平。

4.3　将装有试样的试模放到压力机上，同时加压头放入试筒内石料面上，注意使压头摆平，勿楔挤试模侧壁。

4.4　开动压力机，均匀地施加荷载，在 10min 左右的时间内总荷载达到 400kN，稳压 5s，然后卸荷。

4.5　将试模从压力机上取下，取出试样。

4.6　用 2.36mm 标准筛筛分经压碎的全部试样，可分几次筛分，均需筛到 1min 内无明显的筛出物为止。

4.7　称取通过 2.36mm 筛孔的全部细料质量（m_1），精确至 1g。

5　试验结果计算

5.1　石料压碎值按式(T 0316-1)计算,精确至0.1%。

$$Q'_a = \frac{m_1}{m_0} \times 100 \qquad (T\ 0316\text{-}1)$$

式中:Q'_a——石料压碎值,%;

m_0——试验前试样质量,g;

m_1——试验后通过2.36mm筛孔的细料质量,g。

5.2　水泥混凝土用粗集料压碎值,采用本方法T 0316试验后,利用图T 0316-2的相关关系式 $y = 0.816x - 5$ 换算得到。

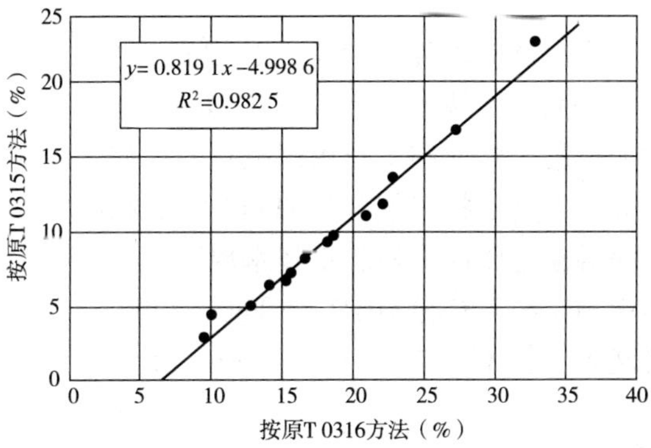

图T 0316-2　原规程两种不同试验方法压碎值结果的比较

5.3　以3个试样平行试验结果的算术平均值作为压碎值的测定值。

6　试验记录

粗集料压碎值试验记录示例见表T 0316-2、表T 0316-3。

沥青路面用粗集料压碎值试验记录表　　　　表T 0316-2

次数	试验前试样质量(g)	通过2.36mm筛试样质量(g)	压碎值(%)		备注
			测定值	平均值	
1	2 652	500	18.9	18.9	—
2	2 652	505	19.0		
3	2 652	496	18.7		

水泥路面用粗集料压碎值试验记录表 表 T 0316-3

次数	试验前试样质量（g）	通过 2.36mm 筛试样质量（g）	压碎值（%）				备注
			测定值	换算值	平均值		
					测定值	换算值	
1	2 652	500	18.9	10.4	18.9	10.4	—
2	2 652	505	19.0	10.5			
3	2 652	496	18.7	10.3			

7 试验规程及评定依据

7.1 《公路工程集料试验规程》(JTG E42—2005)。

7.2 《公路沥青路面施工技术规范》(JTG F40—2004)。

7.3 《公路水泥混凝土路面施工技术规范》(JTG F30—2003)。

7.4 《公路路面基层施工技术规范》(JTJ 034—2000)。

7.5 《公路水泥混凝土路面滑模施工技术规程》(JTJ/T 037.1—2000)。

7.6 《公路隧道施工技术规范》(JTG/T F60—2009)。

7.7 《公路桥涵施工技术规范》(JTG/T F50—2011)。

8 注意事项

8.1 压柱放入试筒内石料面上,注意使压柱摆平,勿使压柱楔挤筒壁。

8.2 将筒内试样取出时,注意勿进一步压碎试样。

粗集料磨耗试验(洛杉矶法)
(参照 T 0317—2005 执行)

1　目的与适用范围

1.1　测定标准条件下粗集料抵抗摩擦、撞击的能力,以磨耗损失(%)表示。

1.2　本方法适用于各种等级规格集料的磨耗试验。

2　主要检测设备

2.1　洛杉矶磨耗试验机:圆筒内径 710mm ±5mm,内侧长 510mm ±5mm,两端封闭,投料口的钢盖通过紧固螺栓和橡胶垫与钢筒紧闭密封。钢筒的回转速率为 30 ~ 33r/min。

2.2　天平或台秤:感量 5g。

2.3　钢球:直径约 46.8mm,质量为 390 ~ 445g,大小稍有不同,以便按要求组合成符合要求的总质量。

2.4　标准筛:符合要求的标准筛系列,以及筛孔为1.7mm的方孔筛一个。

2.5　烘箱:能使温度控制在 105℃ ±5℃范围内。

2.6　容器:搪瓷盘等。

3　试验准备

3.1　调平天平:检查水准气泡是否居中,如果不居中,调节天平下方的脚螺旋,直至水准气泡居中为止。

3.2　将不同规格的集料用水冲洗干净,置烘箱中烘干至恒重。

3.3　对所使用的集料,根据实际情况按表 T 0317-1 选择最接近的粒级类别,确定相应的试验条件,按规定的粒级组成备料、筛分。其中水泥混凝土用集料宜采用 A 级粒度;沥青路面及各种基层、底基层的粗集料,表中的 16mm 筛孔也可用 13.2mm 筛孔代替;对非规格材料,应根据材料的实际粒度,从表 T 0317-1 中选择最接近的粒级类别及试验条件。

4 试验步骤

4.1 分级称量,精确至5g,称取总质量(m_1),装入磨耗机圆筒中。

4.2 选择钢球,使钢球的数量及总质量符合表T 0317-1中规定。将钢球加入钢筒中,盖好筒盖,紧固密封。

4.3 将计数器调整到零位,设定要求的回转次数。对水泥混凝土集料,回转次数为500转,对沥青混合料集料,回转次数应符合表T 0317-1的要求。开动磨耗机,以30~33 r/min转速转动至要求的回转次数为止。

4.4 当圆筒停止转动后,关闭电源开关。方可进行下一步操作。

4.5 取出钢球,将经过磨耗后的试样从投料口倒入接收容器(搪瓷盘)中。

4.6 将试样用1.7mm的方孔筛过筛,筛去试样中被撞击磨碎的细屑。

4.7 用水冲干净留在筛上的碎石,置温度为105℃±5℃的烘箱中烘干至恒重(通常不少于4h),准确称量(m_2)。

5 试验结果计算

5.1 按式(T 0317-1)计算粗集料洛杉矶磨耗损失,精确至0.1%。

$$Q = \frac{m_1 - m_2}{m_1} \times 100 \qquad (T\ 0317\text{-}1)$$

式中:Q——洛杉矶磨耗损失量,%;

m_1——装入圆筒中试样质量,g;

m_2——试验后在1.7mm(方孔筛)筛上的洗净烘干的试样质量,g。

5.2 试验报告应记录所使用的粒级类别和试验条件。

5.3 粗集料的磨耗损失取两次平行试验结果的算术平均值为测定值,两次试验的差值应不大于2%,否则须重做试验。

6 试验记录

粗集料磨耗试验记录示例见表T 0317-2。

7 试验规程及评定依据

7.1 《公路工程集料试验规程》(JTG E42—2005)。

7.2 《公路沥青路面施工技术规范》(JTG F40—2004)。

粗集料洛杉矶磨耗试验条件　　表 T 0317-1

粒度类别	粒集组成（方孔筛）(mm)	试样质量（g）	试样总质量（g）	钢球数量（个）	钢球总质量（g）	次数（转）	适用的粗集料	
							规格	公称粒径(mm)
A	26.5 ~ 37.5 19.0 ~ 26.5 16.0 ~ 19.0 9.5 ~ 16.0	1 250 ± 25 1 250 ± 25 1 250 ± 10 1 250 ± 10	5 000 ± 10	12	5 000 ± 25	500		
B	19.0 ~ 26.5 16.0 ~ 19.0	2 500 ± 10 2 500 ± 10	5 000 ± 10	11	4 850 ± 25	500	S6 S7 S8	15 ~ 30 10 ~ 30 10 ~ 25
C	9.5 ~ 16.0 4.75 ~ 9.5	2 500 ± 10 2 500 ± 10	5 000 ± 10	8	3 330 ± 20	500	S9 S10 S11 S12	10 ~ 20 10 ~ 15 5 ~ 15 5 ~ 10
D	2.36 ~ 4.75	5 000 ± 10	5 000 ± 10	6	2 500 ± 15	500	S13 S14	3 ~ 10 3 ~ 5
E	63 ~ 75 53 ~ 63 37.5 ~ 53	2 500 ± 50 2 500 ± 50 5 000 ± 50	10 000 ± 100	12	5 000 ± 25	1 000	S1 S2	40 ~ 75 40 ~ 60
F	37.5 ~ 53 26.5 ~ 37.5	5 000 ± 50 5 000 ± 25	10 000 ± 75	12	5 000 ± 25	1 000	S3 S4	30 ~ 60 25 ~ 50
G	26.5 ~ 37.5 19 ~ 26.5	5 000 ± 25 5 000 ± 25	10 000 ± 50	12	5 000 ± 25	1 000	S5	20 ~ 40

粗集料磨耗试验记录表　　表 T 0317-2

次数	试样质量(g)	试验后 1.7mm 筛上的试样质量(g)	洛杉矶磨耗损失		备　注
			测定值(%)	平均值(%)	
1	5 000.0	4 025.2	19.5	19.2	C类
2	5 000.0	4 050.3	19.0		

8　注意事项

8.1　根据公称粒径选择粒度类别。

8.2　试样倒入磨耗机内,要将磨耗机盖子拧紧,不得有集料在试验过程中被磨耗机甩出来,整个试验过程中不得有集料损失。

8.3　在磨耗完成后筛分过程中,应在 1.7mm 的筛上加上 2.36mm 和 4.75mm 标准筛,以防止直接在 1.7mm 筛上筛分损坏时损坏筛孔。

粗集料软弱颗粒试验(参照 T 0320—2000 执行)

1　目的与适用范围

测定碎石、砾石及破碎砾石中软弱颗粒含量。

2　主要检测设备

2.1　天平:称量 5kg,感量不大于 5g。

2.2　标准筛:孔径为 4.75mm、9.5mm、16mm 方孔筛。

2.3　强度仪:0～1kN,精度不大于 0.01kN。

2.4　其他:浅盘、毛刷等。

3　试验准备

3.1　调平天平:检查天平水准气泡是否居中,如果不居中,调节天平下方的脚螺旋,直至水准气泡居中为止。

3.2　四分法称取风干试样 2kg(m_1),如颗粒粒径大于 31.5mm,则称取 4kg。

3.3　根据应力环曲线确定 0.15kN、0.25kN、0.34kN 所对应的百分表读数。

4　试验步骤

将称取的试样过筛分成 4.75～9.5mm、9.5～16mm、16mm 以上各 1 份;将每份中每一个颗粒大面朝下稳定平放在强度仪压头中心,按颗粒大小分别加以0.15kN、0.25kN、0.34kN荷载,根据应力环曲线读取相应的百分表读数,破裂的颗粒即属于软弱颗粒,将其弃去,称出未破裂颗粒的质量(m_2)。

5　试验结果计算

按式(T 0320-1)计算软弱颗粒含量,精确至 0.1%。

$$P=\frac{m_1-m_2}{m_1}\times 100 \qquad (T\ 0320\text{-}1)$$

式中:P——粗集料的软弱颗粒含量,%;

m_1——各粒级颗粒总质量,g;

m_2——试验后各粒级完好颗粒总质量,g。

6 试验记录

粗集料软弱颗粒试验示例见表 T 0320-1。

粗集料软弱颗粒试验记录表 表 T 0320-1

<table>
<tr><th>公称粒径
(mm)</th><th>试验前各粒级
颗粒质量(g)</th><th>试验后各粒级完好
颗粒质量(g)</th><th colspan="2">各档软弱颗粒
含量(%)</th><th>备注</th></tr>
<tr><td>4.75～9.5</td><td>800.5</td><td>783.3</td><td colspan="2">2.1</td><td rowspan="4">—</td></tr>
<tr><td>9.5～16.0</td><td>812.3</td><td>795.6</td><td colspan="2">2.1</td></tr>
<tr><td>>16.0</td><td>985.6</td><td>985.6</td><td colspan="2">0.0</td></tr>
<tr><td>各粒级颗粒
总质量(g)</td><td>2 598.4</td><td>2 564.5</td><td>软弱颗粒总
含量(%)</td><td>1.3</td></tr>
</table>

7 试验规程及评定依据

7.1 《公路工程集料试验规程》(JTG E42—2005)。

7.2 《公路沥青路面施工技术规范》(JTG F40—2004)。

8 注意事项

8.1 过筛后,针对性选择针片状颗粒进行试验。

8.2 根据配合比设计,选择各档料的比例,3 档料分别为:4.75～9.5mm、9.5～16mm、>16mm。

粗集料磨光值试验(参照T 0321—2005执行)

1　目的与适用范围

1.1　集料磨光值是利用加速磨光机磨光集料,用摆式摩擦系数测定仪测定的集料经磨光后的摩擦系数值,以PSV表示。

1.2　本方法适用于各种粗集料的磨光值测定。

2　主要检测设备

2.1　加速磨光试验机。

2.1.1　传动结构:包括电机、同步齿轮等。

2.1.2　道路轮:外径406mm,用于安装14块试件,能在周围夹紧,以形成连续的石料颗粒表面,转速320r/min ±5r/min。

2.1.3　橡胶轮:直径200mm、宽44mm,用于磨粗金刚砂的橡胶轮(标记C)、用于磨细金刚砂的橡胶轮(标记X),轮胎初始硬度69IRHD ±3IRHD。

注:橡胶轮过度磨损时(一般20轮次后)必须更换。

2.1.4　磨料供给系统:用于存储磨料和控制溜砂量。

2.1.5　供水系统。

2.1.6　配重:包括调整臂、橡胶轮和配重锤。

2.1.7　试模:8副。

2.1.8　荷载调整机构:包括手轮、凸轮,能支撑配重,调节橡胶轮对道路轮的压力为725N ±10N并保持使用过程中恒定。

2.1.9　控制面板。

2.2　摆式摩擦系数测定仪,简称摆式仪,应符合相关仪器设备的标准,由下列部分组成。

2.2.1　底座:由T形腿、调平螺钉和水准气泡组成。

2.2.2　立柱:由立柱、导向杆和升降机构组成。

2.2.3　悬臂和释放开关:能挂住摆杆使之处于水平位置,并能释放摆杆使摆落下摆动。

2.2.4　摆动轴心:连接和固定摆的位置,保证摆在摆动平面内能自由摆动。由摆动轴、轴承和紧固螺母组成。

2.2.5　求数系统:指示摆值。

2.2.6　摆头及橡胶片:它对摆动中心有规定力矩,对路面有规定压力。本身有前与后、左与右的力矩平衡,橡胶片尺寸为31.75mm×25.4mm×6.35mm。

2.3　磨光试件测试平台:供固定试件及摆式摩擦系数测定仪用。

2.4　天平:感量不大于0.1g。

2.5　烘箱:装有温度控制器。

2.6　黏结剂:能使集料与砂、试模牢固黏结。确保在试验过程中不致发生试件摇动或脱落,常用环氧树脂610l(E-44)及固化剂等。

2.7　丙酮。

2.8　砂:<0.3mm,洁净、干燥。

2.9　金刚砂:30号(棕刚玉粗砂)、280号(绿碳化硅细砂),用作磨料,只允许一次性使用,不得重复使用。

2.10　橡胶石棉板:厚1mm。

2.11　标准集料试样:指定的集料产地生产的符合规格要求的集料,每轮两块,只允许使用一次,不得重复使用。

2.12　其他:油灰刀、洗耳球、各种工具等。

3　试验准备

3.1　试验前应将摆式仪摆放水平后调零。

3.2　将集料过筛,剔除针片状颗粒,取9.5~13.2mm的集料颗粒,用水洗净后置于温度为105℃±5℃的烘箱中烘干。

注:根据需要,也可采用4.75~9.5mm的粗集料进行磨光值试验。

3.3　将试模拼装并涂上脱模剂(或肥皂水)后烘干。安装试模端板时要注意使端板与模体齐平(使弧线半滑)。

3.4　用清水淘洗小于0.3mm的砂,置105℃±5℃的烘箱中烘干成为干砂。

3.5　预磨新橡胶轮:新橡胶轮正式使用前要在安装好试件的道路轮上进行预磨,C轮用粗金刚砂预磨6h,X轮用细金刚砂预磨6h,然后方能投入正常试验。

3.6　试件制作。

3.6.1　排料:每种集料宜制备6~10块试件,从中挑选4块试件供两次平行试验用。将9.5~13.2mm集料颗粒尽量紧密地排列于试模中(大面、平面向下)。排料时,应除去高度大于试模的不合格颗粒。采用4.75~9.5mm的粗集料进行磨光试验时,各道工序需更加仔细。

3.6.2　吹砂:用小勺将干砂填入已排妥的集料间隙中,并用洗耳球轻轻吹动干砂,使之填充密实。然后再吹去多余的砂,使砂与试模台阶大致齐平,但台阶不得有砂。用洗耳球吹动干砂时不得碰动集料,且不得使集料试样表面附有砂粒。

3.6.3　配制环氧树脂砂浆:将固化剂与环氧树脂按一定比例(如使用6101环氧树脂时为1:4)配料、拌匀制成黏结剂,再与干砂按1:4~1:4.5的质量比拌匀制成环氧树脂砂浆。

注:一块试模中的环氧树脂砂浆各组成材料的用量通常为:环氧树脂9.0g、固化剂2.4g、干砂48g,允许根据所选用的黏结剂品种及试件的强度对此用量做适当调整。用4.75~9.5mm的集料试验时,环氧树脂砂浆用量应酌情增加。

3.6.4　填充环氧树脂砂浆:用小油灰刀将拌好的环氧树脂砂浆填入试模中,并尽量填充密实,但不得碰动集料。然后用热油灰刀在试模上刮去多余的填料,并将表面反复抹平,使填充的环氧树脂砂浆与试模顶部齐平。

3.6.5　养护:通常在40℃烘箱中养护3h,再自然冷却9h拆模;如在室温下养护,时间应更长,使试件达到足够强度。有集料颗粒松动脱落,或有环氧树脂砂浆渗出表面时,试件应予废弃。

3.7　试件磨光。

3.7.1　试件分组:每轮1次磨14块试件,每种集料为2块试件,包括6种试验用集料和1种标准集料。

3.7.2　试件编号:在试件的环氧树脂砂浆衬背和弧形侧边上用记号笔对6种集料编号为1~12,1种集料赋以相邻两个编号,标准试件为13、14号。

3.7.3　试件安装:按表T 0321-1的序号将试件排列在道路轮上,其中1号位和8号位为标准试件。应将试件有标记的一侧统一朝外(靠活动盖板一侧),每两块试件间加垫一片或数片1mm厚的橡胶石棉板垫片,垫片与试件端部断面相仿,但略低于试件高度2~3mm。然后盖上道路轮外侧板,边拧螺钉边用橡胶锤敲打外侧板,确保试件与道路轮紧密配合,以避免磨光过程中试件断裂或松动。随后将道路轮安装到轮轴上。

试件在道路轮上的排列次序　　表T 0321-1

位置号	1	2	3	4	5	6	7	8	9	10	11	12	13	14
试件号	13	9	3	7	5	1	11	14	10	4	8	6	2	12

4　试验步骤

4.1　试件的加速磨光应在室温20℃±5℃的房间内进行。

4.2　粗砂磨光。

4.2.1　把标记C的橡胶轮安装在调整臂上，盖上道路轮罩，下面置一积砂盘，给储水支架上的储水罐加满水，调节流量阀，使水流暂时中断。

4.2.2　准备好30号金刚砂粗砂，装入专用储砂斗，将储砂斗安装在橡胶轮侧上方的位置上并接上微型电机电源。转动荷载调整手轮，使凸轮转动放下橡胶轮，将橡胶轮的轮辐完全压着道路轮上的集料试件表面。

4.2.3　调节溜砂量：用专用接料斗在出料口接住溜出的金刚砂，同时开始计时，1min后移出料斗，用天平称出溜砂量，使流量为27g/min ± 7g/min，如不满足要求，应用调速按钮或调节储料斗控制闸板的方法调整。

4.2.4　在控制面板上设定转数为57 600转，按下电源开关起动磨光机开始运转，同时按动粗砂调速按钮，打开储砂斗控制闸板，使金刚砂溜砂量控制为27g/min ± 7g/min。此时立即调节流量计，使水的流量达60mL/min。

4.2.5　在试验进行1h和2h时，磨光机自动停机（注意不要按下面板上复零按钮和电源开关），用毛刷和小铲清除箱体上和沉在机器底部积砂盘中的金刚砂，检查并拧紧道路轮上有可能松动的螺母，再起动磨光机，至转数显示屏上显示57600转时磨光机自动停止，所需的磨光时间约为3h。

4.2.6　转动荷载调整手轮使凸轮托起调整臂，清洗道路轮和试件，除去所有残留的金刚砂。

4.3　细砂磨光。

4.3.1　卸下C标记橡胶轮，更换为X标记橡胶轮并安装。

4.3.2　准备好280号金刚砂细砂，装入专用储砂斗。

4.3.3　调节溜砂量使流量为3g/min ± 1g/min。

4.3.4　设定转数为57 600转，开始磨光操作，控制金刚砂溜砂量为3g/min ± 1g/min，水流量达60mL/min。

4.3.5　将试件磨2h后停机作适当清洁，检查并拧紧道路轮螺母，然后再起动磨光机至57 600转时自动停机。

4.3.6　清理试件及磨光机。

4.4　磨光值测定。

4.4.1　在试验前2h和试验过程中，应控制室温为20℃ ±2℃。

4.4.2　将试件从道路轮上卸下并清洗试件，用毛刷清洗集料颗粒的间隙，去除所有残留的金刚砂。

4.4.3　将试件表面向下，放在18℃ ~20℃的水中2h，然后取出试件，按下列步骤用摆式摩擦系数测定仪测定磨光值。

(1)调零:将摆式仪固定在测试平台上,松开固定把手,转动升降把手使摆升高并能自由摆动,然后锁紧固定把手,转动调平旋钮,使水准气泡居中,当摆从右边水平位置落下并拨动指针后,指针应指零。若指针不指零,应拧紧或放松指针调节螺母,直至空摆时指针指零。

(2)固定试件:将试件放在测试平台的固定槽内,使摆可在其上面摆过,并使滑溜块居于试件轮迹中心。应使摆式仪摆头滑溜块在试件上的滑动方向与试件在磨光机上橡胶轮的运行方向一致,即测试时试件上做标记的弧形边背向测试者。

(3)测试:调节摆的高度,使滑溜块在试件上的滑动长度为76mm,用喷水壶喷洒清水润湿试件表面(注意:在试验中的任何时刻,试件都应保持湿润),将摆向右提起挂在悬臂上,同时用左手拨动指针使之与摆杆轴线平行。按下释放开关使摆回落向左运动,当摆达到最高位最后下落时,用左手将摆杆接住,读取指针所指(小度盘)位置上的值,记录测试结果,准确到0.1。

注:摆式仪使用新橡胶片时应该预磨,使之达到稳定状态。预磨的方法是用新橡胶片在干燥的试块上(不用磨光后的试件)摆动10次,然后在湿润的试块上摆动20次。另外,橡胶片不得被油类污染。

(4)一块试件重复测试5次,5次读数的最大值和最小值之差不得大于3。取5次读数的平均值作为该试件的磨光值读数(PSV_r)。标准试件的磨光值读数用PSV_{br}表示。

(5)一种集料重复测试2次,每次都需同时对标准集料试件进行测试。

5　试验结果计算

5.1　按式(T 0321-1)计算两次平行试验4块试件(每轮2块)的算术平均值PSV_{ra},精确到0.1。但4块试件的磨光值读数PSV_r的最大值与最小值之差不得大于4.7,否则试验作废,应重新试验。

$$PSV_{ra}=\sum PSV_{ri}/4 \tag{T 0321-1}$$

式中:i——1~4,PSV_{ri}为4块试件的磨光值读数。

5.2　按式(T 0321-2)计算两次平行试验4块标准试件(每轮2块)的算术平均值PSV_{bra},准确到0.1。但4块标准试件的磨光值读数的平均值PSV_{bra}必须在46~52范围内,否则试验作废,应重新试验。

$$PSV_{bra}=\sum PSV_{bri}/4 \tag{T 0321-2}$$

式中:i——1~4,PSV_{bri}为4块标准试件的磨光值读数。

5.3　按式(T 0321-3)计算集料的PSV值,取整数。

$$PSV=PSV_{ra}+49-PSV_{bra} \tag{T 0321-3}$$

6 试验记录(表 T 0321-2)

粗集料磨光值试验记录 表 T 0321-2

<table>
<tr><td colspan="2">工程部位/用途</td><td colspan="5">沥青下面层</td><td colspan="2">委托/任务编号</td><td colspan="2">011213007</td></tr>
<tr><td colspan="2">试验依据</td><td colspan="5">JTG E42—2005</td><td colspan="2">样品编号</td><td colspan="2">011213007</td></tr>
<tr><td colspan="2">试验条件</td><td colspan="5">室温</td><td colspan="2">样品名称</td><td colspan="2">粗集料</td></tr>
<tr><td colspan="2">样品描述</td><td colspan="5">颗粒无污染,200kg</td><td colspan="2">试验日期</td><td colspan="2">2013-06-05—2013-06-07</td></tr>
<tr><td colspan="2">主要仪器设备及编号</td><td colspan="9">磨光机 3110257</td></tr>
<tr><td colspan="2">产地</td><td colspan="5">白云山石料场</td><td colspan="2">规格型号</td><td colspan="2">9.5 ~ 19mm</td></tr>
<tr><td>石料岩性</td><td>试件编号</td><td colspan="5">摆 值</td><td>磨光值读数 PSV_r</td><td>磨光值读数平均值 PSV_{ra}</td><td>磨光值 PSV</td><td>备注</td></tr>
<tr><td rowspan="4"></td><td>1</td><td>44.0</td><td>45.0</td><td>44.1</td><td>44.1</td><td>44.0</td><td>44.2</td><td rowspan="4">44.4</td><td rowspan="9">44</td><td rowspan="9"></td></tr>
<tr><td>2</td><td>44.4</td><td>44.3</td><td>44.0</td><td>45.3</td><td>45.0</td><td>44.6</td></tr>
<tr><td>3</td><td>44.2</td><td>44.0</td><td>45.2</td><td>44.6</td><td>44.1</td><td>44.4</td></tr>
<tr><td>4</td><td>44.1</td><td>44.3</td><td>44.2</td><td>45.2</td><td>43.2</td><td>44.2</td></tr>
<tr><td rowspan="5">标准件</td><td>标准件编号</td><td colspan="5">摆 值</td><td>磨光值读数 PSV_{br}</td><td>磨光值读数的平均值 PSV_{bra}</td></tr>
<tr><td>1</td><td>49.2</td><td>48.0</td><td>49.4</td><td>49.4</td><td>49.1</td><td>49.0</td><td rowspan="4">49.1</td></tr>
<tr><td>2</td><td>49.7</td><td>48.2</td><td>49.4</td><td>48.1</td><td>49.6</td><td>49.0</td></tr>
<tr><td>3</td><td>49.4</td><td>49.5</td><td>48.3</td><td>49.2</td><td>49.6</td><td>49.2</td></tr>
<tr><td>4</td><td>49.2</td><td>48.4</td><td>48.6</td><td>49.9</td><td>49.7</td><td>49.2</td></tr>
</table>

7 试验规程及评定依据

7.1 《公路工程集料试验规程》(JTG E42—2005)。

7.2 《公路沥青路面施工技术规范》(JTG F40—2004)。

8 注意事项

8.1 用 4.75 ~ 9.5mm 的集料试验时,环氧树脂砂浆用量应酌情增加。

8.2 橡胶片不得被油类污染。

8.3 在停机检查或者维修时,应先切断电源。

8.4 磨光机试验全过程都必须盖上机盖。

第三部分　细集料试验

细集料筛分试验(参照 T 0327—2005 执行)

1 目的与适用范围

测定细集料(天然砂、人工砂、石屑)的颗粒级配及粗细程度。对水泥混凝土用细集料可采用干筛法,如果需要也可采用水洗法筛分;对沥青混合料及基层用细集料必须用水洗法筛分。

2 主要检测设备

2.1 标准筛。

2.2 天平:称量 1000g,感量不大于 0.5g。

2.3 摇筛机。

2.4 烘箱:能控温在 105℃ ±5℃。

2.5 其他:浅盘和硬、软毛刷等。

3 试验准备

3.1 试样准备

根据样品中最大粒径的大小,选用适宜的标准筛。通常为 9.5mm 筛(水泥混凝土用天然砂)或 4.75mm 筛(沥青路面及基层用天然砂、石屑、机制砂等)。筛除其中的超粒径材料,然后将样品在潮湿状态下充分拌匀,用分料器法或四分法缩分至每份不少于 550g 的试样两份,在 105℃ ±5℃的烘箱中烘干至恒重,冷却至室温后备用。

3.2 仪器准备

3.2.1 检查所用的试验检测仪器(电子天平、套筛、振筛机等),仪器功能应正常。

3.2.2 调平天平:检查水准气泡是否居中,如果不居中,调节天平下方的脚螺旋,直至水准气泡居中为止。

4 试验步骤

4.1 干筛法试验步骤

4.1.1　准确称取烘干试样约 500g(m_1),准确至 0.5g,置于套筛的最上面一只,即4.75mm筛上,将套筛装入摇筛机,摇筛约 10min,然后取出套筛,再按筛孔大小顺序,从最大的筛号开始,在清洁的浅盘上逐个进行手筛,直到每分钟的筛出量不超过筛上剩余量的0.1%时为止。将筛出通过的颗粒并入下一号筛,和下一号筛中的试样一起过筛,以此顺序进行至各号筛全部筛完为止。

4.1.2　称量各筛筛余试样的质量,精确至0.5g。所有各筛的分计筛余量和底盘中剩余量的总量与筛分前的试样总量,相差不得超过后者的1%。

4.2　水洗法试验步骤

4.2.1　准确称取烘干试样约 500g(m_1),精确至 0.5g。

4.2.2　将试样置一洁净容器中,加入足够数量的洁净水,将集料全部淹没。

4.2.3　用搅棒充分搅动集料,将集料表面洗涤干净,使细粉悬浮在水中,但不得有集料从水中溅出。

4.2.4　用 1.18mm 筛及 0.075mm 筛组成套筛,仔细将容器中混有细粉的悬浮液徐徐倒出,经过套筛流入另一容器中,但不得将集料倒出。

4.2.5　重复4.2.2 ~4.2.4 步骤,直至倒出的水洁净且小于0.075mm的颗粒全部倒出。

4.2.6　将容器中的集料倒入搪瓷盘中,用少量水冲洗,使容器上黏附的集料颗粒全部进入搪瓷盘中,将筛子反扣过来,用少量的水将筛上集料冲入搪瓷盘中。操作过程中不得有集料散失。

4.2.7　将搪瓷盘连同集料一起置于105℃ ±5℃烘箱中烘干至恒重,称取干燥集料试样的总质量(m_2),精确至0.1%。m_1 与 m_2 之差即为通过 0.075mm 筛部分。

4.2.8　将全部要求筛孔组成套筛(但不需 0.075mm 筛),将已经洗去小于0.075mm部分的干燥集料置于套筛上(通常为 4.75mm 筛),将套筛装入摇筛机,摇筛约 10min,然后取出套筛,再按筛孔大小顺序,从最大的筛号开始,在清洁的浅盘上逐个进行手筛,直至每分钟的筛出量不超过筛上剩余量的 0.1% 时为止。将筛出通过的颗粒并入下一号筛,和下一号筛中的试样一起过筛,这样顺序进行,直至各号筛全部筛完为止。

4.2.9　称量各筛筛余试样的质量,精确至 0.5g。所有各筛的分计筛余量和底盘中剩余量的总质量与筛分前后试样总量 m_2 的差值不得超过后者的1%。

5　试验结果计算

5.1　计算分计筛余百分率。各号筛的分计筛余百分率为各号筛上的筛余量除以试样总量(m_1)的百分率,精确至0.1%。对沥青路面细集料而言,0.15mm 筛下部分即为 0.075mm 的分计筛余，由 4.2.7 测得的 m_1 与 m_2 之差即为小于 0.075mm 的筛底部分。

5.2　计算累计筛余百分率。各号筛的累计筛余百分率为该号筛与大于该号筛的各号筛的分计筛余百分率之和，精确至 0.1%。

5.3　计算质量通过百分率。各号筛的质量通过百分率等于 100 减去该号筛的累计筛余百分率，精确至 0.1%。

5.4　根据各筛的累计筛余百分率或通过百分率，绘制级配曲线。

5.5　天然砂的细度模数按式(T 0327-1)计算，精确至 0.01。

$$M_x = \frac{(A_{0.15} + A_{0.3} + A_{0.6} + A_{1.18} + A_{2.36}) - 5A_{4.75}}{100 - A_{4.75}} \quad \text{(T 0327-1)}$$

式中：　M_x——砂的细度模数；

$A_{0.15}$、$A_{0.3}$、…、$A_{4.75}$——0.15mm，0.3mm，…，4.75mm 各筛上的累计筛余百分率，%。

5.6　进行两次平行试验，以试验结果的算术平均值作为测定值。如两次试验所得的细度模数之差大于 0.2，应重新进行试验。

6　试验记录

6.1　细集料筛分试验记录示例见表 T 0327-1、表T 0327-2。

6.2　绘制集料筛分曲线，其横坐标为筛孔尺寸的 0.45 次方(表 T 0327-3)纵坐标为普通坐标，如图 T 0327-1 所示。

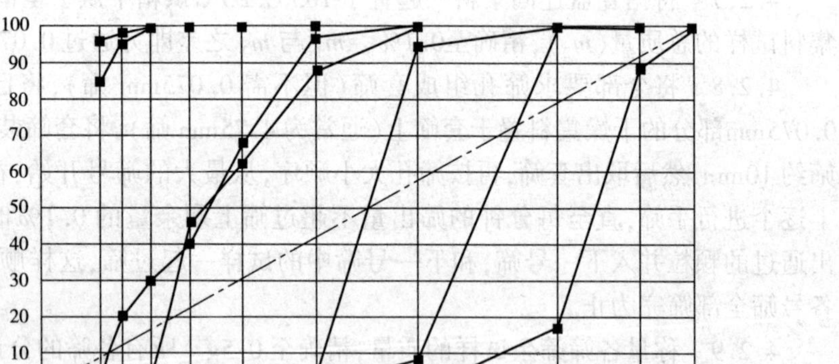

图 T 0327-1　集料筛分曲线与矿料级配设计曲线

细集料干筛法筛分记录表

表 T 0327-1

干燥试样总质量 m_3(g)	第 1 组				第 2 组				平均
	515.0				510.5				
筛孔尺寸(mm)	通过百分率(%)	筛上质量 m_i(g)	分计筛余(%)	累计筛余(%)	通过百分率(%)	筛上质量 m_i(g)	分计筛余(%)	累计筛余(%)	通过百分率(%)
	(5)	(1)	(2)	(3)	(4)	(1)	(2)	(3)	(4)
4.75	34.0	6.6	6.6	93.4	38.5	7.6	7.6	92.4	92.9
2.36	66.5	13.0	19.6	80.4	66.0	13.0	20.6	79.4	79.9
1.18	120.5	23.5	43.1	56.9	95.0	18.7	39.3	60.7	58.8
0.6	137.5	26.8	70.0	30.0	170.0	33.5	72.9	27.1	28.6
0.3	84.0	16.4	86.3	13.7	71.5	14.1	87.0	13.0	13.3
0.15	68.0	13.3	99.6	0.4	64.0	12.6	99.6	0.4	0.4
0.075	1.5	0.3	99.9	0.1	1.5	0.3	99.9	0.1	0.1
筛底 $m_{底}$	0.5	0.1			0.5	0.1			
干筛后总量 $\sum m_i$(g)	512.5				507.0				
损耗 m_5(g)	2.5				3.5				
损耗率(%)	0.5				0.7				
细度模数	3.05				3.06				

细集料水筛法筛分记录表

表 T 0327-2

干燥试样总质量(g)		第1组				第2组				平均
		580.0				565.5				
水洗后筛上总质量 m_3(g)		525.5				514.0				
水洗后 0.075mm 筛下质量 $m_{0.075}$(g)		54.5				51.5				
0.075mm 通过率 $P_{0.075}$(%)		9.4				9.1				9.3
筛孔尺寸(mm)		筛上质量 m_i(g)	分计筛余(%)	累计筛余(%)	通过百分率(%)	筛上质量 m_i(g)	分计筛余(%)	累计筛余(%)	通过百分率(%)	通过百分率(%)
		(1)	(2)	(3)	(4)	(1)	(2)	(3)	(4)	(5)
水洗后干筛法筛分	4.75	0.0	0.0	0.0	100.0	0.0	0.0	0.0	100.0	100.0
	2.36	29.5	5.1	5.1	94.9	52.0	9.2	9.2	90.8	92.9
	1.18	154.5	26.6	31.7	68.3	155.0	27.4	36.6	63.4	65.8
	0.6	138.0	23.8	55.5	44.5	90.5	16.0	52.6	47.4	45.9

续上表

筛孔尺寸(mm)		筛上质量 m_i(g)	分计筛余(%)	累计筛余(%)	通过百分率(%)	筛上质量 m_i(g)	分计筛余(%)	累计筛余(%)	通过百分率(%)	通过百分率(%)
		(1)	(2)	(3)	(4)	(1)	(2)	(3)	(4)	(5)
水洗后干筛法筛分	0.3	103.0	17.8	73.3	26.7	126.0	22.3	74.9	25.1	25.9
	0.15	57.5	9.9	83.2	16.8	47.5	8.4	83.3	16.7	16.8
	0.075	42.5	7.3	90.5	9.5	42.0	7.4	90.7	9.3	9.4
	筛底	0.0	0.0			0.0	0.0			
	干筛后总质量 $\sum m_i$(g)	525.0				513.0				
损耗 m_s(g)		0.5				1.0				
损耗率(%)		0.10				0.19				
扣除损耗后总质量(g)		579.5				564.5				

级配曲线的横坐标(按 $X=d_i^{0.45}$ 计算)　　表 T 0327-3

筛孔 d_i(mm)	0.075	0.15	0.3	0.6	1.18	2.36	4.75
横坐标 x	0.312	0.426	0.582	0.795	1.077	1.472	2.016
筛孔 d_i(mm)	9.5	13.2	16	19	26.5	31.5	37.5
横坐标 x	2.745	3.193	3.482	3.762	4.370	4.723	5.109

7　试验规程及判定依据

7.1　《公路工程集料试验规程》(JTG E42—2005)。

7.2　《公路路面基层施工技术规范》(JTJ 034—2000)。

7.3　《公路沥青路面施工技术规范》(JTG F40—2004)。

7.4　《公路水泥混凝土路面施工技术规范》(JTG F30—2003)。

7.5　《公路桥涵施工技术规范》(JTG/T F50—2011)。

8　注意事项

8.1　当细集料中含有粗集料时,可参照此方法用水洗法筛分,但需特别注意保护标准筛筛面不遭损坏。

8.2　恒重系指相邻两次称量间隔时间大于3h(通常不少于6h)的情况下,前后两次称量之差小于该项试验所要求的称量精密度,下同。

8.3　试样如为特细砂时,试样质量可减少到100g;如试样含泥量超过5%,不宜采用干筛法;无摇筛机时,可直接用手筛。

8.4　不可直接倒至0.075mm筛上,以免集料掉出损坏筛面。

8.5　如为含有粗集料的集料混合料,套筛筛孔根据需要选择。

细集料表观密度试验(容量瓶法)
(参照 T 0328—2005 执行)

1　目的与适用范围

用容量瓶法测定细集料(天然砂、石屑、机制砂)在23℃时对水的表观相对密度和表观密度。本方法适用于含有少量大于2.36mm部分的细集料。

2　主要检测设备

2.1　电子天平:称量1kg,感量不大于1g。

2.2　容量瓶:500mL。

2.3　烘箱:能控温在105℃ ±5℃。

2.4　洁净水。

2.5　其他:干燥器、浅盘、铝制料勺、温度计、漏斗、滴管等。

3　试验准备

3.1　调平天平:将天平平放在操作台上,看水准气泡是否居中,如果不居中,调节天平下方的脚螺旋,直至水准气泡居中为止。

3.2　将缩分至650g左右的试样在温度为105℃ ±5℃的烘箱中烘干至恒重,并在干燥器内冷却至室温,分成两份备用。

4　试验步骤

4.1　称取烘干的试样约300g(m_0),装入盛有半瓶洁净水的容量瓶中。

4.2　摇转容量瓶,使试样在已保温至23℃ ±1.7℃的水中充分搅动以排除气泡,塞紧瓶塞,在恒温条件下静置24h左右,然后用滴管添水,使水面与瓶颈刻度线平齐,再塞紧瓶塞,擦干瓶外水分,称其总质量(m_2)。

4.3　倒出瓶中的水和试样,将瓶的内外表面洁净,再向瓶内注入同样温度的洁净水(温差不超过2℃)至瓶颈刻度线,塞紧瓶塞,擦干瓶外水分,称其总质量(m_1)。

5 试验结果计算

5.1 细集料的表观相对密度按式(T 0328-1)计算,保留小数点后3位。

$$r_a = \frac{m_0}{m_0 + m_1 - m_2} \qquad (T\ 0328\text{-}1)$$

式中:r_a——细集料的表观相对密度,无量纲;

m_0——试样的烘干质量,g;

m_1——水及容量瓶总质量,g;

m_2——试样、水及容量瓶总质量,g。

5.2 表观密度ρ_a按式(T 0328-2)计算,精确至小数点后3位。

$$\rho_a = r_a \times \rho_T \text{ 或 } \rho_a = (r_a - \alpha_T) \times \rho_w \qquad (T\ 0328\text{-}2)$$

式中:ρ_a——细集料的表观密度,g/cm³;

ρ_w——水在4℃时的密度,g/cm³;

α_T——试验时水温对水密度影响的修正系数,按表T 0328-1取用;

ρ_T——试验温度T时水的密度,g/cm³,按表T 0328-1取用。

不同水温时水的密度ρ_T及水温修正系数α_T 表T 0328-1

水温(℃)	15	16	17	18	19	20
水的密度(g/cm³)	0.99 913	0.99 897	0.99 880	0.99 862	0.99 843	0.99 822
水温修正系数	0.002	0.003	0.003	0.004	0.004	0.005
水温(℃)	21	22	23	24	25	
水的密度(g/cm³)	0.99 802	0.99 779	0.99 756	0.99 733	0.99 702	
水温修正系数	0.005	0.006	0.006	0.007	0.007	

5.3 以两次平行试验结果算术平均值为测定值,如两次结果之差大于0.01g/cm³时,应重新取样进行试验。

6 试验记录

细集料表观密度试验记录示例见表T 0328-2。

细集料表观密度试验记录表　　表 T 0328-2

<table>
<tr><th rowspan="2">集料规格（mm）</th><th rowspan="2">次数</th><th rowspan="2">试样的烘干质量(g)</th><th rowspan="2">试样、水及容量瓶总质量(g)</th><th rowspan="2">水及容量瓶总质量(g)</th><th colspan="2">表观相对密度</th><th colspan="2">表观密度</th><th rowspan="2">备注</th></tr>
<tr><th>测定值</th><th>平均值</th><th>测定值（g/cm³）</th><th>平均值（g/cm³）</th></tr>
<tr><td rowspan="2">0～4.75</td><td>1</td><td>300.0</td><td>809.7</td><td>622.3</td><td>2.664</td><td rowspan="2">2.666</td><td>2.658</td><td rowspan="2">2.659</td><td rowspan="2">水温
23℃
0.997 56</td></tr>
<tr><td>2</td><td>300.0</td><td>836.8</td><td>649.3</td><td>2.667</td><td>2.660</td></tr>
</table>

7　试验规程及评定依据

7.1　《公路工程集料试验规程》（JTG E42—2005）。

7.2　《公路沥青路面施工技术规范》（JTG F40—2004）。

8　注意事项

8.1　在砂的表观密度试验过程中应测量并控制水的温度，试验期间的温差不得超过1℃。

8.2　在试验过程中，控制好养护温度。使容量瓶保持在一定温度下静置。

8.3　试验结束后，集料在倒出过程中边旋转边倒出。

细集料堆积密度及紧装密度试验
(参照 T 0331—1994 执行)

1 目的与适用范围

测定砂自然状态下堆积密度、紧装密度及空隙率。

2 主要检测设备

2.1 电子天平:称量 5kg,感量 5g。

2.2 容量筒:金属制,圆筒形,内径 108mm,净高 109mm,筒壁厚 2mm,筒底厚 5mm,容积约为 1L。

2.3 标准漏斗,如图 T 0331-1 所示。

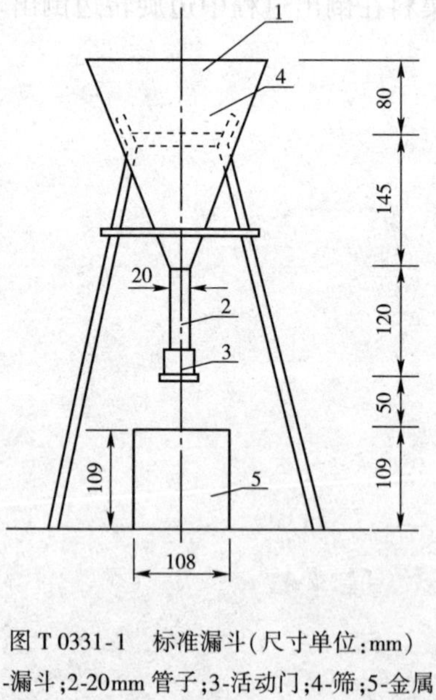

图 T 0331-1 标准漏斗(尺寸单位:mm)

1-漏斗;2-20mm 管子;3-活动门;4-筛;5-金属

2.4 烘箱:能控温度在 105℃ ±5℃。

3 试验准备

3.1 调平天平：将天平平放在操作台上，看水准气泡是否居中，如果不居中，调节天平下方的脚螺旋，直至水准气泡居中为止。

3.2 试样制备：用浅盘装来样约 5kg，在温度为 105℃ ±5℃ 的烘箱中烘干至恒重，取出冷却至室温，分成大致相等的两份备用。

3.3 容量筒容积的校正方法：以温度为 20℃ ±5℃ 的洁净水装满容量筒，用玻璃板沿筒口滑移，使其紧贴水面，玻璃板与水面之间不得有空隙。擦干筒外壁水分，然后称量，用式(T 0331-1)计算筒的容积 V。

$$V = m_2' - m_1' \tag{T 0331-1}$$

式中：V —容量筒的体积，mL；

m_1'——容量筒和玻璃板总质量，g；

m_2'——容量筒、玻璃板和水总质量，g。

4 试验步骤

4.1 堆积密度：将试样装入漏斗中，打开底部的活动门，使砂流入容量筒中。也可直接用小勺向容量筒中装试样，但漏斗出料或料勺距容量筒筒口均应为 50mm 左右，试样装满并超出容量筒筒口，用直尺将多余的试样沿筒口中心线向两个相反方向刮平，称取质量(m_1)。

4.2 紧装密度：取试样一份，分两层装入容量筒。装完一层后，在筒底垫放一根直径为 10mm 的钢筋，将筒按住，左右交替颠击地面各 25 次，共 50 次，然后再装入第二层。

第二层装满后用同样方法颠实(但筒底所垫钢筋的方向应与第一层放置方向垂直)。两层装完并颠实后，添加试样超出容量筒筒口，然后用直尺将多余的试样沿筒口中心线向两个反方向刮平，称其质量(m_2)。

5 试验结果计算

5.1 堆积密度及紧装密度分别按式(T 0331-2)、式(T 0331-3)计算，保留小数点后 3 位。

$$\rho = \frac{m_1 - m_0}{V} \tag{T 0331-2}$$

$$\rho' = \frac{m_2 - m_0}{V} \tag{T 0331-3}$$

细集料堆积密度试验记录表

表 T 0331-1

集料规格（mm）	试验次数	容量筒的体积（mL）	容量筒的质量（g）	试样与容量筒质量（g）	试样质量（g）	堆积密度 测定值（g/cm^3）	堆积密度 平均值（g/cm^3）	试样的表观密度（g/cm^3）	空隙率（%）	备注
0～4.75	1	1 000	448.2	1 963.2	1 515.0	1.515	1.515	2.633	42.5	—
	2	1 000	448.2	1 963.0	1 514.8	1.515				

细集料紧装密度试验记录表

表 T 0331-2

集料规格（mm）	试验次数	容量筒的体积（mL）	容量筒的质量（g）	试样与容量筒质量（g）	试样质量（g）	紧装密度 测定值（g/cm^3）	紧装密度 平均值（g/cm^3）	试样的表观密度（g/cm^3）	空隙率（%）	备注
0～4.75	1	1 000	448.2	2 146.6	1 698.4	1.698	1.699	2.633	35.5	—
	2	1 000	448.2	2 147.8	1 699.6	1.700				

式中：ρ——砂的堆积密度，g/cm^3；

ρ'——砂的紧装密度，g/cm^3；

m_0——容量筒的质量，g；

m_1——容量筒和堆积砂的总质量，g；

m_2——容量筒和紧装砂的总的质量，g；

V——容量筒容积，mL。

5.2　砂的空隙率按式(T 0331-4)计算，精确至0.1%。

$$n = \left(1 - \frac{\rho}{\rho_a}\right) \times 100 \qquad (\text{T 0331-4})$$

式中：n——砂的空隙率，%；

ρ——砂的堆积或紧装密度，g/cm^3；

ρ_a——砂的表观密度，g/cm^3。

5.3　以两次平行试验结果的算术平均值作为测定值。

6　试验记录

细集料堆积密度及紧装密度试验记录示例见表 T 0331-1、表 T 0331-2。

7　试验规程及评定依据

7.1　《公路工程集料试验规程》(JTG E42—2005)。

7.2　《公路沥青路面施工技术规范》(JTG F40—2004)。

7.3　《水泥混凝土路面施工技术规范》(JTG F30—2003)。

7.4　《公路桥涵施工技术规范》(JTG /T F50—2011)。

8　注意事项

8.1　试样烘干后如有结块，应在试验前先捏碎。

8.2　颠击要左右各 25 次，且两次放的钢筋方向要垂直。

8.3　颠击两次要垂直放置 10mm 的钢筋。

细集料含水率试验(参照 T 0332—2005 执行)

1 目的与适用范围

测定细集料的含水率。

2 主要检测设备

2.1 电子天平:称量 2kg,感量不大于 2g。

2.2 烘箱:能控温在 105℃ ±5℃。

2.3 容器:浅盘等。

3 试验准备

调平天平:将天平平放在操作台上,看水准气泡是否居中,如果不居中,调节天平下方的脚螺旋,直至水准气泡居中为止。

4 试验步骤

4.1 四分法称取试样两份,各约 500g。

4.2 分别放入已知质量(m_1)的干燥容器中称量,记下每盘试样与容器的总量(m_2),将容器连同试样放入温度为 105℃ ±5℃的烘箱中烘干至恒重,称烘干后的试样与容器的总量(m_3)。

5 试验结果计算

5.1 按式(T 0332-1)计算细集料的含水率,精确至 0.1%。

$$w = \frac{m_2 - m_3}{m_3 - m_1} \times 100 \qquad \text{(T 0332-1)}$$

式中:w——细集料的含水率,%;

m_1——容器质量,g;

m_2——未烘干的试样与容器总质量,g;

m_3——烘干后的试样与容器总质量,g。

5.2　以两次试验结果的算术平均值为测定值。

6　试验记录

细集料含水率试验记录示例见表 T 0332-1。

集料含水率试验记录表　　表 T 0332-1

次数	容器质量(g)	容器+试样总质量(g)	容器+烘干试样总质量(g)	含水质量(g)	烘干试样质量(g)	含水率		备注
						测定值(%)	平均值(%)	
1	265.6	765.6	762.8	2.8	497.2	0.6	0.5	—
2	252.3	752.3	750.2	2.1	497.0	0.4		

7　试验规程及评定依据

7.1　《公路工程集料试验规程》(JTG E42—2005)。

7.2　《公路沥青路面施工技术规范》(JTG F40—2004)。

8　注意事项

把烘干后的试样放入干燥器中冷却,冷却至室温后再称其质量。

细集料含泥量试验(筛洗法)
(参照 T 0333—2000 执行)

1 目的与适用范围

1.1 本方法仅用于测定天然砂中粒径小于 0.075mm 的尘屑、淤泥和黏土的含量。

1.2 本方法不适用于人工砂、石屑等矿粉成分较多的细集料。

2 主要检测设备

2.1 电子天平:称量 1kg,感量不大于 1g。

2.2 烘箱:能控温在 105℃ ±5℃。

2.3 标准筛:孔径 0.075mm 及 1.18mm 的方孔筛。

2.4 其他:筒、浅盘等。

3 试验准备

3.1 调平天平:将天平平放在操作台上,看水准气泡是否居中,如果不居中,调节天平下方的脚螺旋,直至水准气泡居中为止。

3.2 将来样用四分法缩分至每份约 1 000g,置于温度为 105℃ ±5℃的烘箱中烘干至恒重,冷却至室温后,称取约 400g(m_0)的试样两份备用。

4 试验步骤

4.1 取烘干的试样一份置于筒中,并注入洁净的水,使水面高出砂面约 200mm,充分拌和均匀后,浸泡 24h,然后用手在水中淘洗试样,使尘屑、淤泥和黏土与砂粒分离,并使之悬浮水中,缓缓地将浑浊液倒入 1.18mm 与 0.075mm 的套筛上,滤去小于 0.075mm 的颗粒。试验前筛子的两面应先用水湿润,在整个试验过程中应注意避免砂粒丢失。

4.2 再次加水于筒中,重复上述过程,直至筒内砂样洗出的水清澈为止。

4.3 用水冲洗剩留在筛上的细粒,并将 0.075mm 筛放在水中(使水面略高出筛中砂粒的上表面)来回摇动,以充分洗除小于0.075mm的颗粒;然后将两筛上筛余的颗粒和筒中已经洗净的试样一并装入浅盘,置于温度为105℃ ±5℃的烘箱中烘干至恒重,冷却至室温,称取试样的质量(m_1)。

5　试验结果计算

5.1　砂的含泥量按式(T 0333-1)计算,保留至0.1%。

$$Q_n = \frac{m_0 - m_1}{m_0} \times 100 \qquad (T\ 0333\text{-}1)$$

式中:Q_n——砂的含泥量,%;

m_0——试验前的烘干试样质量,g;

m_1——试验后的烘干试样质量,g。

5.2　以两个试样试验结果的算术平均值作为测定值。两次结果的差值超过0.5%时,应重新取样进行试验。

6　试验记录如下

细集料含泥量试验记录示例见表T 0333-1。

集料含泥量试验记录表　　表T 0333-1

规格(mm)	次数	试验前的烘干试样质量(g)	试验后的烘干试样质量(g)	含泥量		备注
				测定值(%)	平均值(%)	
0~4.75	1	400.0	381.2	4.7	4.6	—
	2	400.0	382.1	4.5		

7　试验规程及评定依据

7.1　《公路工程集料试验规程》(JTG E42—2005)。

7.2　《公路沥青路面施工技术规范》(JTG F40—2004)。

7.3　《公路桥涵施工技术规范》(JTG/T F50—2011)。

8　注意事项

不得将试样直接放在0.075mm筛上用水冲洗,或者将试样放在0.075mm筛上后在水中淘洗,以免误将小于0.075mm的砂颗粒当作泥冲走。

细集料砂当量试验(参照 T 0334—2005 执行)

1 目的与适用范围

1.1 本方法适用于测定天然砂、人工砂、石屑等各种细集料中所含的黏性土或杂质的含量,以评定集料的洁净程度。砂当量用 SE 表示,砂当量试验仪如图 T 0334-1所示。

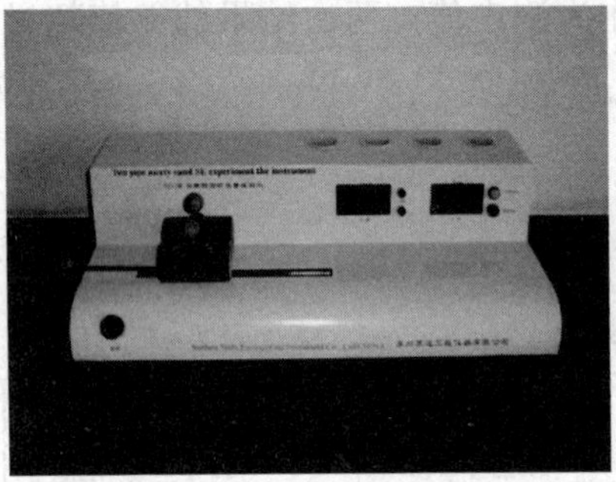

图 T 0334-1 砂当量试验仪

1.2 本方法适用于公称最大粒径不超过4.75mm 的集料。

2 主要检测设备

2.1 仪具

2.1.1 透明圆柱形试筒:透明塑料制,外径40mm ±0.5mm,内径32mm ±0.25mm,高度420mm ±0.25mm。在距试筒底部100mm、380mm 处刻划刻度线,试筒口配有橡胶瓶口塞。

2.1.2 冲洗管:由一根弯曲的硬管组成,不锈钢或冷锻钢制,其外径为6mm ±0.5mm,内径为4mm ±0.2mm。管的上部有一个开关,下部有一个不锈钢两侧带孔尖头,孔径为1mm ±0.1mm。

2.1.3 透明玻璃或塑料桶:容积5L,有一根虹吸管放置桶中,桶底面高出工作台约1m。

2.1.4 橡胶管(或塑料管):长约1.5m,内径约5mm,同冲洗管连在一起吸液用,配有金属夹,以控制冲洗液流量。

2.1.5 配重活塞:由长440mm ±0.25mm 的杆、直径25mm ±0.1mm 的底座(下面平坦、光滑,垂直杆轴)、套筒和配重组成。且在活塞上有三个横向螺栓可保持活塞在试筒中间,并使活塞与试筒之间有一条小缝隙。套筒为黄铜或不锈钢制,厚10mm ±0.1mm,大小适合试筒并且引导活塞杆,能标记筒中活塞下沉的位置。套筒上有一个螺钉用以固定活塞杆。配重为1kg ±5g。

2.1.6　电子天平：称量1kg，感量不大于0.1g。

2.1.7　机械振荡器：可以使试筒产生横向的直线运动振荡，振幅203mm±1.0mm，频率180次/min±2次/min。

2.1.8　烘箱：能控温在105℃±5℃。

2.1.9　秒表。

2.1.10　标准筛：筛孔为4.75mm。

2.1.11　温度计：0～50℃。

2.1.12　广口漏斗：玻璃或塑料制，口的直径100mm左右。

2.1.13　钢板尺：长50cm，刻度1mm。

2.1.14　其他：量筒(500mL)，烧杯(1L)，塑料桶(5L)、烧杯、刷子、盘子、刮刀、勺子等。

2.2　试剂

2.2.1　无水氯化钙($CaCl_2$)：分析纯，含量96%以上，分子量110.99，纯品为无色立方结晶，在水中溶解度大，溶解时放出大量热，它的水溶液呈微酸性，具有一定的腐蚀性。

2.2.2　丙三醇($C_3H_8O_3$)：又称甘油。分析纯，含量98%以上，分子量92.09。

2.2.3　甲醛(HCHO)：分析纯，含量36%以上，分子量30.03。

2.2.4　洁净水或纯净水。

3　试验准备

3.1　试样制备

3.1.1　调平天平：将天平平放在操作台上，看水准气泡是否居中，如果不居中，调节天平下方的脚螺旋，直至水准气泡居中为止。

3.1.2　将样品通过孔径4.75mm筛，去掉筛上的粗颗粒部分，试样数量不少于1000g。如样品过分干燥，可在筛分之前加少量水分湿润(含水率约为3%)，用包橡胶的小锤打碎土块，然后再过筛，以防止将土块作为粗颗粒筛除。当粗颗粒部分被在筛分时不能分离的杂质裹覆时，应将筛上部分的粗集料进行清洗，并回收其中的细粒放入试样中。

3.1.3　按T 0332的方法测定试样含水率。试验用的样品，在测定含水率和取样试验期间不要丢失水分。

由于试样是加水湿润过的，对试样含水率应按现行含水率测定方法进行，含水率以两次测定的平均值计，精确至0.1%。经过含水率测定的试样不得用于试验。

3.1.4　称取试样的湿重

根据测定的含水率按式(T 0334-1)计算相当于120g干燥试样的样品湿重,精确至0.1g。

$$m_1 = \frac{120 \times (100 + w)}{100} \tag{T 0334-1}$$

式中:w——集料试样的含水率,%;

m_1——相当于干燥试样120g时的潮湿试样的质量,g。

3.2 配制冲洗液

3.2.1 冲洗液的浓度以每升冲洗液中的氯化钙、甘油、甲醛含量分别为2.79g、12.12g、0.34g控制。称取配制5L冲洗液的各种试剂用量:氯化钙14.0g;甘油60.6g;甲醛1.7g。

3.2.2 称取无水氯化钙14.0g放入烧杯中,加洁净水30mL充分溶解,此时溶液温度会升高,待溶液冷却至室温,观察是否有不溶的杂质,若有必须用滤纸将溶液过滤,以除去不溶的杂质。

3.2.3 然后倒入适量洁净水稀释,加入甘油60.6g,用玻璃棒搅拌均匀后再加入甲醛1.7g,用玻璃棒搅拌均匀后全部倒入1L量筒中,并用少量洁净水分别对盛过3种试剂的器皿洗涤3次,每次洗涤的水均放入量筒中,最后加入洁净水至1L刻度线处。

3.2.4 将配制的1L溶液倒入塑料桶或其他容器中,再加入4L洁净水或纯净水稀释至5L±0.005L。该冲洗液的使用期限不得超过2周,超过2周后必须废弃,其工作温度为22℃±3℃。

4 试验步骤

4.1 用冲洗管将冲洗液加入试筒直到最下面的100mm刻度处(约需80mL试验用冲洗液)。

4.2 把相当于120g±1g干料重的湿样用漏斗仔细地倒入竖立的试筒中。

4.3 用手掌轻轻敲打试筒下部,以除去气泡,并使试样尽快润湿,然后放置10min。

4.4 在试样静止10min±1min后,在试筒上塞上橡胶塞堵住试筒,将试筒水平固定在振荡机上。

4.5 开动机械振荡机,在30s±1s的时间内振荡90次。

4.6 将冲洗液插入试筒中,用冲洗液冲洗附在试筒壁上的集料,然后将冲洗管插入试筒底部,不断转动冲洗管,使附着在集料表面的土粒杂质浮游上来。

4.7　缓慢匀速向上拔出冲洗管，当冲洗管抽出液面，且保持液面位于380mm刻度线时，切断冲洗管的液流，使液面保持在380mm刻度线，然后开动秒表在没有扰动的情况下静置20min ± 15s。

4.8　在静置20min后，用钢尺量测从试筒底部到絮状物上液面的高度 h_1，精确至1mm。

4.9　将配重活塞徐徐插入试筒里，直至碰到沉淀物时，立即拧紧套筒上的固定螺丝。将活塞取出，用直尺插入套筒开口中，量取套筒顶面至活塞底面的高度 h_2，准确至1mm。同时记录试筒内的温度，精确至1℃。

4.10　按上述步骤进行2个试样的平行试验。

5　试验结果计算

5.1　试样的砂当量值按式(T 0334-2)计算。

$$SE = \frac{h_2}{h_1} \times 100 \qquad (T\ 0334\text{-}2)$$

式中：SE——试样的砂当量，%；

h_2——试筒中用活塞测定的集料沉淀物的高度，mm；

h_1——试筒中絮凝物和沉淀物的总高度，mm。

5.2　精确度与允许误差

一种集料应平行测定两次，取两个试样的平均值，并以活塞测得砂当量为准，并以整数表示。

6　试验记录

细集料砂当量试验记录示例见表T 0334-1。

细集料砂当量试验记录表　　表T 0334-1

集料规格(mm)	次数	集料沉淀物的高度(mm)	絮凝物和沉淀物的总高度(mm)	砂当量SE(%)		备　注
				测定值	平均值(%)	
0 ~ 4.75	1	82	102	80.4	80	筒内水温23℃
	2	84	105	80.0		

7　试验规程及评定依据

7.1　《公路工程集料试验规程》(JTG E42—2005)。

7.2 《公路沥青路面施工技术规范》(JTG F40—2004)。

8 注意事项

8.1 为了不影响沉淀的过程,试验必须在无振动的水平台上进行。随时检查试验的冲洗管口,防止堵塞。

8.2 由于塑料在太阳光下容易变成不透明,应尽量避免塑料桶等直接暴露在太阳光下,盛试验溶液的塑料桶用毕要清洗干净。

8.3 砂当量试验配制冲洗液的药品注意防潮,应放在干燥的地方进行保存。

8.4 试验完成后将试验用玻璃器皿清洗干净,不得有溶液黏附在玻璃器皿上。

细集料泥块含量试验(参照 T 0335—1994 执行)

1　目的与适用范围

测定水泥混凝土用砂中颗粒大于 1.18mm 的泥块的含量。

2　主要检测设备

2.1　电子天平:称量 2kg,感量不大于 2g。

2.2　烘箱:能控温在 105℃ ±5℃。

2.3　标准筛:孔径 0.6mm 及 1.18mm。

2.4　其他:洗砂用的筒及烘干用的浅盘等。

3　试验准备

3.1　调平天平:将天平平放在操作台上,看水准气泡是否居中,如果不居中,调节天平下方的脚螺旋,直至水准气泡居中为止。

3.2　将来样用四分法缩分至每份约 2500g,置于温度为 105℃ ±5℃ 的烘箱中烘干至恒重,冷却至室温后,用 1.18mm 筛筛分,取筛上的砂约 400g 分为两份备用。

4　试验步骤

4.1　取试样一份 200g(m_1)置于容器中,并注入洁净的水,使水面至少超出砂面约 200mm,充分拌混均匀后,静置 24h,然后用手在水中捻碎泥块,再把试样放在 0.6mm 筛上,用水淘洗至水清澈为止。

4.2　筛余下来的试样应小心地从筛里取出,并在 105℃ ±5℃ 的烘箱中烘干至恒重,冷却至室温后称量(m_2)。

5　试验结果计算

5.1　砂中的泥块含量按式(T 0335-1)计算,精确至 0.1%。

$$Q_k = \frac{m_1 - m_2}{m_1} \times 100 \qquad (T\ 0335\text{-}1)$$

式中：Q_k——砂中大于1.18mm的泥块含量，%；

m_1——试验前存留于1.18mm筛上的烘干试样量，g；

m_2——试验后的烘干试样量，g。

5.2 取两次平行试验结果的算术平均值作为测定值。两次结果的差值如超过0.4%，应重新取样进行试验。

6 试验记录

细集料泥块含量试验记录示例见表T 0335-1。

集料泥块含量试验记录表 表T 0335-1

集料规格（mm）	次数	试验前的烘干试样质量（g）	试验后的烘干试样质量（g）	泥块含量		备注
				测定值（%）	平均值（%）	
0～1.18	1	200.0	192.3	3.8	3.9	—
	2	200.0	192.1	4.0		

7 试验规程及评定依据

7.1 《公路工程集料试验规程》（JTG E42—2005）。

7.2 《公路沥青路面施工技术规范》（JTG F40—2004）。

7.3 《公路桥涵施工技术规范》（JTG/T F50—2011）。

8 注意事项

在淘洗过程中，应注意不得有集料损失。

第四部分　矿粉试验

矿粉筛分试验(水洗法)(参照T 0351—2000执行)

1 目的与适用范围

测定矿粉的颗粒级配。同时适用于测定供拌制沥青混合料用的其他填料,如水泥、石灰、粉煤灰的颗粒级配。

2 主要检测设备

2.1 标准筛:孔径为0.6mm、0.3mm、0.15mm、0.075mm。

2.2 天平:感量不大于0.1g。

2.3 烘箱:能控温在105℃ ±5℃。

2.4 搪瓷盘。

2.5 橡皮头研杵。

3 试验准备

3.1 调平天平:检查水准气泡是否居中,如果不居中,调节天平下方的脚螺旋,直至水准气泡居中为止。

3.2 将矿粉试样放入105℃ ±5℃的烘箱中烘干至恒重,冷却,称取100g,精确至0.1g。如有矿粉团粒存在,可用橡皮头研杵轻轻研磨粉碎。

4 试验步骤

4.1 将0.075mm筛装在筛底上,仔细倒入矿粉,盖上筛盖。手工轻轻筛分,至大体上筛不下去为止。存留在筛底上的小于0.075mm部分可弃去。

4.2 除去筛盖和筛底,按筛孔大小顺序套成套筛。将存留在0.075mm筛上的矿粉倒回0.6mm筛上,在自来水龙头下方接一胶管,打开自来水,用胶管的水轻轻冲洗矿粉过筛,0.075mm筛下部分任其流失,直至流出的水色清澈为止。水洗过程中,可以适当用手搅动试样,加速矿粉过筛,待上层筛冲洗干净后,取0.6mm筛,接着从0.3mm筛或0.15mm筛上冲洗,不得直接冲洗0.075mm筛。

4.3 分别将各筛上的筛余反过来用小水流仔细冲洗各个搪瓷盘中,待筛余

矿粉筛分试验记录表

表 T 0351-1

干燥试样总质量(g)		第一组				第二组				平均
		100.0				100.0				
水洗后 0.075mm 筛上总质量(g)		10.0				10.1				
水洗后 0.075mm 筛下质量(g)		90.0				89.9				
0.075mm 通过率(%)		90.0				89.9				90.0
筛孔尺寸(mm)		筛上质量(g)	分计筛余(%)	累计筛余(%)	通过百分率(%)	筛上质量(g)	分计筛余(%)	累计筛余(%)	通过百分率(%)	通过百分率(%)
		1	2	3	4	1	2	3	4	5
水洗后干筛法筛分	4.75	—	—	—	—	—	—	—	—	
	2.36	—	—	—	—	—	—	—	—	
	1.18	—	—	—	—	—	—	—	—	
	0.6	0.0	0.0	0.0	100.0	0.0	0.0	0.0	100.0	100.0

续上表

筛孔尺寸(mm)		筛上质量(g)	分计筛余(%)	累计筛余(%)	通过百分率(%)	筛上质量(g)	分计筛余(%)	累计筛余(%)	通过百分率(%)	通过百分率(%)
		1	2	3	4	1	2	3	4	5
水洗后干筛法筛分	0.3	0.3	0.3	0.3	99.7	0.3	0.3	0.3	99.7	99.7
	0.15	1.7	1.7	2.0	98.0	1.7	1.7	2.0	98.0	98.0
	0.075	8.0	8.0	10.0	90.0	8.1	8.1	10.1	89.9	90.0
	筛底	0.0	—	—	—	0.0	—	—	—	—
	干筛后总质量(g)	10.0	—	—	—	10.1	—	—	—	—
损耗(g)		0.0	—	—	—	0.0	—	—	—	—
损耗率(%)		0.00	—	—	—	0.00	—	—	—	—
扣除损耗后总质量(g)		100.0	—	—	—	100.0	—	—	—	—
细度模数		—				—				—

沉淀后，稍稍倾斜搪瓷盘，仔细除去清水，放入 105℃烘箱中烘至恒重。称取各号筛上的筛余量，精确至 0.1g。

5　试验结果计算

5.1　各号筛上的筛余量除以试样总量的百分率，即为各号筛的分计筛余百分率，精确至 0.1%。用 100 减去0.6mm、0.3mm、0.15mm、0.075mm 各筛的分计筛余百分率，即为通过 0.075mm 筛的通过百分率，加上 0.075mm 筛的分计筛余百分率即为 0.15mm 筛的通过百分率，依此类推，计算出各号筛的通过百分率，精确至 0.1%。

5.2　精确度与允许误差

以两次平行试验结果的平均值作为试验结果。各号筛的通过率相差不得大于2%。

6　试验记录

矿粉筛分试验记录示例见表 T 0351-1。

7　试验规程及评定依据

7.1　《公路工程集料试验规程》(JTG E42—2005)。

7.2　《公路沥青路面施工技术规范》(JTG F40—2004)。

8　注意事项

8.1　自来水的水量不可太大、太急，防止损坏筛面或将矿粉冲出，水不得从两层筛之间留出，宜装有防溅水龙头。当现场缺乏自来水时，也可由人工浇水冲洗。

8.2　如直接在 0.075mm 筛上冲洗，将可能使筛面变形，筛孔堵塞，或者造成矿粉与筛面发生共振，不能通过筛孔。

矿粉密度试验(参照 T 0352—2000 执行)

1 目的与适用范围

用于检验矿粉的质量,供沥青混合料配合比设计计算使用,同时适用于测定供拌制沥青混合料用的其他填料(如水泥、石灰、粉煤灰)的相对密度。

2 主要检测设备

2.1 李氏比重瓶:容量为 250mL 或 300mL。

2.2 天平:感量不大于 0.01g。

2.3 烘箱:能控温在 105℃ ±5℃。

2.4 恒温水槽:能控温在 20℃ ±0.5℃。

2.5 其他:瓷皿、小牛角匙、干燥器、漏斗等。

3 试验准备

调平天平:将天平平放在操作台上,看水准气泡是否居中,如果不居中,调节天平下方的脚螺旋,直至水准气泡居中为止。

4 试验步骤

4.1 将代表性矿粉试样置瓷皿中,在 105℃烘箱中烘干至恒重(一般不少于 6h),放入干燥器中冷却后,连同小牛角匙、漏斗一起准确称量(m_1),精确至 0.01g,矿粉质量应不少于 200g。

4.2 向比重瓶中注入蒸馏水,至刻度为 0~1mL,将比重瓶放入 20℃的恒温水槽中,静放至比重瓶中的水温不再变化为止(一般不少于 2h),读取比重瓶中水面的刻度,精确至0.02mL。

4.3 用小牛角匙将矿粉试样通过漏斗徐徐加入比重瓶中,待比重瓶中水的液面上至接近比重瓶的最大读数时为止,轻轻摇晃比重瓶,使比重瓶中的空气充分逸出。再次将比重瓶放入恒温水槽中,待温度不再变化时,读取比重瓶的读数(V_2),精确至 0.02mL。整个试验过程中,比重瓶中的水温变化不得超过 1℃。

4.4　准确称取牛角匙、瓷皿、漏斗及剩余矿粉的质量(m_2),精确至0.01g。

5　试验结果计算

5.1　按式(T 0352-1)、式(T 0352-2)计算矿粉的密度和相对密度,精确至小数点后3位。

$$\rho_f = \frac{m_1 - m_2}{V_2 - V_1} \tag{T 0352-1}$$

$$\gamma_f = \frac{\rho_f}{\rho_\omega} \tag{T 0352-2}$$

式中:ρ_f——矿粉的密度,g/cm³;

γ_f——矿粉对水的相对密度,无量纲;

m_1——牛角匙、瓷皿、漏斗及试验前瓷器中矿粉的干燥质量,g;

m_2——牛角匙、瓷皿、漏斗及试验后瓷器中矿粉的干燥质量,g;

V_1——加矿粉以前比重瓶的初读数,mL;

V_2——加矿粉以后比重瓶的终读数,mL;

ρ_ω——试验温度时水的密度。

5.2　精确度与允许误差

同一试样应平行试验两次,取平均值作为试验结果。两次试验结果的差值不得大于0.01g/cm³。

6　试验记录

矿粉密度试验记录示例见表T 0352-1。

矿粉密度试验记录表　　表T 0352-1

规格	次数	矿粉的干燥质量(g)	比重瓶的初读数(mL)	比重瓶的终读数(mL)	矿粉的密度		表观相对密度		水的密度(g/cm³)
					测定值(g/cm³)	平均值(g/cm³)	测定值	平均值	
矿粉	1	59.12	0.95	23.00	2.681	2.682	2.686	2.688	0.998 22
	2	60.82	0.36	23.02	2.684		2.689		

7　试验规程及评定依据

7.1　《公路工程集料试验规程》(JTG E42—2005)。

7.2 《公路沥青路面施工技术规范》(JTG F40—2004)。

8 注意事项

8.1 对亲水性矿粉应采用煤油作介质测定,方法相同。

8.2 装矿粉过程中,不停摇晃至气泡充分溢出。

矿粉亲水系数试验(参照 T 0353—2000 执行)

1　目的与适用范围

矿粉的亲水系数即矿粉试样在水(极性介质)中膨胀的体积与同一试样在煤油(非极性介质)中膨胀的体积之比,用于评价矿粉与沥青结合料的黏附性能。本方法也适用于测定供拌制沥青混合料用的其他填料如水泥、石灰、粉煤灰的亲水系数。

2　主要检测设备

2.1　量筒:50mL 两个,刻度至 0.5mL。

2.2　天平:感量不大于 0.01g。

2.3　研钵及有橡皮头的研杵。

2.4　煤油:在温度 270℃分馏得到的煤油,并经杂黏土过滤而得到(过滤用杂黏土应先经加热至 250℃,加热时间 3h,待其冷却后使用)。

2.5　烘箱。

3　试验准备

调平天平:将天平平放在操作台上,看水准气泡是否居中,如果不居中,调节天平下方的脚螺旋,直至水准气泡居中为止。

4　试验步骤

4.1　称取烘干至恒重的矿粉 5g(精确至 0.01g),将其放在研钵中,加入 15 ~ 30mL 的蒸馏水,用橡皮研杵仔细磨 5min,然后用洗瓶把研钵中的悬浮液洗入量筒中,使量筒中的液面恰为 50mL。然后用玻璃棒搅和悬浮液。

4.2　同上法将另一份同样重量的矿粉,用煤油仔细研磨后将悬浮液冲洗移入另一量筒中,液面亦为 50mL。

4.3　将上两量筒静置,使量筒内液体中的颗粒沉淀。

4.4　每天两次记录沉淀物的体积,直至体积不变为止。

5 试验结果计算

5.1 亲水系数按式(T 0353-1)计算。

$$\eta = \frac{V_B}{V_H} \qquad (T\ 0353\text{-}1)$$

式中:η——亲水系数,无量纲;

V_B——水中沉淀物体积,mL;

V_H——煤油中沉淀物体积,mL。

5.2 平行测定两次,以两次测定值的平均值作为试验结果。

6 试验记录

矿粉亲水系数试验记录示例见表 T 0353-1。

矿粉亲水系数试验记录表　　表 T 0353-1

规格	次数	水中沉淀物体积(mL)	煤油中沉淀物体积(mL)	亲水系数		备注
				测定值	平均值	
矿粉	1	4.8	9.6	0.5	0.5	—
	2	4.9	9.4	0.5		

7 试验规程及评定依据

7.1 《公路工程集料试验规程》(JTG E42—2005)。

7.2 《公路沥青路面施工技术规范》(JTG F40—2004)。

8 注意事项

在冲洗过程中务必将研钵中的矿粉冲洗干净,倒入容量瓶内。

矿粉加热安定性试验(参照 T 0355—2000 执行)

1　目的与适用范围

1.1　矿粉的加热安定性是矿粉在热拌过程中受热而不产生变质的性能。

1.2　矿粉的加热安定性用于评价矿粉(除石灰石粉、磨细生石灰粉、水泥外)易受热变质的成分的含量。

2　主要检测设备

2.1　蒸发皿或坩埚:可存放 100g 矿粉。

2.2　加热装置:煤气炉或电炉。

2.3　温度计:最小刻度为 1℃。

2.4　电子天平。

3　试验准备

调平天平:将天平平放在操作台上,看水准气泡是否居中,如果不居中,调节天平下方的脚螺旋,直至水准气泡居中为止。

4　试验步骤

4.1　称取矿粉 100g 两份,装入蒸发皿或坩埚中,摊开。

4.2　将盛有矿粉的蒸发皿或坩埚置于电磁炉上加热,将温度计插入矿粉中,一边搅动矿粉,一边测量温度,加热到 200℃,关闭火源。

4.3　将矿粉在室温中放置冷却,观察矿粉颜色的变化。

5　试验结果判定

报告矿粉在受热后的颜色变化,判断矿粉的变质情况。

6　试验记录

矿粉亲水系数试验记录示例见表 T 0355-1。

矿粉加热安定性试验记录表　　表 T 0355-1

试验次数	1	2
试样质量(g)	100.0	100.0
结果描述	无颜色变化	无颜色变化
备注	—	

7　试验规程及评定依据

7.1　《公路工程集料试验规程》(JTG E42—2005)。

7.2　《公路沥青路面施工技术规范》(JTG F40—2004)。

8　注意事项

8.1　火成岩石粉,在拌和过程中会发生较严重的变质,可采用此方法进行检验。

8.2　根据矿粉在加热过程中的颜色变化情况,判断矿粉是否变质。

第六分册　沥青及沥青混合料试验

第一部分　沥 青 试 验

沥青针入度试验(参照 T 0604—2011 执行)

1 目的与适用范围

本方法适用于测定道路石油沥青、聚合物改性沥青针入度以及液体石油沥青蒸馏或乳化沥青蒸发后残留物的针入度。其标准实验条件为温度25℃，荷重100g,贯入时间5s,以0.1mm计。用本方法评定聚合物改性沥青的改性效果时,仅适用于融混均匀的样品。

针入度指数PI用以描述沥青的温度敏感性,宜在15℃、25℃、30℃这3个或3个以上温度条件下测定针入度后按规定的方法计算得到,若30℃时的针入度值过大,可采用5℃代替。当量软化点 T_{800} 是相当于沥青针入度为800时的温度,用以评价沥青的高温稳定性;当量脆点 $T_{1.2}$ 是相当于沥青针入度为1.2时的温度,用以评价沥青的低温抗裂性能。

2 主要检测设备

2.1 针入度仪:精确度等级0.1mm。

2.2 标准针:由硬化回火的不锈钢制成,针及针杆总质量2.5g±0.05g。

2.3 盛样皿:金属制,圆柱形平底。小盛样皿的内径55mm,深35mm(适用于针入度小于200);大盛样皿内径70mm,深45mm(适用于针入度200~350);对针入度大于350的试样需使用特殊盛样皿,其深度不小于60mm,试样体积不小于125mL。

2.4 恒温水槽:容量不小于10L,控温的准确度为0.1℃,水槽中应设有一带孔的搁架,位于水面下不得少于100mm,距水槽底不得少于50mm处。

2.5 平底玻璃皿:容量不小于1L,深度不少于80mm。内设有一不锈钢三脚支架,能使盛样皿稳定。

2.6 温度计:0~50℃,分度为0.1℃。

2.7 盛样皿盖:平板玻璃,直径不小于盛样皿开口尺寸。

2.8 溶剂:三氯乙烯等。

2.9 标准筛(滤筛):筛孔孔径0.6mm。

3 试验准备

3.1 设定恒温水槽温度为试验温度,检查控温精度是否满足要求。

3.2 将装有试样的盛样容器带盖放入恒温烘箱中,当石油沥青试样中含有水分时,烘箱温度为80℃左右,加热至沥青全部熔化后供脱水用。当石油沥青中无水分时,烘箱温度宜为软化点温度以上90℃,通常为135℃。对取来的沥青试样不得直接采用电炉或煤气炉明火加热。

3.3 当石油沥青试样中含有水分时,将盛样容器放在可控温的砂浴、油浴或电热套上脱水,不得已采用电炉、煤气炉加热脱水时必须加放石棉垫。时间不超过30min,并用玻璃棒轻轻搅拌,防止局部过热。在沥青温度不超过100℃的条件下,仔细脱水至无泡沫为止,最后的加热温度不超过软化点以上100℃(石油沥青)或50℃(煤沥青)。

3.4 将盛样容器中沥青通过0.6mm的滤筛过滤,不等冷却立即一次灌入沥青针入度试验的模具中。根据需要也可将试样分装入擦拭干净并干燥的一个或数个沥青盛样器皿中,数量应满足一批试验项目所需的沥青样品并有富余。

3.5 在沥青灌模过程中,如温度下降可放入烘箱中适当加热,试样冷却后反复加热的次数不得超过2次,以防沥青老化影响试验结果。注意在沥青灌模时不得反复搅动沥青,应避免混进气泡。

3.6 灌模剩余的沥青应立即清理干净,不得重复使用。

4 试验步骤

4.1 按试验要求将恒温水槽调节到要求的试验温度25℃或15℃、30℃等,保持稳定。

4.2 将试样注入盛样皿中,试样高度应超过预计针入度值10mm以上,盖上盛样皿盖,以防落入灰尘,并贴上样品标识。盛有试样的盛样皿在15~30℃室温中冷却不少于1.5h(小盛样皿)、2h(大盛样皿)或3h(特殊盛样皿),后移入保持规定试验温度±0.1℃的恒温水槽中不少于1.5h(小盛样皿)、2h(大盛样皿)或2.5h(特殊盛样皿)。

4.3 调整针入度仪使之水平。

4.4 取出达到恒温的盛样皿,并移入水温控制在试验温度±0.1℃的平底玻璃皿的三脚架上,试样表面以上的水层深度不少于10mm。

4.5 将针入度仪的读数调整为零同时将盛有试样的平底玻璃皿置于针入度仪的平台上。调节灯光位置至能清晰地看到针尖与其倒影,慢慢放下针连杆使针尖恰好与试样表面接触(即针尖与其倒影相接触)。

4.6 启动针入度仪开始按钮,使标准针自动下落贯入试样,读取刻度盘指针或位移指示器的读数,准确至0.1mm。

4.7 同一试样平行试验至少3次,各测试点之间及与盛样皿边缘的距离不应少于10mm。每次试验应将盛有盛样皿的平底玻璃皿放入恒温水槽,使平底玻璃皿中水温保持试验温度。每次试验应更换一根干净标准针,或将标准针取下用蘸有三氯乙烯溶剂的棉花或布擦净,再用干棉花或布擦干。

4.8 测定针入度大于200的沥青试样时,至少用3支标准针,每次试验后将针留在试样中,直至3次平行试验完成后,才能将标准针取出。

4.9 试验完毕后,将仪器及配件清洁干净,切断电源。

5 试验结果计算

5.1 计算3次试验的平均值

同一试样3次平行试验结果的最大值和最小值之差在允许偏差范围内时,计算3次试验结果的平均值,取整数作为针入度试验结果,以0.1mm为单位。允许偏差见表T 0604-1。

沥青针入度试验允许偏差范围汇总表 表T 0604-1

针入度(0.1mm)	允许差值(0.1mm)	针入度(0.1mm)	允许差值(0.1mm)
0~49	2	150~249	12
50~149	4	250~500	20

5.2 当试验结果小于50(0.1mm)时,重复性试验允许误差为2(0.1mm),再现性试验允许误差为4(0.1mm)。

5.3 当试验结果大于或等于50(0.1mm)时,重复性试验允许误差为平均值的4%,再现性试验允许误差为平均值的8%。

6 试验记录

沥青针入度试验记录示例见表T 0604-2。

7 试验规程及评定依据

7.1 《公路沥青及沥青混合料试验规程》(JTG E20—2011)。

7.2 《公路沥青路面施工技术规范》(JTG F40—2004)。

沥青针入度试验记录表　　表 T 0604-2

<table>
<tr><td>施 工 路 段</td><td colspan="2"></td><td>环 境 条 件</td><td>温度 25℃；湿度 50%</td></tr>
<tr><td>试验规程及方法</td><td colspan="2">T 0604—2011</td><td>试验设备及编号</td><td>沥青针入度仪 3110356</td></tr>
<tr><td>样品描述</td><td colspan="2">完好、可检</td><td>试验日期</td><td>年　月　日</td></tr>
<tr><td colspan="5">沥青针入度试验</td></tr>
<tr><td rowspan="2">试验温度(℃)</td><td colspan="4">25</td></tr>
<tr><td>一</td><td>二</td><td>三</td><td>平均值</td></tr>
<tr><td>针入度值(0.1mm)</td><td>70.8</td><td>71.8</td><td>71.8</td><td>72</td></tr>
<tr><td colspan="5">备注：</td></tr>
</table>

8　注意事项

8.1　标准针应与沥青试样表面刚好接触但不刺破沥青面为佳，如刺破则需要重新找点进行试验。

8.2　在沥青灌模时应避免混入气泡。

8.3　当改性沥青中无水分时，烘箱温度宜为软化点温度以上 90℃，通常为 170℃左右。

8.4　利用三氯乙烯清洗试模时，必须开启通风柜进行通风并佩戴防毒面罩。

沥青延度试验(参照 T 0605—2011 执行)

1 目的与适用范围

1.1 测定道路石油沥青、聚合物改性沥青、液体沥青蒸馏残留物和乳化沥青蒸发残留物等材料的延度;

1.2 试验温度与拉伸速度根据要求采用,通常试验温度为 25℃、15℃、10℃、5℃,拉伸速度 5cm/min ±0.25cm/min;当低温采用 1cm/min ±0.05cm/min 拉伸速度时,应在报告中注明。

2 主要检测设备

2.1 沥青延伸度测定仪:将试件浸没于水中,能保持规定的试验温度及按照规定拉伸速度拉伸试件,且试验时无明显振动的延度仪均可使用。

2.2 试模:黄铜制,由两个端膜和两个侧模组成。试模内侧表面粗糙度 $Ra0.2\mu m$。

2.3 试模底板:玻璃板或磨光的铜板、不锈钢板(表面粗糙度 $R_a0.2\mu m$)。

2.4 恒温水槽:容量不少于 10L,控制温度的准确度为 0.1℃,水槽中应设有带孔搁架,搁架距水槽底不得少于 50mm。试件浸入水中深度不小于 100mm。

2.5 温度计:量程 0 ~50℃,分度值 0.1℃。

3 试验准备

3.1 样品带盖置烘箱中加热至充分流动状态,从烘箱中取出样品,用玻璃棒搅拌均匀,并取出试验小样[整个样品准备过程按《公路工程沥青及沥青混合料试验规程》(JTG E20—2011)中 T 0602 沥青试样准备方法进行]。

3.2 将隔离剂拌和均匀(甘油与滑石粉的质量比为2:1),涂于清洁干燥的试模底板和两个侧模表面,并将试模在试模底板上装妥。

3.3 按规程 T 0602 规定的方法准备试样,然后将试样仔细自试模的一端至另一端往返数次缓缓注入模中,最后略高出试模,灌模时应注意勿使气泡混入,并贴上样品标识。

3.4 试件在室温中冷却不少于1.5h,然后用热刮刀刮除高出试模的沥青,使沥青面与试模面齐平。沥青的刮法应自试模的中间刮向两端,且表面应该刮得很平滑。将试模连同底板再浸入规定试验温度的水槽中保持1.5h。

3.5 检查延度仪拉伸速度是否符合规定要求,然后移动滑板使其指针正对标尺的零点。将延度仪注水,并保温达到试验温度±0.1℃。

4 试验步骤

4.1 将保温后的试件连同底板移入已达试验温度的沥青延伸度测定仪水槽中,然后将盛有试样的试模自试模底板上取下,将试模两端的孔分别套在滑板及槽端固定板的金属柱上,并取下侧模。水面距试件表面应不小于25mm。

4.2 开动沥青延伸度测定仪,并注意观察试样的延伸情况。此时应注意,在实验过程中,水温应始终保持在试验温度规定的范围内,且仪器不得有振动,水面不得有晃动,当水槽采用循环水时,应暂时中断循环,停止水流。

在试验中,如发现沥青细丝浮于水面或沉入槽底时,应在水中加入酒精或食盐,调整水的密度至与试样相近后,重新试验。

4.3 在试件拉断时,读取指针所指标尺上的读数,以厘米表示,在正常情况下,试件延伸时应成锥尖状,拉断时实际断面接近于零。如不能得到这种结果,则应在报告中注明。

5 试验结果计算

5.1 同一试样,每次平行试验不少于3个,如3个测定结果均大于100cm,试验结果记作“>100cm”;特殊需要也可以分别记录实测值。如3个测定结果中,有一个以上的测定值小于100cm时,若最大值或最小值与平均值之差满足重复性试验精密度要求,则出3个测定结果的平均值的整数作为延度试验结果,若平均值大于100cm,记作“>100cm”;若最大值或最小值与平均值之差不满足重复性精密度要求时,试验应重新进行。

5.2 允许误差。当试验结果小于100cm时,重复性试验的允许误差为平均值的20%;再现性试验的允许误差为平均值的30%。

6 试验记录

沥青延度试验记录示例见表T 0605-1。

沥青延度试验记录表　　表 T 0605-1

<table>
<tr><td>施工路段</td><td colspan="2"></td><td>环境条件</td><td colspan="2">温度 25℃　湿度 50%</td></tr>
<tr><td>试验规程
及方法</td><td colspan="2">T 0605—2011</td><td>试验设备
及编号</td><td colspan="2">沥青延度仪 3110358</td></tr>
<tr><td>样品描述</td><td colspan="2">完好、可检</td><td>试验日期</td><td colspan="2">年　月　日</td></tr>
<tr><td colspan="6">沥青延度试验</td></tr>
<tr><td>试验温度(℃)</td><td colspan="5">15</td></tr>
<tr><td rowspan="2">延度(cm)</td><td>一</td><td>二</td><td colspan="2">三</td><td>平均值</td></tr>
<tr><td>90.1</td><td>92.1</td><td colspan="2">92.5</td><td>92</td></tr>
<tr><td colspan="6">备注：</td></tr>
</table>

7　试验规程及评定依据

7.1　《公路工程沥青及沥青混合料试验规程》(JTG E20—2011)。

7.2　《公路沥青路面施工技术规范》(JTG F40—2004)。

8　注意事项

8.1　在保证样品充分流动的情况下,烘样时间应尽量缩短,避免沥青老化。

8.2　试模内隔离剂涂抹均匀,不可过多,否则占用试模的空间导致试样尺寸偏差。

8.3　浇模时应均匀往复数次浇注。

8.4　刮模前应用抹布快速吸干试样表面水分,避免刮模时遇热刮刀出现飞溅现象。

8.5　刮模时刮刀温度应适当且用力不可过猛。

8.6　当沥青丝很细时应及时关闭水循环。

沥青软化点试验(环球法)(参照 T 0606—2011 执行)

1　目的与适用范围

本方法适用于测定道路石油沥青、聚合物改性沥青的软化点,也适用于测定液体石油沥青、煤沥青蒸馏或乳化沥青蒸发残留物的软化点。

2　主要检测设备

2.1　沥青软化点仪,主要由以下部件组成:

2.1.1　钢球:直径 9.53mm,质量 3.5g ±0.05g。

2.1.2　试样环:黄铜或不锈钢等制成。

2.1.3　钢球定位环:黄铜或不锈钢制成。

2.1.4　金属支架:由两个主杆和三层平行的金属板组成。上层为一圆盘,直径略大于烧杯直径,中间有一圆孔,用以插放温度计。中间板上有两个孔,各放置金属环,中间有一小孔可支持温度计的测温端部。一侧立杆距环上面 51mm 处刻有水高标记。环下面距下层底板为 25.4mm,而下底板距烧杯底不少于 12.7mm,也不大于 19mm。三层金属板和两个主杆由两螺母固定在一起。

2.1.5　耐热玻璃烧杯:800 ~1 000mL,直径不小于 86mm,高不小于 120mm。

2.1.6　温度计:0 ~100℃,分度为 0.5℃。

2.2　恒温水槽:控温精确度为 0.5℃。

2.3　其他:电炉、平刮刀、镊子、玻璃板、甘油滑石粉隔离剂、蒸馏水或纯净水。

3　试验准备

3.1　检查软化点仪是否正常启动,加热控温功能是否正常。

3.2　设定恒温水槽温度为试验温度,检查控温精度是否满足要求。

3.3　设定烘箱温度至软化点以上 90℃,通常道路石油沥青为 140℃ ±5℃,改性沥青为 170℃ ±10℃。

3.4　样品带盖置烘箱中加热至充分流动状态,从烘箱中取出样品,用玻璃棒搅拌均匀,并取出试验小样[整个样品准备过程按《公路工程沥青及沥青混合料试验规程》(JTG E20—2011)中T 0602沥青试样准备方法进行]。

4 试验步骤

4.1 试验软化点在80℃以下者:

4.1.1 将试样环置于涂有甘油滑石粉隔离剂(甘油与滑石粉的质量比为2:1)的试样底板上,将准备好的沥青试样徐徐注入试样环内至略高出环面为止,在对应位置的底板上贴上标识。

4.1.2 试样在室温下冷却30min后,用热刮刀刮除环面上的试样,确保与环面齐平。

4.1.3 将装有试样的试样环连同试样底板置于5℃±0.5℃水的恒温水槽中至少15min;同时将金属支架、钢球、钢球定位装置等也置于相同温度的水槽中。

4.1.4 在烧杯内注入适量新煮沸并已冷却至5℃的蒸馏水或纯净水,水面略低于立杆上的深度标记。

4.1.5 从恒温水槽中取出盛有试样的试样环放置在支架中层板的圆孔中,套上定位装置,放置好钢球,然后把整个支架放入烧杯中。

4.1.6 把烧杯连同支架放入仪器,将0~100℃的温度计由上层板中心孔垂直插入,使端部测温头底部与试样环下面齐平,将搅拌装置放入烧杯中。

4.1.7 开启软化点试验仪开始加热,使杯中水温在3min内调节至维持每分钟上升5℃±0.5℃。在加热过程中,应记录每分钟上升的温度,如果温度上升速度超出此范围时,则试验应重新进行。

4.1.8 试样受热逐渐下坠,至与支架下底板表面接触时,立即读取温度,精确至0.5℃。

4.2 当试样软化点在80℃以上者:

4.2.1 将装有试样的试样环连同试样底板置于装有32℃±1℃甘油的恒温水槽中至少15min;同时将金属支架、钢球、钢球定位环等亦置于甘油中。

4.2.2 在烧杯内注入预先加热至32℃的甘油,其液面略低于立杆上的深度标记。

4.2.3 从恒温水槽中取出装有试样的试样环,按上述4.1.5~4.1.8的方法步骤进行测定,准确至0.1℃。

5 试验结果计算

5.1 同一试样平行试验两次,取其平均值作为试验结果。

5.2 允许误差

沥青软化点试验（环球法）记录表

表 T 0606-1

施工路段							环境条件					温度25℃　湿度50%							
试验规程及方法			T 0606—2011				试验设备及编号					沥青软化点仪							
样品描述			完好、可检				试验日期					年　月　日							
沥青软化点试验																			
样品编号	室内温度（℃）	烧杯内液体名称	烧杯中液体温度上升记录（℃）																
			开始加热时	1min末	2min末	3min末	4min末	5min末	6min末	7min末	8min末	9min末	10min末	11min末	12min末	13min末	14min末	15min末	
1	25	水	5.0	7.6	10.9	15.9	21.4	26.9	32.0	37.0	42.0	47.4		—	—	—	—	—	
2	25	水	5.0	7.6	10.8	15.9	21.3	26.5	32.0	37.5	42.5	47.5		—	—	—	—	—	
备注																			

当试样软化点小于80℃时，重复性试验的允许误差为1℃，再现性试验的允许误差为4℃。

当试样软化点大于或等于80℃时，重复性试验的允许误差为2℃，再现性试验的允许误差为8℃。

6 试验记录

沥青软化点试验(环球法)记录示例见表T 0606-1。

7 试验规程及评定依据

7.1 《公路沥青及沥青混合料试验规程》(JTG E20—2011)。

7.2 《公路沥青路面施工技术规范》(JTG F40—2004)。

8 注意事项

8.1 软化点仪环架上任何部分不得附有气泡。

8.2 软化点在80℃以下时采用蒸馏水，80℃以上时采用甘油进行试验。

8.3 加热过程中温度的上升速度在试验开始3min后，应严格控制在5℃ ± 0.5℃范围内。

沥青闪点与燃点试验(克利夫兰开口杯法)
(参照 T 0611—2011 执行)

1　目的与适用范围

本方法适用于克利夫兰开口杯测定黏稠石油沥青聚合物改性沥青及闪点在79℃以上的液体石油沥青材料的闪点和燃点,以供评定施工安全性时使用。

2　主要检测设备

2.1　沥青闪点燃点测试仪:精度2℃,点火器端部外径1.6mm,内径0.7~0.8mm,火焰大小可以调节,可以150mm半径水平旋转,端部恰好通过开口杯中心上方2~2.5mm以内,火焰通过开口杯的时间为1s。三面均有挡风装置。可控制加热速度14~17℃/min和5.5℃/min±0.5℃/min。

2.2　克利夫兰开口杯:用黄铜或铜合金制成,内口直径63.5mm±0.5mm,深33.6mm±0.5mm,在内壁与杯上口的距离为9.4mm±0.4mm处刻有一道环状标线,带一个弯柄把手。

2.3　点火器。

2.4　温度计:0~360℃,分度为2℃。

2.5　秒表。

3　试验准备

3.1　检查闪点燃点测试仪电源是否接通,开关是否正常,加热及点火器能正常点火及水平扫描。

3.2　准备好试样杯。

3.3　辅助物品准备。

3.4　样品准备。

样品带盖置烘箱中加热至充分流动状态,从烘箱中取出样品,用玻璃棒搅拌均匀,并取出试验小样(整个样品准备过程按《公路工程沥青及沥青混合料试验规程》(JTG E20—2011)中T 0602沥青试样准备方法进行)。

4 试验步骤

4.1 将试样倒入试样杯中至标线,并贴上样品标识,放入测试仪中。

4.2 调试火焰成标准球形或直径为4mm ±0.8mm 的火球。

4.3 试样加热,速度控制在 14 ~17℃/min。

4.4 在预期闪点前28℃时升温速度控制在 5.5℃/min ±0.5℃/min。

4.5 每隔 2℃点火器火焰沿试样杯中心扫过一次。

4.6 当试样液面出现一瞬即灭的蓝色火焰时即为闪点。

4.7 继续加热,保持试样升温速度 5.5℃/min ±0.5℃/min,当试样接触火焰立即着火,并能继续燃烧不少于 5s 时,停止加热,并读记温度计上的温度,作为试样的燃点。

4.8 试验结束,关闭仪器电源。

5 数据处理

5.1 同一试样至少平行试验两次,两次测定结果的差值不超过重复性试验允许差 8℃时,取其平均值的整数作为试验结果。

5.2 重复性试验允许误差为:闪点 8℃,燃点 8℃;再现性试验允许误差为:闪点 16℃,燃点 14℃。

5.3 当试验时大气压在 95.3kPa(715mmHg)以下时,应对闪点试验结果进行修正,当大气压为 95.3 ~84.5kPa(715 ~634mmHg)时修正值需增加 2.8℃,当大气压为84.5 ~73.3kPa(634 ~550mmHg)时修正值需增加 5.5℃。

6 试验记录

沥青闪点与燃点试验记录示例见表 T 0611-1。

沥青闪点试验原始记录表 表 T 0611-1

施工路段		环境条件	温度 25℃ 湿度 50%
试验规程及方法	T 0611—2011	试验设备及编号	沥青闪点燃点测试仪 3110359
样品描述	完好、可检	试验日期	年 月 日
沥青闪点试验			
试验次数	1		2
试验值	286		290
平均值	288		

续上表

沥青燃点试验		
试验次数	1	2
试验值	338	340
平均值	339	
备注：		

7　试验规程及评定依据

7.1　《公路沥青及沥青混合料试验规程》(JTG E20—2011)。

7.2　《公路沥青路面施工技术规范》(JTG F40—2004)。

8　注意事项

8.1　操作人员需要熟悉试验操作规程,能熟练操作仪器方可进行本试验。

8.2　试验前必须检查所用的仪器设备,确保设备功能正常。

8.3　试验过程中注意观察沥青样品加热过程中出现“漫锅”的现象,严禁沥青漫出。

8.4　试验结果受样品的升温速度的影响较大,应严格控制。

8.5　确保试验环境的空气没有明显流通。

8.6　当达到燃点时立即停止试验,以免发生火灾危险。

沥青与粗集料的黏附性试验
（参照 T 0616—1993 执行）

1 目的与适用范围

本方法适用于检验沥青与粗集料表面的黏附性及评定粗集料的抗水剥离能力。对于最大粒径大于 13.2mm 的集料应用水煮法，对于最大粒径不大于 13.2mm 的集料应用水浸法进行试验。对同一种料源集料最大粒径既有大于又有小于 13.2mm不同的集料时，取大于 13.2mm 水煮法试验为标准。对细粒式沥青混合料应以水浸法试验为标准。

2 主要检测设备

2.1 天平：称量 500g，感量不大于 0.01g。

2.2 恒温水槽：能保持温度 80℃ ±1℃。

2.3 拌和用小型容器：500mL。

2.4 烧杯：1 000mL。

2.5 试验架。

2.6 细线：尼龙线、棉线或铜丝线。

2.7 标准筛：9.5mm、13.2mm、19mm 各 1 个。

2.8 烘箱：装有自动温度调节器。

2.9 电炉。

2.10 玻璃板：200mm ×200mm 左右。

2.11 搪瓷盘：300mm ×400mm 左右。

其他：搅和铲、石棉网、手套等。

3 水煮法试验

3.1 试验准备

3.1.1 将集料过 13.2mm、19mm 标准筛，取粒径 13.2 ~19mm 形状接近立方体的规则集料 5 个，用洁净水洗净，置温度为 105℃ ±5℃的烘箱中烘干，然后放在干燥器中备用。

3.1.2　将大烧杯中盛水，并置加热炉的石棉网上煮沸。

3.2　试验步骤

3.2.1　将集料逐个用细线在中部系牢，再置105℃ ±5℃烘箱内1h。

3.2.2　逐个用线提起加热的矿料颗粒，浸入预先加热的沥青试样中（石油沥青为130~150℃）45s后，轻轻取出，使集料颗粒完全为沥青膜所裹覆。

3.2.3　将裹覆沥青的集料颗粒悬挂于试验架上，下面垫一张纸，使多余的沥青流掉，并在室温下冷却15min。

3.2.4　待集料颗粒冷却后，逐个用细线提起，浸入盛有煮沸水的大烧杯中央，调整加热炉，使烧杯中的水保持微沸状态，但不允许有沸开的泡沫。

3.2.5　浸煮3min后，将集料从水中取出，观察矿料颗粒上沥青膜的剥落程度，并按表T 0616-1评定其黏附性等级。

沥青与集料的黏附性等级　　　　表T 0616-1

试验后集料表面上沥青膜剥落情况	黏附性等级
沥青膜完全保存，剥离面积百分率接近于0	5
沥青膜少部分为水所移动，厚度不均匀，剥离面积百分率小于10%	4
沥青膜局部明显的为水所移动，基本保留在集料表面上，剥离面积百分率小于30%	3
沥青膜大部分为水所移动，局部保留在集料表面上，剥离面积百分率大于30%	2
沥青膜完全为水所移动，集料基本裸露，沥青全浮于水面上	1

4　水浸法试验

4.1　试验准备

4.1.1　将集料过9.5mm、13.2mm的标准筛，取粒径9.5~13.2mm形状规则的集料200g用洁净水洗净，并置温度为105℃ ±5℃的烘箱中烘干，然后放在干燥器中备用。

4.1.2　按规程T 0602—2011准备沥青试样，并按T 0702—2011的要求加热至沥青与矿料的拌和温度。

4.1.3　将煮沸过的热水注入恒温水槽中，并维持温度80℃ ±1℃。

4.2　试验步骤

4.2.1　按四分法称取集料颗粒（9.5~13.2mm）100g置搪瓷盘中，连同搪瓷盘一起放入已升温至沥青拌和温度以上5℃的烘箱中持续加热1h。

4.2.2 按每100g矿料加入沥青5.5g±0.2g的比例称取沥青,精确至0.1g,放入小型拌和器中,一起置入同一烘箱中加热15min。

4.2.3 将搪瓷盘中的集料倒入拌和容器的沥青中后,立即用金属铲均匀拌和1~1.5min,使集料完全被沥青薄膜裹覆。然后,立即将裹有沥青的集料取20个,用小铲移至玻璃板上摊开,并置室温下冷却1h。

4.2.4 将放有集料的玻璃板浸入温度80℃±1℃的恒温水槽中,保持30min,并将剥离及浮于水面的沥青,用纸片捞出。

4.2.5 由水中小心取出玻璃板,浸入水槽内的冷水中,仔细观察裹覆集料的沥青薄膜的剥落情况。由两名以上经验丰富的试验人员分别目测,评定剥离面积的百分率,评定后取平均值表示。

5 试验结果评定

由两名以上经验丰富的试验人员按表T 0616-1分别进行评定,取平均等级作为试验结果。

6 试验记录

沥青与矿料的黏附性试验记录示例见表T 0616-2。

沥青与矿料的黏附性试验记录表 表T 0616-2

试样编号	试验方法	沥青剥落面积及程度描述	评定等级
1	T 0616—1993	沥青膜完全保存,剥离面积百分率接近于0	5
2	T 0616—1993	沥青膜完全保存,剥离面积百分率接近于0	5
3	T 0616—1993	沥青膜完全保存,剥离面积百分率接近于0	5
4	T 0616—1993	沥青膜少部分为水所移动,厚度不均匀,剥离面积百分率小于10%	4
5	T 0616—1993	沥青膜少部分为水所移动,厚度不均匀,剥离面积百分率小于10%	4

7 试验规程及评定依据

7.1 《公路工程沥青及沥青混合料试验规程》(JTG E20—2011)。

7.2 《公路沥青路面施工技术规范》(JTG F40—2004)。

8　注意事项

8.1　水煮法试验用集料取粒径13.2～19mm的颗粒，水浸法试验用集料取粒径9.5～13.2mm的颗粒。

8.2　水煮法试验中，大烧杯内的水应保持微沸状态，但不允许有沸开的泡沫。

8.3　当使用改性沥青时，建议改性沥青预热温度为170℃±10℃。

聚合物改性沥青离析试验(参照 T 0661—2011 执行)

1　目的与适用范围

本方法适用于测定聚合物改性沥青的离析性,以评价改性剂与基质沥青的相容性。

2　主要检测设备

2.1　沥青软化点仪,同 T 0606—2011 沥青软化点试验。

2.2　试样管:铝管,直径约 25mm,长约 140mm,一端开口。

2.3　电子天平。

2.4　烘箱:能保温 163℃ ±5℃。

2.5　家用冰箱。

2.6　支架:能支撑盛样管,竖立放入烘箱和冰箱中。

2.7　剪刀。

2.8　其他:样品盒、夹子、烧杯、平刮刀、甘油滑石粉隔离剂等。

3　试验准备

3.1　检查软化点仪是否正常启动,加热控温功能是否正常。

3.2　调平天平:检查天平水准气泡是否居中,如果不居中,调节天平下方的脚螺旋,直至水准气泡居中为止。

3.3　设定恒温水槽温度为试验温度,检查控温精度是否满足要求。

3.4　设定离析用烘箱温度为 163℃ ±5℃。

3.5　样品带盖置烘箱中加热至充分流动状态,从烘箱中取出样品,用 0.3mm 筛过筛,稍加用玻璃棒搅拌均匀,并取出试验小样[整个样品准备过程按《公路工程沥青及沥青混合料试验规程》(JTG E20—2011)中 T 0602 沥青试样准备方法进行]。

4 试验步骤

4.1 将样品注入试样管中,质量约为50g,并在管壁标注样品编号。

4.2 将铝管开口的一端捏成一薄片,并折叠两次以上,然后用小夹子夹紧,密闭,将试样管连同支架一起放入163℃ +5℃烘箱中,在不受任何扰动的情况下静放48h ±1h。

4.3 加热结束后,将试样管连同支架一起从烘箱中轻轻取出,放入家用冰箱的冷柜中,保持试样管竖立状态,时间不少于4h,使试样凝为固体。

4.4 待沥青全部固化后,从冰箱中取出试样管。

4.5 试样温度稍有回升发软时,用剪刀将试样管剪成相等的3截。

4.6 取其头尾两段分别放入样品盒中,然后置于163℃ ±5℃烘箱中加热。

4.7 待试样熔化后,取出样品盒中的试样管,摇匀试样,然后将试样灌入软化点环中,并贴上标识。

4.8 其他按T 0606—2011 沥青软化点试验方法操作。

5 试验结果计算

5.1 对上部与下部沥青试样按T 0606—2011 进行软化点试验,计算其差值。

5.2 同一试样平行试验两次,取平均值作为试验结果。

6 试验记录

聚合物改性沥青离析试验记录示例见表T 0661-1。

聚合物改性沥青离析试验记录表 表T 0661-1

<table>
<tr><td>施工路段</td><td colspan="2"></td><td>环境条件</td><td>温度25℃ 湿度50%</td></tr>
<tr><td>试验规程及方法</td><td colspan="2">T 0661—2011</td><td>试验设备及编号</td><td>沥青软化点仪3112881</td></tr>
<tr><td>样品描述</td><td colspan="2">完好、可检</td><td>试验日期</td><td>年 月 日</td></tr>
<tr><td colspan="5">SBS、SBR类聚合物改性沥青</td></tr>
<tr><td>试验次数</td><td>顶部沥青软化点</td><td>底部沥青软化点</td><td>贮存稳定性离析(℃)</td><td>平均值</td></tr>
<tr><td>1</td><td>74.3</td><td>74.0</td><td>0.3</td><td rowspan="2">0.4</td></tr>
<tr><td>2</td><td>74.5</td><td>74.0</td><td>0.5</td></tr>
<tr><td colspan="5">备注</td></tr>
</table>

7 试验规程及评定依据

7.1 《公路沥青及沥青混合料试验规程》(JTG E20—2011)。

7.2 《公路沥青路面施工技术规范》(JTG F40—2004)。

8 注意事项

8.1 铝管管口应折叠两次以上。

8.2 离析的烘箱温度应控制在163℃ ±5℃范围内。

8.3 试样管放入冰箱中不少于4h,但也不宜时间过长,试样凝为固体即可。

沥青密度与相对密度试验
(参照 T 0603—2011 执行)

1　目的与适用范围

本方法适用于使用比重瓶测定沥青材料的密度与相对密度。非特殊要求,本方法宜在试验温度 25℃及 15℃下测定沥青密度与相对密度。

注:对液体石油沥青,也可以采用适宜的液体比重计测定密度或相对密度。

2　主要检测设备

2.1　比重瓶:玻璃制,瓶塞下部与瓶口须经仔细研磨。瓶塞中间有一个垂直孔,其下部为凹形,以便由孔中排除空气。比重瓶的容积为 20 ~ 30mL,质量不超过 40g。

2.2　恒温水槽:控温的准确度为 0.1℃。

2.3　烘箱:200℃,装有温度自动调节器。

2.4　电子天平:感量不大于 1mg。

2.5　滤筛:0.6mm、2.36mm 各一个。

2.6　温度计:量程 0 ~ 50℃,分度值 0.1℃。

2.7　烧杯:600 ~ 800mL。

2.8　真空干燥器。

2.9　洗液:玻璃仪器清洗液,三氯乙烯(分析纯)等。

2.10　蒸馏水(或纯净水)。

2.11　表面活性剂:洗衣粉(或洗涤灵)。

2.12　其他:软布、滤纸。

3　试验准备

3.1　用洗衣液、水、蒸馏水先后仔细洗涤比重瓶,然后烘干称其质量(m_1),准确至 1mg。

3.2　将盛有冷却蒸馏水的烧杯浸入恒温水槽中保温,在烧杯中插入温度计。

3.3　使恒温水槽及烧杯中的蒸馏水达到规定的试验温度 ±0.1℃。

4　比重瓶水值测定步骤

4.1　将比重瓶及瓶塞放入恒温水槽中的烧杯里,烧杯底浸没水中的深度应该不少于100mm,烧杯口露出水面。

4.2　待烧杯中水温再次达到规定温度并保温30min后,将瓶塞塞入瓶口,使多余的水由瓶塞上的毛细孔中挤出,此时比重瓶内不得有气泡。

4.3　将烧杯从水槽中取出,再从烧杯中取出比重瓶,立即用干净软布将瓶塞顶部再擦拭一次,再迅速擦干比重瓶外面的水分,称其质量(m_2),准确至1mg,瓶塞顶部只能擦拭一次,即使由于膨胀瓶塞上有小水滴也不能擦拭。

4.4　以 $m_2 - m_1$ 作为试验温度时比重瓶的水值。

注:比重瓶的水值应经常校正,一般每年至少进行一次。

5　液体沥青试样的试验步骤

5.1　将试样过筛(0.6mm)后注入干燥比重瓶中至满,不得混入气泡。

5.2　将盛有试样的比重瓶及瓶塞移入恒温水槽(测定温度 ±0.1℃)内盛有水的烧杯中,水面应在瓶口下约40mm,不得使水浸入瓶内。

5.3　待烧杯内的水温达到要求的温度后,保温30min后,然后将瓶塞塞上,使多余的试样由瓶塞的毛细孔中挤出,用蘸有三氯乙烯的棉花擦净孔口挤出的试样,并保持孔中充满试样。

5.4　从水中取出比重瓶,立即用干净软布擦去瓶外的水分或黏附的试样后,称其质量(m_3),准确至三位小数。

6　黏稠沥青试样的试验步骤

6.1　按《公路工程沥青及沥青混合料试验规程》(JTG E20—2011)T 0602方法准备沥青试样,沥青的加热温度宜不高于估计软化点以上100℃(石油沥青或聚合物改性沥青),将沥青小心注入比重瓶中约至2/3高度,不得使试样黏附瓶口或上方瓶壁,并防止混入气泡。

6.2　取出盛有试样的比重瓶,移入干燥器中,在室温下冷却不少于1h,连同瓶塞称其质量(m_4),准确至三位小数。

6.3　将盛有蒸馏水的烧杯放入已达试验温度的恒温水槽中,然后将称量后盛有试样的比重瓶放入烧杯中(瓶塞也放进烧杯中),等烧杯中的水温达到规定的试验温度后保温30min,使比重瓶中气泡上升到水面,待确认比重瓶已经恒温且无气泡后，再将比重瓶的瓶塞塞紧，使多余的水从塞孔中溢出，此时应不得带入气泡。

6.4　取出比重瓶，按前述方法迅速揩干瓶外水分后称质量(m_5)，准确至三位小数。

7　固体沥青试样的试验步骤

7.1　试验前，如试样表面潮湿，可在干燥、洁净的环境下自然吹干，或将试样置50℃烘箱中烘干。

7.2　将50~100g试样打碎，过0.6及2.36mm筛。取0.6~2.36mm的粉碎试样不少于5g，放入清洁、干燥的比重瓶中，塞紧瓶塞后称质量(m_6)，准确至三位小数。

7.3　取下瓶塞，将恒温水槽内烧杯中的蒸馏水注入比重瓶，水面高于试样约10mm，同时加入几滴表面活性剂溶液(如1%洗衣粉、洗涤灵)，并摇动比重瓶使大部分试样沉入水底，必须使试样颗粒表面上吸附气泡逸出。注意，摇动时勿使试样摇出瓶外。

7.4　取下瓶塞，将盛有试样和蒸馏水的比重瓶置真空干燥箱(器)中抽真空，逐渐达到真空度98kPa(735mmHg)不少于15min。当比重瓶试样表面仍有气泡时，可再加几滴表面活性剂溶液，摇动后再抽真空。必要时，可反复几次操作，直至无气泡为止。

注：抽真空不宜过快，防止样品带出比重瓶。

7.5　将保温烧杯中的蒸馏水再注入比重瓶中至满，轻轻塞好瓶塞，再将带塞的比重瓶放入盛有蒸馏水的烧杯中，并塞紧瓶塞。

7.6　将装有比重瓶的盛水烧杯再置恒温水槽(试验温度±0.1℃)中保持至少30min后，取出比重瓶，迅速揩干瓶外水分后称其质量(m_7)，准确至三位小数。

8　试验结果计算

8.1　试验温度下液体沥青试样的密度和相对密度按式(T 0603-1)及式(T 0603-2)计算。

$$\rho_b = \frac{m_3 - m_1}{m_2 - m_1} \times \rho_w \qquad (T\ 0603\text{-}1)$$

$$\gamma_b = \frac{m_3 - m_1}{m_2 - m_1} \times \rho_w \qquad (T\ 0603\text{-}2)$$

式中:ρ_b——试样在试验温度下的密度,g/cm^3;

γ_b——试样在试验温度下的相对密度;

m_1——比重瓶质量,g;

m_2——比重瓶与盛满水时的合计质量,g;

m_3——比重瓶与盛满试样时的合计质量,g;

ρ_w——试验温度下水的密度,g/cm^3。15℃水的密度为0.999 1g/cm^3,25℃水的密度为0.997 1g/cm^3。

8.2 试验温度下黏稠沥青试样的密度或相对密度按式(T 0603-3)及(T 0603-4)计算。

8.3 试验温度下黏稠沥青试样的密度或相对密度按式(T 0603-3)及式(T 0603-4)计算。

$$\rho_b = \frac{m_4 - m_1}{(m_2 - m_1) - (m_5 - m_4)} \times \rho_w \quad \text{(T 0603-3)}$$

$$\gamma_b = \frac{m_4 - m_1}{(m_2 - m_1) - (m_5 - m_4)} \quad \text{(T 0603-4)}$$

式中:m_4——比重瓶与沥青试样合计质量,g;

m_5——比重瓶与试样和水合计质量,g。

8.4 试验温度下固体沥青试样的密度或相对密度按式(T 0603-5)及式(T 0603-6)计算。

$$\rho_b = \frac{m_6 - m_1}{(m_2 - m_1) - (m_7 - m_6)} \times \rho_w \quad \text{(T 0603-5)}$$

$$\gamma_b = \frac{m_6 - m_1}{(m_2 - m_1) - (m_7 - m_6)} \quad \text{(T 0603-6)}$$

式中:m_6——比重瓶与沥青试样合计质量,g;

m_7——比重瓶与试样和水合计质量,g。

9 试验记录

沥青密度与相对密度试验记录示例,见T 0603-1。

沥青密度与相对密度试验记录　　　　表 T 0603-1

第　页　共　页

JJ0801

试验室名称:　　　　　　　　　　　　记录编号:ZY01-008-2012-01

工程部位/用途	—	委托/任务编号	011013156
试验依据	JTG E20—2011	样品编号	011013156
样品描述	盛样器皿密封,样品黑色,固态	样品名称	道路石油沥青
试验条件	室温 19℃	试验日期	2013-09-08
主要仪器设备及编号	电子天平 3110335		

密度							
试样编号	试验温度(℃)	比重瓶质量 m_1(g)	瓶质量+盛满水总质量 m_2(g)	瓶质量+试样总质量 m_3(g)	瓶、试样和水总质量 m_4(g)	沥青相对密度测试值	沥青相对密度测定值
1	25	30.753 3	59.577 3	53.930 3	60.386 9	1.033 2	1.034
2	25	29.443 0	58.350 8	55.499 6	59.276 1	1.033 8	

试验　　　　　　复核:　　　　　　日期:　　年　　月　　日

10　试验规程及评定依据

10.1　《公路工程沥青及沥青混合料试验规程》(JTG E20—2011)。

10.2　《公路沥青路面施工技术规范》(JTG F40—2004)。

11　注意事项

11.1　比重瓶的水值应经常校正,一般每年至少进行一次。

11.2　瓶塞顶部只能擦拭一次,即使由于膨胀瓶塞上有小水滴也不能擦拭。

11.3　对于固体沥青,摇动比重瓶使大部分试样沉入水底,必须使试样颗粒表面上吸附气泡逸出。注意:摇动时勿使试样摇出瓶外。

沥青旋转薄膜加热试验(参照 T 0610—2011 执行)

1 目的与适用范围

本方法适用于测定道路石油沥青、聚合物改性沥青旋转薄膜烘箱加热(简称 RTFOT)后的质量变化,并根据需要测定旋转薄膜加热后,沥青残留物的针入度、黏度、延度及脆点等性质的变化,以评定沥青的老化性能。

2 主要检测设备

2.1 旋转薄膜烘箱(图 T 0610-1):烘箱具有双层壁,电热系统应有温度自动调节器,可保持温度 163℃ ±0.5℃,其内部尺寸为高 381mm、宽 483mm、深 445mm ±13mm(关门后)。烘箱门上有一双层耐热的玻璃窗,其宽为 305~380mm、高 203~229mm,可以通过此窗观察烘箱内部试验情况。最上部的加热元件应位于烘箱顶板的下方 25mm ±3mm,烘箱应调整成水平状态。

图 T 0610-1 旋转薄膜烘箱恒温室

烘箱的顶部及底部均有通气口。底部通气口面积为 $150mm^2 \pm 7mm^2$,对称配置,可供均匀进入的空气加热之用。上部通气口匀称地排列在烘箱顶部,其开口面积为 $93mm^2 \pm 4.5mm^2$。

烘箱内有一内壁,烘箱与内壁之间有一个通风空间,间隙为 38.1mm。在烘箱宽度的中点上,从环形金属架表面至其轴间 152.4mm 处,有一外径为 133mm、宽 73mm 的鼠笼式风扇,并用一电动机驱动旋转,其速度为 1725r/min。鼠笼式风扇将以与叶片相反的方向转动。

烘箱温度传感器装置在距左侧 25.4mm 及空气封闭箱内上顶板下约 38.1mm 处,以使测温元件处于距烘箱内后壁约 203.2mm 位置,将测试用的温度计悬挂或附着在顶板的一个距烘箱右侧中点 50.8mm 的装配架上。温度计悬挂时,其水银球与环形金属架的轴线相距 25.4mm 以内。温度控制器应能在全部装好沥青试样后,10min 之内达到试验温度。

烘箱内有一个直径为304.8mm的垂直环形架,架上装备有适当的能闭锁及开启的8个水平放置的玻璃盛样瓶固定装置。垂直环形架通过直径19mm的轴,以15r/min ±0.2r/min速度转动。

烘箱内装备有一个空气喷嘴,在最低位置上向内转动玻璃盛样瓶喷进热空气。喷嘴孔径为1.016mm,连接着一根长为7.6mm、外径为8mm的铜管。铜管水平盘绕在烘箱的底部,并连通着一个能调节流量、新鲜的和无尘的空气源。为保证空气充分干燥,可用活性硅胶作为指示剂。在烘箱表面上装备有温度指示器,空气流量计的流量应为4000mL/min ±200 mL/min。

2.2　分析天平:感量不大于1mg。

2.3　盛样瓶:耐热玻璃制,高为139.7mm ±1.5mm,外径为64mm ±1.2mm,壁厚为2.4mm ±0.3mm,口部直径为31.75mm ±1.5mm。

2.4　温度计:量程0～200℃,分度值0.5℃。

2.5　溶剂:汽油、三氯乙烯等。

3　试验准备

3.1　用汽油或三氯乙烯洗净盛样瓶,置温度为105℃ ±5℃的烘箱中烘干,并在干燥器中冷却后编号称其质量(m_0),准确至1mg。盛样瓶的数量应能满足试验的试样需要,通常不少于8个。

3.2　将旋转加热烘箱调节水平,并在163℃ ±0.5℃下预热不少于16h,使箱内空气充分加热均匀。调节好温度控制器,使全部盛样瓶装入环形金属架后,烘箱的温度应在10min以内达到163℃ ±0.5℃。

3.3　调整喷气嘴与盛样瓶开口处的距离为6.35mm,并调节流量计,使空气流量为4000mL/min ±200 mL/min。

3.4　按《公路工程沥青及沥青混合料试验规程》(JTG E20—2011)T 0602的方法准备沥青试样,分别注入已称质量的盛样瓶中,其质量为35g ±0.5g,放入干燥器中冷却至室温后称取质量(m_1),准确至1mg。需测定加热前后沥青性质变化时,应同时灌样测定加热前沥青的性质。

4　试验步骤

4.1　将称量完后的全部试样瓶放入烘箱环形架的各个瓶位中,关上烘箱门后开启环形架转动开关,以15r/min ±0.2 r/min的速度转动。同时开始将流速4000mL/min ±200 mL/min的热空气喷入转动着的盛样瓶试样中,烘箱温度应在10min回升到163℃ ±0.5℃,使试样在163℃ ±0.5℃温度下受热时间不少于

75min。总持续时间为85min。若10min内达不到试验温度,试验停止。

4.2　到达时间后,停止环形架转动及喷射热空气,立即逐个取出盛样瓶,并迅速将试样倒入一洁净的容器内混匀(进行加热质量变化的试样除外),以备进行旋转薄膜加热试验后的沥青性质的试验,但不允许将已倒过的沥青试样瓶重复加热来取得更多的试样。所有试验项目应在72h内全部完成。

4.3　将质量变化试验的试样瓶放入真空干燥器中,冷却至室温,称取质量(m_2),准确至1mg。此瓶内的试样即予废弃。

4.4　残留物针入度、软化点、60℃动力黏度等性质试验参照《公路工程沥青及沥青混合料试验规程》(JTG E20—2011)T 0604—2011、T 0605—2011、T 0606—2011相关试验方法。

5　试验结果计算

5.1　按式(T 0610-1)计算沥青质量损失。

$$L_T = \frac{m_2 - m_1}{m_1 - m_0} \times 100 \qquad (T\ 0610\text{-}1)$$

式中:L_T——试样旋转薄膜加热质量变化,%;

m_0——盛样瓶质量,g;

m_1——旋转薄膜加热前盛样瓶与试样合计质量,g;

m_2——旋转薄膜加热后盛样瓶与试样合计质量,g。

5.2　沥青旋转薄膜加热试验后,残留物针入度占原试样针入度的比值按式(T 0610-2)计算。

$$K_P = \frac{P_2}{P_1} \times 100 \qquad (T\ 0610\text{-}2)$$

式中:K_P——试样旋转薄膜加热后残留物针入度比,%;

P_1——旋转薄膜加热前原试样的针入度,0.1mm;

P_2——旋转薄膜加热后残留物的针入度,0.1mm。

5.3　沥青旋转薄膜加热试验的残留物软化点增值按式(T 0610-3)计算。

$$\Delta T = T_2 - T_1 \qquad (T\ 0610\text{-}3)$$

式中:ΔT——旋转薄膜加热试验后软化点增值,℃;

T_1——旋转薄膜加热试验前软化点,℃;

T_2——旋转薄膜加热试验后软化点,℃。

5.4　沥青旋转薄膜加热试验黏度比按式(T 0610-4)计算。

$$K_{\eta} = \frac{\eta_1}{\eta_2} \tag{T 0610-4}$$

式中：K_{η}——旋转薄膜加热试验前后 60℃黏度比；

η_2——旋转薄膜加热试验后 60℃黏度，Pa·s；

η_1——旋转薄膜加热试验前 60℃黏度，Pa·s。

5.5　沥青的老化指数按式(T 0610-5)计算

$$C = \lg\lg(\eta_2 \times 10^3) - \lg\lg(\eta_1 \times 10^3) \tag{T 0610-5}$$

式中：C——沥青旋转薄膜加热试验的老化指数。

5.6　允许误差。

两次平行试验结果之差符合重复性精密度要求时计算平均值，精确到小数点后 3 位，见表 T 0610-1。

允许误差　　　　表 T 0610-1

质量损失	重复性允许误差	再现性允许误差
≤0.4%	0.04%	0.16%
>0.4%	平均值的 8%	平均值的 40%

6　试验记录

沥青旋转薄膜加热试验记录表示例，见表 T 0610-2。

7　试验规程及评定依据

7.1　《公路工程沥青及沥青混合料试验规程》(JTG E20—2011)。

7.2　《公路沥青路面施工技术规范》(JTG F40—2004)。

8　注意事项

8.1　装入盛样瓶后烘箱必须在 10min 内回升至 163℃ ±0.5℃，使试样在 163℃ ±0.5℃温度下受热时间不少于 75min。

8.2　所有试验项目应在 72h 内全部完成。

8.3　质量变化试验的试样瓶应放入真空干燥器中，冷却至室温。

沥青旋转薄膜加热试验记录表

表 T 0610-2

第　页　共　页

JJ0806

试验室名称：		记录编号：ZY01 -011-2012 -01	
工程部位/用途	—	委托/任务编号	011013156
试验依据	JTG E20—2011	样品编号	011013156
样品描述	盛样器皿密封，样品黑色，固态	样品名称	改性沥青
试验条件	室温 20℃	试验日期	2013-09-08
主要仪器设备及编号	旋转薄膜烘箱 3110651、电子天平 3110335		

沥青旋转薄膜加热													
试样编号	盛样瓶的质量 m_0(g)	加热前试样、盛样瓶的质量 m_1(g)	加热后试样、盛样瓶的质量 m_2(g)	质量变化测试值（%）	质量变化测定值（%）	旋转薄膜加热前针入度 P_1（0.1mm）	旋转薄膜加热后针入度 P_2（0.1mm）	残留针入度比（%）	残留软化点（℃）	残留延度（cm）	旋转薄膜加热前60℃黏度（Pa·s）η_1	旋转薄膜加热后60℃黏度（Pa·s）η_2	残留黏度比（%）
K	152.295	187.358	187.303	-0.157	-0.15	—	—	—	—	—	—	—	—
B	154.142	189.254	189.201	-0.151									
备注	—												

试验：　　　　复核：　　　　日期：　　　　年　　月　　日

沥青标准黏度试验(道路沥青标准黏度计法)
(参照 T 0621—1993 执行)

1　目的与适用范围

1.1　本方法适用于采用道路沥青标准黏度计测定液体石油沥青、煤沥青、乳化沥青等材料流动状态时的黏度。

1.2　本方法测定的黏度应注明温度及流孔孔径,以 $C_{t,d}$ 表示[t 为试验温度(℃);d 为孔径(mm)]。

2　主要检测设备

2.1　道路沥青标准黏度计由下列部分组成:

2.1.1　水槽:环槽形,内径 160mm、深 100mm,中央有一圆井,井壁与水槽之间距离不少于 55mm。环槽中存放保温用液体(水或油),上下方各设有一流水管。水槽下装有可以调节高低的三脚架,架上有一圆盘承托水槽,水槽底离试验台面约 200mm。水槽控温精密度 ±0.2℃。

2.1.2　盛样管(图 T 0621-1):管体为黄铜,而带流孔的底板为磷青铜制成。盛样管的流孔有 d:3mm ±0.025mm、4mm ±0.025mm、5mm ±0.025mm 和 10mm ±0.025mm 四种。根据试验需求,选择盛样管流孔的孔径。

2.1.3　球塞:用以堵塞流孔,杆上有一标记。直径 12.7mm ±0.05mm 球塞的标记高为 92mm ±0.25mm,用以指示 10mm 盛样管内试样的高度;直径 6.35mm ±0.05mm 球塞的标记高为 90.3mm ±0.25mm,用以指示其他盛样管内试样的高度。

图 T 0621-1　盛样管

2.1.4　水槽盖:盖的中央有套筒,可套在水槽圆井上,下附有搅拌叶。盖上有一把手,转动把手时可借搅拌叶调匀水槽内水温。盖上有一插孔,可放置温度计。

2.1.5　温度计:分度值0.1℃。

2.1.6　接受瓶:开口,圆柱形玻璃容器,100mL,在25mL、50mL、75mL、100mL处有刻度;也可采用100mL量筒。

2.1.7　流孔检查棒:磷青铜制,长100mm,检查4mm和10mm流孔及检查3mm和5mm流孔各1支,检查段位于两端,长度不小于10mm,直径按流孔下限尺寸制造。

2.2　秒表:分度值0.1s。

2.3　循环恒温水槽。

2.4　肥皂水或矿物油。

2.5　其他:加热炉、大蒸发皿等。

3　试验准备

3.1　按《公路工程沥青及沥青混合料试验规程》(JTG E20—2011)T 0602准备沥青试样。根据沥青材料的种类和稠度,选择需要流孔孔径的盛样管,置水槽圆井中。用规定的球塞堵好流孔,流孔下放蒸发皿,以备接受不慎流出的试样。除10mm流孔采用直径12.7mm球塞外,其余流孔均采用直径为6.35mm的球塞。

3.2　根据试验温度需要,调整恒温水槽的水温为试验温度±0.1℃,并将其进出口与黏度计水槽的进出口用胶管接妥,使热水流进行正常循环。

4　试验步骤

4.1　将试样加热至比试验温度高2~3℃(当试验温度低于室温时,试样须冷却至比试验温度低2~3℃)时注入盛样管,其数量以液面到达球塞杆垂直时杆上的标记为准。

4.2　试样在水槽中保持试验温度至少30min,用温度计轻轻搅拌试样,测量试样的温度为试验温度±0.1℃时,调整试样液面至球塞杆的标记处,再继续保温1~3min。

4.3　将流孔下蒸发皿移去,放置接受瓶或量筒,使其中心正对流孔。接受瓶或量筒可预先注入肥皂水或矿物油25mL,以利洗涤及读数准确。

4.4　提起球塞,借标记悬挂在试样管边上。待试样流入接受瓶或量筒达25mL(量筒刻度50mL)时,按动秒表,待试样流到75mL(量筒刻度100mL)时,按停秒表。

4.5　记取试样流出50mL所经过的时间,准确至s,即为试样的黏度。

5　试验结果计算

5.1　计算公式。

同一试样至少平行试验两次，当两次结果的差值不大于平均值的4%时，取其平均值作为试验结果的整数，按式(T 0621-1)计算。

$$C_{t,d} = \frac{(C_1 + C_2)}{2} \tag{T 0621-1}$$

式中：$C_{t,d}$——试样在温度为T℃，孔径为d(mm)时的标准黏度；

C_1——第一次测试结果，s；

C_2——第二次测试结果，s。

5.2　允许误差。

重复性试验的允许差为平均值的4%。

6　试验记录

沥青标准黏度试验记录示例，见表T 0621-1。

沥青标准黏度试验记录表　　　　表T 0621-1

第　页　共　页

JJ0811

试验室名称：　　　　　　　　　　记录编号：ZY01-181—2012-01

工程部位/用途		—	委托/任务编号		011012282
试验依据		JTG E20—2011	样品编号		011012282
样品描述		盛样器皿密封，样品黑色，固态	样品名称		普通乳化沥青
试验条件		室温20℃	试验日期		2012-09-01
主要仪器设备及编号		自动恒温沥青标准黏度计3110727			
标准黏度(道路标准黏度计法)					
试样编号	流孔孔径(mm)	保温水浴中水温度(℃)	试样温度(℃)	标准黏度测试值(s)	标准黏度测定值(s)
1	3	25	25	18.5	18.6
2	3	25	25	18.7	
备注	—				

试验：　　　　　　　　复核：　　　　　　　　日期：　　年　　月　　日

7 试验规程及评定依据

7.1 《公路工程沥青及沥青混合料试验规程》(JTG E20—2011)。

7.2 《公路沥青路面施工技术规范》(JTG F40—2004)。

8 注意事项

8.1 除 10mm 流孔采用直径 12.7mm 球塞外，其余流孔均采用直径为 6.35mm 的球塞。

8.2 试样应在水槽中保持试验温度至少 30min，用温度计轻轻搅拌试样，测量试样的温度为试验温度 ±0.1℃时，调整试样液面至球塞杆的标记处，再继续保温 1 ~3min。

8.3 接受瓶或量筒可预先注入肥皂水或矿物油 25mL，以利洗涤及读数准确。

沥青旋转黏度试验(布洛克菲尔德黏度计法)(参照 T 0625—2011 执行)

1　目的与适用范围

1.1　本方法适用于采用布洛克菲尔德黏度计(Brookfield,简称布氏黏度计)旋转法测定道路石油沥青在 45℃以上温度范围内的表观黏度,以帕斯卡秒(Pa·s)计。

1.2　本方法测定的不同温度的黏度曲线,用于确定各种沥青混合料的拌和温度和压实温度。

2　主要检测设备

2.1　布洛克菲尔德黏度计(图 T 0625-1):具有直接显示黏度、扭矩、剪切应力、剪变率、转速和试验温度等项目的功能。

2.1.1　适用于不同黏度范围的标准高温黏度测量系统,如 LV、RV、HA 或 HB 型系列等,其量程应满足被测改性沥青黏度的要求。

2.1.2　不同型号的转子,根据沥青黏度选用。

2.1.3　自动温度控温系统,包括恒温室、恒温控制器、盛样筒(为试管形状)、温度传感器等。

2.1.4　数据采集和显示系统、绘图记录设备等。

2.2　烘箱:有自动温度控制器,控温的准确度为±1℃。

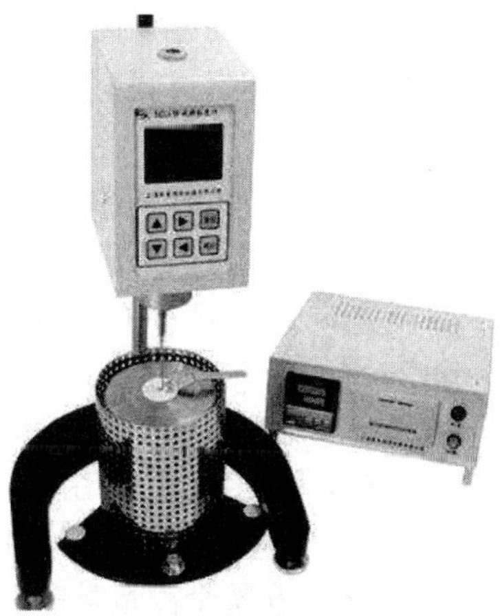

图 T 0625-1　布洛克菲尔德黏度计

2.3　标准温度计:分度值 0.1℃。

2.4　秒表。

3 试验准备

3.1 仪器在安装时必须调至水平，使用前应检查仪器的水准气泡是否居中。开启黏度计温度控制器电源，设定温度控制系统至要求的试验温度。此系统的控温准确度应在使用前严格标定。

3.2 按《公路工程沥青及沥青混合料试验规程》(JTG E20—2011)T 0602 的方法准备沥青试样，分装在盛样容器中，在烘箱中加热至软化点以上 100℃左右保温 30 ~ 60min 备用，对改性沥青应注意除去气泡。

3.3 根据估计的沥青黏度，按仪器说明书规定的不同型号的转子所适用的速率和黏度范围，选择适宜的转子。通常，道路石油沥青 60℃动力黏度转子型号选择 27 号，转速选择 0.5r/min，改性沥青 60℃动力黏度转子型号选择 29 号，转速选择 0.1r/min，135℃运动黏度转速选择 20r/min。

4 试验步骤

4.1 取出沥青盛样容器，适当搅拌，按转子型号所要求的体积向黏度计的盛样筒中添加沥青试样，根据试样的密度换算成质量。加入沥青试样后的液面应符合不同型号转子的规定要求，试样体积应与系统标定时的标准体积一致。通常情况下，道路石油沥青盛样筒中称取 10g ±0.2g、改性沥青 13g ±0.2g。

4.2 将转子与盛样筒一起置于已控温至试验温度的烘箱中保温，维持 1.5h。当试验温度较低时，可将盛样筒试样适当放冷至稍低于试验温度后再放入烘箱中保温。

4.3 取出转子和盛样筒，安装在黏度计上，降低黏度计，使转子插进盛样筒的沥青液面中，至规定的高度。

4.4 使沥青试样在恒温容器中保温，达到试验所需的平衡温度(不少于 15min)。

4.5 按仪器说明书的要求，选择适宜的转子速率。例如在 135℃测定时，对 RV、HA、HB 型黏度计可采用 20r/min，对 LV 型黏度计可采用 12r/min，在 60℃测定可选用 0.5r/min 等。开动布洛克菲尔德黏度计，观察读数，扭矩读数应在 10% ~ 98% 范围内。在整个测量黏度过程中，不得改变设定的转速。仪器在测定前是否需要归零，可按操作说明书规定进行。

4.6 观测黏度变化，当小数点后面 2 位读数稳定后，在每个试验温度下，每隔 60s 读数一次，连续读数 3 次，以 3 次读数的平均值作为测定值。

4.7 对每个要求的试验温度，重复以上过程进行试验。试验温度宜从低到高进行,盛样筒和转子的恒温时间应不小于1.5h。

4.8　如果在试验温度下的扭矩读数不在10%～98%范围内,必须更换转子或降低转子转速后重新试验。

5　试验结果计算

5.1　同一种试样至少平行试验两次,两次测定结果符合重复性试验允许误差要求时,以平均值作为测定值。

5.2　重复性试验的允许误差为平均值的3.5%,再现性试验的允许误差为平均值的14.5%。

6　试验记录

沥青旋转黏度试验记录示例,见表T 0625-1。

沥青旋转黏度试验记录表　　表T 0625-1

第　页　共　页

JJ0811

试验室名称:　　　　记录编号:ZY01-181—2012-01

<table>
<tr><td colspan="3">工程部位/用途</td><td colspan="2">—</td><td colspan="2">委托/任务编号</td><td colspan="2">011013158</td></tr>
<tr><td colspan="3">试 验 依 据</td><td colspan="2">JTG E20—2011</td><td colspan="2">JTG 样 品 编 号</td><td colspan="2">011013158</td></tr>
<tr><td colspan="3">样 品 描 述</td><td colspan="2">盛样器皿密封,样品黑色,固态</td><td colspan="2">样 品 名 称</td><td colspan="2">改性沥青</td></tr>
<tr><td colspan="3">试 验 条 件</td><td colspan="2">室温21℃</td><td colspan="2">试 验 日 期</td><td colspan="2">2013-09-11</td></tr>
<tr><td colspan="3">主要仪器设备及编号</td><td colspan="6">Brookfield 旋转黏度计(3110380)、电子天平(3111651)</td></tr>
<tr><td colspan="9">布氏旋转黏度(转子型号 29 ,转子速度 20r/min)</td></tr>
<tr><td rowspan="2">试样编号</td><td rowspan="2">试验温度(℃)</td><td rowspan="2">仪器常数 K_n</td><td colspan="4">黏度计读数 θ(Pa·s)</td><td rowspan="2">黏度测值(Pa·s)</td><td rowspan="2">黏度 η_a (Pa·s)</td></tr>
<tr><td>1</td><td>2</td><td>3</td><td>平均值</td></tr>
<tr><td>1</td><td>135</td><td>—</td><td>2.050</td><td>2.050</td><td>2.050</td><td>2.050</td><td rowspan="2">2.075</td><td rowspan="2">2.075</td></tr>
<tr><td>2</td><td>135</td><td>—</td><td>2.100</td><td>2.100</td><td>2.100</td><td>2.100</td></tr>
<tr><td>备注</td><td colspan="8">—</td></tr>
</table>

试验:　　　　复核:　　　　日期:　　年　　月　　日

7　试验规程及评定依据

7.1　《公路工程沥青及沥青混合料试验规程》(JTG E20—2011)。

7.2 《公路沥青路面施工技术规范》(JTG F40—2004)。

8 注意事项

8.1 向黏度试管添加试样时,严格按转子型号所要求的体积向黏度计的盛样筒中添加沥青试样,根据试样的密度换算成质量。

8.2 试验温度宜从低到高进行,盛样筒和转子的恒温时间应不小于1.5h。

8.3 如果在试验温度下的扭矩读数不在10% ~98%范围内,必须更换转子或降低转子转速后重新试验。

沥青弯曲蠕变劲度试验(弯曲梁流变仪法)
(参照 T 0627—2011 执行)

1　目的与适用范围

1.1　本方法用弯曲梁流变仪测定沥青的弯曲蠕变劲度和 m 值。测量的弯曲蠕变劲度范围为 20 ~ 1 000MPa。

1.2　本方法适用于原样沥青、压力老化后的沥青和薄膜烘箱(或旋转薄膜烘箱)后的老化沥青。

1.3　根据本方法进行试验时,若试件的形变大于 4mm 或小于 0.08mm 时,试验结果无效。

2　主要检测设备

2.1　弯曲梁流变仪试验系统,其由以下几部分组成:

2.1.1　带有试件支架的加载框。

2.1.2　将试件保持在试验温度下并提供浮力以抵消试件重力的恒温浴。

2.1.3　计算机控制和数据自动采集系统元件。

2.1.4　试样梁模具。

2.1.5　检量和校正系统的梁。

2.2　试验系统基本技术要求和参数。

2.2.1　加载框:由一套试件支架、加载轴、荷载传感器、荷载调零装置、加载装置及位移测量传感器等组成。

2.2.2　加载系统:能向试件施加 35mN ± 5mN 的接触荷载,试验过程中将试验荷载保持在 980mN ± 50mN 以内。技术要求如下:

(1)加载系统要求:试验荷载的升压时间应不小于 5s。开始试验时系统在 0.5 ~ 5s内将接触荷载从 35mN ± 5mN 增加到初始试验荷载 980mN ± 50mN,此时试验荷载应稳定在平均试验荷载 ± 50mN 之内,之后稳定在平均试验荷载 ± 10mN。

(2)加载轴:带有半径为 6.3mm ± 1.3mm 球形接触点。

(3)荷载传感器:用来测量初始接触荷载和试验荷载。最小量程应不小于

2.00N,分辨率不小于2.5 mN。

(4)线性差动式位移传感器(LVDT):量程不小于6mm,分辨率不小于2.5μm。

(5)试件支架:接触半径为3.0mm ±0.3mm,由不锈钢或其他防腐蚀金属制成的支架。

2.2.3 温度传感器:测量范围 -36 ~0℃,精确至 ±0.1℃。

2.2.4 恒温浴:在 -36 ~0℃范围能将浴内各点温度保持在试验温度 ±0.1℃。

2.2.5 数据采集系统分辨率:最小荷载2.5mN,最小形变为2.5μm和最小恒温浴内温度变化为 ±0.1℃。当接触荷载转换到试验荷载信号被激活时,数据采集系统将及时感受该点。数据采集系统将记录在8.0s、15.0s、30.0s、60.0s、120.0s和240.0s的荷载和形变。

2.2.6 试件模具:材料为铝板或不锈钢(也可用硅橡胶)。模具内部尺寸为:长127mm ±2.0mm、厚6.35mm ±0.05mm、宽12.70mm ±0.05mm。

2.2.7 不锈钢(厚)梁:长127mm ±2.0mm、宽12.7mm ±0.1mm、厚6.4mm ±0.1mm;不锈钢(薄)梁:长127mm ±0.5mm、宽12.7mm ±0.1mm、厚1.0 ~1.6mm。

2.2.8 标准砝码:通常需要4个,每个质量100.0g ±0.2g,用于BBR荷载传感器的标定。

2.2.9 标准温度计:分度值0.1℃的浸入式玻璃液体温度计,用于检查温度传感器的温度。

2.2.10 塑料片:厚度为0.08 ~0.15mm的干净塑料片,塑料片不会因热沥青的作用而变形。

2.2.11 其他:酒精灯、刮刀、凡士林等。

3 试验准备

3.1 准备工作。

3.1.1 按操作说明书打开软件,加载数据采集系统。

3.1.2 选择试验温度并将浴液的温度调节到所选温度。试验前将温度恒温到试验温度 ±0.1℃。

3.1.3 打开空气轴承,用荷载调节器调节加载轴,使它在垂直路径约中间点处自由漂浮。

3.1.4 调节负载设置:将厚6.4mm的不锈钢梁放在支架上,调节相关按钮,使接触荷载达到35mN ±5mN,相应的初始试验荷载应为980mN ±50mN。

3.1.5 系统检查:在每次进行试验前,将厚度为1.0 ~1.6mm的不锈钢(薄)

梁放在样品支架上,按程序要求操作测定薄梁模量,模量值应在薄梁模量的标准值范围内。

3.1.6　温度传感器的检查:当试验温度改变时,用标准温度计显示的温度与数据采集系统显示的温度进行比较,数据采集系统显示的温度与标准温度计显示的温度差应该在 ±0.1℃内。

3.2　试件制备。

3.2.1　金属模具的准备。

将模具清理干净,在模具的 3 个长金属部分的内表面涂一层凡士林,用凡士林将塑料片平粘在金属上。

(1)将塑料片放在金属表面,用手指挤压塑料片,靠摩擦力将塑料片压在金属表面上。

(2)在两个端件的内表面涂一层凡士林,以防止沥青粘到金属端件上。

(3)安装模具,用 O 形橡胶环将模件紧紧捆在一起。检查模具,用力将塑料片向金属表面压,以挤出气泡。

(4)安装结束后,将模具放在室温下等待浇注沥青。

3.2.2　试件的制备。

(1)按《公路工程沥青及沥青混合料试验规程》(JTG E20—2011)T 0602 的方法准备试样。将沥青在烘箱中加热,直到沥青充分流动,成为容易浇注的状态。

(2)浇注试件(金属模):模具放在室温下,将沥青从模具的一端向另一端来回浇注,使沥青略高出模具。倾倒时使盛样容器距模具顶端 20 ~ 30mm,以单一路径向另一端浇注沥青,将倒满沥青的模具在室温下冷却 45 ~ 60min。冷却到室温后,用热刮刀切掉并切平冷却后高出模具顶端的沥青样品。

3.2.3　试件脱模。

(1)试验前将模具中的试件置于室温,试件浇注完后应在 4h 内完成试验。

(2)在脱模前,将含试件的金属模放在冷却室或水浴中冷却,保证试件在脱模时不变形。冷却温度宜采用 -5℃ ±5℃,冷却时间为 5 ~ 10min。

(3)当模具内试件已达到脱模条件时,宜立即拆掉金属模具将试件移出。为了避免试件变形,应将塑料片和侧模从试件上滑动脱模。

注:在脱模过程中,小心拿好试件不要使试件变形。变形的试件将会影响测得的劲度和 m 值。

4　试验步骤

4.1　试件脱模后,立即将试件放入达到试验温度的恒温浴中,恒温保持

60min ±5min后,将试件安放在支架上,保持恒温浴温度在试验温度 ±0.1℃内。

4.2 将试件资料、试验荷载、试验温度等有关信息输入到计算机中。

4.3 手动施加一个 35mN ±5mN 的接触荷载,施加荷载时间不能大于 10s,且保证试件和荷载头之间的接触。

4.4 激活自动试验系统,加载过程为:

(1)在 1s ±0.1s 内施加 980mN ±50mN 的初始荷载。

(2)将荷载减少到 35mN ±5mN,维持 20s ±1s。

(3)施加试验荷载 980mN ±50mN,维持时间为 240s。计算机将从 0.5s 起,以 0.5s 的时间间隔自动记录并计算荷载及形变值。

(4)卸去试验荷载并返回到 35mN ±5mN 的接触荷载。

(5)从支架上移走试件,进行下一个试验。

5 试验结果计算

5.1 重复性试验两个结果的差值(用平均值的百分数表示)应不超过表 T 0627-1的重复性允许误差值。

5.2 再现性试验两个结果的差值(用平均值的百分数表示)应不超过表 T 0627-1的再现性允许误差值。

重复性和再现性允许误差值 表 T 0627-1

条件	两个试验结果的允许误差(%)	
重复性	蠕变劲度(MPa)	7.2
	m 值	2.9
再现性	蠕变劲度(MPa)	17.8
	m 值	6.8

6 试验记录

沥青弯曲蠕变劲度试验记录示例,见表 T 0627-2。

7 试验规程及评定依据

7.1 《AASHTO 运输材料标准材料规范与取样和试验方法》。

7.2 《公路工程沥青及沥青混合料试验规程》(JTG E20—2011)。

7.3 《沥青胶结料性能等级标准规范》(AASHTO M320—10)。

7.4 《公路沥青路面施工技术规范》(JTG F40—2004)。

沥青弯曲蠕变劲度试验记录表

表 T 0627-2

第　页　共　页

JJ0836

试验室名称：　　　　　　　　　　　　　　　　记录编号：ZY01-021—2014-01

<table>
<tr><td>工程部位/用途</td><td colspan="2">—</td><td>委托/任务编号</td><td colspan="2">011812058</td></tr>
<tr><td>试验依据</td><td colspan="2">JTG E20—2011</td><td>样品编号</td><td colspan="2">011812058</td></tr>
<tr><td>样品描述</td><td colspan="2">盛样器皿密封，样品黑色，固态</td><td>样品名称</td><td colspan="2">改性沥青</td></tr>
<tr><td>试验条件</td><td colspan="2">室温 20℃</td><td>试验日期</td><td colspan="2">2012-09-18</td></tr>
<tr><td>主要仪器设备及编号</td><td colspan="5">弯曲梁流变仪 3110372</td></tr>
<tr><td colspan="6">沥青胶结料弯曲蠕变</td></tr>
<tr><td>样品</td><td>温度</td><td>试验项目</td><td>试验值</td><td>要求</td><td>通过(P)/不通过(F)</td></tr>
<tr><td rowspan="4">PAV 后残留物</td><td rowspan="2">-12℃</td><td>蠕变劲度 S(MPa)</td><td>256</td><td rowspan="4">S≤300MPa
m 值≥0.300</td><td rowspan="2">P</td></tr>
<tr><td>m 值</td><td>0.356</td></tr>
<tr><td rowspan="2">-18℃</td><td>蠕变劲度 S(MPa)</td><td>368</td><td rowspan="2">F</td></tr>
<tr><td>m 值</td><td>0.262</td></tr>
<tr><td>备注</td><td colspan="5">—</td></tr>
</table>

试验：　　　　　　　　复核：　　　　　　　　日期：　　　　年　　月　　日

8　注意事项

8.1　选择试验温度时，必须选择后点确定键。

8.2　安装模具，用 O 形橡胶环将模件紧紧捆在一起。检查模具，用力将塑料片向金属表面压，以挤出气泡。

8.3　试验样品在浇注后应在 4h 内完成。

压力老化容器加速沥青老化试验
（参照 T 0630—2011 执行）

1 目的与适用范围

1.1 本方法采用高温和压缩空气在压力容器中对沥青进行加速老化，目的是模拟沥青在道路使用过程中发生的氧化老化，用来评价不同沥青在试验温度和压力条件下的抗氧化老化能力，但不能说明混合料因素的影响或沥青实际使用条件下对老化的影响。

1.2 本方法使用的样品为旋转薄膜烘箱试验方法得到的残留物。

2 主要检测设备

2.1 压力老化试验仪。

2.2 电子天平：测量范围 0～2 000g，感量不大于 0.1g。

2.3 其他：盛样皿、盛样皿架。

3 试验准备

3.1 按《公路工程沥青及沥青混合料试验规程》（JTG E20—2011）T 0602 的方法准备试样。沥青进行旋转薄膜烘箱试验（RTFOT），将老化试验后的残留物倒入一个容器中。

3.2 压力老化容器预热至 95℃ ±0.1℃。

3.3 取 1 只洁净干燥的盛样皿备用。

3.4 电子天平预热 30min。

3.5 样品架放入 100℃烘箱中预热备用。

3.6 烘箱预热，道路石油沥青 140℃ ±5℃、改性沥青 170℃ ±10℃。

3.7 将已知质量的标准薄膜烘箱试验盛样盘放在天平上，向盘中加入 50g ±0.5g 的沥青，使沥青薄膜厚度约为 3.2mm。如果残留物已冷却，可将其加热至流动状态再灌样。

4　试验步骤

4.1　将盛样皿置于已预热的样品架上,一起放入压力老化容器。

4.2　拧紧螺栓,盖上保温垫与金属盖。

4.3　打开空气阀,待温度回升至94℃后启动"start"或"continue"键按钮,仪器开始自动加压与升温。

4.4　压力增加至2.1MPa后,系统自动计时20h,然后自动分级释放压力。

4.5　压力降低至常压后,取出样品,倾入一金属容器中。

4.6　金属容器置于已预热至170℃、负压为15kPa的真空干燥箱中30min。

4.7　取出样品用于其他性质试验。

5　试验规程及评定依据

5.1　《AASHTO运输材料标准材料规范与取样和试验方法》。

5.2　《公路工程沥青及沥青混合料试验规程》(JTG E20—2011)。

6　注意事项

6.1　试验完成后,清理盛样皿,将盛样皿擦拭干净,放至指定位置。

6.2　清理工作台及压力老化容器,保持工作台及仪器清洁,无沥青残留。

沥青弹性恢复试验(参照 T 0662—2000 执行)

1　目的与适用范围

本试验适用于评价热塑性橡胶类聚合物改性沥青的弹性恢复性能,即测定用延度试验仪拉长一定长度后可恢复变形的百分率。非经注明,试验温度为25℃、拉伸速率为5cm/min ±0.25cm/min。

2　主要检测设备

2.1　试模(图 T 0662-1):采用延度试验所用试模,但中间部分换为直线侧模,制作的试件截面积为1cm^2。

2.2　水槽(图 T 0662-2):能保持规定的试验温度,变化不超过0.1℃。水槽的容积不小于10L,高度应满足试件浸没深度不小于10cm、离水槽底部不少于5cm的要求。

图 T 0662-1　试模

图 T 0662-2　水槽

2.3　延度试验机:延度仪的测量长度不宜大于150cm,仪器应有自动控温、控速系统。应满足试件浸没于水中,能保持规定的试验温度及规定的拉伸速度,且试验时应无明显振动。

2.4　温度计:符合延度试验的要求,量程为50℃ ±0.1℃。

2.5　剪刀。

3　试验准备

3.1　样品带盖置烘箱中加热至充分流动状态，从烘箱中取出样品，用玻璃棒搅拌均匀（整个样品准备过程按《公路工程沥青及沥青混合料试验规程》（JTG E20—2011）T 0602 沥青试样准备方法进行）。

3.2　将隔离剂搅拌均匀，涂于清洁干燥的试模底板和两个侧模表面，并将试模在试模底板上装妥。

3.3　按《公路工程沥青及沥青混合料试验规程》（JTG E20—2011）T 0602 规定的方法准备试样，然后将试样仔细自试模的一端至另一端往返数次缓缓注入模中，最后略高出试模，灌模时应注意勿使气泡混入，并贴上样品标识。

3.4　试件在室温中冷却不少于1.5h，然后用热刮刀刮除高出试模的沥青，使沥青面与试模面齐平。沥青的刮法应自试模的中间刮向两端，且表面应该刮得很平滑。将试模连同底板再浸入规定试验温度（25℃）的水槽中保温1.5h。

3.5　检查延度仪拉伸速度是否符合规定要求，然后移动滑板使其指针正对标尺的零点。将延度仪注水，并保温达到试验温度±0.1℃。

4　试验步骤

4.1　将试样安装在滑板上，按延度试验方法以规定的5cm/min 速率拉伸试样达10cm±0.25cm 时停止拉伸。

4.2　拉伸一停止，就立即用剪刀在中间将沥青试样剪断，保持试样在水中1h，并保持水温不变。注意：在停止拉伸后至剪断试样之间不得有时间间歇，以免使拉伸应力松弛。

4.3　取下两个半截的回缩沥青试样轻轻捋直，但不得施加压力，移动滑板使改性沥青试样的尖端刚好接触，测量试件的残留长度 X。

5　试验结果计算

按式（T 0662-1）计算弹性恢复率。

$$D = \frac{(10 - X)}{10} \times 100 \qquad (T\ 0662\text{-}1)$$

式中：D——试样的弹性恢复率，%；

X——试样的残留长度，cm。

6 试验记录

沥青弹性恢复试验记录示例,见表 T 0662-1。

沥青弹性恢复试验记录表 表 T 0662-1

第 页 共 页

JJ0813

试验室名称: 记录编号:ZY01-009—2012-01

<table>
<tr><td colspan="2">工程部位/用途</td><td colspan="2">—</td><td>委托/任务编号</td><td>011012269</td></tr>
<tr><td colspan="2">试验依据</td><td colspan="2">JTG E20—2011</td><td>样品编号</td><td>011012269</td></tr>
<tr><td colspan="2">样品描述</td><td colspan="2">盛样器皿密封,样品黑色,固态</td><td>样品名称</td><td>改性沥青</td></tr>
<tr><td colspan="2">试验条件</td><td colspan="2">室温 19℃</td><td>试验日期</td><td>2012-09-18</td></tr>
<tr><td colspan="2">主要仪器设备及编号</td><td colspan="4">温控测力延度仪 3110358</td></tr>
<tr><td colspan="6">弹性恢复</td></tr>
<tr><td>试验编号</td><td>试样拉伸长度(cm)</td><td>试样残留长度 X(cm)</td><td colspan="2">弹性恢复测试值(%)</td><td>弹性恢复测定值(%)</td></tr>
<tr><td>1</td><td>10</td><td>0.5</td><td colspan="2">95</td><td rowspan="3">95</td></tr>
<tr><td>2</td><td>10</td><td>0.5</td><td colspan="2">95</td></tr>
<tr><td>3</td><td>10</td><td>0.6</td><td colspan="2">94</td></tr>
<tr><td>备注</td><td colspan="5">—</td></tr>
</table>

试验: 复核: 日期: 年 月 日

7 试验规程及评定依据

7.1 《公路工程沥青及沥青混合料试验规程》(JTG E20—2011)。

7.2 《公路沥青路面施工技术规范》(JTG F40—2004)。

8 注意事项

8.1 在停止拉伸后至剪断试样之间不得有时间间歇,以免使拉伸应力松弛。

8.2 当取下两个半截的回缩沥青试样轻轻捋直,但不得施加压力。

沥青动态剪切流变仪试验方法
（参照 T 0628—2011 执行）

1　目的与适用范围

1.1　本方法适用于测定沥青的动态剪切模量和相位角。沥青动态剪切模量测量值的范围为0.1～10MPa，相应的温度范围为5～85℃。

1.2　本方法适用于原样沥青、压力老化后的沥青和薄膜烘箱（或旋转薄膜烘箱）后的老化沥青。如用于含有颗粒的沥青，本标准试验方法只适用于颗粒尺寸小于250μm的沥青。

1.3　通过本方法测得的复合剪切模量和相位角，经计算可以确定沥青性能分级（PG）等级。

2　主要检测设备

2.1　动态剪切流变仪（图 T 0628-1）：试验系统由平行金属板、环境室、加载设备、控制和数据采集系统组成。

2.2　试验系统基本技术要求和参数。

2.2.1　试验板：两种规格的表面光滑的金属板。一块直径为8.00mm±0.05mm；另一块直径为25mm±0.05mm。

2.2.2　环境室：用来控制试验时试件的温度，通过加热或冷却维持一个恒定的试件环境，环境中加热或冷却试件的介质应为不影响沥青性质的液体或气体。

2.2.3　温度控制器：在5～85℃温度范围内，将试件温度控制在试验温度±0.1℃内。

2.2.4　加载设备：可以向试件施加10rad/s±0.1rad/s频率的正弦振荡荷载。加载方式可采用应力控制荷载或应变控制荷载。

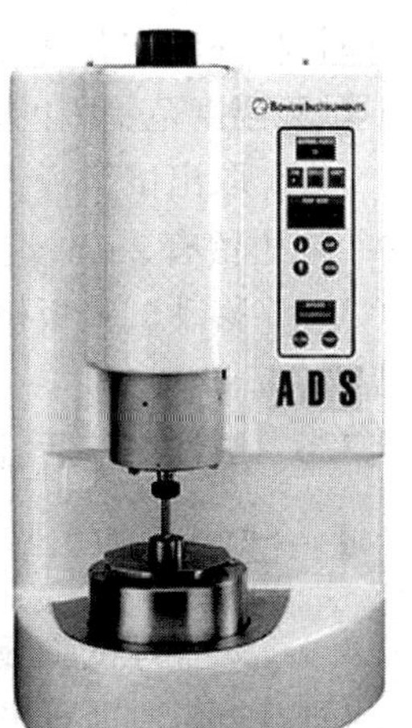

图 T 0628-1　动态剪切流变仪原理

2.2.5 控制和数据采集系统:可记录温度、频率、偏转角和扭矩。应满足表T 0628-1中规定的精度要求。

控制和数据采集系统精度要求　　表T 0628-1

测定值	精度	测定值	精度
温度	0.1℃	扭矩	10mN · m
频率	1%	偏转角度	100μrad

2.2.6 温度传感器:精确至 ±0.1℃。

2.3 试件修整器:刮刀或刀片,用于修整试件。

3 试验准备

3.1 按《公路工程沥青及沥青混合料试验规程》(JTG E20—2011)T 0602 的方法准备试样。加热沥青至足够流动状态,用来浇注试件,原样沥青加热的温度不宜高于135℃,改性沥青加热温度不超过163℃。在加热过程中给样品加盖,并适当进行搅拌以保证样品的均匀性和赶走气泡。

3.2 将选择的试验板固定于试验机上,在试验温度下,建立试验板零间隙水平。向上移动顶板,使板间隙为1mm ±0.05mm(直径25mm,用于原样沥青和薄膜烘箱或旋转薄膜烘箱老化后的沥青)或2mm ±0.05mm(直径8mm,用于压力老化后的沥青)。

3.3 仔细清洁试验板表面,使沥青均匀牢固地粘到试验板上。当采用8mm试件时,将环境室温度升到约45℃;当采用25mm试件时,将环境室温升到试验温度或试验温度范围内的初始温度。

3.4 取出试验板,将沥青浇筑在试验板的中心处,使得沥青基本覆盖整个板(除了周边留有2mm宽外)。待沥青变硬后,将试验板装回流变仪。

3.5 移动试验板挤压两个试验板间的试件,加热试件修整器,修整周边多余的沥青。

3.6 试件修整后,调整间隙到试验间隙。

4 试验步骤

4.1 调整好试验板间隙后,将试件温度升到试验温度 ±0.1℃。

4.1.1 当对沥青进行确认试验时,从沥青性能分级要求(PG)中选择合适的试验温度。

4.1.2 将温度控制器设定到所需要的试验温度 ±0.1℃,对试件恒温至少

10min,然后开始试验。

4.2　在应力或应变控制方式下进行试验。

4.2.1　当采用应力控制方式时,从表 T 0628-2 中选择合适的应力值进行试验。动态剪切流变仪能自动控制应力,不需操作者调整。

4.2.2　当采用应变控制方式时,从表 T 0628-3 中选择合适的应变值进行试验。动态剪切流变仪能自动控制应变,不需操作者调整。

目标应力值　　表 T 0628-2

材料	临界值(kPa)		应力(kPa)	
			目标水平	范围
原样沥青	$G^*/\sin\delta$	≥1.0	0.12	0.09~0.15
TFOT/RTFOT 残留物	$G^*/\sin\delta$	≥2.2	0.22	0.18~0.26
PAV 残留物	$G^*/\sin\delta$	≤5 000	50.0	40.0~60.0

注:G^* 为复合剪切模量。下同。

目标应变值　　表 T 0628-3

材料	临界值(kPa)		应变(%)	
			目标值	范围
原样沥青	$G^*/\sin\delta$	≥1.0	12	9~15
TFOT/RTFOT 残留物	$G^*/\sin\delta$	≥2.2	10	8~12
PAV 残留物	$G^*/\sin\delta$	≤5 000	1	0.8~1.2

4.3　当温度达到平衡时,设备将自动以 10rad/s 的频率和选择的应力(或应变)目标值进行试验,第一次 10 个循环不记录数据,第二次 10 个循环记录数据,用于计算复合剪切模量和相位角。记录和计算均由数据采集系统完成。

4.4　试件设备和修整结束后,应立即进行试验。在多个温度下进行试验时,从试件加热到整个试验结束应在 4h 内。

5　试验结果计算

5.1　重复性试验两个结果的差值(用平均值的百分数表示)应不超过表 T 0628-4的重复性允许误差值。

5.2　再现性试验两个结果的差值(用平均值的百分数表示)应不超过表 T 0628-4的再现性允许误差值。

重复性和再现性允许误差值 表 T 0628-4

试验参数		重复性(%)	再现性(%)
原样沥青	$G^*/\sin\delta$	6.4	17.0
TFOT/RTFOT 残留物	$G^*/\sin\delta$	9.0	22.2
PAV 残留物	$G^*/\sin\delta$	13.8	40.2

6 试验记录

沥青流变性质试验记录表示例,见表 T 0628-5。

沥青流变性质试验记录表 表 T 0628-5

第 页 共 页

JJ0835

试验室名称: 记录编号:ZY01-020—2012-01

工程部位/用途	—	委托/任务编号	011812058
试验依据	JTG E20—2011	样品编号	011812058
样品描述	盛样器皿密封,样品黑色,固态	样品名称	道路石油沥青
试验条件	室温 19℃	试验日期	2012-09-18
主要仪器设备及编号	动态剪切流变仪 3110371		

沥青胶结料动态剪切流变

样品	温度	试验项目	试验值	要求	通过(P)/不通过(F)
原样沥青	64℃	复合模量 G^* (kPa)	1.8168	$G^*/\sin\delta \geqslant 1.0$	P
		相位角 δ	76.2		
		$G^*/\sin\delta$(kPa)	1.8708		
	70℃	复合模量 G^* (kPa)	0.9224		F
		相位角 δ	79.1		
		$G^*/\sin\delta$(kPa)	0.9393		
	—	复合模量 G^* (kPa)	—		—
		相位角 δ	—		
		$G^*/\sin\delta$(kPa)	—		
备注:					

试验: 复核: 日期: 年 月 日

7　试验规程及评定依据

7.1　《AASHTO 运输材料标准材料规范与取样和试验方法》。

7.2　《公路工程沥青及沥青混合料试验规程》(JTG E20—2011)。

7.3　《公路沥青路面施工技术规范》(JTG F40—2004)。

7.4　《沥青胶结料性能等级标准规范》(AASHTO M320-10)。

8　注意事项

8.1　在加热过程中给样品加盖,并适当进行搅拌,以保证样品的均匀性和赶走气泡。

8.2　当采用 8mm 试件时,将环境室温升到约 45℃;当采用 25mm 试件时,将环境室温升到试验温度或试验温度范围内的初始温度。

8.3　从试件加热到整个试验结束应在 4h 内。

沥青蜡含量试验（参照 T 0615—2011 执行）

1 目的与适用范围

本方法适用于采用裂解蒸馏法测定道路石油沥青中的蜡含量。

2 主要检测设备

2.1 蒸馏烧瓶:采用耐热玻璃制。

2.2 自动制冷装置:冷浴槽可容纳3套蜡冷却过滤装置,其冷却的温度能达到-30℃,并且能控制在-30℃±0.1℃。冷却液介质可采用工业酒精或乙二醇的水溶液等。

2.3 蜡冷却过滤装置:由砂芯过滤漏斗、吸滤瓶、试样冷却桶、柱杆塞等组成,砂芯过滤漏斗的孔径系数为10~16μm。

2.4 蜡过滤瓶:类似锥形瓶,有一个分支,能够进行真空抽吸的玻璃瓶。

2.5 立式可调高温炉:恒温550℃±10℃。

2.6 分析天平:感量不大于0.1mg、0.1g各一台。

2.7 温度计:量程-30~+60℃,分度值0.5℃。

2.8 锥形烧瓶:150mL或250mL数个。

2.9 玻璃漏斗:直径40mm。

2.10 真空泵。

2.11 无水乙醚、无水乙醇:分析纯。

2.12 石油醚(60~90℃):分析纯。

2.13 工业酒精。

2.14 干燥器。

2.15 烘箱:控制温度100℃±5℃。

2.16 其他:电热套、量筒、烧杯、冷凝管、蒸馏水、燃气灯等。

3 试验准备

3.1 将蒸馏烧瓶洗净、烘干后称其质量,准确至0.1g,然后置干燥器中备用。

3.2　将 150mL 或 250mL 锥形瓶洗净、烘干、编号后称其质量,准确至 0.1mg,然后置干燥器中备用。

3.3　将冷却装置各部分洗净、干燥,其中砂芯过滤漏斗用洗液浸泡后用蒸馏水冲洗干净,然后烘干备用。

3.4　按《公路工程沥青及沥青混合料试验规程》(JTG E20—2011)中 T 0602 方法准备沥青试样。

3.5　将高温炉预加热并控制炉内恒温 550℃ ±10℃。

3.6　在烧杯内备好碎冰水。

4　试验步骤

4.1　向蒸馏烧瓶中装入沥青试样(m_b)50g ±1g,准确至 0.1g。用软木塞盖严蒸馏瓶。用已知质量的锥形瓶作接收器,浸在装有碎冰的烧杯中。

4.2　将盛有试样的蒸馏瓶置已恒温 550℃ ±10℃的高温电炉中,蒸馏瓶支管与置于冰火中的锥形瓶连接。随后蒸馏瓶底将渐渐被烧红,如用燃气灯时,应调节火焰高度将蒸馏瓶周围包住。

4.3　调节加热强度(即调节蒸馏瓶至高温炉间距离或燃气灯火焰大小),从加热开始起 5 ~8min 内开始初馏(支管端口流出第一滴馏分);然后以每秒两滴(4 ~5mL/min)的流出速度继续蒸馏至无馏分油,瓶内蒸馏残留物完全形成焦炭为止。全部蒸馏过程必须在 25min 内完成。蒸馏完后,支管中残留的馏分不应流入接受器中。

4.4　将盛有馏分油的锥形瓶从冰水中取出,拭干瓶外水分,置室温下冷却称其质量,得到馏分油总质量(m_1),准确至 0.05g。

4.5　将盛有馏分油的锥形瓶盖上盖,稍加热熔化,并摇晃锥形瓶使试样均匀。加热时温度不要太高,避免有蒸发损失;然后,将熔化的馏分油注入另一已知质量的锥形瓶(250mL)中,称取用于脱蜡的馏分油质量 1 ~3g(m_2),准确至 0.1mg。估计蜡含量高的试样馏分油数量宜少取,反之需多取,使其冷冻过滤后能得到 0.05 ~0.1g蜡,但取样量不得超过 10g。

4.6　准备好符合控温精度的自动制冷装置,向冷浴中注入适量的冷液(工业酒精),其液面比试样冷却筒内液面(无水乙醚—乙醇)高 100mm 以上,设定制冷温度使其冷浴温度保持在 -20℃ ±0.5℃。把温度计浸没在冷浴 150mm 深处。

4.7　将吸滤瓶、玻璃过滤漏斗、试样冷却桶和柱杆塞组成冷冻过滤组件。

4.8　将盛有馏分油的锥形瓶注入 10mL 无水乙醚,使其充分溶解;然后注入试样冷却筒中,再用 15mL 无水乙醚分两次清洗盛油的锥形瓶,并将清洗液倒入试样冷却筒中;再将 25mL 无水乙醇注入试样冷却筒内与无水乙醚充分混合均匀。

4.9　将冷冻过滤组件放入已经预冷的冷浴中，冷却1h，使蜡充分结晶。在带有磨口塞的试管中装入30mL无水乙醚—无水乙醇（体积比1：1）混合液（作洗液用），并放入冷浴中冷却至$-20℃\pm0.5℃$，恒冷15min以后再使用。

4.10　当试样冷却筒中溶液冷却结晶后，拔起柱杆塞，过滤结晶析出蜡，并将柱杆塞用适当方法悬吊在试样冷却筒中，保持自然过滤30min。

4.11　当砂芯过滤漏斗内看不到液体时，启动真空泵，使滤液的过滤速度为每秒1滴左右，抽滤至无液体滴落；再将已冷却的无水乙醚—无水乙醇（体积比1：1）混合液一次加入30mL，洗涤蜡层、柱杆塞及试样冷却筒内壁；继续抽滤，当溶剂在蜡层上看不见时，继续抽滤5min，将蜡中的溶液抽干。

4.12　从冷浴中取出冷冻过滤组件，取下吸滤瓶，将其溶液倒入一回收瓶中。吸滤瓶也用无水乙醚—无水乙醇混合液冲洗3次，每次用量10～15mL，洗液并入回收瓶中。

4.13　将冷冻过滤组件（不包括吸滤瓶）装在蜡过滤瓶上，用30mL已预热至30～40℃的石油醚将砂芯过滤漏斗、试验冷却筒和柱杆塞的蜡溶解；拔起柱杆塞，待漏斗中无溶液后，再用热石油醚溶解漏斗中的蜡两次，每次的用量为35mL；然后立即用真空泵吸滤，至无液体滴落。

4.14　将吸滤瓶中蜡溶液倒入已称量质量的锥形瓶中，并用常温石油醚分3次清洗吸滤瓶，每次用量5～10mL。洗液倒入锥形瓶的蜡溶液中。

4.15　将盛有蜡溶液的锥形瓶放在适宜的热源上蒸馏到石油醚蒸发净尽后。将锥形瓶置温度为$105℃\pm5℃$的烘箱中除去石油醚；然后将其放入真空干燥箱（$105℃\pm5℃$、残压21～35kPa），冷却1h后称取质量，得到析出蜡的质量m_w，准确至0.1mg。

4.16　同一沥青试样蒸馏后，应从馏分油中取两个以上试样进行平行试验。当取两个试样试验的结果超出重复性试验允许误差要求时，需追加试验。当为仲裁性试验时，平行试验数应为3个。

5　试验结果计算

5.1　按式（T 0615-1）计算沥青蜡含量。

$$P_p = \frac{m_1 \times m_w}{m_b \times m_2} \times 100 \qquad \text{(T 0615-1)}$$

式中：P_p——蜡含量，%；

m_b——沥青试样质量，g；

m_1——馏分油总质量，g；

m_2——用于测定蜡的馏分油质量，g；

m_w——析出蜡的质量，g。

5.2　允许误差。

平行试验的最大值与最小值之差符合重复性精密度要求时计算平均值，精确到小数点后1位（%），见表T 0615-1

允　许　误　差　　表T 0615-1

蜡含量（%）	重复性（%）	再现性（%）
0.0～1.0	0.1	0.3
1.0～3.0	0.3	0.5
>3.0	0.5	1.0

6　试验记录

沥青蜡含量试验记录示例，见表T 0615-2。

沥青蜡含量试验记录表　　表T 0615-2

第　页　共　页

JJ0801

试验室名称：　　记录编号：ZY01-008—2012-01

工程部位/用途	—		委托/任务编号	011012268		
试验依据	JTG E20—2011		样品编号	011012268		
样品描述	盛样器皿密封，样品黑色，固态		样品名称	道路石油沥青		
试验条件	室温23℃		试验日期	2012-09-13		
主要仪器设备及编号	沥青蜡含量测定仪3111000、电子天平3110335					
蜡含量						
试样编号	沥青试样质量 m_b（g）	馏分油总质量 m_1（g）	用于测定蜡的馏分油质量 m_2（g）	析出蜡的质量 m_w（g）	蜡含量测试值 P_p（%）	蜡含量测定值 P_p（%）
1	50.11	27.55	1.8562	0.0705	2.09	2.1
2	50.11	27.55	1.7993	0.0664	2.03	
3	50.11	27.55	1.8432	0.0692	2.06	
备注	—					

试验：　　复核：　　日期：　年　月　日

7 试验规程及评定依据

7.1 《公路工程沥青及沥青混合料试验规程》(JTG E20—2011)。

7.2 《公路沥青路面施工技术规范》(JTG F40—2004)。

8 注意事项

8.1 将高温炉预加热并控制炉内恒温550℃ ±10℃。

8.2 从加热开始起5 ~8min内开始初馏(支管端口流出第一滴馏分),然后以每秒两滴(4 ~5mL/min)的流出速度继续蒸馏至无馏分油,瓶内蒸馏残留物完全形成焦炭为止。

第二部分　沥青混合料试验

沥青混合料试件制作方法(击实法)
(参照 T 0702—2011 执行)

1　目的与适用范围

1.1　本方法适用于标准击实法或大型击实法制作沥青混合料试件,以供试验室进行沥青混合料物理力学性质试验使用。

1.2　标准击实法适用于马歇尔试验、间接抗拉试验(劈裂法)等所使用的 ϕ101.6mm×63.5mm 圆柱体试件的成型,大型击实法适用于 ϕ152.4mm×95.3mm 圆柱体试件的成型。

1.3　沥青混合料试件制作的条件及试件数量应符合下列规定:

1.3.1　当集料公称最大粒径小于或等于 26.5mm 时,采用标准击实法。一组试件数量不少于 4 个。

1.3.2　当集料公称最大粒径大于 26.5mm 时,宜采用大型击实法。一组试件数量不少于 6 个。

2　主要检测设备

2.1　电动脱模器:可无破损地推出圆柱体试件,备有标准圆柱体试件及大型圆柱体试件尺寸的推出环。

2.2　马歇尔电动击实仪:分为标准马歇尔击实仪(锤质量 4 536g±9g,落锤高度457.2mm±1.5mm);大型击实仪(锤质量 10 210g±10g,落锤高度 457.2mm±2.5mm),如图 T 0702-1 所示。

2.3　试验室用沥青混合料拌和机:拌和锅容量不小于 10L,拌叶自转速度为 70~80r/min,公转速度为 40~50r/min,如图 T 0702-2 所示。

2.4　电热鼓风干燥箱:装有温度自动调节器。

2.5　试模:标准马歇尔试模应符合内径 101.6mm±0.2mm,高 87mm(大型马歇尔试模应符合内径 152.4mm±0.2mm,高 115mm)、底座直径约 120.6mm(大型马歇尔 172mm)和套筒内径 104.8mm、高 70mm(大马歇尔套筒内径 155.6mm±0.3mm、总高 83mm)各 1 个。

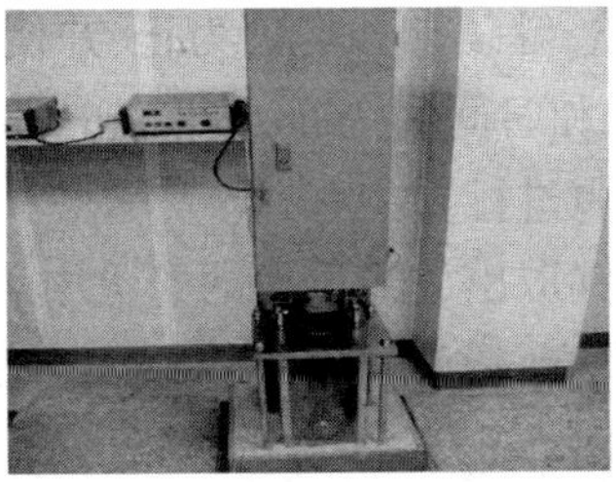

图 T 0702-1　马歇尔电动击实仪

图 T 0702-2　沥青混合料拌和机

2.6　天平或电子秤：用于称量沥青的，感量不大于0.1g；用于称量矿料的，感量不大于0.5g。

2.7　其他：插捣棒、拌和铲、圆纸片、红外测温仪、凡士林、游标卡尺、手套、平铲、瓷盘等。

3　试验准备

3.1　将拌和厂或施工现场采集的沥青混合料试样置于150℃烘箱中烘散，取已烘散的沥青混合料不少于2倍试验用量，再采用四分法缩分至试验所需用量。

3.2　在试验室人工配制沥青混合料时，材料准备按下列步骤进行：

3.2.1　确定制作沥青混合料试件的拌和与压实温度：当使用道路石油沥青时，以运动黏度为(0.17±0.02)Pa·s时的温度为拌和温度，(0.28±0.03)Pa·s时的温度为压实温度。当使用改性沥青时，拌和与压实温度以沥青材料供应商提供值为准，通常在道路石油沥青的基础上提高10℃～20℃，掺加纤维时，需再提高10℃左右。

3.2.2　样品取样：将各种规格的矿料置105℃±5℃的烘箱中烘干至恒重(一般不少于4h)，按四分法称取所需集料的质量，集料的质量=沥青混合料质量×矿料占混合料的比例，各档矿料的质量=集料的质量×各档矿料的比例，沥青的质量=沥青混合料质量×沥青占混合料的比例。

3.2.3　样品加热：将集料和沥青分别放入已达规定温度的烘箱中进行加热。当采用改性沥青时，集料保温温度通常为180℃，当采用道路石油沥青时，集料保温温度通常为163℃，保温时间2h。道路石油沥青加热温度通常为140～160℃，改性沥青加热温度通常为160～175℃，沥青加热时间不大于2.5h。

3.2.4　拌和锅温度设定：将沥青混合料拌和机预热至拌和温度以上10℃左右备用，拌和锅内壁及搅拌叶擦拭干净，保证沥青用量的准确性。

3.2.5　将所需质量并预热的粗细集料置于拌和机中，用料铲手工拌和均匀后，在集料中间位置挖出一凹槽，采用减量法加入所需质量的热沥青。开动拌和机，搅拌

1～1.5min，然后暂停拌和，加入单独加热的矿粉，继续拌和均匀为止，并使沥青混合料保持在要求的拌和温度范围内。标准的总拌和时间为3min（如需加入纤维时，应先将纤维和矿料一起干拌10～20s，再按上述步骤进行）。

3.2.6　将拌和均匀的沥青混合料从拌和锅取出放入干净的瓷盘中。

3.3　设定击实次数：将马歇尔电动击实仪的击实次数设定为75次或50次。大型马歇尔试件击实次数设定为112次或75次。

3.4　用蘸有少许凡士林的棉纱擦净试模、套筒、底座、击实台及导杆，并将试模、套筒及底座置于100℃左右的烘箱中加热1h备用。

4　试验步骤

4.1　将沥青混合料均匀分成若干份，每份约为一个试件所需的用量（通常标准试件对石灰岩沥青混合料取1 190g进行试装，对玄武岩沥青混合料取1210g进行试装）。放置在高于击实温度5～10℃的烘箱中保温。

4.2　从烘箱中取出预热的试模及套筒，将试模装在底座上，垫一张吸油性小的圆形纸，套上套筒。用红外测温仪检查混合料温度，待混合料温度符合要求的压实温度后，将一份混合料装入试模中，用插捣棒沿周边插捣15次，中间10次，插捣后将沥青混合料表面整平后，放入一张吸油性小的圆形纸，如图T 0702-3所示。

a)安装好套筒覆上垫纸

b)测温仪检查混合料温度

c)迅速装入混合料

d)混合料进行插捣

图T 0702-3　混合料装模过程

4.3　将试模连同底座一起放在击实台上固定，将击实仪的导向棒插入试模中，启动击实仪，将击实锤从457.2mm的高度自由落下，击实规定的次数。

4.4　试件击实一面后，取下套筒，将试模掉转180°，装上套筒，然后以同样的方法和次数击实另一面，如图 T 0702-4 所示。

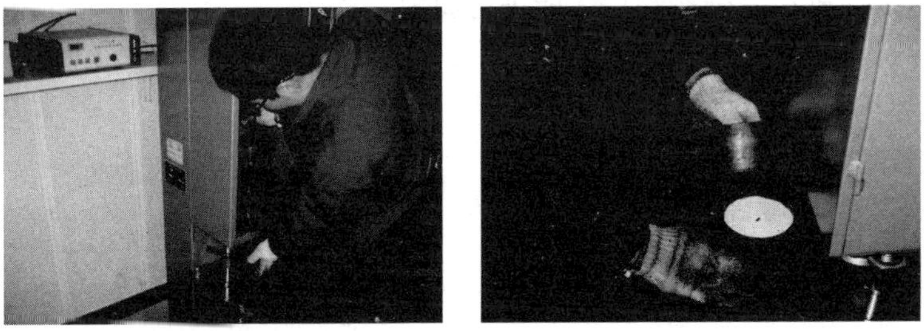

a)试模装入击实平台　　b)击实反面

图 T 0702-4　马歇尔试件单面击实完成后翻转180°击实另一面

4.5　试件击实结束后，用镊子取掉上下面垫有的圆形纸，用游标卡尺量取试件高度，如图 T 0702-5 所示，如高度不符合要求时，试件应作废，并按式 T 0702-1 调整试件质量，使试件高度符合 63.5mm ± 1.3mm（标准试件）或95.3mm ± 2.5mm（大型试件）的要求。

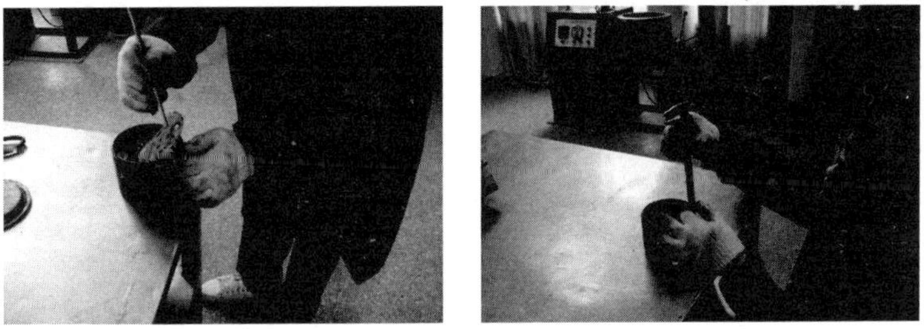

a)揭去垫纸　　b)游标卡尺测高

图 T 0702-5　击实后揭纸后量取试件高度

$$\text{调整后混合料质量} = \frac{\text{要求试件高度} \times \text{原用混合料质量}}{\text{所得试件的高度}} \quad (\text{T 0702-1})$$

4.6　将装有试件的试模横向放置于室温环境中冷却12h以上。

4.7　将冷却后的试件放入脱模器中脱模，以备后续试验使用。

5　试验规程及评定依据

《公路工程沥青及沥青混合料试验规程》（JTG E20—2011）。

6　注意事项

6.1　装料的插捣过程注意插捣棒应竖向进行插捣，并要插捣到底座，防止在插捣过程中将粗集料带到表面从而出现离析现象。

6.2　试件要在完全冷却后才能进行脱模。

压实沥青混合料密度试验(表干法)
(参照 T 0705—2011 执行)

1　目的与适用范围

1.1　表干法适用于测定吸水率不大于2%的各种沥青混合料试件。包括密级配沥青混凝土、沥青玛蹄脂碎石混合料(SMA)和沥青稳定碎石等沥青混合料试件的毛体积相对密度或毛体积密度。标准温度为25℃ ±0.5℃。

1.2　本方法测定的毛体积密度适用于计算沥青混合料试件的空隙率、矿料间隙率等各项体积指标。

2　主要检测设备

2.1　溢流水箱:使用洁净水,有水位溢流装置,保持试件和网篮浸入水中后的水位一定。能调节水温至25℃ ±0.5℃。

2.2　试件悬吊装置:天平下方悬吊网篮及试件的装置,吊线应采用不吸水的细尼龙线绳,并有足够的长度。

2.3　浸水天平或电子天平:当最大称量在3kg以下时,感量不大于0.1g;最大称量3kg以上时,感量不大于0.5g;应有测量水中重的挂钩,如图T 0705-1所示。

图 T 0705-1　溢流水箱及电子天平

2.4　网篮。

2.5　小平铲、游标卡尺、毛巾。

3　试验准备

3.1　准备6个马歇尔标准试件逐个标注试件序号。

3.2　用小平铲除去试件表面的浮粒,对外观有缺陷的试件应废除。

3.3　测量试件的直径及高度:用卡尺测量试件中部的直径,在十字对称的4个方向测量离试件边缘10mm处的高度,精确至0.1mm,并以其平均值作为试件高度。如试件高度不符合63.5mm ±1.3mm要求或两侧高度差大于2mm时,此试件应作废,如图 T 0705-2 所示。

图 T 0705-2　游标卡尺量取试件尺寸

3.4　天平调平:检查天平水准气泡是否居中,如果不居中,调节天平下方的脚螺旋,直至水准气泡居中为止。

3.5　水箱的水位调整:当水位低于溢流口时应及时补充水至溢流口处。

4　试验步骤

4.1　选择适宜的浸水天平,最大称量不小于试件质量的 1.25 倍,且不大于试件质量的 5 倍。

4.2　将准备好的试件逐一放在电子天平上进行称量,记录试件空气中质量(m_a),精确至 0.1g。

4.3　将溢流水箱水温保持在25℃ ±0.5℃。将网篮浸入水箱,天平置零,把试件至于网篮中(注意不要晃动水),浸入水中 3 ~ 5min,称取水中质量(m_w),若天平读数持续变化,不能很快达到稳定,说明试件吸水较严重,不适用于此测定方法,应改用 T 0707—2011 的蜡封法进行测定。

4.4　把测完水中质量的试件取出,用洁净柔软且湿度适当的湿毛巾轻轻擦去试件的表面水(毛巾湿度以不得吸走空隙内的水为准),称取试件的表干质量(m_f)。从试件拿出水面到擦拭结束不宜超过 5s,称量过程中流出的水不得再擦拭。

4.5　对从路上钻取的非干燥试件可先称取水中质量(m_w)和表干质量(m_f),然后再用电风扇将试件吹干至恒重(一般不少于 12h,当不需要进行其他试验时也可用60℃ ±0.5℃烘箱烘干至恒重),再称取空气中质量(m_a)。

5　试验结果计算

沥青混合料试件的毛体积相对密度和毛体积密度,分别按式(T 0705-1)和式(T 0705-2)计算。

$$\gamma_f = \frac{m_a}{m_f - m_w} \quad (T\ 0705\text{-}1)$$

$$\rho_f = \frac{m_a}{m_f - m_w} \times \rho_w \quad (T\ 0705\text{-}2)$$

式中：γ_f——试件的毛体积相对密度；

ρ_f——试件的毛体积密度，g/cm^3；

m_a——干燥试件的空气中质量，g；

m_w——试件的水中质量，g；

m_f——试件的表干质量，g；

ρ_w——25℃时的水的密度，取 0.9971g/cm^3。

6　试验记录

压实沥青混合料密度试验记录示例见表 T 0705-1。

压实沥青混合料密度试验记录表(表干法)　　表 T 0705-1

序号	取芯桩号	左/右幅距中位置(m)	实测厚度(mm)	试件空气中质量(g)	试件水中质量(g)	试件表干质量(g)	试件毛体积相对密度
1	K12 +020	4.0	58.4	1112.3	654.3	1115.2	2.413
2	K12 +230	8.0	62.6	1186.4	698.4	1191.1	2.408
3	K12 +450	5.0	54.1	1101.2	649.4	1104.2	2.421
4	K12 +730	7.0	67.0	1223.6	715.0	1225.9	2.395
5	K12 +940	2.0	63.5	1215.2	714.8	1218.8	2.411
6	K13 +150	4.0	62.4	1194.3	701.5	1197.7	2.407
备注							

7　试验规程及评定依据

《公路工程沥青及沥青混合料试验规程》(JTG E20—2011)。

8　注意事项

8.1　试验前需将试件表面的浮粒清除干净。

8.2　对于表干状态的试件应保证试件表面无明显水迹且空隙中的水不被吸出。

8.3　每次称量前将电子天平置零。

8.4　对于容积较小的水箱,在试验检测过程中要充分考虑水位线变化对试验检测结果的影响,在实际操作过程中应保持水位不低于溢水口,若水位高出溢水口宜等多余水溢出后再进行试验。

沥青混合料理论最大相对密度试验(真空法)
(参照 T 0711—2011 执行)

1　目的与适用范围

1.1　本方法适用于真空法测定沥青混合料理论最大相对密度,供沥青混合料配合比设计、路况调查或路面施工质量管理计算空隙率、压实度等使用。

1.2　本方法不适用于吸水率大于3%的多孔性集料的沥青混合料。

2　主要检测设备

2.1　恒温水槽:水槽温度应控制在25℃ ±0.5℃,水槽的容积宜在50L以上。

2.2　最大理论密度仪:由真空泵、真空表、调压装置、压力表及干燥或积水装置。

2.3　电子天平:称量5kg以上,感量不大于0.1g;称量2kg以下,感量不大于0.05g。应有测量水中质量的挂钩及网篮。

2.4　温度计:分度为0.5℃。

2.5　其他:秒表、料铲、毛巾等。

3　试验准备

3.1　对于室内拌制的沥青混合料,首先进行短期老化,在163℃ ±5℃烘箱中保温2h以模拟现场施工摊铺效果。将老化后的沥青混合料放置于较大的料盘中,用热料铲进行反复翻拌,翻拌时注意防止细小颗粒损失。对于翻拌仍难以分散的混合料应用手仔细将混合料分散。分散混合料完成标准应做到粗集料不破碎,细集料分散到小于6.4mm,料盘及料铲无黏附混合料。

3.2　试样采用四分法取得,两次平行试验中单次的试样质量应不少于表T 0711-1的规定,如图T 0711-1所示。

3.3　天平调平:检查天平水准气泡是否居中,如果不居中,调节天平下方的脚螺旋,使水准气泡居中为止。

公称最大粒径对应的混合料最少试样 表 T 0711-1

沥青混合料中集料公称最大粒径(mm)	最少试样质量(g)
37.5	3 500
31.5	3 000
26.5	2 500
19	2 000
16.0、13.2	1 500
9.5	1 000
4.75	500

4 试验步骤

4.1 将负压容器擦拭干净,放置在天平上清零,将两份分散后的沥青混合料中的一份装入负压容器中,称取试样的净质量(m_a),试样质量应不小于表 T 0711-1规定的最小质量。

4.2 向负压容器中注入约25℃ ±0.5℃的水,将混合料完全浸没,水面宜高出混合料表面 1 ~2cm。为使气泡容易除去,试验前可在水中加 0.01% 浓度的表面活性剂(如每 100mL 水中加 0.01g 洗涤灵)。

4.3 安装固定好负压容器,拧紧排气阀,并启动真空泵,使负压容器内负压在2min 内达到 3.7kPa ±0.3kPa。

4.4 开启震动开关,同时启动秒表计时,持续时间为15min ± 2min。负压容器强烈振荡(对于粒径较大的混合料可配合手动振荡,每隔 2min 晃动若干次),以充分排除混合料中的空气。

4.5 达到规定时间后,关闭振动开关和真空泵开关,将容器静置 2min,使悬浮颗粒沉淀。

4.6 拧松排气阀卸压速度不得大于 8kPa/s,打开容器盖,取出负压容器。

图 T 0711-1 采用四分法取样进行试验

4.7 电子天平清零后,将装有混合料的负压容器缓缓置于水槽中的网篮上,过程中应注意避免试样与空气接触。约 10min 后,称取负压容器与沥青混合料的水中质量(m_2)。

4.8 倒出负压容器中的试样,擦干净负压容器,将其完全浸入保温至 25℃ ±5℃的恒温水槽中,恒温 10min ± 1min,称取负压容器的水中质量(m_1)。

4.9　修正试验：对于现场钻芯样或切割后的试件，沥青与集料拌和不均匀，部分集料没有完全裹覆沥青的情况，试验最后需要进行修正：

4.9.1　将负压容器中混合料通过0.075mm集料筛进行水洗过滤。

4.9.2　将剩下的混合料用吹风机或电风扇吹干至每15min称量一次，两次质量差小于0.05%。

4.9.3　称取质量为表干质量，用表干质量代替(m_a)。

5　试验结果计算

5.1　沥青混合料理论最大相对密度按式(T 0711-1)计算。

$$\gamma_t = \frac{m_a}{m_a - (m_2 - m_1)} \tag{T 0711-1}$$

式中：γ_t——沥青混合料理论最大相对密度，无量纲；

m_a——干燥沥青混合料试样的空气中质量，g；

m_1——负压容器在25℃水中的质量，g；

m_2——负压容器和沥青混合料在25℃水中的总质量，g。

5.2　同一试样至少平行试验两次，取平均值作为试验结果，保留小数点后三位。重复性试验的允许误差为0.011g/cm^3，再现性试验的允许误差为0.019g/cm^3。

6　试验记录

沥青混合料理论最大相对密度试验记录示例见表T 0711-2。

沥青混合料理论最大相对密度试验记录表(真空法)　　表T 0711-2

试件编号	干燥沥青混合料试样空气中质量(g)	负压容器在25℃水中质量(g)	负压容器与沥青混合料在25℃水中质量(g)	理论最大相对密度
1	1 681.3	1 317.4	2 321.4	1.675
2	1 591.4	1 317.4	2 268.5	1.673

7　试验规程及评定依据

《公路工程沥青及沥青混合料试验规程》(JTG E20—2011)。

8　注意事项

8.1　试验前必须检查所用的仪器设备，确保设备压力、振动频率正常。

8.2　分散试样过程中严禁用锤敲打结团的混合料，并减少细料损失，避免集料被敲碎影响试验精度。

8.3　负压排气状态下容器内水位不宜过高或过低，过高会将水抽入真空泵中导致设备损坏，过低试样易露出水面混入空气影响试验结果。

8.4　容器浸入水槽中时操作要缓慢，防止试样与空气接触，避免细集料、轻颗粒溢出容器。

8.5　装有沥青混合料的容器在称取水中质量时，应注意天平稳定后再读数，通常等待 10min 左右。

沥青混合料马歇尔稳定度试验
（参照 T 0709—2011 执行）

1　目的与适用范围

1.1　本方法适用于马歇尔稳定度试验和浸水马歇尔稳定度试验，以进行沥青混合料的配合比设计或沥青路面施工质量检验。浸水马歇尔稳定度试验（根据需要，也可进行真空饱水马歇尔试验）供检验沥青混合料受水损害时抵抗剥落的能力时使用，通过测试其水稳定性检验配合比设计的可行性。

1.2　本方法适用于按《公路工程沥青及沥青混合料试验规程》（JTG E20—2011）（以下简称规程）中 T 0702 成型的标准马歇尔试件圆柱体和大型马歇尔试件圆柱体。

2　主要检测设备

2.1　沥青混合料马歇尔试验仪（图 T 0709-1）：符合国家标准《沥青混合料马歇尔试验仪》（GB/T 11823）技术要求的产品，对用于高速公路和一级公路的沥青混合料宜采用自动马歇尔试验仪，用计算机或 X-Y 记录仪记录荷载—位移曲线，并具有自动测定荷载与试件垂直变形的传感器、位移计，能自动显示或打印试验结果。对 ϕ101.6mm × 63.5mm 的标准马歇尔试件，试验仪最大荷载不小于 25kN，读数准确至 0.1kN，加载速率应能保持 50mm/min ± 5mm/min。钢球直径 16mm ± 0.5mm，上下压头曲率半径为 50.8mm ± 0.08mm，当采用 ϕ152.4mm × 93.5mm 大型马歇尔试件时，试验仪最大荷载不得小于 50kN，读数准确至 0.1kN，上下压头的曲率内径为 152.4mm ± 0.2mm，上下压头间距 19.05mm ± 0.1mm。

2.2　恒温水槽（图 T 0709-2）：控温准确度为 1℃，水槽深度不小于 150mm。

2.3　温度计：分度为 1℃。

2.4　毛刷、凡士林、胶皮手套、毛巾等。

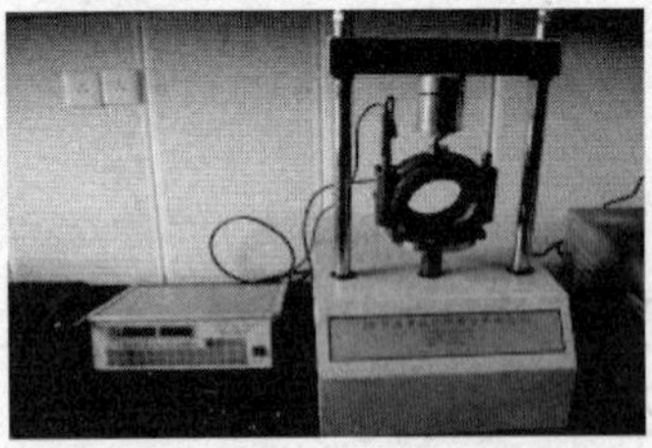

图 T 0709-1　马尔稳定度仪

图 T 0709-2　恒温水槽

3　试验准备

3.1　试样准备

3.1.1　按 T 0702 标准击实法成型马歇尔试件，标准试件尺寸应符合直径 101.6mm ±0.2mm、高 63.5mm ±1.3mm 的要求。对大型马歇尔试件，尺寸应符合直径 152.4mm ±0.2mm、高 95.3mm ±2.5mm 的要求。一组试件的数量最少不得少于 4 个(建议使用 6 个)。

3.1.2　量测试件直径和高度：用卡尺测量试件中部的直径，用马歇尔试件高度测定器或用卡尺在十字对称的 4 个方向量测离试件边缘 10mm 处的高度，准确至 0.1mm，并以其平均值作为试件的高度。如试件高度不符合 63.5mm ±1.3mm 要求或 95.3mm ±2.5mm 或两侧高度差大于 2mm，此试件应作废。

3.1.3　按规定的方法测定试件的密度，并计算空隙率、沥青饱和度、矿料间隙率等体积指标。

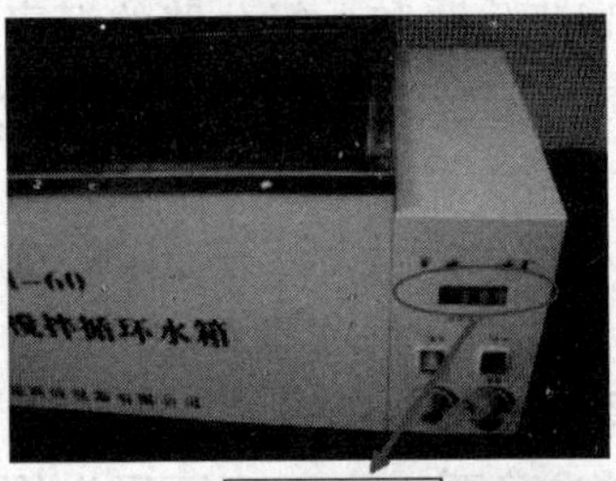

设定水槽温度

图 T 0709-3　设定恒温水槽温度

3.2　仪器准备

3.2.1　检查稳定度上下压头内壁是否干净。

3.2.2　检查压头滑杆是否润滑无阻力。

3.2.3　将恒温水槽调节至要求的试验温度见图 T 0709-3，对黏稠石油沥青或烘箱养生过的乳化沥青混合料为 60℃ ±1℃，对煤沥青混合料为 33.8℃ ±1℃，对空气养生的乳化沥青或液体沥青混合料为 25℃ ±1℃。

4　试验步骤

4.1　马歇尔稳定度试验方法

4.1.1　将标准试件及稳定度上下压头置于已达规定温度的恒温水槽中保温 30 ~40min，对大型马歇尔试件需 45 ~60min。试件之间应留有至少 2cm 间隔，底下应垫起，离水槽底部不小于5cm。

4.1.2　将上下压头从水槽中取出擦干净表面水。在压头的导棒上及压头内面涂少量润滑剂（如凡士林）。固定流值计，开启稳定度仪电源开关见图T 0709-4。

上下压头放入水槽中

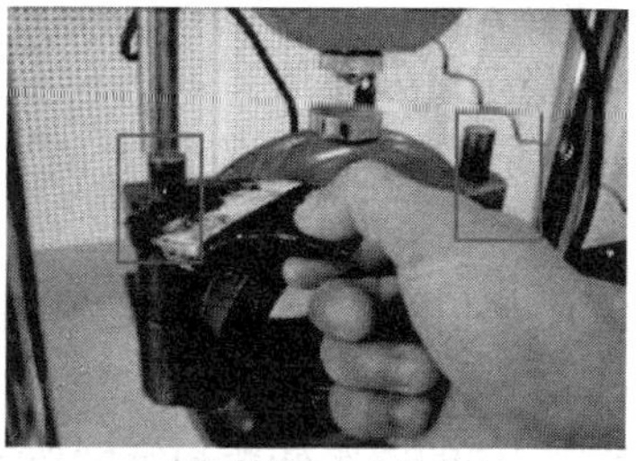
压头导棒上涂少量黄油

流值计安装于导棒上

图T 0709-4　马歇尔稳定度试验仪器准备

4.1.3　将达到保温条件的试件迅速取出，置于上下压头之间，启动加载按钮，当试验荷载达到最大值时，仪器自动停止加载，读取屏幕显示的荷载读数和流值读数（从恒温水槽中取出试件至测出最大荷载值的时间，不应超过30s），记录数据见图T 0709-5。

4.2　浸水马歇尔试验方法

4.2.1　将标准试件放入规定温度的水槽中（60℃）中保温48h。

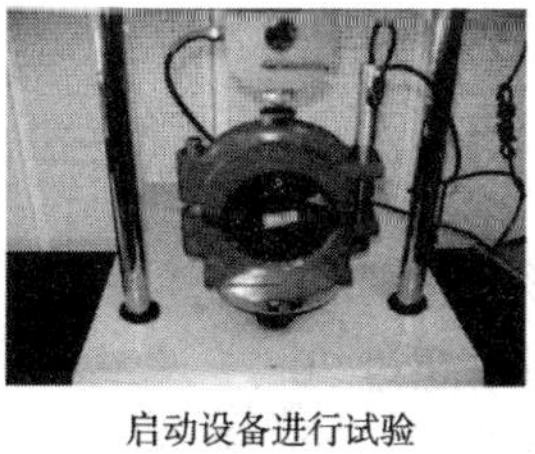
启动设备进行试验

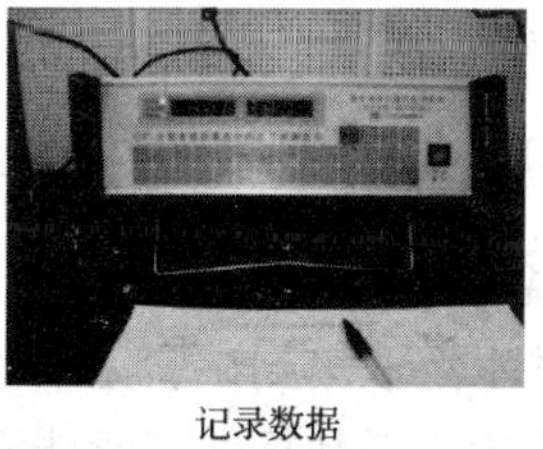
记录数据

图T 0709-5　马歇尔稳定度试验过程

4.2.2　重复上述马歇尔稳定度试验操作步骤，测出试件浸水48h后的稳定度及流值,并记录数据。

5 试验结果计算

5.1 计算公式

5.1.1 稳定度及流值

由荷载测定装置读取的最大值即试样的稳定度(MS),以 kN 计,精确至 0.01kN。

由流值计及位移传感器测定装置读取的试件垂直变形,即为试件的流值(FL),以 mm 计,精确至 0.1mm。

5.1.2 试件的浸水残留稳定度按下式计算

$$MS_0 = \frac{MS_1}{MS} \times 100 \tag{T 0709-1}$$

式中:MS_0——试件的浸水残留稳定度,%;

MS_1——试件浸水 48h 后的稳定度,kN;

MS——试件的稳定度,kN。

6 试验记录

6.1 当一组测定值中某个测定值与平均值之差大于标准差的 k 倍时,该测定值应予舍弃,并以其余测定值的平均值作为试验结果。当试件数目 n 为 3、4、5、6 个时,k 值分别为 1.15、1.46、1.67、1.82。试验记录示例见表 T 0709-1 所示。

6.2 报告中需列出马歇尔稳定度、流值、试件尺寸、密度、空隙率、沥青用量、矿料间隙率、沥青饱和度等体积指标。

7 试验规程及评定依据

7.1 《公路沥青及沥青混合料试验规程》(JTG E20—2011)。

7.2 《公路沥青路面施工技术规范》(JTG F40—2004)。

8 注意事项

8.1 接触温度较高的保温试件时,必须佩戴胶皮手套。

8.2 试件从水浴取出到试验完毕时间不超过 30s。

8.3 稳定度压头滑动杆保持清洁润滑。

8.4 马歇尔稳定度仪的上下压头试验前应在水浴或烘箱中保温至试验温度。

沥青混合料马歇尔稳定度试验记录表

表 T 0709-1

编号：ZY01-055-012-01　　序号：______　　任务单号：______　　样品编号：______

环境条件：温度　室温 23℃　　湿度93%______　　样品名称：______　　规格型号：______

样品状态：完好，可检

仪器设备名称、型号及编号：马歇尔稳定度仪 003421　　试验方法：T 0709—2011

混合料种类：Sup20　　沥青种类标号：70 号道路石油沥青

水浴温度：60℃　　击实温度：145～150℃　　垂击次数，两面各 75 次

试件编号	沥青用量（%）	试验高度（mm）					干重（g）	水中重（g）	表干重（g）	试件毛体积相对密度	最大理论相对密度	空隙率（%）	矿料间隙率（%）	饱和度（%）	稳定度（kN）	流值（0.1mm）
		1	2	3	4	平均										
1	4.3	64.0	63.1	63.6	63.0	63.4	1 203.1	703.0	1 205.3	2.395	2.500	4.2	15.0	71.9	14.28	33.6
2		63.2	63.5	63.4	63.8	63.5	1 201.0	702.7	1 203.1	2.400		4.0	14.8	72.9	13.61	34.9
3		63.6	63.9	63.5	63.8	63.7	1 203.1	702.7	1 205.0	2.395		4.2	15.0	71.9	12.26	34.2
4		63.5	63.7	63.1	63.5	63.4	1 206.5	705.2	1 209.0	2.395		4.2	15.0	71.9	13.39	31.9
5		63.1	63.2	63.4	63.1	63.2	1 202.5	702.9	1 204.5	2.398		4.1	14.9	72.4	12.68	31.5
6		63.6	63.1	63.5	63.8	63.5	1 201.0	701.7	1 202.6	2.398		4.1	14.9	72.4	14.64	33.1
		平均值								2.397		4.1	14.9	72.2	13.48	33.2
		标准差 × k 值													1.66	2.4

试验：______　　复核：______　　日期：______

沥青混合料中沥青含量试验(离心分离法)
(参照 T 0722—1993 执行)

1　目的与适用范围

本方法适用于沥青路面施工的沥青用量检测使用,以评定施工质量,也适用于旧路调查中检测沥青路面的沥青用量。

2　主要检测设备

2.1　全自动离心抽提仪:由水冷凝器、抽提筒、铜网筛筒、外套筒、热源等组成,离心转速不小于 3 000r/min,如图 T 0722-1 所示。

2.2　电子天平:感量不大于 1g,1mg 的天平各一个。

2.3　溶剂:三氯乙烯(工业纯)。

2.4　其他:烧杯、硅油、防毒面罩、橡胶手套、滤纸、料铲、毛刷、玻璃棒、瓷盘等。

3　试验准备

3.1　接通回流式抽提仪电源,打开冷却水阀和加热开关。

3.2　检查溶剂储存桶中是否存有足够的三氯乙烯溶剂,回流冷凝水的出水速度是否合适。检查抽提筛筛孔顺序,确保筛网清洁无残留颗粒。

3.3　天平调平:检查天平水准气泡是否居中,如果不居中,调节天平下方的脚螺旋,使水准气泡居中为止。

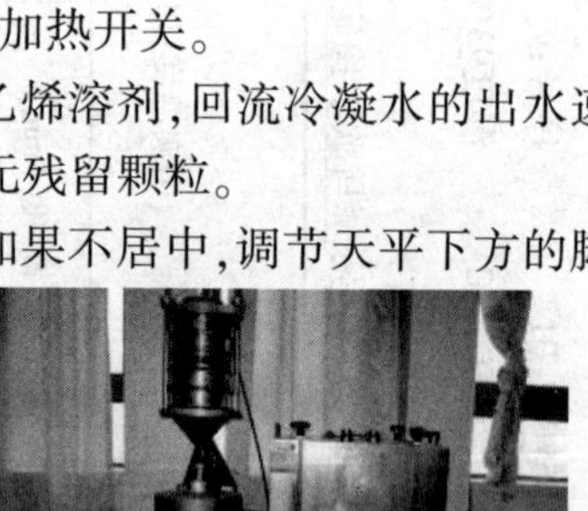

图 T 0722-1　离心回流式抽提仪

3.4　将沥青混合料样品放置在温度低于 100℃ 的烘箱内低温烘散,烘散时间不要超过 1h。

3.5　将烘散后的试样按四分法称取规定质量(m)两份,质量要求见表 T 0722-1。

3.6　试验人员戴上橡胶手套和防毒面罩,将两份试样分别放入带有封盖的烧杯中,注入三氯乙烯浸泡(浸泡时间:普通沥青混合料 15min;改性沥青混合料 30min)，并在浸泡的过程中用玻璃棒适当搅动混合料，使沥青充分溶解。

公称最大粒径对应的混合料最少试样质量　　表 T 0722-1

沥青混合料中集料公称最大粒径(mm)	最少试样数量(g)
26.5～37.5	1 400
26.5	1 400
19.0	1 200
13.2、16.0	1 000
9.5	1 000

4　试验步骤

4.1　将干燥的滤纸装入抽提筒内，滤纸的光滑面朝外，卷向与抽提仪旋转的方向一致，称取筒和滤纸的质量(Q_1)。

4.2　掀开外套筒上盖，将抽提筒周围涂抹少许硅油，置于抽提仪中，盖好上盖，如图 T 0722-2 所示。

a)干燥的滤纸装入滤纸桶内

b)安放抽提筒并盖好桶盖

图 T 0722-2　离心回流式抽提仪抽提筒

4.3　设定抽提仪工作时间(一般设置为 15min)，必要时可重新设定溶剂的喷洒时间及喷洒间隔时间。

4.4　启动旋转按钮，待仪器运行进入高速旋转时，打开溶剂喷盖，将一份浸泡好的混合料全部倒入抽提筛中，用三氯乙烯仔细将烧杯内壁冲洗干净，并将冲洗液倒入抽提筛中，盖上溶剂喷盖并旋紧螺母。

4.5　按下启动按钮，并开启振动及溶剂喷洒开关，开始试验。

4.6　到达试验设定时间后，关闭振动及溶剂喷洒开关。

4.7　拧开溶剂喷盖，将抽提套筛倾斜一定角度，待筛上残留溶剂流净，取出套筛，并将各级筛上试样用毛刷仔细清理至洁净的瓷盘中。

4.8 将抽提桶取出，擦干表面硅油，与装有洗净矿料的瓷盘一并放入温度为105℃ ±5℃的烘箱中烘干至恒重，一般不少于4h。

4.9 分别称取烘干后集料的质量（m_1）和滤纸、矿粉及筒的总重量（Q_2），精确至0.1g。

5 试验结果计算

5.1 分别按式（T 0722-1）、式（T 0722-2）、式（T 0722-3）及式（T 0722-4）计算沥青混合料的矿料总质量、矿粉质量、沥青含量和油石比。

$$m_a = m_1 + m_2 \tag{T 0722-1}$$

$$m_2 = Q_2 - Q_1 \tag{T 0722-2}$$

$$P_a = \frac{m - m_a}{m_a} \times 100 \tag{T 0722-3}$$

$$P_b = \frac{m - m_a}{m} \times 100 \tag{T 0722-4}$$

式中：m——沥青混合料总质量，g；

m_a——沥青混合料中矿料的总质量，g；

m_1——筛网中留下的干燥集料质量，g；

m_2——矿粉质量，g；

Q_1——抽提前滤纸和筒的总质量，g；

Q_2——抽提后滤纸、筒和矿粉的总质量，g；

P_a——沥青混合料的油石比，%；

P_b——沥青混合料的沥青含量，%。

5.2 沥青含量试验至少平行试验两次，取平均值作为试验结果。两次试验结果差值应小于0.3%。

6 试验记录

沥青混合料中的沥青含量试验记录示例见表T 0722-2。

7 试验规程及评定依据

7.1 《公路工程沥青及沥青混合料试验规程》（JTG E20—2011）。

7.2 《公路沥青路面施工技术规范》（JTG F40—2004）。

沥青含量试验结果　　　　表 T 0722-2

试验次数	沥青混合料总质量(g)	抽提前滤纸和筒的总质量(g)	抽提后滤纸、筒和矿粉的总质量(g)	矿粉质量(g)	筛网中留下的干燥集料质量(g)	沥青混合料中矿料的总质量(g)	纤维质量(g)	沥青质量(g)	沥青混合料的油石比(%)	沥青混合料的沥青用量(%)	纤维掺量(%)
1	1 290	590.4	660.8	70.4	1 168.1	1 238.5	0	51.5	4.2	4.0	0
2	1 238	532.4	602.5	70.1	1 115.8	1 185.9	0	52.1	4.4	4.2	0
平均值	—								4.3	4.1	0

8　注意事项

8.1　试样数量的选取应严格遵守表 T 0722-1 要求。

8.2　试样浸泡前可适当加热，但温度不宜超过 100℃。

8.3　浸泡试样的容器必须加盖且注有明显标识。

8.4　滤纸必须洁净干燥并且安放标准。

8.5　仪器使用前应检查溶剂液面是否在规定范围。

8.6　试验过程中注意室内空气流通，操作过程中必须佩戴防毒面罩及橡胶手套。

沥青混合料的矿料级配检验方法
（参照 T 0725—2000 执行）

1　目的与适用范围

本方法适用于测定沥青路面施工过程中沥青混合料的矿料级配，供评定沥青路面的施工质量时使用。

2　主要检测设备

2.1　标准筛：筛孔尺寸为 0.075～53.0mm，根据沥青混合料级配选用相应的筛号，必须有筛盖和筛底。

2.2　电子天平：感量不大于 0.1g。

2.3　摇筛机。

2.4　其他：瓷盘、毛刷。

3　试验准备

3.1　将按规程 T 7023—1993 试验方法抽提沥青后的干净的矿料，放置瓷盘中冷却至室温。

3.2　按沥青混合料矿料级配设计要求，选用全部或部分需要筛孔的标准筛，作施工质量检验时，至少应包括 0.075mm、2.36mm、4.75mm 及集料公称最大粒径等 5 个筛孔，按大小顺序排列成套筛。

4　试验步骤

4.1　将抽提后的全部矿料试样称取质量，准确至 0.1g。

4.2　将称取质量的矿料一起倒入已按照筛孔大小排序的标准筛内，并将标准筛置于电动摇筛机上，盖上筛盖并压紧固定在摇筛机上，开动摇筛机筛分 10min；取下套筛后，按筛孔大小顺序，在清洁的瓷盘上再逐个进行手筛。手筛时可用手轻轻拍击筛框并经常地转动筛子，直至每分钟筛出量不超过筛上试样质量的 0.1% 时为止。但不允许用手将颗粒塞过筛孔，筛下的颗粒并入下一号筛，并和下一号筛中试样一起过筛，在筛分过程中，针对0.075mm筛的料，根据需要采用水筛法。

4.3　称量各筛上筛余颗粒的质量，精确至0.1g。（注意：所有各筛的分计筛余量和底盘中剩余质量的总和与筛分前试样总质量相比，相差不得超过总质量的1%）。

5　试验结果计算

5.1　矿料级配检验计算方法如下：

试样的分计筛余量按式（T 0725-1）计算。

$$P_i = \frac{m_i}{m} \times 100 \qquad (T\ 0725\text{-}1)$$

式中：m——沥青混合料中矿料的质量，g；

P_i——第 i 级试样的分计筛余量，%；

m_i——第 i 级筛上颗粒的质量，g。

5.2　累计筛余百分率：该号筛上的分计筛余百分率与大于该号筛的各号筛上的分计筛余百分率之和，精确至0.1%。

5.3　通过筛分百分率：用100减去该号筛上的累计筛余百分率，精确至0.1%。

5.4　以筛孔尺寸为横坐标，各个筛孔的通过筛分百分率为纵坐标，绘制矿料组成级配曲线如图T 0725-1所示，评定该试样的颗粒组成。

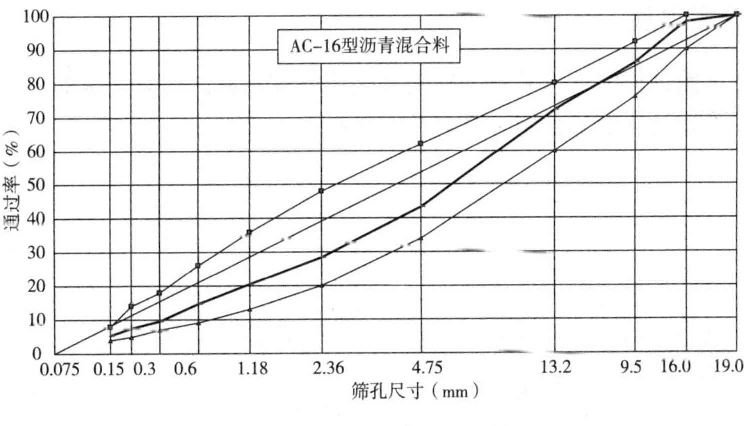

图T 0725-1　沥青混合料矿料组成级配曲线

5.5　矿料级配检验至少取两个试样平行筛分试验两次，取平均值作为每号筛上的筛余量的试验结果。

6 试验记录

沥青混合料的矿料级配检验记录示例见表 T 0725-1。

沥青混合料的矿料级配检验记录表 表 T 0725-1

孔径(mm)		31.5	26.5	19	16	13.2	9.5	4.75
分计筛余质量(g)	1	0	56.7	73.4	89.5	43.2	151.4	153.8
	2	0	78.1	78.1	89.4	44.8	137.8	143.7
孔径(mm)		2.36	1.18	0.6	0.3	0.15	0.075	底
分计筛余质量(g)	1	332.1	231.1	77.1	32.4	32.1	28.1	129.9
	2	367.2	232.1	69.2	41.2	28.9	25.1	135.8

注:第一次总质量 1 430.8g,第二次总质量 1 471.4g。

7 试验规程及评定依据

7.1 《公路工程沥青及沥青混合料试验规程》(JTG E20—2011)。

7.2 《公路沥青路面施工技术规范》(JTG F40—2004)。

8 注意事项

8.1 试验过程中注意矿料的损失必须严格控制在试样总质量的 1% 以内。

8.2 手筛过程中禁止用手将颗粒塞过筛孔。

沥青混合料试件制作方法(轮碾法)
(参照 T 0703—2011 执行)

1　目的与适用范围

1.1　本方法规定了在实验室用轮碾法制作沥青混合料试件的方法,以供进行沥青混合料物理力学性质试验时使用。

1.2　轮碾法适用于长 300mm × 宽 300mm × 厚 50 ~ 100mm 板块状试件的成型,此试件可用切割机切制成棱柱体试件,或在实验室用取芯机钻取试样。成型试件的密度应符合马歇尔标准击实试样密度 100% ±1% 的要求。

1.3　沥青混合料试件制作时的试件厚度可根据集料粒径大小及工程需要进行选择。对于集料公称最大粒径小于或等于 19mm 的沥青混合料,宜采用长 300mm × 宽 300mm × 厚 50mm 的板块试模成型;对于集料公称最大粒径大于或等于 26.5mm 的沥青混合料,宜采用长 300mm × 宽 300mm × 厚 80 ~ 100mm 的板块试模成型。

2　主要检测设备

2.1　轮碾成型机:具有与钢筒式压路机相似的圆弧碾压轮,轮宽 300mm,压实线荷载为 300N/cm,碾压行程等于试件长度,经碾压后的模块状试件可达到马歇尔试验标准击实密度的 100% ±1%。

2.2　实验室用沥青混合料拌和机:能保证拌和温度并充分拌和均匀,可控制拌和试件,宜采用容量大于 30L 的大型沥青混合料拌和机,也可采用容量大于 10L 的小型拌和机。

2.3　试模:由高碳钢或工具钢制成,试模尺寸应保证成型后符合规定要求的试件尺寸。实验室制作车辙实验板块状试件的标准试模,内部平面尺寸为长 300mm × 宽 300mm × 厚 50 ~ 100mm。

2.4　切割机:实验室用金刚石锯片锯石机(单锯片或双锯片切割机)或现场用路面切割机,有淋水冷却装置,其切割厚度不小于试件厚度。

2.5　钻孔取芯机:用电力或汽油机、柴油机驱动,有淋水冷却装置。金刚石钻头的直径根据试件直径的大小选择(100mm 或 150mm)。钻孔深度不小于试件厚度,钻头转速不小于 1000r/min。

2.6 烘箱:大、中型各 1 台,装有温度调节器。

2.7 台秤、天平或电子秤:称量 5kg 以上的,感量不大于 1g;称量 5kg 以下的,用于称量矿料的感量不大于 0.5g,用于称量沥青的感量不大于 0.1g。

2.8 沥青黏度测定设备:布洛克菲尔德黏度计、真空减压毛细管。

2.9 小型击实锤:钢制端部端面 80mm × 80mm、厚 10mm,带手柄,总质量 0.5kg左右。

2.10 温度计:分度值 1℃。宜采用带有金属插杆的插入式数显温度计,金属插杆的长度不小于 150mm。量程 0 ~ 300℃。

2.11 其他:电炉或煤气炉、沥青熔化锅、拌和铲、标准筛、滤纸、胶布、卡尺、秒表、粉笔、垫木等。

3 准备工作

3.1 确定制作沥青混合料试件的拌和与压实温度。常温沥青混合料的拌和及压实在常温下进行。

3.2 在拌和厂或施工现场采取代表性的沥青混合料,如混合料温度符合要求,可直接用于成型。

3.3 将金属试模及小型击实锤等置 100℃左右烘箱中加热 1h 备用。常温沥青混合料用试模不加热。

3.4 室内拌制沥青混合料。当采用大容量沥青混合料拌和机时,宜一次拌和;当采用小型混合料拌和机时,可分两次拌和。混合料质量及各种材料数量由试件的体积按马歇尔标准密度乘以 1.03 的系数可得。常温沥青混合料的矿料不加热。

4 试验步骤

4.1 在实验室用轮碾成型机制备试件。

试件尺寸为长 300mm × 宽 300mm × 厚 50 ~ 100mm。试件的厚度可根据采集粒径大小选择,同时根据需要厚度也可以采用其他尺寸,但混合料一层碾压的厚度不得超过 100mm。

4.1.1 将预热的试模从烘箱中取出,装上试模框架;在试模中铺一张裁好的普通纸(可用报纸),使底面及侧面均被纸隔离;将拌和好的全部沥青混合料(注意不得散失,分两次拌和的应倒在一起),用小铲稍加拌和后均匀地沿试模由边至中按顺序转圈装入试模,中部要略高于四周。

4.1.2　将试模框架用预热的小型击实锤由边至中转圈夯实一遍，整平成凸圆弧形。

4.1.3　插入温度计，待混合料达到规定的压实温度（为使冷却均匀，试模底下可用垫木支起）时，在表面铺一张裁好尺寸的普通纸。

4.1.4　成型前，碾压轮预热至100℃左右；然后，将盛有沥青混合料的试模置于轮碾机的平台上，轻轻放下碾压轮，调整总荷载为9kN（线荷载300N/cm）。

4.1.5　启动轮碾机，先在一个方向碾压2个往返（4次）；再抬起碾压轮，将试件调转方向；再加相同荷载，碾压至马歇尔标准密实度100% ±1%为止。试件正式压实前，应经试压：测定密度后，确定试件的碾压次数。对于普通沥青混合料，一般12个往返（24次）左右可达到要求（试件厚为50mm）。

4.1.6　压实成型后，揭去表面的纸，用粉笔在试件表面表明碾压方向。

4.1.7　盛有压实试件的试模，置室温下冷却，至少12h后方可脱模。

4.2　在工地制备试件。

4.2.1　取代表性的沥青混合料样品，数量需多于3个试件的需要量。

4.2.2　按试验室方法称取一个试样混合料数量装入符合要求尺寸的试模中，用小锤均匀击实。试模应不妨碍碾压成型。

4.2.3　碾压成型：在工地上，可用小型振动压路机或其他适宜的压路机碾压，在规定的压实温度下，每一遍碾压3～4s，约25次往返，使沥青混合料压实度达到马歇尔标准密度100% ±1%。

4.2.4　如将工地取样的沥青混合料送往实验室成型时，混合料必须放在保温桶内，不使其温度下降，且在抵达实验室后立即成型；如温度低于要求，可适当加热至压实温度后，用轮碾成型机成型。如属于完全冷却后经二次加热重塑成型的试件，必须在试验报告上注明。

4.3　用切割机切制棱形体试件。

4.3.1　按试验要求的试件尺寸，在轮碾成型的板块状试件表面规划切割试件的数目，但边缘20mm部分不得使用。

4.3.2　首先在与轮碾法成型垂直的方向，沿 *A*—*A* 切割第1刀作为基准面，再在垂直的 *B*—*B* 方向切割第2刀，精确量取试件长度后切割 *C*—*C*，使 *A*—*A* 及 *C*—*C* 切下的部分大致相等。使用金刚石锯片切割时，一定要开放冷却水。

4.3.3　仔细量取试件切割位置，顺碾压方向（*B*—*B* 方向）切割试件，使试件宽度符合要求，然后再切割试件的底面及表面。将切割好的试件立即编号，供弯曲试验用的试件应用胶布粘上标记，保持轮碾机成型时的上下位置，直至弯曲试验时上下方向始终保持不变，试件的尺寸应符合各项试验的规格要求。

4.3.4　将完全切割好的试件放在玻璃板上，试件之间留有10mm以上的间隙，试件下垫一层滤纸，并经常挪动位置，使其完全风干。如急需使用，可用电风扇或冷风机吹干，每隔1～2h挪动试件一次，使试件加速风干，风干时间宜不少于24h。在风干过程中，试件的上下方向及排序不能搞错。

4.4　用钻芯法钻取圆柱体试件。

在实验室用取芯机从板块状试件钻取圆柱体试件的步骤如下：

4.4.1　将用轮碾成型机成型的板块状试件脱模，成型的试件厚度应不小于圆柱体试件的厚度。

4.4.2　在试件上方作出取样位置标记，板块状试件边缘部分的20mm内不得使用。根据需要，可选用直径100mm或150mm的金刚石钻头。

4.4.3　将板块状试件置于钻机平台上固定，钻头对准取样位置；开放冷却水，开动钻机，均匀地钻透试块。为保护钻头，在试块下可垫上木板等。

4.4.4　提起钻机，取出试件。

4.4.5　根据需要，可再用切割机切去钻芯试件的一端或两端，达到要求的高度，但必须保证端面与试件轴线垂直且保持上下平行。

4.4.6　按4.3.4的方法将试件吹干备用。

5　试验规程及评定依据

5.1　《公路工程沥青及沥青混合料试验规程》(JTG E20—2011)。

5.2　《公路沥青路面施工技术规范》(JTG F40—2004)。

6　注意事项

6.1　必须保证端面与试件轴线垂直且保持上下平行。

6.2　如属于完全冷却后经二次加热重塑成型的试件，必须在试验报告上注明。

沥青混合料弯曲试验(参照 T 0715—2011 执行)

1　目的与适用范围

1.1　本方法适用于测定热拌沥青混合料在规定温度和加载速率时弯曲破坏的力学性质。试验温度和加载速率根据有关规定和需要选用,如无特殊规定,采用试验温度为 15℃ ±0.5℃;用于评价沥青混合料低温拉伸性能时,采用试验温度 -10℃ ±0.5℃,加载速率宜为 50mm/min。采用不同的试验温度和加载速率时,应予注明。

1.2　本方法适用于由轮碾成型后切制的长 250mm ±2.0mm、宽 30mm ±2.0mm、高 35mm ±2.0mm 的棱柱体小梁,其跨径为 200mm ±0.5mm;当采用其他尺寸时,应予注明。

2　主要检测设备

2.1　万能材料试验机或压力机;荷载由传感器测定,最大荷载应满足不超过其量程 80% 且不小于量程 20% 要求,宜采用 1kN 或 5kN、分辨率 0.01kN。具有梁式支座,下支座中心距 200mm,上压头位置居中,上压头及支座为半径 10mm 的圆弧形固定钢棒,上压头可以活动,与试件紧密接触。应具有环境保温箱,控温准确至 ±0.5℃,加载速率可以选择。试验机宜有伺服系统,在加载过程中速率基本不变。

2.2　跨中位移测定装置:LVDT 位移传感器。

2.3　数据采集系统或 X-Y 记录仪:能自动采集传感器及位移计的电测信号,在数据采集系统中储存或在 X-Y 记录仪上绘制荷载与跨中挠度曲线。

2.4　恒温水槽:用于试件保温,温度范围应满足试验要求,控温准确至 ±0.5℃。当试验温度低于 0℃时,恒温水槽可采用 1:1 的甲醇水溶液或防冻液作冷媒介质。恒温水槽中的液体应能循环回流。

2.5　卡尺、秒表。

2.6　温度计:分度值 0.5℃。

2.7　天平:感量不大于 0.1g。

2.8 其他:平板玻璃等。

3 试验准备

3.1 采用沥青混合料轮碾成型的板块状试件,用切割法制作棱形柱体试件,试件尺寸应符合长 250mm ±2.0mm、宽 30mm ±2.0mm、高 35mm ±2.0mm 的要求。

3.2 在跨中及两点断面,用卡尺量取试件的尺寸,当两支点断面的高度(或宽度)之差超过 2mm 时,试件应作废。跨中断面的宽度为 b、高度为 h,取相对两侧的平均值,准确至 0.1mm。

3.3 根据混合料类型,测量试件的密度、空隙率等各项物理指标。

3.4 将试件置于规定温度的恒温水槽中保温不少于 45min,直至试件内部温度达到试验温度 ±0.5℃为止。保温时试件应放在支起的平板玻璃上,试件之间的距离应不小于 10mm。

3.5 试验机环境保温箱达到要求的试验温度 ±0.5℃。

3.6 将试验机梁式试件支座准确安放好,测定支点间距为 200mm ±0.5mm,使上压头与下压头保持平行,并且两侧等距离,然后将其位置固定。

4 试验步骤

4.1 将试件从恒温水槽中取出,立即对称安放在支座上,试件上下方向应与试件成型时方向一致。

4.2 在梁跨下缘正中央安放位移测定装置,支座固定在试验机上,位移计测头支于试件跨中下缘中央或两侧(用两个位移计)。选择适宜的量程,有效量程应大于预计最大挠度的 1.2 倍。

4.3 将荷载传感器、位移计与数据采集系统或 X-Y 记录仪连接,以 X 轴为位移、Y 轴为荷载,选择适宜的量程后调零,跨中挠度可采用 LVDT 位移传感器测定。当以高精密度电液伺服试验机压头的位移作为小梁挠度时,可以由加载速率及 X-T 记录仪记录的时间求得挠度。为正确记录跨中挠度曲线,当采用 50mm/min 速率加载时,X-T 记录仪的 X 轴走纸速度(或扫描速度)根据试验温度确定。

4.4 开动压力机以规定的速率在跨径中央施以集中荷载,直至试件破坏。记录仪同时记录荷载—跨中挠度曲线。

5 计算

5.1 将荷载—挠度曲线的直线段延长与横坐标相交,作为曲线的原点,由图中量取峰值时的最大荷载 P_B 及跨中挠度 d。

5.2　按式(T 0715-1)～式(T 0715-3)计算试件破坏时的抗弯拉强度 R_B、破坏时的梁底最大弯拉应变 ε_B 及破坏时的弯曲劲度模量 S_B。

$$R_B = \frac{3 \times L \times P_B}{2 \times b \times h^2} \tag{T 0715-1}$$

$$\varepsilon_B = \frac{6 \times h \times d}{L^2} \tag{T 0715-2}$$

$$S_B = \frac{R_B}{\varepsilon_B} \tag{T 0715-3}$$

式中：R_B——试件破坏时的抗弯拉强度，MPa；

ε_B——试件破坏时的最大弯拉应变，με；

S_B——试件破坏时的弯曲劲度模量，MPa；

b——跨中断面试件的宽度，mm；

h——跨中断面试件的高度，mm；

L——试件跨径，mm；

P_B——试件破坏时的最大荷载，N；

d——试件破坏时的跨中挠度，mm。

5.3　计算加载过程中任一加载时刻的应力、应变、劲度模量的方法同上，只需读取该时刻的荷载及变形代替上式的最大荷载及破坏变形即可。

5.4　当记录的荷载—变形曲线在小变形区有一定的直线段时，可以(0.1～0.4)P_B 范围内的直线段的斜率计算弹性阶段的劲度模量，或以此范围内各测点的 σ、ε 数据计算的 $S=\sigma/\varepsilon$ 的平均值作为劲度模量。σ、ε 及 S 的计算方法同式(T 0715-1)～式(T 0715-3)。

6　试验记录

沥青混合料弯曲试验记录表示例，见表 T 0715-1。

7　试验规程及评定依据

7.1　《公路工程沥青及沥青混合料试验规程》(JTG E20—2011)。

7.2　《公路沥青路面施工技术规范》(JTG F40—2004)。

8　注意事项

恒温水槽中的液体应能循环回流。

沥青混合料弯曲试验记录表　　表 T 0715-1

工程部位/用途	沥青上面层	委托/任务编号	011213012
试验依据	JTG E20—2011	样品编号	011213012
试验条件	室温	样品名称	热拌沥青混合料
样品描述	样品均匀、无离析、无花白料、50kg	试验日期	2013-06-05—2013-06-07
主要仪器设备及编号	全自动小梁试验仪 3110154		
沥青混合料类型	AC-13	试验层位	路面上面层

试样编号	试验温度(℃)	试件的跨径(mm)	跨中断面试件的宽度(mm)	跨中断面试件的高度(mm)	试件破坏时的跨中挠度(mm)	试件破坏时的最大荷载(kN)	抗弯拉强度(MPa)	弯曲劲度模量(MPa)	试件破坏时的最大弯拉应变(με)
1	-10	200	30.1	35.1	0.503	1.101	8.91	3 363.3	2 648.3
2			30.1	34.9	0.508	1.127	9.22	3 467.7	2 659.4
3			30	35	0.497	1.233	10.07	3 857.5	2 609.3
4			30.1	35.1	0.511	1.111	8.99	3 340.7	2 690.4
5			30	34.9	0.498	1.126	9.24	3 546.0	2 607.0
6			30.2	35.1	0.501	1.109	8.94	3 390.0	2 637.8
平均值			30.1	35.0	0.503	1.135	9.23	3 494.2	2 642.0

试验：　　　　复核：　　　　日期：　年　月　日

沥青混合料冻融劈裂试验(参照 T 0729—2000 执行)

1　目的与适用范围

1.1　本方法适用于在规定条件下对沥青混合料进行冻融循环,测定混合料试件在受到水损前后劈裂的强度比,以评价沥青混合料的水稳定性。非经注明,试验温度为 25℃、加载速率 50mm/min。

1.2　本方法采用马歇尔击实法成型的圆柱体试件,击实次数为双面各 50 次,集料公称最大粒径不得大于 26.5mm。

2　主要检测设备

2.1　试验机:能保持规定加载速率的材料试验机,也可采用马歇尔试验仪。试验机负荷应满足最大测定荷载不超过其量程 80% 且不小于其量程 20% 的要求,宜采用 40kN 或 60kN 传感器,读数准确至 0.01kN。

2.2　恒温冰箱:能保持温度为 -18℃。当缺乏专用的恒温冰箱时,可采用家用电冰箱的冷冻室代替,控温准确至 ±2℃。

2.3　恒温水槽:用于试件保温,温度范围能满足试验要求,控温准确至 ±0.5℃。

2.4　压条:上下各 1 根。试件直径 100mm 时,压条宽度为 12.7mm,内侧曲率半径 50.8mm。压条两端均应磨圆。

2.5　劈裂试验夹具:下压条固定在夹具上,压条可上下自由活动。

2.6　其他:塑料袋、卡尺、天平、胶皮手套等。

3　试验准备

3.1　制作圆柱体试件。用马歇尔击实仪双面击实各 50 次,试件数不少于 8 个。

3.2　测定试件的直径及高度,准确至 0.1mm。试件尺寸应符合直径101.6mm ±0.25mm、高 63.5mm ± 1.3mm 的要求。在试件两侧通过圆心画上对称的十字标记。

3.3　测定试件的密度、孔隙率等各项物理指标。

3.4　将试件随机分成两组，每组不少于 4 个。将第一组试件置于平台上，在室温下保存备用。

4　试验步骤

4.1　将第二组试件用饱水试验方法真空饱水，在真空度为 97.3 ~ 98.7kPa (730 ~ 740mmHg)条件下保持 15min；然后打开阀门，恢复常压，试件在水中放置 0.5h。

4.2　取出试件放入塑料袋中，加入约 10mL 的水，扎紧袋口，将试件放入恒温冰箱，冷冻温度为 -18℃ ±2℃，保持 16h ±1h。

4.3　将试件取出后，立即放入已保温为 60℃ ±0.5℃ 的恒温水槽，撤去塑料袋，保温 24h。

4.4　将第一组与第二组全部试件浸入温度为 25℃ ±0.5℃ 的恒温水槽中不少于 2h，水温高时可适当加入冷水或冰块调节。保温时试件之间的距离不少于 10mm。

4.5　取出试件立即用 50mm/min 的加载速率进行劈裂试验，得到试验的最大荷载。

5　计算

5.1　劈裂抗拉强度按式(T 0729-1)及式(T 0729-2)计算。

$$R_{T1} = \frac{0.006\,287 P_{T1}}{h_1} \tag{T 0729-1}$$

$$R_{T2} = \frac{0.006\,287 P_{T2}}{h_2} \tag{T 0729-2}$$

式中：R_{T1}——未进行冻融循环的第一组单个试件的劈裂抗拉强度，MPa；

R_{T2}——经受冻融循环的第二组单个试件的劈裂抗拉强度，MPa；

P_{T1}——第一组单个试件的试验荷载值，N；

P_{T2}——第二组单个试件的试验荷载值，N；

h_1——第一组每个试件的高度，mm；

h_2——第二组每个试件的高度，mm。

5.2　冻融劈裂抗拉强度比按式(T 0729-3)计算。

$$TSR = \frac{\overline{R}_{T2}}{\overline{R}_{T1}} \times 100 \tag{T 0729-3}$$

式中：TSR——冻融劈裂试验强度比，%；

$\bar{R}_{T2}$——冻融循环后的第二组有效试件劈裂抗拉强度平均值，MPa；

$\bar{R}_{T1}$——未冻融循环后的第一组有效试件劈裂抗拉强度平均值，MPa。

5.3 数据修约

每个试验温度下，一组试验的有效试件不得少于3个，取其平均值作为试验结果。当一组测定值中某个数据与平均值之差大于标准差的 k 倍时，该测定值应予舍弃，并以其余测定值的平均值作为试验结果。当试件数目 n 为3、4、5、6时，k 值分别为1.15、1.46、1.67、1.82。

6 试验记录

沥青混合料冻融劈裂试验记录表示例，见表T 0729-1。

沥青混合料冻融劈裂试验记录表　　表T 0729-1

<table>
<tr><td colspan="2">工程部位/用途</td><td colspan="2">沥青下面层</td><td colspan="2">委托/任务编号</td><td colspan="3">011213011</td></tr>
<tr><td colspan="2">试验依据</td><td colspan="2">JTG E20—2011</td><td colspan="2">样品编号</td><td colspan="3">011213011</td></tr>
<tr><td colspan="2">试验条件</td><td colspan="2">室温</td><td colspan="2">样品名称</td><td colspan="3">热拌沥青混合料</td></tr>
<tr><td colspan="2">样品描述</td><td colspan="2">样品均匀、无离析、无花白料、50kg</td><td colspan="2">试验日期</td><td colspan="3">2013-06-05—2013-06-07</td></tr>
<tr><td colspan="3">主要仪器设备及编号</td><td colspan="6">马歇尔稳定度仪 3110401</td></tr>
<tr><td colspan="2">沥青混合料类型</td><td colspan="2">AC-25</td><td colspan="2">试验层位</td><td colspan="3">路面下面层</td></tr>
<tr><td>试样编号</td><td>干重(g)</td><td>水中重(g)</td><td>表干重(g)</td><td>试件毛体积相对密度</td><td>劈裂值(MPa)</td><td>平均值(MPa)</td><td>TSR(%)</td></tr>
<tr><td>1</td><td>1 224.1</td><td>729.3</td><td>1 227.6</td><td>2.457</td><td>0.755 4</td><td rowspan="4">0.754 3</td><td rowspan="10">83.1</td></tr>
<tr><td>2</td><td>1 223.9</td><td>728.9</td><td>1 227.7</td><td>2.454</td><td>0.745 3</td></tr>
<tr><td>3</td><td>1 224.3</td><td>729.7</td><td>1 227.6</td><td>2.459</td><td>0.786 9</td></tr>
<tr><td>4</td><td>1 225.7</td><td>730.2</td><td>1 229.7</td><td>2.454</td><td>0.729 7</td></tr>
<tr><td colspan="4">平均值</td><td>2.456</td><td>0.754 3</td><td></td></tr>
<tr><td>5</td><td>1 226.7</td><td>729.7</td><td>1 230.1</td><td>2.451</td><td>0.903 0</td><td rowspan="4">0.907 7</td></tr>
<tr><td>6</td><td>1 226.9</td><td>731.2</td><td>1 230.6</td><td>2.457</td><td>0.921 3</td></tr>
<tr><td>7</td><td>1 225.4</td><td>729.4</td><td>1 228.8</td><td>2.454</td><td>0.891 2</td></tr>
<tr><td>8</td><td>1 223.8</td><td>729.4</td><td>1 227.6</td><td>2.457</td><td>0.915 3</td></tr>
<tr><td colspan="4">平均值</td><td>2.455</td><td>0.907 7</td><td></td></tr>
</table>

试验：　　　　复核：　　　　日期：　年　月　日

7 试验规程及评定依据

7.1 《公路工程沥青及沥青混合料试验规程》(JTG E20—2011)。

7.2 《公路沥青路面施工技术规范》(JTG F40—2004)。

8 注意事项

8.1 保温时试件之间的距离不少于10mm。

8.2 试件尺寸应符合直径101.6mm ±0.25mm、高63.5mm ±1.3mm的要求。

沥青混合料谢伦堡沥青析漏试验
(参照 T 0732—2011 执行)

1　目的与适用范围

本方法适用于检测沥青结合料在高温状态下从沥青混合料中析出多余的自由沥青数量,供检验沥青玛蹄脂碎石混合料(SMA)、排水式大空隙沥青混合料(OGFC)或沥青碎石类混合料的最大沥青用量使用。

2　主要检测设备

2.1　烧杯:800mL。

2.2　烘箱。

2.3　小型沥青混合料拌和机。

2.4　玻璃板。

2.5　天平:感量不大于0.1g。

2.6　其他:手铲、棉纱等。

3　试验准备

调平天平:将天平平放在操作台上,看水准气泡是否居中,如果不居中,调节天平下方的角螺旋,直至水准气泡居中为止。

4　试验步骤

4.1　将沥青混合料拌和机预热至拌和温度并提高10℃左右备用。(按实际使用的配合比配制)将每个试件预热的粗细集料及矿粉置于拌和机中,纤维稳定剂应在加入粗细集料和矿粉后加入,并适当干拌分散,用小铲适当混合后加入需要数量的已加热至拌和温度的沥青。

开动拌和机,搅拌3min,然后暂停拌和,并使沥青混合料保持在要求的拌和温度范围内。标准的总拌和时间为3~3.5min,每次拌和一个试件。

4.2　洗净烧杯,干燥,称取烧杯质量 m_0,准确至0.1g。

4.3　将拌和好的1kg混合料，倒入800mL烧杯中，称烧杯及混合料的质量m_1，准确至0.1g。

4.4　在烧杯上加玻璃盖板，放入170℃±2℃烘箱中(如为改性沥青SMA时，宜为185℃)，持续60min±1min。

4.5　取出烧杯，不加任何冲击或振动，将混合料向下扣到玻璃板上，称取烧杯以及黏附在烧杯上的沥青结合料、细集料、玛蹄脂等的总质量m_2，准确至0.1g。

5　试验结果计算

5.1　沥青析漏损失按式(T 0732-1)计算：

$$\Delta m = \frac{m_2 - m_0}{m_1 - m_0} \times 100 \qquad (T\ 0732\text{-}1)$$

式中：m_0——烧杯质量，g；

m_1——烧杯及试验用沥青混合料总质量，g；

m_2——烧杯以及黏附在烧杯上的沥青结合料、细集料、玛蹄脂等的总质量，g；

Δm——沥青析漏损失，%。

5.2　试验至少应平行试验3次，取平均值作为试验结果。

6　试验记录

沥青析漏损失试验记录表示例，见表T 0732-1。

沥青析漏损失试验记录表　　表T 0732-1

工程部位/用途		沥青上面层		委托/任务编号		011213006	
试验依据		JTG E20—2011		样品编号		011213006	
试验条件		室温		样品名称		热拌沥青混合料	
样品描述		样品均匀、无离析、无花白料、50kg		试验日期		2013-06-05—2013-06-07	
主要仪器设备及编号		电热鼓风恒温干燥箱　3110404					
沥青混合料类型		SMA-13		试验层位		路面上面层	
析漏试验	次数	空烧杯质量(g)	烧杯+试样质量(g)	烧杯+残留试样质量(g)	析漏(%)	平均值(%)	备注
	1	242.0	1 254.3	242.5	0.05	0.05	
	2	245.6	1 260.5	246.1	0.05		
	3	248.8	1 257.5	249.3	0.04		
备注：							

试验：　　　　　　复核：　　　　　　日期：　　年　　月　　日

7　试验规程及评定依据

7.1　《公路工程沥青及沥青混合料试验规程》(JTG E20—2011)。

7.2　《公路沥青路面施工技术规范》(JTG F40—2004)。

8　注意事项

8.1　一组试件分别拌和4份,每次拌和一个试件,第1锅拌和后即予废弃不用,以免影响后面3锅油石比的准确性。

8.2　取出烧杯,将混合料向下扣到玻璃板上,不加任何冲击或振动。

沥青混合料肯塔堡飞散试验
(参照 T 0733—2011 执行)

1 目的与适用范围

1.1 本方法用以评定由于沥青用量或黏结性不足,在交通荷载作用下,路面表面集料脱落而散失的程度,以马歇尔试件在洛杉矶试验机中旋转撞击规定的次数,沥青混合料试件散落材料的质量的百分率表示。

1.2 标准飞散试验可用于确定沥青路面表面层使用的沥青玛蹄脂碎石混合料(SMA)、排水式大空隙沥青混合料、抗滑表层混合料、沥青碎石或乳化沥青碎石混合料所需的最少沥青用量。

1.3 本方法的浸水飞散试验用以评价沥青混合料的水稳性。

2 主要检测设备

2.1 沥青混合料马歇尔试件制作设备,同《公路工程沥青及沥青混合料试验规程》(JTG E20—2011)T 0702。

2.2 洛杉矶磨耗试验机。

2.3 恒温水槽:水温控制在 20℃ ±0.5℃。

2.4 烘箱:大、中型各 1 台,装有温度调节器。

2.5 天平或电子秤:用于称量矿料的感量不大于 0.5g,用于称量沥青的感量不大于 0.1g。

2.6 插刀或者大螺丝刀。

2.7 温度计:分度值 1℃。

2.8 其他:电炉或煤气炉、沥青熔化锅、拌和铲、滤纸(或普通纸)、卡尺、秒表、粉笔等。

3 试验准备

3.1 根据实际使用的沥青混合料配合比,按标准击实法成型马歇尔试件,除非另有要求,击实成型次数为双面各 50 次。试件尺寸应符合直径 101.6mm ±

0.2mm、高63.5mm±1.3mm的要求，一组试件的数量不得少于4个。拌和时应注意事先在拌和锅中加入相当于拌和沥青混合料时在拌和锅内所黏附的沥青用量，以免影响油石比的准确性。

3.2　量测试件的直径及高度，准确至0.1mm。尺寸不符合要求的试件应作废。测定试件的密度、空隙率、沥青体积百分率、沥青饱和度、矿料间隙率等物理指标。

3.3　将恒温水槽调节至要求的试验温度。标准飞散试验的试验温度为20℃±0.5℃；浸水飞散试验的试验温度为60℃±0.5℃。

4　试验步骤

4.1　将试件放入恒温水槽中养生。将恒温水槽调整至要求的试验温度，标准飞散试验的试验温度为20℃±0.5℃，浸水飞散试验的试验温度为60℃±0.5℃，对标准试件养生20h，对浸水飞散试件养生48h后取出放置在室温中24h。

4.2　从恒温水槽中逐个取出试件，称取试件质量m_0，准确至0.1g。

4.3　立即将一个试件放入洛杉矶磨耗仪中，不加钢球，盖紧盖子（一次只能试验一个试件）。

4.4　开动洛杉矶磨耗仪，以30～33r/min的速度旋转300转。

4.5　打开试验机盖子，取出试件及碎块，称取试件的残留质量。当试件已经粉碎时，称取最大一块残留试件的混合料质量m_1。

4.6　重复以上步骤，一种混合料的平行试验不少于3次。

5　试验结果计算

沥青混合料的飞散损失按式（T 0733-1）计算

$$\Delta S = \frac{m_0 - m_1}{m_0} \times 100 \qquad (\text{T 0733-1})$$

式中：ΔS——沥青混合料的飞散损失，%；

m_0——试验前试件的质量，g；

m_1——试验后试件的残留质量，g。

6　试验记录

沥青混合料飞散试验记录表示例，见表T 0733-1。

沥青混合料飞散试验记录表 表 T 0733-1

<table>
<tr><td colspan="2">工程部位/用途</td><td colspan="2">沥青上面层</td><td>委托/任务编号</td><td colspan="2">011213007</td></tr>
<tr><td colspan="2">试验依据</td><td colspan="2">JTG E20—2011</td><td>样品编号</td><td colspan="2">011213007</td></tr>
<tr><td colspan="2">试验条件</td><td colspan="2">室温</td><td>样品名称</td><td colspan="2">热拌沥青混合料</td></tr>
<tr><td colspan="2">样品描述</td><td colspan="2">样品均匀、无离析、无花白料、50kg</td><td>试验日期</td><td colspan="2">2013-06-05—2013-06-07</td></tr>
<tr><td colspan="4">主要仪器设备及编号</td><td colspan="3">洛杉矶磨耗仪 3110465</td></tr>
<tr><td colspan="2">沥青混合料类型</td><td colspan="2">SMA-13</td><td>试验层位</td><td colspan="2">路面上面层</td></tr>
<tr><td rowspan="5">飞散试验</td><td>次数</td><td>试样质量（g）</td><td>飞散后试样质量（g）</td><td>飞散损失质量（g）</td><td>飞散损失量（%）</td><td>平均值（%）</td></tr>
<tr><td>1</td><td>1 233.1</td><td>1 145.3</td><td>87.8</td><td>7.1</td><td rowspan="4">6.9</td></tr>
<tr><td>2</td><td>1 232.3</td><td>1 150.5</td><td>81.8</td><td>6.6</td></tr>
<tr><td>3</td><td>1 233.1</td><td>1 145.2</td><td>87.9</td><td>7.1</td></tr>
<tr><td>4</td><td>1 235.6</td><td>1 152.2</td><td>83.4</td><td>6.7</td></tr>
<tr><td>备注</td><td colspan="6">—</td></tr>
</table>

试验： 复核： 日期： 年 月 日

7 试验规程及评定依据

7.1 《公路工程沥青及沥青混合料试验规程》(JTG E20—2011)。

7.2 《公路沥青路面施工技术规范》(JTG F40—2004)。

8 注意事项

8.1 标准飞散试验的试验温度为20℃ ±0.5℃；浸水飞散试验的试验温度为60℃ ±0.5℃。

8.2 一次只能试验一个试件。

8.3 一种混合料的平行试验不少于3次。

热拌沥青混合料加速老化方法
（参照 T 0734—2000 执行）

1　目的与适用范围

本方法用于模拟沥青混合料的短期老化及长期老化过程，试件在进行长期老化试验前必须先经过短期老化。

2　主要检测设备

2.1　烘箱：强制通风干燥箱。

2.2　温度计：分度值 1℃。宜采用有金属插杆的插入式数显温度计，金属插杆的长度不小于 150mm。量程 0～300℃。

2.3　小型沥青混合料拌和机。

2.4　其他：铁铲、天平、搪瓷盘。

3　试验准备

根据要求的矿料级配和沥青用量，按规定的方法加热矿料和沥青，用小型沥青混合料拌和机在标准条件下拌和混合料，混合料数量根据试验需要确定。

4　试验步骤

4.1　短期老化

4.1.1　将沥青混合料均匀摊铺在搪瓷盘中，松铺约 21～22kg/m^2。

4.1.2　将混合料放入 135℃ ±3℃ 的烘箱中在强制通风条件下加热 4h ±5min，每小时用铲在试样盘中翻拌混合料一次。

注：翻拌混合料时应注意安全，佩戴双层手套，防止烫伤。

4.1.3　加热 4h 后，从烘箱中取出混合料，供试验使用。

4.2　长期老化

4.2.1　在试验室拌和沥青混合料，或在施工现场取样，按上述步骤对松散混合料进行短期老化，然后按要求的试件尺寸和成型方法制作试件。如试样温度低于要求的成型温度时,可对混合料适当加热。

4.2.2 将试件连同试模仪器置于室温条件下冷却不少于16h,然后脱模。

4.2.3 将试件放置于试样架上,送入85℃ ±3℃烘箱中,在强制通风条件下连续加热5d(120h ±0.5h)。注意:在恒温过程中直至冷却前不得触摸试件和移动试件。

4.2.4 5d后关闭烘箱,打开烘箱门,经自然冷却不少于16h至室温。取出试件,供试验使用。

5 试验规程及评定依据

5.1 《公路工程沥青及沥青混合料试验规程》(JTG E20—2011)。

5.2 《公路沥青路面施工技术规范》(JTG F40—2004)。

6 注意事项

6.1 混合料在135℃ ±3℃的烘箱中,需在强制通风条件下加热4h ±5min,每小时用铲在试样盘中翻拌混合料一次。

6.2 翻拌混合料时应注意安全,须佩戴双层手套,防止烫伤。

沥青混合料中沥青含量(燃烧炉法)
(参照 T 0735—2011 执行)

1　目的与适用范围

1.1　本方法适用于采用燃烧炉法测定沥青混合料中沥青含量,也适用于对燃烧后的沥青混合料进行筛分分析。

1.2　本方法适用于热拌沥青混合料以及从路面取样的沥青混合料在生产、施工过程中的质量控制。

2　主要检测设备

2.1　燃烧炉:由燃烧室、称量装置、自动数据采集系统、控制装置、空气循环装置、试样篮及其附件组成。

2.2　试样篮:可以使试样均匀地摊平在篮中,篮内可使空气在试样内部及周围流通。2 个以上的试样篮可套放在一起。试样篮由网孔板做成,一般采用打孔的不锈钢或者其他合适的材料做成,通常情况下网孔的尺寸最大为 2.36mm。

2.3　托盘:放置于试样篮下方,以接受从试样篮中滴落的沥青和集料。

2.4　烘箱:温度应控制在设定值 ±5℃。

2.5　天平:满足称量试样篮以及试样的质量,感量不大于 0.1g。

2.6　防护装置:防护眼镜、隔热面罩、隔热手套。

2.7　其他:大平底盘、刮刀、盆、毛刷等。

3　试验准备

3.1　按沥青混合料取样方法,在拌和厂从运料卡车采取沥青混合料试样,宜趁热放在金属盘(或搪瓷盘)中适当拌和,待温度下降至 100℃以下时,称取混合料试样,准确至 0.1g。

3.2　当用钻孔法或切割法从路面上取得的试样时,应用电风扇吹风,使其完全干燥,但不得用锤击以防集料破碎,然后置 125℃ ±5℃加热成松散状态,并至恒重;适当拌和后称取试样质量,准确至 0.1g。

3.3　当混合料已经结团时，不得用刮刀或者铲刀处理，应该将试样置于托盘中放在烘箱125℃ ±5℃中加热成松散状态取样。

3.4　沥青用量修正系数标定。

3.4.1　按照沥青混合料配合比设计的各档集料比例配置5份集料混合料(含矿粉)，质量为 m_{B1}。

3.4.2　将其中2份集料混合料进行水洗筛分，取筛分结果平均值为燃烧前各档筛孔通过率 P_{Bi}，其级配应满足混合料目标级配范围要求。

3.4.3　将第3份沥青混合料进行洗锅，其沥青用量宜比目标沥青用量 P_b 多0.3% ~0.5%。

3.4.4　将最后2份集料混合料按照配合比设计的沥青含量进行室内混合料拌制，称取的沥青质量为 m_{B2}。

3.4.5　按照操作步骤对2份标准样品进行燃烧测沥青用量，记录初始试样质量 m_{B5}，燃烧后设备自动计算燃烧损失质量 m_{B6}。

3.4.6　根据式(T 0735-1)分别计算两份标准样品的质量损失系数 C_{fi}。

$$C_{fi} = \left(\frac{m_{B6}}{m_{B5}} - \frac{m_{B2}}{m_{B1}}\right) \times 100 \tag{T 0735-1}$$

式中：C_{fi}——质量损失系数；

m_{B1}——每份集料混合料质量，g；

m_{B2}——沥青质量，g；

m_{B5}——初始试样总质量，g；

m_{B6}——试样燃烧损失质量，g。

(1)当两个试样的质量损失系数差值不大于0.15%，则取平均值作为沥青用量的修正系数 C_f。

(2)当两个试样的质量损失系数差值大于0.15%，则重新准备两个试样按以上步骤进行燃烧试验，得到4个质量损失系数，除去1个最大值和1个最小值，将剩下的两个修正系数取平均值作为沥青用量的修正系数 C_f。

3.5　矿料级配修正系数标定。

3.5.1　当沥青用量的修正系数 C_f 小于0.5%时，进行级配筛分。

3.5.2　当沥青用量的修正系数 C_f 大于0.5%时，设定482℃ ±5℃燃烧温度重新标定，得到482℃的沥青用量的修正系数 C_f。如果482℃与538℃得到的沥青用量的修正系数差值在0.1%以内，则仍以538℃的沥青用量作为最终的修正系数 C_f；如果修正系数差值大于0.1%，则以482℃的沥青用量作为最终修正系数 C_f。

3.5.3　确保试样在燃烧室得到完全燃烧。如果试样燃烧后仍然有发黑等物质,说明没有完全燃烧干净。如果沥青混合料试验的数量超过了设备的试验能力,或者一次试验质量太多燃烧不够彻底时,可将试样分成两等份分别测定,再合并计算沥青含量。不宜人为延长燃烧时间。

3.5.4　级配筛分。用最终沥青用量修正系数 C_f 所对应的 2 份试样的残留物,进行筛分,取筛分平均值为燃烧后沥青混合料各筛孔的通过率 P'_{Bi},燃烧前、后各筛孔通过率差值均符合表 T 0735-1 的范围时,则取各筛孔的通过百分率修正系数 $C_{Pi}=0$。否则应按式(T 0735-1)进行燃烧后混合料级配修正。

$$C_{Pi} = P'_{Bi} - P_{Bi} \tag{T 0735-2}$$

式中:P'_{Bi}——燃烧后沥青混合料各筛孔的通过率,%;

P_{Bi}——燃烧前的各档筛孔通过百分率,%。

燃烧前后混合料级配允许差值　　表 T 0735-1

筛孔(mm)	≥2.36	0.15~1.18	0.075
允许差值	±5%	±3%	±0.5%

4　试验步骤

4.1　将燃烧炉预热到设定温度(设定温度与标定温度相同)。将沥青用量的修正系数 C_f 输入到控制程序中,将打印机连接好。

4.2　将试样放在 105℃ ±5℃的烘箱中烘至恒重。

4.3　称量试验篮和托盘质量 m_1,准确至 0.1g。

4.4　试样篮放入托盘中,将加热的试样均匀地摊平在试样篮中。称量试样、试验篮和托盘总质量 m_2,准确至 0.1g。计算初始试样总质量 m_3(即 $m_2 - m_1$),将 m_3 作为初始的试样质量输入燃烧炉控制程序中。

4.5　将试样篮、托盘和试样放入燃烧炉,关闭燃烧室门。查看燃烧炉控制程序显示质量,即试样、试验篮和托盘总质量(m_2)与显示质量(m_{B4})的差值不得大于 5g,否则需调整托盘的位置。

4.6　锁定燃烧室的门,启动开始按钮进行燃烧。

4.7　燃烧至连续 3min 试样质量每分钟损失率小于 0.01% 时,燃烧炉会自动发出警示声或者指示灯亮起警报,并停止燃烧。燃烧炉控制程序自动计算试样燃烧损失质量 m_4,准确至 0.1g。

4.8　按下停止按钮,燃烧室的门会解锁,并打印试验结果,从燃烧室中取出试样盘及试样篮。

4.9　燃烧结束后,罩上保护罩待适当冷却后,将试样篮中残留物倒入大盘子中。用毛刷将试样篮所有残留物都清理到盘子中，然后进行筛分，得到燃烧后沥青混合料各筛孔的通过率 P_i，修正得到混合料级配 P_i（即 $P_i' - C_{pi}$）。

5 试验结果计算

5.1 按照式（T 0735-3）计算修正后的沥青用量 P，准确至 0.01%。

$$P = \left(\frac{m_4}{m_3} \times 100\right) - C_f \qquad \text{(T 0735-3)}$$

式中：m_3——初始试样总质量，g；

m_4——燃烧后试样损失质量，g；

C_f——沥青用量的修正系数。

5.2 沥青用量的重复性试验允许误差为 0.11%，再现性试验的允许误差为 0.17%。

6 试验记录

沥青混合料沥青含量（燃烧法）记录示例，见表 T 0735-2。

沥青混合料沥青含量（燃烧法）记录表 表 T 0735-2

试验依据	JTG E20—2011			样品编号	011213008	
试验条件	室温			样品名称	热拌沥青混合料	
样品描述	样品均匀、无离析、无花白料、50kg			试验日期	2013-06-05—2013-06-07	
主要仪器设备及编号	全自动沥青燃烧炉 3110441					
沥青混合料类型	AC-20			试验层位	路面下面层	
试验次数	试样质量（g）	燃烧前篮筐质量（g）	燃烧后篮筐和矿料质量（g）	矿料质量（g）	沥青质量（g）	油石比（%）	沥青用量（%）
1	1 521.0	3 044.8	4 478.8	1 434	87.0	6.1	5.7
2	1 544.9	3 044.9	4 501.9	1 457	87.9	6.0	5.7
平均值	—					6.0	5.7

试验： 复核： 日期： 年 月 日

7 试验规程及评定依据

7.1 《公路工程沥青及沥青混合料试验规程》（JTG E20—2011）。

7.2 《公路沥青路面施工技术规范》(JTG F40—2004)。

8　注意事项

8.1 向燃烧炉腔体内放入试样及从其内取出试样时,必须佩戴防护手套及长柄手叉。同一沥青混合料试样至少平行测定两次,取平均值作为试验结果。报告内容应包括燃烧炉类型、试验温度、沥青用量的修正系数、试验前后试样质量和测定的沥青用量试验结果,并将标定和测定时的试验结果打印并附到报告中。当需要进行筛分试验时,还应包括混合料的筛分结果。

8.2 同一沥青混合料试样至少平行测定两次,取平均值作为试验结果。报告内容应包括燃烧炉类型、试验温度、沥青用量的修正系数、试验前后试样质量和测定的沥青用量试验结果,并将标定和测定时的试验结果打印并附到报告中。当需要进行筛分试验时,还应包括混合料的筛分结果。

8.3 试验涉及高温作业时,试验人员必须佩戴防护眼镜、隔热面罩、隔热手套。试样篮搬运应轻拿轻放。

沥青混合料旋转压实试件制作方法(SGC 方法)(参照 T 0736—2011 执行)

1 目的与适用范围

1.1 本方法适用于旋转压实法成型直径 150mm,高度可分为 115mm ± 5mm、95mm 沥青混合料圆柱体试件,以供试验室进行沥青混合料配合比设计及日常物理力学性质试验使用。

1.2 本方法也适合于在试件成型过程中测量剪切应力的变化,用于分析沥青混合料性能。

2 主要检测设备

2.1 旋转压实仪:主要由反力架、加载装置、旋转基座、计算机控制系统、内旋转角测量装置、锤头(上压盘)和底座(下压盘)、测力装置和压力传感器等组成。必要时可配置剪切应力测试系统和压头加热系统。

2.1.1 反力架应有足够的刚度,以保证旋转压实时旋转角的稳定;应有安全防护门,并配有电源控制开关。

2.1.2 加载装置,应保证旋转压实过程中垂直压力的稳定,使垂直压力达到设定值的 ±18kPa。

2.1.3 旋转基座由旋转套、压实角度调整功能、旋转传动功能、试模底座等组成。压实角度可调,其调整范围应满足试验的要求。出厂前压实角度应进行标定,使有效内旋转角允许波动范围为设定值的 ±0.02°。旋转基座的工作转速应达到设定值 ±0.5r/min。

2.1.4 计算机控制系统应具有对旋转压实仪运行的自动控制和试验数据采集、分析等功能。

2.1.5 内旋转角测量装置,应具备数据采集系统、温度测量、数据显示等功能。

2.1.6 试模、锤头(上压盘)和底座(下压盘)。

(1)试模应采用钢材制造,试模壁的厚度大于 7.5mm,洛氏硬度至少为

HRC48 ~ HRC57,试模内壁应足够光滑(粗糙度 R_a0.4μm)。ϕ150mm 试模内径为 149.90 ~ 150.00mm。

(2)锤头(上压盘)和底座(下压盘)必须采用钢材制造,洛氏硬度宜为 HRC48 ~ HRC55。ϕ150mm 试件锤头(上压盘)和底座(下压盘),其外直径尺寸为 149.50 ~ 149.75mm。锤头和底座与混合料接触面应平坦、光滑(粗糙度R_a0.4μm)。锤头和底座尺寸宜每年标定一次,试模内直径和压盘外直径之差应小于 0.50mm。

2.2　旋转压实仪应具有自动测定试件高度、旋转次数及对应高度的记录和显示功能,精确至 0.1mm。同时应配备标定装置,对内旋转角、垂直力和试件高度测量装置宜每半年自校一次,旋转转速宜每年自校一次。

2.3　脱模仪。

2.4　试验室用沥青混合料拌和机:容量不小于 10L。

2.5　烘箱:大、中型各一台,装有温度调节器。

2.6　天平或电子秤:感量不大于 0.1g。

2.7　温度计:宜采用有金属插杆的插入式数显温度计,金属插杆的长度不大于 150mm。量程 0 ~ 300℃,分度值 1℃。

2.8　其他:游标卡尺、托盘、拌和铲、刮刀、隔热手套、垫纸、沥青熔化炉。

3　试验准备

3.1　确定制作沥青混合料试件的拌和与压实温度。常温沥青混合料的拌和及压实在常温下进行。

3.2　在拌和厂或施工现场取具有代表性的沥青混合料,当混合料温度符合要求时,可直接用于成型。在试验室人工配置沥青混合料时,应满足室内拌制要求。

3.3　仪器标定步骤。

3.3.1　确定试验条件,加载装置垂直压力为 600kPa ± 18kPa,压实转速为30r/min ± 0.5r/min。

3.3.2　将试模、上下压盘和内旋转角测量装置的表面清理干净。当试模内壁或者上下压盘接触混合料的表面处有划痕或损坏时,不得再适用。

3.3.3　检查内旋转角有加热和室温两种方式。通常情况下宜选择加热方式,即开始检测前将试模置 150℃ ± 5℃ 的烘箱中加热不少于 45min,内旋转角测量装置无须加热。室温检测时试模不需加热。

3.3.4　按照仪器的说明书设定旋转次数。

3.3.5　将内旋转角测量装置组装好,放进试模中,将仪器探头或参考基座适当定位以测量底部内部角和顶部内部角。将试模放入旋转压实仪中,注意试模和旋转压实锤对中。

3.3.6 开始旋转压实,使试模和内旋转角测量装置仪器做旋转运动。旋转时宜符合以下条件:产生的偏心距 e 为 22mm,力矩 M(即 $e \times F$)为 466.5±10N·m。

3.3.7 旋转到设定次数后,停止压实,待旋转压实仪上压头上升至一定高度后,从试模中取出内旋转角测量装置。记录测定结果,准确至 0.01°。

3.3.8 不断调整内旋转角测量装置位置,按照 3.3.1~3.3.6 的步骤分别测定底部内旋转角 α_{bi} 和顶部内旋转角 α_{ti},底部内旋转角和顶部内旋转角分别测定 3 次。如果分别测定的 3 个底部内旋转角(或顶部内旋转角)差值大于 0.02°,则必须重新测定。取 3 个底部内旋转角 α_{bi} 的平均值为底部内旋转角 α_b;取 3 个顶部内旋转角 α_{ti} 的平均值为顶部内旋转角 α_t。取 α_b 和 α_t 平均值为有效内旋转角 α_e。α_b 和 α_t 差值不宜大于 0.02°;有效内旋转角 α_e 应该满足设定值的 ±0.02°要求。

4 试验步骤

4.1 通电,并打开设备开关、配件的电源(或气源)开关、计算机(或控制面板),并与压实仪连接;需要打印数据时,还需连接打印机等。

4.2 设定旋转压实旋转角、垂直压力和旋转速率。不同的设计方法和体系,旋转角、垂直压力和旋转速率可能不同,因此参数的设定需根据混合料设计方法要求选定(如:Superpave 设计方法要求有效内旋转角为 1.16°±0.02°、垂直压力为 600kPa±18kPa、旋转速率为 30r/min±0.5r/min)。

4.3 根据需要选定试验结束条件,一般选择设定要求的旋转压实次数作为试验结束条件。也可以根据需要选择压实到要求的试件高度作为试验结束条件。

4.4 当旋转压实仪压头具有保温功能时,再旋转压实前需将压头加热保温不少于 15min。

4.5 用蘸有少许黄油的棉纱擦净试模及下压盘等,然后置烘箱中加热并保持到压实温度±5℃,恒温至少 45min。常温沥青混合料用试模不需要加热。

4.6 将拌和好的沥青混合料,均匀称取一个试件所需的混合料质量 m,混合料的质量应使成型后的试件高度达到试验所需高度±3mm。

4.7 从烘箱中取出预热的试模、下压盘,将预热好的模具组件放到压实仪工作面上,再放入一个纸碟在底盘的上面。用小铲将热沥青拌和物 HMA 试样铲入试模里。

注:铲入试样时应旋转着装入,装料速度要迅速,防止混合料温度散失。之后将试样的表面整平,再在试样顶部放一个纸碟(纸碟表面涂上凡士林)。

4.8　双手一手在前一手在后托住模具两旁的圆形把手，将装好样品的模具放入压实腔内。确保模具放置平稳，顶住定位栓。大力地按紧模具两边的夹具手柄，把模具紧紧夹在转动底座上。关上压实腔的门，安装模具顶盖到压实仪的顶部。

4.9　模具顶盖需要顺时针旋转到位，直到完全下沉，顶到设备的到位栓。顺时针旋转顶盖上的每一个固定把手，将顶盖锁定。

4.10　设定各试验参数，开动旋转压实仪，将压实锤头降下，直至施加的压力达到设定值 ±18kPa。旋转压实仪将按照设置的旋转次数开始自动成型试件。

4.11　试验过程中，自动连续记录不同压实次数下的试件高度，并显示垂直压力。根据需要还可以测定、记录旋转压实过程中的剪应力。压实结束后，按照压实仪的提示恢复压实仪的旋转角，升起旋转压头，从旋转压实仪中取出试件。

4.12　刚成型好的热试件不宜马上脱模，需在室温下适当冷却。当为了缩短试验时间，可以采用电风扇降温 5～10min 后再进行脱模。同时空隙率又较大（如大于 7%）时，冷却时间宜延长 15min 以上。脱模后，揭去垫在试件底部和顶部的纸碟。

4.13　根据需要测定试件毛体积相对密度等参数。

4.14　用于测定试件体积参数时，平行试验一般不少于 4 个；用于其他试验时，平行试验试件个数按相关规定确定。

5　试验结果计算

5.1　按照式（T 0736-1）计算不同旋转压实次数下的试件的毛体积相对密度，取 3 位小数。

$$\gamma_{fx} = \frac{\gamma_f \times h_x}{h} \qquad (T\ 0736\text{-}1)$$

式中：γ_{fx}——不同旋转压实次数下的试件毛体积相对密度；

γ_f——表干法测定的毛体积相对密度；

h——最终成型试件高度（仪器显示试件的高度），mm。

5.2　试件毛体积相对密度试验重复性的允许误差，当集料公称最大粒径小于或等于 13.2mm 时为平均值的 0.9%，集料公称最大粒径大于或者等于 13.2mm 时为平均值的 1.4%。试件毛体积相对密度试验再现性的允许误差为平均值的 1.7%。

6　试验记录

沥青混合料旋转压实试验记录示例，见表 T 0736-1。

沥青混合料旋转压实试验记录表 表 T 0736-1

<table>
<tr><td colspan="2">工程部位/用途</td><td>沥青下面层</td><td colspan="2">委托/任务编号</td><td colspan="2">011213005</td></tr>
<tr><td colspan="2">试验依据</td><td>JTG E20—2011</td><td colspan="2">样品编号</td><td colspan="2">011213005</td></tr>
<tr><td colspan="2">试验条件</td><td>室温</td><td colspan="2">样品名称</td><td colspan="2">热拌沥青混合料</td></tr>
<tr><td colspan="2">样品描述</td><td>样品均匀、无离析、无花白料、50kg</td><td colspan="2">试验日期</td><td colspan="2">2013-06-05—2013-06-07</td></tr>
<tr><td colspan="3">主要仪器设备及编号</td><td colspan="4">旋转压实仪 3110447</td></tr>
<tr><td colspan="2">沥青混合料类型</td><td colspan="2">AC-25</td><td>试验层位</td><td colspan="2">路面下面层</td></tr>
<tr><td>次数</td><td>$N_{初始}$(8 次)高度(mm)</td><td>$N_{初始}$(100 次)高度(mm)</td><td>空气中重(g)</td><td>水中重(g)</td><td>饱和面干重(g)</td><td>毛体积相对密度</td></tr>
<tr><td>1</td><td>132.6</td><td>117.9</td><td>4 795.5</td><td>2 837.1</td><td>4 803.3</td><td>2.439</td></tr>
<tr><td>2</td><td>132.5</td><td>117.8</td><td>4 797.4</td><td>2 836.3</td><td>4 805.3</td><td>2.436</td></tr>
<tr><td>3</td><td>132.5</td><td>117.7</td><td>4 796.1</td><td>2 834.2</td><td>4 802.4</td><td>2.437</td></tr>
<tr><td>4</td><td>132.4</td><td>117.6</td><td>4 799.8</td><td>2 836.2</td><td>4 806.2</td><td>2.436</td></tr>
<tr><td>备注</td><td colspan="6">—</td></tr>
</table>

试验： 复核： 日期： 年 月 日

7 试验规程及评定依据

7.1 《公路工程沥青及沥青混合料试验规程》(JTG E20—2011)。

7.2 《公路沥青路面施工技术规范》(JTG F40—2004)。

8 注意事项

铲入试样时应旋转着装入,装料速度要迅速,防止混合料温度散失。

沥青混合料旋转压实和剪切性能试验(GTM方法)
(参照T 0737—2011执行)

1　目的与适用范围

1.1　本方法适用于GTM试验机成型试件,同时能测定沥青混合料试件的密度、抗剪强度、剪应力、抗压模量、抗剪模量及旋转压实指数等,也可以采用GTM方法进行沥青混合料的配合比设计或沥青路面施工质量检验与控制。

1.2　GTM试验机可分为油压法和气压法两种。根据混合料最大的粒径选择不同的试模尺寸,一般直径为101.6mm、152.4mm、203.2mm三种,分别对应最大公称粒径≤26.5mm、37.5mm和63mm的沥青混合料。成型时,一组试件的数量不得少于3个。

2　主要检测设备

2.1　旋转压实剪切试验仪(GTM):由计算机自动控制,具有对沥青混合料试件压实成型、参数测定等功能。

2.2　金属标定块:标定高度传感器用的恒高度金属块,有12.7mm、101.6mm、152.4mm、203.2mm四种。

2.3　试模:由高碳钢或工具钢制成,根据沥青混合料最大粒径选择不同直径的试模。一般沥青混合料宜选择101.6mm和152.4mm两种直径的试模,成型高度一般控制在高径比接近1:1。

2.4　试验室用沥青混合料拌和机:能保证拌和温度并充分拌和均匀,可控制拌和试件,容量不小于10L,搅拌叶自转70~80r/min、公转速度40~50r/min。

2.5　烘箱:大、中型各一台,装有温度调节器。

2.6　天平或电子秤:用于称量矿料的,感量不大于0.5g;用于称量沥青的,感量不大于0.1g。

2.7　温度计:宜采用有金属插杆的插入式数显温度计,金属插杆的长度不小于150mm。量程0~300℃,分度值1℃。

2.8　其他:试样托盘、沥青熔化炉、拌和铲、滤纸、秒表等。

3 试验准备

3.1 按《公路工程沥青及沥青混合料试验规程》(JTG 320—2011) T 0702 方法确定制作沥青混合料试件的拌和与压实温度。常温沥青混合料的拌和及压实在常温下进行。

3.2 按《公路工程沥青及沥青混合料试验规程》(JTG 320—2011) T 0701 方法在拌和厂或施工现场采取代表性的沥青混合料,当混合料温度符合要求时,可直接用于成型。需要拌和时,可倒入已加热的室内沥青混合料拌和机中适当拌和,时间不超过1min。不得在电炉或明火上加热炒拌。

3.3 调试和设定 GTM 设备参数。

3.3.1 打开试验机的电源开关、液压柱油泵(或气泵)开关、加热套开关、控制计算机开关,并与试验机连接。

3.3.2 根据路面荷载情况及沥青混合料所处的结构层位,确定混合料旋转压实过程中的垂直压力 P_{des}。

3.3.3 设置 GTM 试验机初始旋转角 θ_0。对于油压法宜为 0.8°,采用气压法为 2°。也可以根据需要采用不同的初始旋转角。

3.3.4 标定高度传感器。根据试模直径的不同,选择对应的金属标定块,标定高度传感器。设计压强不变时,一般不需要标定高度传感器。

3.3.5 设定试验温度,并进行加热保温。标准试验温度为60℃。根据需要也可采用其他温度,但应在报告中注明。

3.3.6 选择试验的方式。GTM 可以通过设定平衡状态、转数、试件高度及试件密度中的一种方式来控制试验过程。平衡状态是指 GTM 每旋转 50 次沥青混合料试件密度变化小于 $0.008g/cm^3$。试验时,宜选择平衡状态为试验方式。

4 试验步骤

4.1 按照《公路工程沥青及沥青混合料试验规程》(JTG 320—2011) T 0702 的要求拌制沥青混合料,将拌和好的沥青混合料,均匀称取一个试件所需的混合料用量 m(实际试件的用量需要根据混合料的类型确定)。成型试件的高度应达到试验所需高度 ±2.5mm 的要求。

4.2 从烘箱中取出预热的试模、下压盘,在下压盘上垫一张圆形的吸油性小的纸片(与试模直径接近),将沥青混合料迅速倒入试模内,整平表面。

4.3 用盛试模的托盘将试模在试验机的底座上放置好,操作试验机使压头与沥青混合料接触,然后上紧试模外套,紧固螺栓。

4.4　按照3.3的步骤与方法,确认试验的垂直压力、试验温度、试验方式等,点击控制程序按钮,然后打开GTM旋转开关,试验机开始运转,进行试验。

4.5　试验过程中,计算机将显示不同旋转压实次数对应的沥青混合料试件密度、高度、轮压、应变、温度的变化曲线,试件达到平衡状态后GTM自动停机。

4.6　如不进行动态模量试验,设备将试验曲线及试验结果直接打印出来,试验结束;如果需要,则进行动态模量试验。打开试验机旋转开关,点击相应控制程序按钮,GTM试验机开始自动测定试件动态模量,测试完毕后GTM自动停机。打印试验结果。

4.7　根据需要脱模后的试件可按照《公路工程沥青混合料试验规程》(JTG 320—2011)相关试验方法测定试件毛体积相对密度等参数。

5　试验结果计算

按照式(T 0737-1)计算不同旋转压实次数下的试件的毛体积密度,取3位小数。

$$\gamma_{fx} = \frac{m}{h_x \times \pi \times (\frac{d}{2})^2} \times 10^3 \tag{T 0737-1}$$

式中:γ_{fx}——不同旋转压实次数下的试件毛体积密度(体积法);

m——沥青混合料试件质量,g;

h_x——不同旋转压实次数下的试件高度,mm;

d——试模的直径,为101.6mm或152.4mm。

6　试验记录

沥青混合料旋转压实和剪切性能试验记录示例,见表T 0737-1。

7　试验规程及评定依据

7.1　《公路工程沥青及沥青混合料试验规程》(JTG E20—2011)。

7.2　《公路沥青路面施工技术规范》(JTG F40—2004)。

8　注意事项

不同型号GTM试验机在操作上可能会有所不同,但是基本原理应该是一样的,所以在使用过程中应按照设备的说明书进行操作。

沥青混合料旋转压实和剪切性能试验记录表 表 T 0737-1

工程部位/用途		沥青下面层	委托/任务编号	011213001
试验依据		JTG E20—2011	样品编号	011213001
试验条件		室温	样品名称	热拌沥青混合料
样品描述		样品均匀、无离析、无花白料、50kg	试验日期	2013-06-05—2013-06-07
主要仪器设备及编号		旋转压实和剪切试验仪 3110456		
沥青混合料类型		AC-25	试验层位	路面下面层
次数	空气中重(g)	水中重(g)	饱和面干重(g)	毛体积相对密度
1	4 795.5	2 837.1	4 803.3	2.439
2	4 797.4	2 836.3	4 805.3	2.436
3	4 796.1	2 834.2	4 802.4	2.437
4	4 799.8	2 836.2	4 806.2	2.436
备注		—		

试验： 复核： 日期： 年 月 日

沥青混合料生产配合比设计(参照 JTG F40—2004 执行)

1　目的与主要任务

1.1　生产配合比设计目的是指导拌和楼生产出与目标配合比设计中各原材料组成基本相同的沥青混合料。

1.2　主要任务:从拌和楼各热料仓取样筛分、确定各热料仓矿料比例、最佳油石比,必要时进行混合料性能验证。

2　主要检测设备

2.1　沥青混凝土集料筛:根据需要选择规定的标准筛,如图 JTG F40-1 所示。

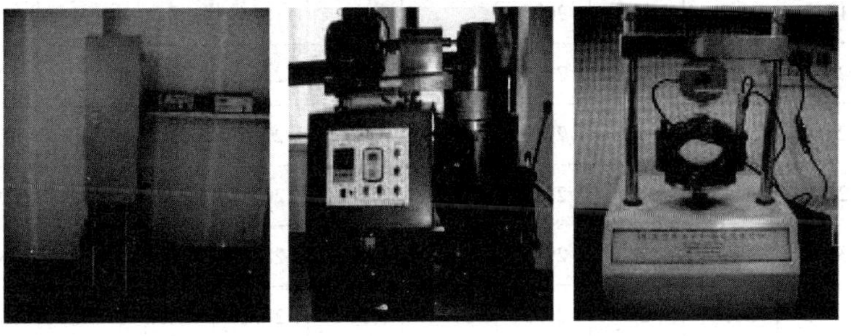

图 JTG F40-1

2.2　标准击实仪:落锤高度 457.2mm ±1.5mm,击实锤重 4 536g ±9g。

2.3　混合料拌和机:容量不小于 10L。

2.4　烘箱:大型,控温调节,精度 1℃。

2.5　电子天平:感量不大于 0.1g。

2.6　理论密度仪:容积大于 2 000mL,负压达到 3.7kPa ±0.3kPa。

2.7　马歇尔稳定度仪:加载速率 50mm/min ±5mm/min,荷载不小于 50kN。

2.8　恒温水槽:控温精度 1℃,深度不小于 150mm。

2.9　浸水天平:感量不大于 0.1g。

3 设计步骤

3.1 流量标定

3.1.1 拌和楼冷料仓出料量的改变一般通过调整皮带转速来实现,因此冷料仓出料速度的标定一般标定出料量与皮带转速的关系。标定方法为:按照拌和楼日常使用的最小转速、最大转速及两者均值作为标定点,分别测出3次的出料量,得到流量、转速的对应关系表JTG F40-1,并根据关系表做出两者关系图JTG F40-2。

流量、转速对应关系表 表JTG F40-1

9.5~19仓			4.75~9.5仓			0~4.75仓			砂 仓		
转速(%)	流量(kg)	均值(kg)	转速(%)	流量(kg)	均值(kg)	转速(%)	流量(kg)	均值(kg)	转速(%)	流量(kg)	均值(kg)
	15.9			20.0			10.2			6.8	
25	15.3	15.9	35	19.2	19.9	20	10.5	10.4	20	6.6	6.8
	16.5			20.5			10.4			7.1	
	26.2			23.9			21.2			10.0	
41	26.9	26.3	44	23.3	23.9	38	21.6	21.2	30	9.8	9.9
	25.8			24.5			20.8			10.1	
	33.8			29.5			28.0			13.7	
55	34.5	33.8	55	28.5	29.4	50	28.6	28.0	40	13.4	13.7
	33.2			30.3			27.4			13.9	

3.1.2 将目标配合比设计得到的各档集料比例代入流量转速关系式,即可求得各冷料仓转速,见表JTG F40-2。

3.2 热料仓集料的获取

3.2.1 按照规定的冷料仓转速将混合集料输送至拌和楼滚筒加热,并提升到拌和楼重新进行二次筛分,然后将二次筛分的矿料从拌和楼放出。

3.2.2 把各档热料仓集料分堆摆放并冷却,人工将集料拌和均匀后取得代表性样品以备后续试验使用。

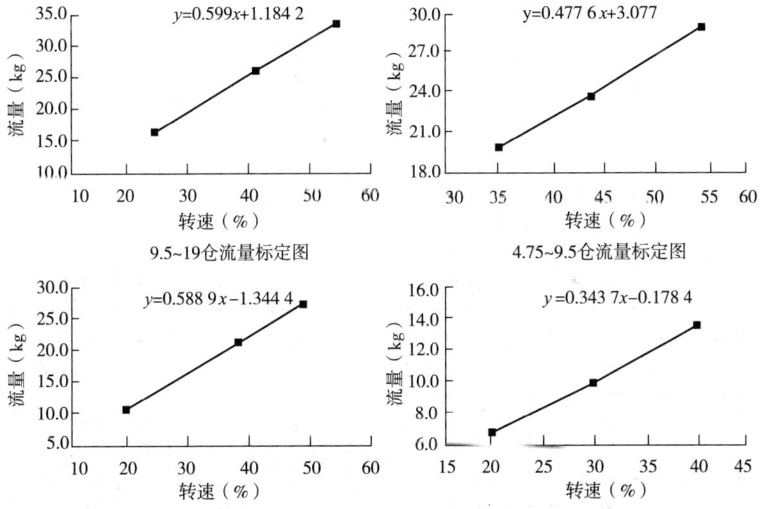

9.5~19仓流量标定图　　4.75~9.5仓流量标定图

0~4.75仓流量标定图　　砂仓流量标定图

图 JTG F40-2　流量与转速关系曲线

冷料仓转速计算表　　表 JTG F40-2

冷　料　仓	流量转速关系式	目标配合比比例(%)	转速(%)
9.5～19 仓	$y=0.5990x+1.1842$	33.0	53
4.75～9.5 仓	$y=0.4776x+3.0770$	29.0	54
0～4.75 仓	$y=0.5889x-1.3444$	23.0	41
砂仓	$y=0.3437x-0.1784$	9.0	27

3.3　热料仓集料筛分及生产级配设计

3.3.1　生产配合比设计的各热料仓集料必须按现行《公路工程集料试验规程》(JTG E42—2005)规定的方法，取代表性样品进行集料筛分、密度试验，具体参见相关参数视频教程。

3.3.2　以 AC-13 为例，见表 JTG F40-3。

(1)依据规范范围，借助电子计算机的电子表格绘制合成级配图，如图 JTG F40-3 所示：

(2)根据 3.1 热料仓集料的筛分结果对生产配合比矿料比例进行调试，采用计算机对各热料仓的集料按比例计算合成，使得合成级配尽可能接近目标配合比设计确定的矿料级配。合成级配不得有太多的锯齿形交错，且在 0.3～0.6mm 范围

AC-13 型沥青混合料级配组成计算表　　表 JTG F40-3

材料名称用量			16.0	13.2	9.5	4.75	2.36	1.18	0.6	0.3	0.15	0.075
各种矿物筛分（%）	4#仓		100.0	88.1	25.1	1.2	0.6	0.6	0.6	0.6	0.6	0.5
	3#仓		100.0	100.0	96.8	30.2	9.9	5.8	5.0	4.3	4.0	3.5
	2#仓		100.0	100.0	96.8	30.2	9.9	5.8	5.0	4.3	4.0	3.5
	1#仓		100.0	100.0	100.0	95.9	66.6	45.8	31.6	18.1	12.2	7.8
	矿粉		100.0	100.0	100.0	100.0	100.0	100.0	100.0	99.4	94.2	79.6
各种材料用量（%）	4#仓	26.0	0.0	0.0	0.0	0.0	0.0	0.0	0.0	0.0	0.0	0.0
	3#仓	25.0	0.0	0.0	0.0	0.0	0.0	0.0	0.0	0.0	0.0	0.0
	2#仓	12.0	0.0	0.0	0.0	0.0	0.0	0.0	0.0	0.0	0.0	0.0
	1#仓	34.0	0.0	0.0	0.0	0.0	0.0	0.0	0.0	0.0	0.0	0.0
	矿粉	3.0	0.0	0.0	0.0	0.0	0.0	0.0	0.0	0.0	0.0	0.0
			0.0	0.0	0.0	0.0	0.0	0.0	0.0	0.0	0.0	0.0
		100.0										
生产配合比			100.0	96.9	79.3	47.1	29.5	21.0	15.8	11.0	8.6	6.5
目标配合比			100.0	90.0	68.0	38.0	24.0	15.0	10.0	7.0	5.0	4.0
级配上限			100.0	100.0	85.0	68.0	50.0	38.0	28.0	20.0	15.0	8.0
级配下限			100.0	90.0	68.0	38.0	24.0	15.0	10.0	7.0	5.0	4.0
中值			100.0	95.0	76.5	53.0	37.0	26.5	19.0	13.5	10.0	6.0

内不出现“驼峰”。如果热料仓集料与目标配合比设计原材料规格发生较大变化而导致级配曲线难以接近时，设计级配与目标级配的允许差值尽量控制在：0.075mm ±2%、≤2.36mm ±4%、≥4.75mm ±5%。

3.4　最佳油石比确定

3.4.1　采用目标配合比所确定的油石比 OAC、OAC ±0.3%、OAC ±0.6% 分别成型马歇尔试件。试件成型方法参照相关参数视频教程。

3.4.2　对每组试件进行相对密度、最大理论密度、体积指标计算，结果汇总表 JTG F40-4。

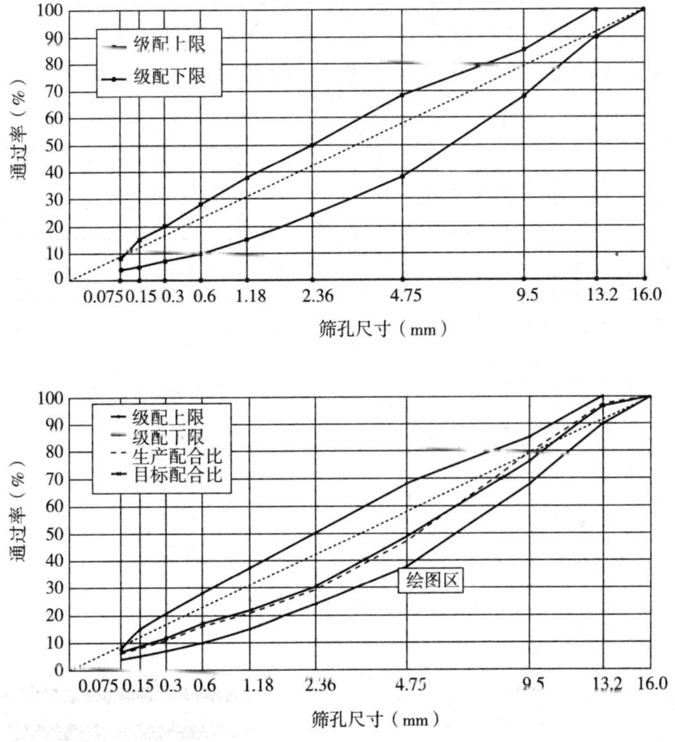

图　JTG F40-3

AC-13 设计级配马歇尔稳定度试验结果表 表 JTG F40-4

级配类型	油石比（%）	试件毛体积相对密度	计算理论最大相对密度	空隙率 VV（%）	矿料间隙率 VMA（%）	饱和度 VFA（%）	稳定度（kN）	流值（0.1mm）
AC-13	4.4	2.532	2.678	5.5	14.9	63.4	10.56	22.7
	4.7	2.542	2.666	4.7	14.8	68.6	12.17	25.9
	5.0	2.550	2.654	3.9	14.8	73.5	14.28	27.8
	5.3	2.558	2.643	3.2	14.8	78.2	13.14	29.6
	5.6	2.562	2.631	2.6	14.9	82.4	11.27	31.3
要求		—	—	3.0～5.5	≥14.0	65～75	≥8.00	20～50

3.4.3 依据试验结果汇总表，绘制图表。绘制方法：以油石比或沥青用量为横坐标，以马歇尔试验的各项指标为纵坐标，如图 JTG F40-4 所示。

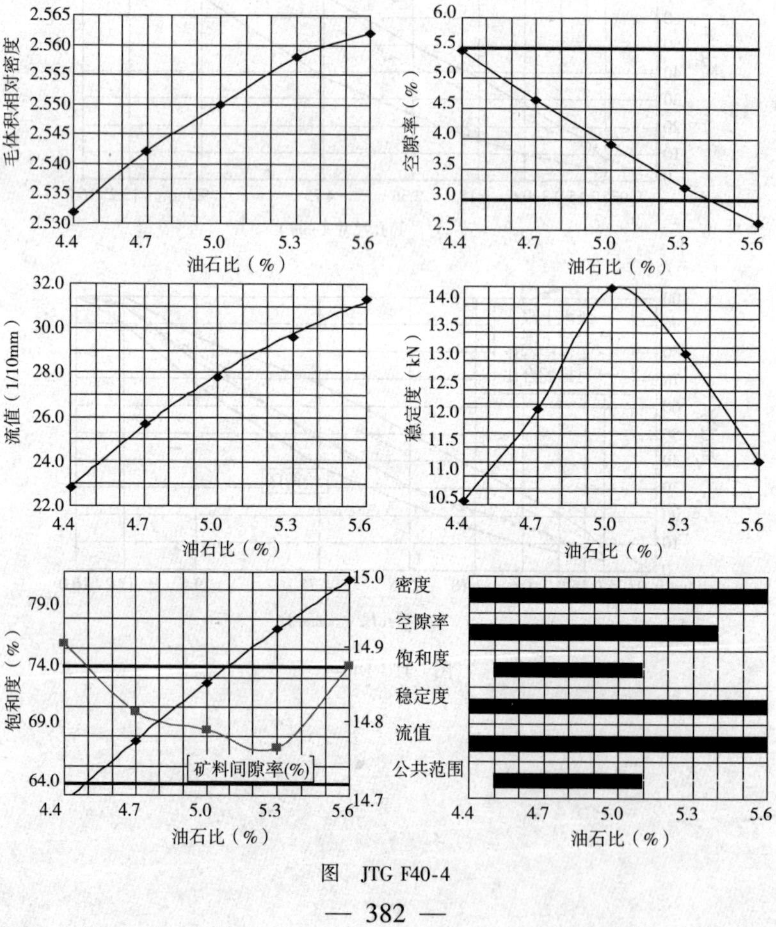

图 JTG F40-4

3.4.4　确定最佳沥青用量 OAC 方法：

在曲线图上求取相应于密度最大值、稳定度最大值、目标空隙率(或中值)、沥青饱和度范围的中值的沥青用量 a_1、a_2、a_3、a_4。

按式(3.6-1)取平均值作为 OAC_1。

$$OAC_1 = \frac{a_1 + a_2 + a_3 + a_4}{4} \qquad (JTG\ F40\text{-}1)$$

如果在所选择的沥青用量范围未能涵盖沥青饱和度的要求范围，按式(JTG F40-2)求取 3 者的平均值作为 OAC_1。

$$OAC_1 = \frac{a_1 + a_2 + a_3}{3} \qquad (JTG\ F40\text{-}2)$$

对所选择试验的沥青用量范围，密度或稳定度没有出现峰值(最大值经常在曲线的两端)时，可直接以目标空隙率所对应的沥青用量 a_3 作为 OAC_1，但 OAC_1 必须介于 OAC_{min} ~ OAC_{max}。否则应重新进行配合比设计。

以各项指标均符合技术标准(不含 VMA)的沥青用量范围 OAC_{min} ~ OAC_{max} 的中值作为 OAC_2。

$$OAC_2 = \frac{OAC_{min} + OAC_{max}}{2} \qquad (JTG\ F40\text{-}3)$$

通常情况下取 OAC_1 及 OAC_2 的中值作为计算的最佳沥青用量 OAC。

$$OAC = \frac{OAC_1 + OAC_2}{2} \qquad (JTG\ F40\text{-}4)$$

当设计的最佳油石比与目标配合比确定的油石比差值超过 ±0.3% 时，应综合分析存在的原因，必要时进行重新设计。

3.5　沥青混合料性能验证

3.5.1　根据要求，在必要时需要对生产配合比设计的级配和最佳油石比进行混合料的性能验证试验。具体试验参数试验过程，参照视频教程《浸水马歇尔试验方法》、《冻融劈裂试验方法》、《车辙试验方法》、《低温小梁试验方法》(选做)。

3.5.2　技术指标判定依据选择，参照全国沥青路面气候温度分区图和雨量分区图，确定工程所处分区区域，查找试验技术指标标准对应区域的指标值进行判定(参照《公路沥青路面施工技术规范》(JTG F40—2004)中的表 5.3.3-1、表 5.3.4-1、表 5.3.4-2、附录 A 中的沥青路面使用性能气候分区查找判定)。

4　试验规程及评定依据

4.1　《公路沥青及沥青混合料试验规程》(JTG E20—2011)。

4.2 《公路沥青路面施工技术规范》(JTG F40—2004)。

4.3 《公路工程集料试验规程》(JTG E42—2005)。

5 注意事项

5.1 在进行生产配合比合成矿料级配调试的过程中,应尽量与目标配合比相一致。如果热料仓集料与目标配合比设计原材料规格发生较大变化而难以接近时,设计级配与目标级配的允许差值尽量控制在:0.075mm ±2%、≤2.36mm ±4%、≥4.75mm ±5%。

5.2 当设计的最佳油石比与目标配合比确定的油石比差值超过 ±0.3% 时,应综合分析存在的原因,必要时进行重新设计。

沥青混合料车辙试验(参照 T 0719—2011 执行)

1　目的与适用范围

1.1　本方法适用于测定沥青混合料的高温抗车辙能力,供沥青混合料配合比设计时的高温稳定性检验使用,也可用于现场沥青混合料的高温稳定性检验。

1.2　车辙试验的温度与轮压(试验轮与试件的接触强度)可根据有关规定和需要选用,非经注明,试验温度为60℃,轮压为0.7MPa。根据需要,如在寒冷地区也可采用45℃,在高温条件下试验温度可采用70℃等,对重载交通的轮压可增加至1.4MPa,但应在报告中注明。计算动稳定度的时间,原则上为试验开始后45～60min之间。

1.3　本方法适用于按《公路工程沥青及沥青混合料试验规程》(JTG E20—2011)T0703用轮碾成型机碾压成型的长300mm、宽300mm、厚50～100mm的板块状试件。根据工程需要,也可采用其他尺寸的试件。本方法也适用于现场切割板块状试件,切割试件的尺寸根据现场面层的实际情况由试验确定。

2　主要检测设备

2.1　车辙试验机。

2.1.1　试验台:可牢固地安装两种宽度(300mm 及 150mm)规定尺寸试件的试模。

2.1.2　试验轮:橡胶制的实心轮胎,外径200mm、轮宽50mm、橡胶层厚15mm。橡胶硬度(国际标准硬度)20℃时为84IRHD ±4IRHD、60℃时为78IRHD ±2IRHD。试验轮行走距离为230mm ±10mm,往返碾压速度为42次/min ±1次/min(21次往返/min)。采用曲柄连杆驱动加载轮往返运行方式。

2.1.3　加载装置:通常情况下,试验轮与试件的接触压强在60℃时为0.7MPa ±0.05MPa,施加的总荷载为780N左右,根据需要可以调整接触压强大小。

2.1.4　试模:钢板制成,由底板及侧板组成,试模内侧尺寸宜采用长300mm、宽为300mm,厚为50～100mm,也可以根据需要对厚度进行调整。

2.1.5　试件变形测量装置:自动采集车辙变形并记录曲线的装置,通常用位移传感器 LVDT 或非接触位移计。位移测量范围 0 ~ 130mm、精度 ±0.01mm。

2.1.6 温度检测装置：自动检测并记录试件表面及恒温室内温度的温度传感器，精度 ±0.5℃。温度应能自动连续记录。

2.2 恒温室：恒温室应具有足够的空间。车辙试验机必须整机安放在恒温室内，装有加热器、气流循环装置及装有自动温度控制设备，同时恒温室还应有至少能保温 3 块试件并进行试验的条件。保持恒温室温度 60℃ ±1℃（试件内部温度 60℃ ±0.5℃），根据需要也可以采用其他试验温度。

2.3 台秤：称量 15kg，感量不大于 5g。

3 试验准备

3.1 试验轮接地压强测定：测定在 60℃时进行，在试验台上放置一块 50mm 厚的钢板，其下铺一张毫米方格纸，上铺一张新的复写纸，以规定的 700N 荷载后试验轮静压复写纸，即可在方格纸上得出轮压面积，并由此求得接地压强。当压强不符合 0.7MPa ±0.05MPa 时，荷载应予以适当调整。

3.2 按《公路工程沥青及沥青混合料试验规程》（JTG E20—2011）T 0703 用轮碾成型法制作车辙试验试块。在试验室或工地制备成型的车辙试件，板块状试件尺寸为长 300mm × 宽 300mm × 厚 50 ~ 100mm（厚度根据需要确定）。也可从路面切割得到需要尺寸的试件。

3.3 当直接在拌和厂取拌和好的沥青混合料样品制作车辙试验试件检验生产配合比设计或混合料生产质量时，必须将混合料装入保温桶中，在温度下降至成型温度之前迅速送达实验室制作试件。如果温度略微低于成型温度，可放在烘箱中稍事加热（时间不超过 30min）后成型，但不得将混合料放冷却后二次加热重塑制作试件。重塑试件的试验结果仅供参考，不得用于评定配合比设计检验是否合格的标准。

3.4 如需要，将试件脱模，测定密度及空隙率等各项物理指标。

3.5 试件成型后，连同试模一起在常温条件下放置的时间不得少于 12h。对聚合物改性沥青混合料，放置的时间以 48h 为宜，使聚合物改性沥青充分固化后方可进行车辙试验，室温放置时间不得长于一周。

4 试验步骤

4.1 将试件连同试模一起，置于温度为 60℃ ±1℃的恒温室中，保温不少于 5h，也不得超过 12h。

4.2 在试件的试验轮不行走的部位上，粘贴一个热电偶温度计（也可在试件制作时预先将热电偶导线埋入试件一角)，控制试件温度稳定在60℃ ±0.5℃。

4.3　将试件连同试模移置于轮辙试验机的试验台上，试验轮在试件的中央部位，其行走方向须与试件碾压或行走方向一致。

4.4　开动车辙变形自动记录仪，然后启动试验机，使试验轮往返行走，时间约1h，或最大变形达到25mm时为止。试验时，记录仪自动记录变形曲线及试件温度。

5　计算

5.1　读取车辙变形曲线在45min(t_1)及60min(t_2)时的车辙变形 d_1 及 d_2 ，准确至0.01mm。

当变形过大，在未到60min变形已经达25mm时，则以达到25mm(d_2)的时间为 t_2 ，其前15min为 t_1 ，此时的变形量为 d_1 。

5.2　沥青混合料试件的动稳定度按式(T 0719-1)计算。

$$DS = \frac{(t_2 - t_1) \times N}{d_2 - d_1} \times C_1 \times C_2 \qquad (T\ 0719\text{-}1)$$

式中：DS——沥青混合料的动稳定度，次/mm；

d_1——对应于时间 t_1 的变形量，mm；

d_2——对应于时间 t_2 的变形量，mm；

C_1——试验机类型系数，曲柄连杆驱动加载轮往返方式为1.0；

C_2——试件系数，实验室制备宽300mm的试件为1.0；

N——试验轮往返碾压速度，通常为42次/min。

5.3　同一沥青混合料或同一路段路面，至少平行试验3个试件。当3个试件动稳定度变异系数不大于20%时，取其平均值作为试验结果；变异系数大于20%时应分析原因，并追加试验。如计算动稳定度值大于6000次/mm，记作：>6000次/mm。

5.4　重复性试验动稳定度变异系数不大于20%。

6　试验记录

混合料车辙试验原始记录，见表T 0719-1。

7　试验规程及评定依据

7.1　《公路工程沥青及沥青混合料试验规程》(JTG E20—2011)。

7.2 《公路沥青路面施工技术规范》(JTG F40—2004)。

沥青混合料车辙试验记录表 表 T 0719-1

<table>
<tr><td colspan="2">工程部位/用途</td><td colspan="2">沥青下面层</td><td colspan="2">委托/任务编号</td><td>011213005</td></tr>
<tr><td colspan="2">试验依据</td><td colspan="2">JTG E20—2011</td><td colspan="2">样品编号</td><td>011213005</td></tr>
<tr><td colspan="2">试验条件</td><td colspan="2">室温</td><td colspan="2">样品名称</td><td>热拌沥青混合料</td></tr>
<tr><td colspan="2">样品描述</td><td colspan="2">样品均匀、无离析、无花白料、50kg</td><td colspan="2">试验日期</td><td>2013-06-05—2013-06-07</td></tr>
<tr><td colspan="3">主要仪器设备及编号</td><td colspan="4">全自动车辙仪 3110454</td></tr>
<tr><td colspan="2">沥青混合料类型</td><td colspan="2">AC-25</td><td colspan="2">试验层位</td><td>路面下面层</td></tr>
<tr><td>编号</td><td>时间 t_1、t_2 (min)</td><td>变形量 d_1、d_2 (mm)</td><td>d_0 (mm)</td><td>C_1</td><td>C_2</td><td>试件动稳定度 (次/mm)</td></tr>
<tr><td rowspan="2">1</td><td>45</td><td>1.929</td><td rowspan="2">0.124</td><td rowspan="6">1.0</td><td rowspan="6">1.0</td><td rowspan="2">5 081</td></tr>
<tr><td>60</td><td>2.053</td></tr>
<tr><td rowspan="2">2</td><td>45</td><td>2.028</td><td rowspan="2">0.156</td><td rowspan="2">4 028</td></tr>
<tr><td>60</td><td>2.184</td></tr>
<tr><td rowspan="2">3</td><td>45</td><td>2.076</td><td rowspan="2">0.155</td><td rowspan="2">4 065</td></tr>
<tr><td>60</td><td>2.231</td></tr>
<tr><td colspan="6">平均值(次/mm)</td><td>4 395</td></tr>
<tr><td colspan="6">变异系数(%)</td><td>13.5</td></tr>
</table>

试验: 复核: 日期: 年 月 日

8 注意事项

8.1 混合料放冷却后二次加热重塑制作试件。重塑试件的试验结果仅供参考,不得用于评定配合比设计、检验是否合格的标准。

8.2 定期对试验轮进行压强标定。

8.3 同组试验的三个平行试件,需保证保温时间及环境温度一致。

8.4 车辙保温箱必须具有强制通风系统,以保证空气流通。

第七分册　乳化沥青和乳化沥青稀浆封层混合料试验

第一部分　乳化沥青试验

乳化沥青蒸发残留物含量试验
（参照 T 0651—1993 执行）

1 目的与适用范围

本方法适用于测定各类乳化沥青中加热脱水后残留沥青的含量。

2 主要检测设备

2.1 试样容器：容量 1500mL、高约 60mm、壁厚 0.5 ~ 1mm 的金属盘，也可用小铝锅或瓷蒸发皿代替。

2.2 天平：感量不大于 1g。

2.3 烘箱：装有温度控制器

2.4 电炉或燃气炉：有石棉垫。

2.5 其他：玻璃棒、温度计、溶剂、洗液等。

3 试验准备

3.1 将乳化沥青在试样容器中搅拌均匀。

3.2 将试样容器、玻璃棒等洗净、烘干并称其合计质量（m_1）。

4 试验步骤

4.1 在试样容器内称取搅拌均匀的乳化沥青试样 300g ± 1g，称取容器、玻璃棒及乳液的合计质量（m_2），准确至 1g。

4.2 将盛有试样的容器连同玻璃棒一起置于电炉或燃气炉（放有石棉垫）上缓缓加热，边加热边搅拌，其加热温度不应致乳液溢溅，直至确认试样中的水分已完全蒸发(通常需 20 ~ 30min)，然后在 163℃ ±3.0℃温度下加热 1min。

4.3 取下试样容器冷却至室温，称取容器、玻璃棒及沥青一起的合计质量（m_3），准确至 1g。

5　试验结果计算

5.1　同一试样平行试验两次，当两次测定结果的差值不大于0.4%时，取其平均值作为试验结果。

沥青试样的蒸发残留物含量按式(T 0651-1)计算。

$$p_{\mathrm{b}} = \frac{m_3 - m_1}{m_2 - m_1} \tag{T 0651-1}$$

式中：p_{b}——乳化沥青的蒸发残留物含量，%；

m_1——试样容器、玻璃棒合计质量，g；

m_2——试样容器、玻璃棒及乳液合计质量，g；

m_3——试样容器、玻璃棒及残留物合计质量，g。

5.2　允许误差

重复性试验的允许误差为0.4%，再现性试验的允许误差为0.8%。

6　试验记录

乳化沥青蒸发残留物试验记录示例，见表T 0651-1。

乳化沥青蒸发残留物试验记录表　　表T 0651-1

第　页　共　页

JJ0819

试验室名称：　　　　记录编号：ZY01-016—2012-01

<table>
<tr><td colspan="2">工程部位/用途</td><td colspan="2">—</td><td>委托/任务编号</td><td>011012163</td></tr>
<tr><td colspan="2">试验依据</td><td colspan="2">JTG E20—2011</td><td>样品编号</td><td>011012163</td></tr>
<tr><td colspan="2">样品描述</td><td colspan="2">盛样器皿密封，样品棕色，液态</td><td>样品名称</td><td>改性乳化沥青</td></tr>
<tr><td colspan="2">试验条件</td><td colspan="2">室温21℃</td><td>试验日期</td><td>2013-09-11</td></tr>
<tr><td colspan="2">主要仪器设备及编号</td><td colspan="4">电子天平3110502</td></tr>
<tr><td colspan="6">蒸发残留物含量</td></tr>
<tr><td>试验次数</td><td>容器、玻璃棒合计质量 m_1(g)</td><td>容器、玻璃棒及乳液的质量 m_2(g)</td><td>容器、玻璃棒及残留物的质量 m_3(g)</td><td>蒸发残留沥青含量测试值 P_{b}(%)</td><td>蒸发残留沥青含量测定值 P_{b}(%)</td></tr>
<tr><td>1</td><td>83.53</td><td>383.05</td><td>280.23</td><td>65.7</td><td rowspan="2">66</td></tr>
<tr><td>2</td><td>100.70</td><td>401.10</td><td>298.15</td><td>65.7</td></tr>
<tr><td>备注</td><td colspan="5">—</td></tr>
</table>

试验：　　　　复核：　　　　日期：　年　月　日

7 试验规程及评定依据

7.1 《公路工程沥青及沥青混合料试验规程》(JTG E20—2011)。

7.2 《公路沥青路面施工技术规范》(JTG F40—2004)。

8 注意事项

8.1 乳化沥青在称样之前一定要搅拌均匀。

8.2 加热中电炉或燃气炉上必须放有石棉垫。

乳化沥青筛上剩余量试验
(参照 T 0652—1993 执行)

1　目的与适用范围

本方法适用于测定各类乳化沥青的筛上剩余物含量,评定沥青乳液的质量。非经注明,筛孔尺寸为1.18mm。

2　主要检测设备

2.1　滤筛:筛孔为1.18mm。

2.2　金属盘:尺寸不小于100mm。

2.3　天平:感量不大于0.1g。

2.4　烧杯:750mL和2 000mL各1个。

2.5　油酸钠溶液:含量2%。

2.6　蒸馏水。

2.7　烘箱:装有温度控制器

2.8　其他:玻璃棒、溶剂、干燥器等。

3　试验准备

将滤筛、金属盘、烧杯等用溶剂擦洗干净,再用水和蒸馏水洗涤后用烘箱(105℃ ±5℃)烘干,称取滤筛及金属盘质量(m_1),准确至0.1g。

4　试验步骤

4.1　在一烧杯内称取充分搅拌均匀的乳化沥青500g ±5g(m),准确至0.1g。

4.2　将滤网用油酸钠溶液(阴离子乳液)或蒸馏水(阳离子乳液)润湿。

4.3　将滤筛支在烧杯上,再将烧杯中的乳液试样边搅拌边徐徐注入筛内过滤。在过滤通畅情况下,筛上乳液试样仅可保留一薄层;如发现筛孔有堵塞或过滤不畅,可用手轻轻拍打筛筐。

4.4　试样全部过滤后,移开盛有乳液的烧杯。

4.5 用蒸馏水多次清洗烧杯,并将洗液过筛,再用蒸馏水冲洗滤筛,直至过滤的水完全清洁为止。

4.6 将滤筛置于已称质量的金属盘中,并置于烘箱(105℃ ±5℃)中烘干2 ~4h。

4.7 取出滤筛,连同金属盘一起置于干燥器中冷却至室温(一般为30min以上)后称其质量(m_2),准确至0.1g。

5 试验结果计算

5.1 同一试样平行试验两次,当两次测定结果的差值不大于0.03%时,取其平均值作为试验结果。

乳化沥青试样过筛后筛上的剩余物含量按式(T 0652-1)计算,准确至1位小数。

$$P_r = \frac{m_2 - m_1}{m} \times 100 \qquad (T\ 0652\text{-}1)$$

式中:P_r——筛上剩余物含量,%;

m——乳化沥青试样质量,g;

m_1——滤筛及金属盘质量,g;

m_2——滤筛、金属盘与筛上剩余物合计质量,g。

5.2 允许误差。

重复性试验的允许误差为0.03%,再现性试验的允许误差为0.08%。

6 试验记录

乳化沥青筛上剩余量试验记录示例,见表T 0652-1。

7 试验规程及评定依据

7.1 《公路工程沥青及沥青混合料试验规程》(JTG E20—2011)。

7.2 《公路沥青路面施工技术规范》(JTG F40—2004)。

8 注意事项

8.1 阴离子乳化沥青用油酸钠溶液润湿滤(筐)网,而阳离子乳化沥青用蒸馏水润湿。

8.2 当筛孔有堵塞或过滤不畅,可用手轻轻拍打筛筐。

乳化沥青筛上剩余量试验记录表

表 T 0652-1

第　页　共　页

JJ0820

试验室名称：　　　　　　　　　　　　　　　　　　记录编号：ZY01-012—2014-01

<table>
<tr><td>工程部位/用途</td><td colspan="3">—</td><td colspan="2">委托/任务编号</td><td>011012169</td></tr>
<tr><td>试验依据</td><td colspan="3">JTG E20—2011</td><td colspan="2">样品编号</td><td>011012169</td></tr>
<tr><td>样品描述</td><td colspan="3">盛样器皿密封,样品棕色,液态</td><td colspan="2">样品名称</td><td>改性乳化沥青</td></tr>
<tr><td>试验条件</td><td colspan="3">室温 19℃</td><td colspan="2">试验日期</td><td>2013-09-11</td></tr>
<tr><td>主要仪器设备及编号</td><td colspan="6">电子天平 3110502</td></tr>
<tr><td colspan="7">乳化沥青筛上剩余量</td></tr>
<tr><td>试样编号</td><td>乳化沥青筛上试样质量 m_0(g)</td><td>滤筛及金属盘质量 m_1(g)</td><td colspan="2">滤筛、金属盘及残留物合计质量 m_2(g)</td><td>筛上剩余量测定值(%)</td><td>筛上剩余量(%)</td></tr>
<tr><td>1</td><td>502.69</td><td>397.64</td><td colspan="2">398.12</td><td>0.095</td><td rowspan="2">0.1</td></tr>
<tr><td>2</td><td>501.25</td><td>326.13</td><td colspan="2">326.61</td><td>0.096</td></tr>
<tr><td>备注</td><td colspan="6">—</td></tr>
</table>

试验　　　　　　　　　　复核：　　　　　　　　　　日期：　　年　　月　　日

乳化沥青储存稳定性试验(参照 T 0655—1993 执行)

1 目的与适用范围

本方法适用于测定各类乳化沥青的储存稳定性。非经注明,乳液的储存温度为乳液制造时的室温,储存时间为5d,根据需要也可为1d。

2 主要检测设备

2.1 沥青乳液稳定性试验管:玻璃制,带有上下两个支管口,开口部配有橡胶塞或软木塞。

2.2 试样容器:小铝锅或磁蒸发皿,300mL 以上。

2.3 电炉或电热板。

2.4 天平:感量不大于0.1g。

2.5 滤筛:筛孔为1.18mm。

2.6 其他:温度计、玻璃棒、气温计、溶剂(三氯乙烯)、洗液(洗衣液)等。

3 试验准备

3.1 将稳定性试验管分别用溶剂(可用汽油)、洗液和洁净水洗净。置温度105℃ ±5℃的烘箱中烘干,冷却后用塞子塞好上下支管出口。

3.2 将均匀的乳化沥青试样约300mL 通过1.18mm 滤筛过滤至试样容器内。

4 试验步骤

4.1 将过滤后的乳液试样用玻璃棒搅匀,缓缓注入稳定性试验管内,使液面达到管壁上的250mL 标线处。注入时应注意支管上不得附有气泡。然后用塞子塞好管口。

4.2 将盛样封闭好的稳定性试验管置于试管架上,在室温下静置5昼夜。静置过程中,经常观察乳液是否有分层、沉淀或变色等情况,做好记录并记录5d 内的室温变化情况(最高温和最低温)。当生产的乳液计划在5d 内即用完时,储存稳定性试验的试样也可静置一昼夜(24h)。

4.3 静置后,轻轻拔出上支管口的塞子,从上支管口流出试样约50g接入一个已称质量的蒸发残留物试验容器中;再拔开下支管口的塞子,将下支管以上的试样全部放出,流入另一容器;然后充分摇匀下支管以下的试样,倾斜稳定性管,将管内的剩余试样从下支管口流出试样约50g,接入第三个已称质量的蒸发残留物试验容器内。

试样管,见图T 0655-1;蒸发容器见图T 0655-2。

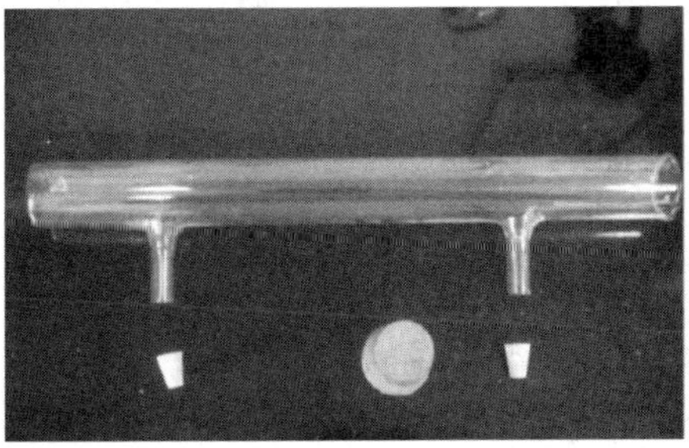

图T 0655-1 试样管

图T 0655-2 蒸发容器

4.4 分别称取上下的两部分试样质量,准确至0.2g,然后按《公路工程沥青及沥青混合料试验规程》(JTG E20—2011)T 0651"乳化沥青蒸发残留物含量试验"方法测定蒸发残留物含量 P_A 及 P_B。

5 试验结果计算

5.1 同一试样平行试验至少两次,两次测定的差值符合重复性试验允许误差要求时,取平均值作为试验结果,以整数表示。

乳化沥青的储存稳定性按下式计算,取其绝对值。

$$S_s = |P_A - P_B| \tag{T 0655-1}$$

式中:S_s——试样的储存稳定性,%;

P_A——储存后上支管部分试样蒸发残留物含量,%;

P_B——储存后下支管部分试样蒸发残留物含量,%。

5.2 允许误差。

重复性试验的允许误差为0.5%,再现性试验的允许误差为0.6%。

6 试验记录

乳化沥青储存稳定性试验记录示例,见表T 0655-1。

乳化沥青储存稳定性试验记录表 T 0655-1

第 页 共 页

JJ0819

试验室名称: 记录编号:ZY01-016—2012-01

工程部位/用途	—	委托/任务编号	011012258
试 验 依 据	JTG E20—2011	样 品 编 号	011012258
样 品 描 述	盛样容器密封,样品棕色,液态	样 品 名 称	改性乳化沥青
试 验 条 件	室温 21℃	试 验 日 期	2012-09-11
主要仪器设备及编号	电子天平 3110502		

乳化沥青储存稳定性								
试验次数	部位	容器及玻璃棒质量(g)	容器+玻璃棒+试样质量(g)	试验质量(g)	容器+玻璃棒+残留物质量(g)	残留物质量(g)	残留物含量(%)	储存稳定性测值 $S_s=\|P_A-P_B\|$ (%)	储存稳定性(%)
1	上 P_A	57.83	106.12	48.29	80.33	22.50	46.59	0.91	1
	下 P_B	60.45	110.71	50.26	83.41	22.96	45.68		
2	上 P_A	56.72	104.38	47.66	79.36	22.64	47.50	0.96	
	下 P_B	60.89	111.12	50.23	84.27	23.38	46.55		

储存时间	第一天	第二天	第三天	第四天	第五天
温度范围	19~21℃	18~21℃	19~20℃	19~21℃	18~20℃
备注	—				

试验: 复核: 日期: 年 月 日

7 试验规程及评定依据

7.1 《公路工程沥青及沥青混合料试验规程》(JTG E20—2011)。

7.2 《公路沥青路面施工技术规范》(JTG F40—2004)。

8 注意事项

8.1 注入时应注意支管上不得附有气泡。

8.2 将均匀的乳化沥青试样约 300mL 通过 1.18mm 滤筛过滤至试样容器内。

乳化沥青低温储存稳定性试验
（参照 T 0656—1993 执行）

1　目的与适用范围

本方法适用于测定各类乳化沥青在低温储存过程中的稳定性。

2　主要检测设备

2.1　锥形瓶：250mL。

2.2　冰箱：-5℃ ±0.5℃。

2.3　恒温水槽：25℃ ±0.5℃。

2.4　天平：感量不大于0.1g。

2.5　滤筛：筛孔为1.18mm。

2.6　烘箱：装有温度自动控制调节器。

2.7　其他：温度计、棉纱、软木塞或橡胶塞、溶剂（三氯乙烯）、洗液（洗衣液）、蒸馏水等。

3　试验准备

3.1　将锥形瓶洗净，并置温度105℃ ±5℃的烘箱中烘干，冷却后称其质量，准确至0.1g。

3.2　将乳化沥青通过1.18mm筛。

3.3　将冰箱温度调节至-5℃ ±0.5℃，将恒温水槽水温调节至25℃ ±0.5℃，并保持恒温。

4　试验步骤

4.1　在锥形瓶中称取已过筛的试样100g，并盖好软木塞密闭。

4.2　将盛有试样的锥形瓶置于-5℃ ±0.5℃的冰箱中存放30min。冷却后立即取出，置于水温为25℃ ±0.5℃的恒温水槽中保持10min。并照此步骤重复一次。

4.3　取出盛样锥形瓶做适当搅拌，观察乳液试样状态与原试样有无变化，并按《公路工程沥青及沥青混合料试验规程》(JTG E20—2011)中T 0652做筛上剩余量试验，检查有无粗颗粒剩余物。

5　试验结果计算

同一试样平行试验至少两次，并说明有无粗颗粒或结块情况。

6　试验记录

乳化沥青低温储存稳定性试验记录示例，见表T 0656-1。

乳化沥青低温储存稳定性试验记录表　　表T 0656-1

第　页　共　页

JJ0819

试验室名称：　　记录编号：ZY01-016—2012-01

<table>
<tr><td colspan="2">工程部位/用途</td><td>—</td><td>委托/任务编号</td><td>011012258</td></tr>
<tr><td colspan="2">试验依据</td><td>JTG E20—2011</td><td>样品编号</td><td>011012258</td></tr>
<tr><td colspan="2">样品描述</td><td>盛样器皿密封，
样品棕色，固态</td><td>样品名称</td><td>改性乳化沥青</td></tr>
<tr><td colspan="2">试验条件</td><td>室温20℃</td><td>试验日期</td><td>2014-09-18</td></tr>
<tr><td colspan="2">主要仪器设备及编号</td><td colspan="3">电子天平3110502</td></tr>
<tr><td colspan="5">低温储存稳定性</td></tr>
<tr><td>试验次数</td><td colspan="2">两次冻融后试样过滤情况结果描述</td><td>低温储存稳定性测值</td><td>低温储存稳定性</td></tr>
<tr><td>1</td><td colspan="2">无粗颗粒</td><td>—</td><td rowspan="2">—</td></tr>
<tr><td>2</td><td colspan="2">无粗颗粒</td><td>—</td></tr>
<tr><td>备注</td><td colspan="4">—</td></tr>
</table>

试验：　　复核：　　日期：　年　月　日

7　试验规程及评定依据

7.1　《公路工程沥青及沥青混合料试验规程》(JTG E20—2011)。

7.2　《公路沥青路面施工技术规范》(JTG F40—2004)。

8　注意事项

8.1　调节冰箱温度为 -5℃ ±0.5℃的冰箱。

8.2　请注意重复4.2步骤一次。

乳化沥青破乳速度试验(参照 T 0658—1993 执行)

1　目的与适用范围

本方法适用于各种类型的乳化沥青的拌和稳定度试验,以鉴别乳液属于快裂(RS)、中裂(MS)或慢裂(SS)的型号。

2　主要检测设备

2.1　拌和锅:容量约 1000mL。

2.2　金属勺。

2.3　天平:感量不大于 0.1g

2.4　标准筛:方孔筛,4.75mm、2.36mm、0.6mm、0.3mm、0.075mm。

2.5　道路工程用粒径小于 4.75mm 的石屑。

2.6　蒸馏水。

2.7　其他:烧杯、量筒、秒表等。

3　试验准备

3.1　将工程实际使用的集料(石屑)过筛分级,并按表 T 0658-1 的比例称料混合成两种标准级配矿料各 200g。

拌和试验用矿料颗粒组成比例(%)　　　表 T 0658-1

矿料规格(mm)	A 组	B 组
<0.075	3	10
0.3~0.075		30
0.6~0.3	5	30
2.36~0.6	7	30
4.75~2.36	85	-
合计	100	100

3.2　将拌和锅洗净、干燥。

4 试验步骤

4.1 将A组矿料200g在拌和锅中拌和均匀。当为阳离子乳化沥青时,先注入5mL蒸馏水拌匀,再注入乳液20g;当为阴离子乳化沥青时,直接注入乳液20g。用金属匙以60r/min的速度拌和30s,观察矿料与乳液拌和后均匀情况。

4.2 将拌和锅中的B组矿料200g拌和均匀后注入30mL蒸馏水,拌匀后,注入50g乳液试样,再继续用金属匙以60r/min的速度拌和1min,观察拌和后混合料的均匀情况。

4.3 根据两组矿料与乳液试样拌和均匀情况按表T 0658-2确定试样破乳速度。

乳化沥青的破乳速度分类级别 表T 0658-2

A组矿料拌和结果	B组矿料拌和结果	破乳速度	代号
混合料呈松散状态,一部分矿料颗粒未裹覆沥青,沥青分布不够均匀,有些凝聚成固块	乳液中的沥青拌和后立即凝聚成团块,不能拌和	快裂	RS
混合料混合均匀	混合料呈松散状态,沥青分布不均,并可见凝聚的团块	中裂	MS
—	混合料呈糊状,沥青乳液分布均匀	慢裂	SS

5 试验结果计算

试验结果报告拌和情况及破乳速度分级、代号。

6 试验记录

乳化沥青破乳速度试验记录示例,见表T 0658-3。

7 试验规程及评定依据

7.1 《公路工程沥青及沥青混合料试验规程》(JTG E20—2011)。

7.2 《公路沥青路面施工技术规范》(JTG F40—2004)。

8 注意事项

8.1 拌和试验所用矿料严格按颗粒组成比例要求。

8.2 A组矿料时,严格区分阳离子乳化沥青与阴离子乳化沥青。

乳化沥青破乳速度试验记录表　　表 T 0658-3

第　页　共　页

JJ0819

试验室名称：　　　　记录编号:ZY01-012—2012-01

工程部位/用途	—		委托/任务编号		011012258
试验依据	JTG E20—2011		样品编号		011012258
样品描述	盛样器皿密封,样品棕色,液态		样品名称		改性乳化沥青
试验条件	室温 20℃		试验日期		2012-09-11
主要仪器设备及编号	电子天平 3110502				
破乳速度					
试样组别	矿料质量(g)	类别	矿料拌和结果描述	破乳速度	代号
A	200	阳离子	混合料混合均匀	中裂	MS
A	200	阳离子	混合料混合均匀	中裂	MS
备注					

试验：　　　　复核：　　　　日期：　年　月　日

乳化沥青与水混合稳定性试验
(参照T 0665—2011执行)

1 目的与适用范围

本方法适用于中裂和慢裂乳化沥青,不适用于快裂的乳化沥青。

2 主要检测设备

2.1 滤筛:筛孔为1.18mm。

2.2 量筒:200mL,最小分度1mL。

2.3 烧杯:400mL。

2.4 秒表。

2.5 水:蒸馏水或纯净水。

2.6 其他:玻璃棒等。

3 方法与步骤

3.1 准备工作。

3.1.1 将烧杯、玻璃棒及1.18mm滤筛用溶剂及蒸馏水(或纯净水)擦洗清洁,烘干备用。

3.1.2 将乳化沥青过1.18mm滤筛备用。

3.2 试验步骤。

3.2.1 取一个400mL的玻璃烧杯倒入50mL乳液,然后边搅拌边逐渐加入150mL蒸馏水(或纯净水)。

3.2.2 在25℃ ±2℃条件下,让混合物静放2h,然后观测是否有明显的沥青聚结。

3.2.3 无明显聚结时,记录为"通过";否则,记录为"不通过"。

4 试验结果计算

每一试样至少平行试验两次,以是否"通过"来评价。

5　试验记录

乳化沥青与水混合稳定性试验记录示例，见表 T 0665-1。

乳化沥青与水混合稳定性试验记录表　　表 T 0665-1

第　页　共　页

JJ0835

试验室名称：　　记录编号：ZY01-238—2012-01

工程部位/用途	—	委托/任务编号	011012008
试验依据	JTG E20—2011	样品编号	011012008
样品描述	棕色，液体	样品名称	改性乳化沥青
试验条件	室温 20℃	试验日期	2012-10-28
主要仪器设备及编号	—		
乳化沥青与水混合稳定性			
试验次数	试验温度（℃）	试验结果描述	综合评价
1	25	通过	通过
2	25	通过	
备注	—		

试验：　　复核：　　日期：　年　月　日

6　试验规程及评定依据

6.1　《公路工程沥青及沥青混合料试验规程》（JTG E20—2011）。

6.2　《公路沥青路面施工技术规范》（JTG F40—2004）。

7　注意事项

7.1　为了保证顺利、均匀洒布，需要在施工前对较高残留物含量的乳化沥青用水进行稀释。

7.2　为了保证施工质量，有必要对乳化沥青的水稀释稳定性进行评定。

7.3　本方法不适用于快裂乳化沥青。

第二部分　乳化沥青稀浆封层混合料试验

乳化沥青稀浆封层混合料稠度试验
(参照 T 0751—1993 执行)

1　目的与适用范围

本方法规定用圆锥体测定乳化沥青稀浆封层混合料的稠度,用以检验乳化沥青稀浆封层混合料的摊铺和易性,在乳化沥青稀浆封层混合料的配合比设计中确定合适的用水量。

2　主要检测设备

2.1　乳化沥青稀浆封层混合料稠度仪(图 T 0751-1):由截头圆锥体及底板组成,金属制,圆锥体上下口内径为 38mm 及 89mm、高 76mm、壁厚 2mm。底板上有同心圆刻线。

2.2　金属板。

2.3　天平:感量不大于 1g。

2.4　其他:拌锅、拌铲。

图 T 0751-1　乳化沥青稀浆封层混合料稠度仪

3　准备工作

按要求的级配准备粗、细集料及填料,烘干,称混合料总质量 500g,准确至 1g。

4　试验步骤

4.1　将拌锅内放入 500g 矿料拌匀。

4.2　加入预定的用水量拌匀。

4.3　加入定量的乳化沥青,拌和时间不少于 1min、不超过 3min,拌匀。

4.4　把圆锥体小端向下,放在金属板上,然后装入拌匀的稀浆混合料并刮平。

4.5　将稠度仪底板刻有同心圆的一面盖在圆锥体大端面上,使圆锥体大端外圆正好对准底板的中心圆上居中。

4.6　把圆锥体连同底板一起拿住倒转过来,使圆锥体大端向下立在底板上,立即向上提起圆锥体，让里面的混合料自然向下坍落。

4.7　量取坍下的稀浆混合料边缘离中心圆边的距离为稀浆的稠度，准确至1cm。

4.8　记录试验时的气温和湿度。

5　试验结果计算

报告应记述下列事项：

5.1　配制乳化沥青的乳化剂及沥青的品种、乳化剂用量、沥青含量。

5.2　矿料种类及级配。

5.3　用水量与稠度。

6　试验记录

乳化沥青稀浆封层混合料稠度试验记录示例，见表T 0751-1。

乳化沥青稀浆封层混合料稠度试验记录表　　表T 0751-1

第　页　共　页

施工路段	—	环境条件	温度25 ℃　湿度50%
试验依据	JTG E20—2011	试验设备及编号	电子天平3110502
样品描述	乳化沥青：盛样器皿密封，样品棕色，液态；集料：袋装完好，无破损	试验日期	2012-09-13
试验次数	试验温度(℃)	试验湿度(%)	量取坍下的稀浆混合料边缘离中心圆边的距离(cm)
1	25	51	2.1
2	25	51	2.3
3	25	51	2.2
4	—	—	—
5	—	—	—
6	—	—	—
7		—	—
平均	25	51	2.2

7　试验规程及评定依据

7.1　《公路工程沥青及沥青混合料试验规程》(JTG E20—2011)。

7.2 《公路沥青路面施工技术规范》(JTG F40—2004)。

8 注意事项

8.1 本试验必须在气温25℃ ±1℃、湿度50% ±5%的条件下进行。

8.2 拿掉圆锥体后,坍落下来的稀浆混合料边缘离中心圆边线的距离应在2 ~3cm范围内,如不在,需要适当调整用水量。

乳化沥青稀浆混合料湿轮磨耗试验
（参照 T 0752—2011 执行）

1　目的与适用范围

本方法适用于检验成型后的稀浆混合料的配伍性和抗水损害能力，可与负荷轮载试验一起确定混合料的最佳沥青含量。

2　主要检测设备

2.1　湿轮磨耗仪：它由下列部分组成。

2.1.1　磨耗头（图 T 0752-1）：磨耗头总质量（包括橡胶磨耗管）2 270g ± 20g，其固定装置可在轴套内垂直 12.7mm ± 1.0mm 范围内自由活动。磨耗头转速为自转 140r/min ± 2r/min、公转为 61r/min ± 1r/min。

2.1.2　磨耗管：磨耗管为内径 19mm、壁厚 6.4mm、长度 127mm 的橡胶软管。磨耗管外层应为聚氯丁橡胶，中间需加筋。磨耗管外层橡胶硬度为 HRC60 ~ HRC70。

2.1.3　试样托盘：试样托盘为平底金属圆盘，内径不少于 320mm，深度 50 ± 5mm。试样托盘可以方便取下，可依靠夹具与升降平台固定。

2.2　模板：边长为 360mm 的塑料板，中间有一直径为 280mm ± 1mm 的圆孔。试模厚度为 6.4mm ± 0.2mm。

2.3　油毛毡圆片：直径为 286mm。

2.4　天平：称量 6kg，感量不大于 0.1g。

2.5　水浴：温度能控制在 25℃ ± 1℃。

2.6　烘箱：带强制通风，温度能控制在 60℃ ± 3℃。

2.7　刮板：有橡胶刮片，长 300mm。

2.8　其他：拌锅和拌铲等。

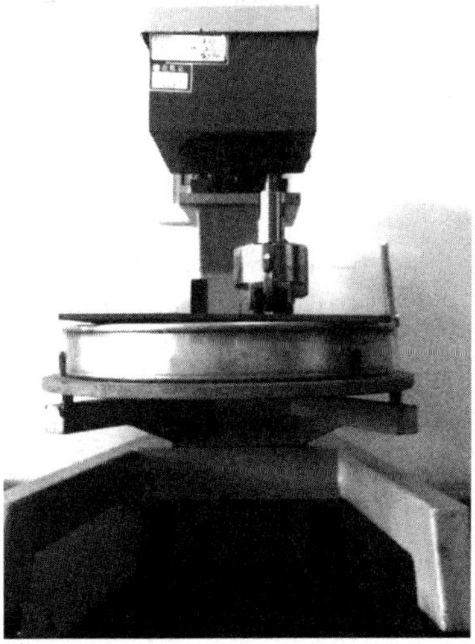

图 T 0752-1　湿轮磨耗仪

3 试验准备

3.1 将烘干的矿料用4.75mm筛过筛后备用。

3.2 将油毛毡圆片平铺在操作台上,再将模板放在平整的油毛毡圆片上居中。

3.3 试样中各组分的配合比以拌和试验所确定的矿料、填料、添加剂、乳化沥青或改性乳化沥青和水的比例为准,其中矿料为4.75mm筛余部分。

3.4 称取总质重800g矿料放入拌锅,掺入填料,拌匀;然后加水拌匀,再加入乳化沥青或改性乳化沥青拌和,拌和时间不超过30s ±2s;拌匀的混合料倒入试模中并迅速刮平。对于快凝的混合料,整个操作过程宜在45s内完成。

3.5 取走模板,把试样放入60℃ ±3℃的烘箱中烘至恒重,一般不少于16h。

4 试验步骤

4.1 从烘箱取出混合料试件,冷却到室温,称取油毛毡圆片及试件的合计质量m_a,准确至0.1g。

4.2 浸水1h湿轮磨耗试验 时,将试件放入25℃ ±1℃的水浴中保温60min;浸水6d湿轮磨耗试验时,将试件放入25℃ ±1℃的水浴中保温6d。

4.3 把试件及油毛毡从水浴中取出,放入试样托盘中,往试样托盘中加入25℃的水。使试件完全浸入水中,水面到试件表面的深度不少于6mm。

4.4 把装有试件的试样托盘固定在磨耗仪升降平台上,提升平台并锁住,此时试件顶起磨耗头。

4.5 开动仪器,使磨耗头转动300s(2s后停止,每次试验后把磨耗头上的橡胶管转动一定角度以获得新的磨耗面(用过的面不得使用)),或换上新的橡胶管。

4.6 降下平台,将试件从盛样盘中取出冲洗,然后放入60℃烘箱中烘至恒重。

4.7 从烘箱中取出试件,冷却到室温,称取试件与油毛毡总质量m_b,准确至0.1g。

5 试验结果计算

磨耗值按式(T 0752-1)计算:

$$WHAT = \frac{m_a - m_b}{A} \qquad (T\ 0752\text{-}1)$$

式中:WHAT——乳化沥青稀浆封层混合料的磨耗值,g/m²;

m_a——磨耗前的试件质量,g;

m_b——磨耗后的试件质量,g;

A——磨耗头胶管的磨耗面积(由仪器说明书提供),m^2。

5.1　当一组测定值中某个测定值与平均值之差大于标准差的 k 倍时,该测定值应予舍弃,并以其余测定值的平均值作为试验结果。当试验数目 n 为 3、4、5、6 时,k 值分别为 1.15、1.46、1.67、1.82。一组试样个数一般不少于 3 个。

5.2　报告应包括:混合料配合比、试件的湿轮磨耗值。

6　试验记录

乳化沥青稀浆封层混合料湿轮磨耗试验记录示例,见表 T 0752-1。

乳化沥青稀浆封层混合料湿轮磨耗试验记录表　　表 T 0752-1

第　页　共　页

JJ0921

试验室名称:　　　　记录编号:ZY01-211—2012-07

<table>
<tr><td colspan="2">工程部位/用途</td><td colspan="2">—</td><td colspan="2">委托/任务编号</td><td>011112053</td></tr>
<tr><td colspan="2">试验依据</td><td colspan="2">JTG E20—2011</td><td colspan="2">样品编号</td><td>011112053</td></tr>
<tr><td colspan="2">样品描述</td><td colspan="2">乳化沥青:盛样器皿密封,样品棕色,液态;集料:袋装完好,无破损</td><td colspan="2">样品名称</td><td>稀浆封层混合料</td></tr>
<tr><td colspan="2">试验条件</td><td colspan="2">室温 20℃</td><td colspan="2">试验日期</td><td>2012-09-15</td></tr>
<tr><td colspan="7">主要仪器设备及编号:湿轮磨耗仪 3112718</td></tr>
<tr><td colspan="7">稀浆混合料类型　ES-3 型</td></tr>
<tr><td>试验时间 h</td><td>磨耗前的试件质量 m_a(g)</td><td>磨耗后的试件质量 m_a(g)</td><td>磨耗头胶管的磨耗面积 A (m^2)</td><td>稀浆混合料的磨耗值 WHAT (g/ m^2)</td><td>平均值 (g/ m^2)</td><td>备注</td></tr>
<tr><td>1h</td><td>901.3</td><td>885.6</td><td>0.034</td><td>461.8</td><td rowspan="3">433.3</td><td rowspan="6">—</td></tr>
<tr><td>1h</td><td>905.1</td><td>891.3</td><td>0.034</td><td>405.9</td></tr>
<tr><td>1h</td><td>909.8</td><td>895.1</td><td>0.034</td><td>432.4</td></tr>
<tr><td>6d</td><td>914.4</td><td>893.7</td><td>0.034</td><td>608.8</td><td rowspan="3">602.0</td></tr>
<tr><td>6d</td><td>905.3</td><td>885.7</td><td>0.034</td><td>576.5</td></tr>
<tr><td>6d</td><td>908.6</td><td>887.5</td><td>0.034</td><td>620.6</td></tr>
</table>

试验:　　　　复核:　　　　日期:　年　月　日

7　试验规程及评定依据

7.1　《公路工程沥青及沥青混合料试验规程》(JTG E20—2011)。

7.2 《公路沥青路面施工技术规范》(JTG F40—2004)。

8 注意事项

8.1 将试件及油毛毡从水浴中取出,放入试样托盘中,往试样托盘中加入25℃的水,使试件完全浸入水中,水面到试件表面的深度不少于6mm。

8.2 当试验前磨耗头用过磨耗面的不得使用,需要转动一定角度以获得新的磨耗面或换上新的橡胶管。

稀浆混合料破乳时间试验（参照 T 0753—2011 执行）

1　目的与适用范围

本方法适用于确定稀浆混合料的破乳时间。

2　主要检测设备

2.1　吸水白纸巾。

2.2　计时工具。

2.3　环形试模：内径为 60mm，试模厚度为 6mm 或者 10mm。

2.4　油毛毡：尺寸 152mm × 152mm。

2.5　其他：拌和杯和拌铲等。

3　试验准备

按照拌和试验确定的配合比称取矿料、水、乳化沥青或改性乳化沥青和添加剂。通常以干矿料 100g 为准。

4　试验步骤

4.1　将矿料、填料倒入杯中，拌匀，再将水、添加剂倒入杯中拌匀，然后倒入乳化沥青或改性乳化沥青拌和，时间不超过 30s ± 2s。

4.2　取刚拌匀的稀浆混合料，立即倒入油毛毡上的试模内，ES-1、ES-2、MS-2 型混合料采用 6mm 厚的试模，ES-3、MS-3 型混合料采用 10mm 厚的试模，开始计时。

4.3　把试样放在 25℃ ±2℃的环境下成型，对于微表处和快凝型稀浆封层试样，隔 5min 后，用一张吸水纸轻轻按压混合料表面，如果在纸上没有见到褐色斑点，就认为乳化沥青已经破乳；如果有褐色斑点出现，就再隔 5min 重复测试。如 1h 后仍未破乳，就每隔 15min 测试一次，直至破乳为止。对于慢凝型稀浆封层试样，试验的时间间隔为 15min；如 1h 后仍未破乳，就每隔 30min 测试，直至破乳为止。

4.4　记录破乳时间。注意每次按压的位置不要重复。

4.5 记录试验时的气温和湿度。

5 试验结果计算

5.1 同一试样平行试验两次,当两次测定值的差值符合重复性试验允许误差要求时,取其平均值作为试验结果,准确至5min。

5.2 当试样破乳时间小于或等于60min时,重复性试验的允许误差为5min,当试样破乳时间大于60min时,重复性试验的允许误差为15min。

5.3 报告应包括:混合料配合比;试验温度、湿度;稀浆混合料破乳时间。

6 试验记录

稀浆混合料破乳时间试验记录示例,见表T 0753-1。

稀浆混合料破乳时间试验记录表

表T 0753-1

第　页　共　页

JJ0839

试验室名称:　　　　　　　　　　　　　　　　记录编号:ZY01-269—2012-01

工程部位/用途	—	委托/任务编号	011112269
试验依据	JTG E20—2011	样品编号	011112269
样品描述	乳化沥青:盛样器皿密封,样品棕色、液态;集料:袋装无破损	样品名称	稀浆混合料
试验条件	室温25℃,湿度50%	试验日期	2012-09-26
主要仪器设备及编号	—		
破乳时间			
类型	矿料质量(g)	破乳时间(min)	平均时间(min)
ES-1	100	45	45
ES-1	100	45	
备注	—		

试验:　　　　　　复核:　　　　　　日期:　　年　　月　　日

7 试验规程及评定依据

7.1 《公路工程沥青及沥青混合料试验规程》(JTG E20—2011)。

7.2 《公路沥青路面施工技术规范》(JTG F40—2004)。

8　注意事项

8.1　对于微表处和快凝型稀浆封层试样，隔 5min，用一张吸水白纸轻轻地压混合料表面，如果在纸上没有见到褐色斑点，就认为乳化沥青已经破乳；如果有褐色斑点出现，就再隔 5min 重复测试。如果 1h 后仍未破乳，就每隔 15min 测试一次，直到破乳为止。

8.2　对于慢凝型稀浆封层试样，试验的时间间隔为 15min；如 1h 后仍未破乳，就每隔 30min 测试，直到破乳为止。

稀浆混合料黏聚力试验(参照 T 0754—2011 执行)

1　目的与适用范围

本方法适用于确定稀浆混合料的初凝时间和开放交通时间。

2　主要检测设备

2.1　黏聚力试验仪(图 T 0754-1),并满足以下要求。

2.1.1　压头尺寸:压头呈圆柱形,由不锈钢材料制作,并牢固连接在气缸传力杆下部。压头直径 28.6mm ±0.1mm、压头厚度 28mm ±1.0mm。

2.1.2　压头底部装有橡胶垫片,橡胶垫片直径 28.6mm ±0.1mm,厚度 6.4mm ±0.1mm,橡胶硬度为 HRC60 ± HRC2。

2.1.3　压头高度与下落速度:压头底面距离底座顶面的高度适宜,既有足够的空间以方便放置和取下试样,又不得超过气缸行程,一般在 50 ~ 70mm。压头下落速度不应大于 8cm/s。

图 T 0754-1　黏聚力试验仪

2.1.4　压头压力:在试样台上产生的压力为 128.5N ±1.0N。

2.1.5　扭矩扳手:扭矩扳手套在传力杆上。扭矩表量程不小于 3.5N · m,采用机械指针式扭矩扳手时,扭矩表应带有从动指针。

2.1.6　气缸:气缸活塞的行程不宜小于 75mm。

2.1.7　空气压力表:空气压力表量程 0 ~ 700KPa,分度值 10kPa。

2.1.8　重复性:用 220 号粗砂纸做"黏聚力试验",10 次试验扭矩扳手读数最大值和最小值的差值应小于 0.3N · m,测量结果的标准差不应大 0.2N · m。

2.2　环形试模:内径为 60mm。ES-1、ES-2、MS-2 型混合料的试模厚度 6mm, ES-3、MS-3 型混合料的试模厚度 10mm。

2.3　计时工具。

2.4　砂纸:220 号。

2.5　油毛毡:面积 150mm × 150mm。

2.6　其他:拌和杯和拌铲等。

3　试验准备

3.1　黏聚力仪的标定。

用 220 号粗砂纸做“黏聚力试验”,10 次试验扭矩扳手读数最大值和最少值的差值应小于 0.3N·m,测量结果的标准差不应大于 0.2N·m。

3.2　试样制备。

3.2.1　按照拌和试验确定的混合料配比备料,通常以干矿料 300g 为准。

3.2.2　将矿料、填料倒入杯中,拌匀,再将水、添加剂倒入杯中拌匀,然后倒入乳化沥青或改性乳化沥青拌和,时间不超过 30s ± 2s。

3.2.3　将稀浆混合料倒入预湿过的试模中,用油毛毡垫底,刮平,脱模并计时。试样在 25℃ ± 2℃的环境下养生。

4　试验步骤

4.1　养生 30min 后的测试步骤如下。

4.1.1　将试件置于黏聚力试验仪的测试台上。

4.1.2　将气动压头压在试件上,此时空气压力表的读数应保持在 200kPa。

4.1.3　保持压力不变,将扭矩扳手测力表归零并套住气缸杆上端,在 0.7 ~ 1.0s 内平稳、坚定、水平地扭转 90° ~ 120°,读取扭矩扳手读数。

4.1.4　按以下四种情况描述试样的破损状态:

(1)完全成型:试样没有任何破损或裂纹,没有集料散落情况出现,压头在试样表面打滑,表面沥青膜可能被磨掉而留下圆形痕迹(与黏聚力值 2.6N·m 等效)。

(2)中度成型:试样表面没有裂纹出现,但压头下的集料会被碾落或粘起(与黏聚力值 2.3N·m 等效)。

(3)初级成型:试样表面有一条裂纹出现(与黏聚力值 2.0N·m 等效)。

(4)未成型:多条裂纹出现,甚至整个试样被碾散(黏聚力值低于 1.2N·m)。

(5)升起压头,擦干净后待下次测试使用。

4.2　试样养生 60min 后的测试步骤同 4.1.1 ~ 4.1.3。

5 试验结果计算

5.1 同一试样平行试验两次,当两次测定值的差值符合重复性试验允许误差要求时,取其平均值作为试验结果,准确至0.1N·m。

5.2 重复性试验的允许误差为0.2N·m。

5.3 报告应包括:混合料配合比;试验温度、湿度及其他环境条件;混合料30min和60min的黏聚力值,并描述60min黏聚力试样测试后的破坏状态。

6 试验记录

稀浆混合料黏聚力试验记录示例,见表T 0754-1。

稀浆混合料黏聚力试验记录表 表T 0754-1

第 页 共 页

JJ0920

试验室名称: 记录编号:ZY01-211—2012-06

<table>
<tr><td colspan="2">工程部位/用途</td><td colspan="2">—</td><td>委托/任务编号</td><td>011112286</td></tr>
<tr><td colspan="2">试验依据</td><td colspan="2">JTG E20—2011</td><td>样品编号</td><td>011112286</td></tr>
<tr><td colspan="2">样品描述</td><td colspan="2">乳化沥青:盛样器皿密封,样品棕色,液态;集料:袋装无破损</td><td>样品名称</td><td>稀浆混合料</td></tr>
<tr><td colspan="2">试验条件</td><td colspan="2">室温25℃,湿度50%</td><td>试验日期</td><td>2012-09-26</td></tr>
<tr><td colspan="2">主要仪器设备及编号</td><td colspan="4">黏聚力测定仪3110329</td></tr>
<tr><td>时间</td><td colspan="2">试验1(N·m)</td><td>试验2(N·m)</td><td>平均值(N·m)</td><td>破坏状态</td></tr>
<tr><td>30min</td><td colspan="2">0.9</td><td>0.9</td><td>0.9</td><td rowspan="2">完全成型</td></tr>
<tr><td>60min</td><td colspan="2">2.7</td><td>2.7</td><td>2.7</td></tr>
<tr><td>备注</td><td colspan="5">—</td></tr>
</table>

试验: 复核: 日期: 年 月 日

7 试验规程及评定依据

7.1 《公路工程沥青及沥青混合料试验规程》(JTG E20—2011)。

7.2 《公路沥青路面施工技术规范》(JTG F40—2004)。

8　注意事项

8.1　严格按照拌和试验确定的混合料配比备料，通常以干矿料 300g 为准。

8.2　加入定量的乳化沥青迅速拌匀，时间不超过 30s ±2s。

8.3　试样在 25℃ ±2℃ 的环境下养生。

稀浆混合料负荷轮黏砂试验(参照 T 0755—2011 执行)

1　目的与适用范围

本方法适用于控制稀浆混合料中沥青用量的上限。

2　主要检测设备

2.1　负荷车轮试验仪,应满足以下要求。

2.1.1　碾压频率:应选择适宜的电动机和齿轮减速器,使橡胶轮的碾压频率满足 44 次/min ±1 次/min 的要求。

2.1.2　曲柄半径:与齿轮减速器相连的传动曲柄的半径为 152.0mm ±2mm。

2.1.3　橡胶轮尺寸:橡胶轮直径 76.5mm ±1.0mm,橡胶厚度 12.0mm ±0.5mm,橡胶轮宽度 26.0mm ±1.0mm。

2.1.4　橡胶轮的橡胶硬度:橡胶轮的橡胶硬度应在 HRC60 ~ HRC70 之间。

2.1.5　橡胶轮位置:橡胶轮轮轴至曲柄连杆铰接轴的水平距离为 610.0mm ±1mm。

2.1.6　橡胶轮加载质量:曲柄连杆,连同配重、橡胶轮等通过橡胶轮作用在试样上的总质量为 56.7kg ±0.5kg。

2.1.7　橡胶轮跑偏量:在加入规定的负荷后,橡胶轮的跑偏量小于 2mm。

2.2　加载物:铁砂或铁块。

2.3　标准砂:粒径 0.15 ~0.6mm。

2.4　试模:试模厚度分别为 6.4mm ±0.1mm(Ⅱ型级配用)、12.7mm ±0.1mm(Ⅲ型级配用),内部尺寸为长 380.0mm ±1.0mm,宽 50.0mm ±1.0mm,外部尺寸为长 406.0mm ±1.0mm,宽 76.0mm ±1.0mm。

2.5　砂框架:钢质砂框架的内部尺寸为长 355.0mm ±1.0mm,宽 38.0mm ±1.0mm,厚度为 5.0mm ±0.5mm。砂框架底部应粘贴厚度为 6mm 左右的泡沫橡胶,防止试验过程中砂外泄。

2.6　钢盖板:尺寸为长 353mm、宽 36mm、高 3mm。

2.7　台秤:称量 100kg,感量不大于 0.5kg。

2.8　天平:称量2000g,感量不大于0.1g。

2.9　烘箱:带强制通风,温度能控制在60℃ ±3℃。

2.10　筛子:孔径为0.6mm和0.15mm。

2.11　其他:拌锅、拌铲等。

3　试验准备

3.1　按要求的级配比例准备粗集料、细集料及填料,烘干。

3.2　按照试模厚度一般比最大矿料粒径大25%的原则选择合适厚度的试模。

3.3　试样中各组分的配合比以拌和试验所确定的矿料、填料、添加剂、乳化沥青或改性乳化沥青和水的比例为准。

3.4　称取总质量500g的矿料放入拌锅,掺入填料,拌匀,然后加入水拌匀,再加入乳化沥青或改性乳化沥青拌和,拌和时间不超过30s ±2s;然后将拌匀的混合料倒入试模中并迅速刮平。刮平过程宜一次完成,不能反复刮,整个操作过程宜在45s内完成。成型的试件表面应均匀,否则应废弃。

3.5　取走试模,把试样放入60℃的烘箱中烘至恒重,一般不少于16h。取出试样,冷却至室温备用。

4　试验步骤

4.1　将负荷车轮试验仪调整好,使负荷质量为56.7kg。

4.2　将试样正确安装在试件承板上。

4.3　保持试验温度在25℃ ±2℃。

4.4　将橡胶轮放下,压到试样上。

4.5　将计数器复位到零,调整碾压频率为44次/min。

4.6　开机碾压1000次后(碾压过程中如发现试样上出现发黏现象或明显发亮时,可洒少量水防止轮子粘起样品),停机、卸载、冲洗、烘干至恒重(60℃,不少于16h),冷却至室温并称质量m_1,准确至0.1g。

4.7　把试样重新装在仪器的原来位置上。把砂框放在试样上对好位置,把300g温度为82℃的热砂倒入砂矿架中摊平(或称取200g温度为82℃的热砂倒入砂框架中摊平,将钢盖板放在砂框架中间),然后将橡胶轮放下开机碾压100次。

4.8　取下试样,用毛刷刷去试样上的浮砂,然后称质量m_2,准确至0.1g。

5　试验结果计算

5.1　黏附砂量按式(T 0755-1)计算:

$$\mathrm{LWT}=\frac{m_2-m_1}{A} \qquad (\mathrm{T}\ 0755\text{-}1)$$

式中:LWT——乳化沥青稀浆封层混合料单位面积黏附的砂量,g/m²;

A——试样负荷面积,m²;

m_1——第一次 1 000 次碾压后试样质量,g;

m_2——第二次 100 次碾压后试样与砂的总质量,g。

5.2 当一组测定值中某个测定值与平均值之差大于标准差的 k 倍时,该测定值应予舍弃,并以其余测定值的平均值作为试验结果。当试验数目 n 为 3、4、5、6 时,k 值分别为 1.15、1.46、1.67、1.82。一组试样个数一般不少于 3 个。

5.3 报告应包括:混合料配合比、试件的黏附砂量。

6 试验记录

稀浆混合料负荷轮粘砂试验记录示例,见表 T 0755-1。

稀浆混合料负荷轮粘砂试验记录表 表 T 0755-1

试验室名称: 编号:ZY01-211—2012-08

工程部位/用途	—			委托/任务编号	011112286	
试验依据	JTG E20—2011			样品编号	011112286	
样品描述	乳化沥青:盛样器皿密封,样品棕色,液态;集料:袋装无破损			样品名称	稀浆混合料	
试验条件	室温 25℃			试验日期	2012-09-26	
主要仪器设备及编号	负荷车轮试验仪 3110329					
稀浆混合料类型 ES-3 型						
试验次数	碾压 1 000 次后冲洗烘干质量 m_1(g)	加砂碾压 100 次试件质量 m_2(g)	碾压面积 A (m²)	稀浆混合料的附砂值 LWT (g/m²)	平均值 (g/m²)	备注
1	251.6	255.8	0.009 180	457.5	434.6	—
2	271.6	275.1	0.008 475	413.0		
3	259.7	263.4	0.008 450	437.9		
4	252.0	255.9	0.009 072	429.9		

试验: 复核: 日期: 年 月 日

7　试验规程及评定依据

7.1　《公路工程沥青及沥青混合料试验规程》(JTG E20—2011)。

7.2　《公路沥青路面施工技术规范》(JTG F40—2004)。

8　注意事项

8.1　应按要求的级配比例准备粗、细集料及填料,烘干。

8.2　应按试模厚度一般比最大矿料粒径大25%的原则选择合适厚度的试模。

稀浆混合料车辙变形试验（参照 T 0756—2011 执行）

1 目的与适用范围

本方法适用于测定微表处混合料的抗车辙能力。

2 主要检测设备

2.1 负荷轮载试验仪：同《公路工程沥青及沥青混合料试验规程》（JTG E20—2011）T 0755。

2.2 加载物：铁砂或铁块。

2.3 试模（图 T 0756-1）：试模厚度分别为 6.4mm ± 0.1mm 与 12.7mm ± 0.1mm，内部尺寸为长 380.0mm ± 1.0mm、宽 50.0mm ± 1.0mm，外部尺寸为长 406.0mm ± 1.0mm、宽 76.0mm ± 1.0mm。

2.4 台秤：称量 100kg，感量不大于 0.5kg。

2.5 天平：称量 2 000g，感量不大于 0.1g。

2.6 烘箱：带强制通风，温度能控制在 60℃ ±3℃。

2.7 游标卡尺。

2.8 其他：拌锅、拌铲等。

图 T 0756-1 试模

3 试验准备

3.1 试样制备与《公路工程沥青及沥青混合料试验规程》（JTG E20—2011）T 0755 中负荷车轮黏附砂试验的试样制备相同。

3.2 试样烘干至恒重，冷却至室温后，量测试样的宽度 L_a 和厚度 d_a，准确至 0.1mm。

4 试验步骤

4.1 将负荷车轮试验仪调整好，使负荷质量为 56.7kg。

4.2 将试样正确安装在试件承板上。

4.3 保持试验温度在25℃ ±2℃。

4.4 将橡胶轮放下,压到试样上。

4.5 将计数器复位到零,调整碾压频率为44次/min。

4.6 开机碾压1 000次。

4.7 取下试样,测量碾压后的试样宽度 L_b 和车辙深度 d_b,准确至0.1mm。

5 试验结果计算

5.1 试样的宽度变形率和车辙深度率按式(T 0756-1)、式(T 0756-2)计算。

$$\mathrm{PLD} = (L_b - L_a) \times 100 \qquad (\mathrm{T\ 0756\text{-}1})$$

$$\mathrm{PVD} = \frac{d_b \times 100}{d_a} \qquad (\mathrm{T\ 0756\text{-}2})$$

式中:PLD——微表处试样单位宽度的变形率,%;

PVD——微表处试样单位厚度的车辙深度率,%。

5.2 当一组测定值中某个测定值与平均值之差大于标准差的 k 倍时,该测定值应予舍弃,并以其余测定值的平均值作为试验结果。当试验数目 n 为3、4、5、6时,k 值分别为1.15、1.46、1.67、1.82。一组试样个数一般不少于3个。

5.3 报告应包括:混合料配合比、试件的宽度变形率和车辙深度率,试验前试件的宽度和厚度、试验温度。

6 试验记录

稀浆混合料车辙变形试验记录示例,见表T 0756-1。

7 试验规程及评定依据

7.1 《公路工程沥青及沥青混合料试验规程》(JTG E20—2011)。

7.2 《公路沥青路面施工技术规范》(JTG F40—2004)。

8 注意事项

8.1 试样制备与《公路工程沥青及沥青混合料试验规程》(JTG E20—2011)T 0755中负荷车轮黏附砂试验的试样制备相同。

8.2 试样烘干至恒重,冷却至室温后,量测试样的宽度 L_a 和厚度 d_a,准确至

0.1mm。

8.3 将负荷车轮试验仪调整好,使负荷质量应为56.7kg。

稀浆混合料车辙变形试验记录表　　　　表 T 0756-1

施工路段	—	环境条件	温度25℃,湿度50%	
试验规程及方法	T 0756—2011	试验设备及编号	负荷车轮试验机3110327	
样品描述	完好、可检	试验日期	年　月　日	
试验次数	变形率(%)	碾压前宽度(mm)	碾压前宽度(mm)	备注
1	4.0	52.1	54.2	—
2	6.1	51.2	54.3	
3	4.0	52.2	54.3	
4	3.1	52.3	53.9	
5	4.5	48.5	50.7	
6	4.5	51.3	53.6	
7	4.8	52.2	54.7	
平均值	4.5	51.4	53.7	

稀浆混合料拌和试验(参照 T 0757—2011 执行)

1　目的与适用范围

本方法适用于确定稀浆混合料的可拌和时间和成浆状态。

2　主要检测设备

2.1　拌和工具:容积为 300 ~ 500mL 的拌和杯,拌和匙 1 把。

2.2　天平:称量 1 000g,感量不大于 1g。

2.3　秒表:1 只。

2.4　油毡:若干。

3　试验准备

乳化沥青搅拌均匀备用。

4　试验步骤

4.1　在拌和杯中放入一定量的工程实际用矿料(通常为 100g)、固体添加剂,拌匀,再将水、液体添加剂等倒入锅中拌匀,然后倒入一定量的乳化沥青或改性乳化沥青拌匀,开始计时。

4.2　在乳化沥青或改性乳化沥青倒入后的最初 3 ~ 8s 内用力快速拌和,然后用拌和匙沿杯壁顺时针均匀拌和,一般速度采用 60 ~ 70r/min,注意观察混合料的拌和状态。

4.3　当稀浆混合料变稠,手感到有力时,表明混合料开始有破乳的迹象,记录此刻的时间即为可拌和时间。

4.4　继续拌和,当混合料完全抱团,无法拌和时,记录此刻的时间,称为不可施工时间。

4.5　混合料的可拌和时间不能满足要求时,重新调整混合料的配合比,重复进行上述试验步骤。

4.6　记录试验时的气温和湿度。

4.7 按照拌和时间满足要求的配合比重新称料、拌和,拌和 30s 后摊到油毡上铺平,厚度约 8mm,将试样在室温下放置 24h 后,观测集料与沥青的配伍性和沥青用量大小。

5 试验结果计算

5.1 同一试样平行试验两次,当两次可拌和时间测定值的差值符合重复性试验允许误差要求时,取其平均值作为试验结果,准确至 5s。可拌和时间试验结果大于 180s 时记为“ >180s”。

5.2 报告应包括:混合料配合比;各种混合料配合比下的可拌和时间;不可施工时间和拌和状态;拌和试验的温度、湿度、日照等环境条件;根据表 T 0757-1 定性描述成型后试样沥青用量大小与配伍性。

试样沥青用量大小与配伍性优劣的判断依据 表 T 0757-1

项目		试样的表观效果
沥青用量	偏小	试样呈棕黄色;用手在试样表面捻动会有颗粒散落
	偏大	试样表面有油膜,用手捻动会粘手
混合料配伍性	好	试样呈黄色,手掰有韧性,石料与沥青裹覆良好
	差	试样呈棕黄色,脆,易掰开,掰开后可见未裹覆沥青膜的石料

5.3 允许误差。

当试样可拌和时间小于或等于 120s 时,重复性试验的允许误差为 10s;当试样可拌和时间大于 120s 时,重复性试验的允许误差为 15s。

6 试验记录

稀浆混合料拌和试验记录,见表 T 0757-2。

7 试验规程及评定依据

7.1《公路工程沥青及沥青混合料试验规程》(JTG E20—2011)。

7.2 《公路沥青路面施工技术规范》(JTG F40—2004)。

8 注意事项

试验前乳化沥青试样应搅拌均匀备用。

稀浆混合料拌和试验记录表

表 T 0757-2

第　页　共　页

JJ0919

试验室名称：　　　　　　　　　　　　记录编号：ZY01-211—2012-05

<table>
<tr><td colspan="2">工程部位/用途</td><td colspan="3">—</td><td colspan="2">委托/任务编号</td><td>011112289</td></tr>
<tr><td colspan="2">试 验 依 据</td><td colspan="3">JTG E20—2011</td><td colspan="2">样 品 编 号</td><td>011112289</td></tr>
<tr><td colspan="2">样 品 描 述</td><td colspan="3">乳化沥青：盛样器皿密封，样品棕色，液态；集料：集料袋装无破损</td><td colspan="2">样 品 名 称</td><td>稀浆混合料</td></tr>
<tr><td colspan="2">试 验 条 件</td><td colspan="3">室温 25℃，湿度 50%</td><td colspan="2">试 验 日 期</td><td>2012-09-21</td></tr>
<tr><td colspan="2">主要仪器设备及编号</td><td colspan="6">—</td></tr>
<tr><td>试验组别</td><td>温度（℃）</td><td>矿料用量（g）</td><td>固体添加剂（g）</td><td>用水量（g）</td><td>液体添加剂（g）</td><td>可拌和时间（s）</td><td>平均值（s）</td></tr>
<tr><td>1</td><td rowspan="2">25</td><td>100.0</td><td>1.5</td><td>5.5</td><td>9.5</td><td>148</td><td rowspan="2">145.5</td></tr>
<tr><td>2</td><td>100.0</td><td>1.5</td><td>5.5</td><td>9.5</td><td>143</td></tr>
<tr><td>备注</td><td colspan="7">—</td></tr>
</table>

试验：　　　　　　　　复核：　　　　　　　　日期：　　年　　月　　日

第八分册　水泥混凝土试验

水泥混凝土拌和物稠度试验方法(坍落度仪法)(参照 T 0522—2005 执行)

1　目的与适用范围

1.1　本方法规定了采用坍落度仪测定水泥混凝土拌和物稠度的方法和步骤。

1.2　本方法适用于坍落度大于 10mm,集料公称最大粒径不大于 31.5mm 的水泥混凝土的坍落度的测定。

2　主要检测设备

2.1　坍落度筒:坍落度筒为铁板制成的截头圆锥筒,厚度不小于 1.5mm,内侧平滑,没有铆钉头之类的凸出物,在筒上方约 2/3 高度处有两个把手,近下端两侧焊有两个踏脚板,保证坍落度筒可以稳定操作,坍落度筒尺寸如图T 0522-1 所示。

2.2　捣棒:直径 16mm,长约 600mm 并具有半球形端头的钢制圆棒。

2.3　小铲、小钢尺、镘刀和钢平板等。

3　试验准备

3.1　试样准备

拌和物倾出在铁板上,再经人工翻拌 1 ~ 2min,务必使拌和物均匀一致。

3.2　仪器准备

拌制混凝土所用的各种用具,如铁板、铁铲、抹刀应预先用水润湿。

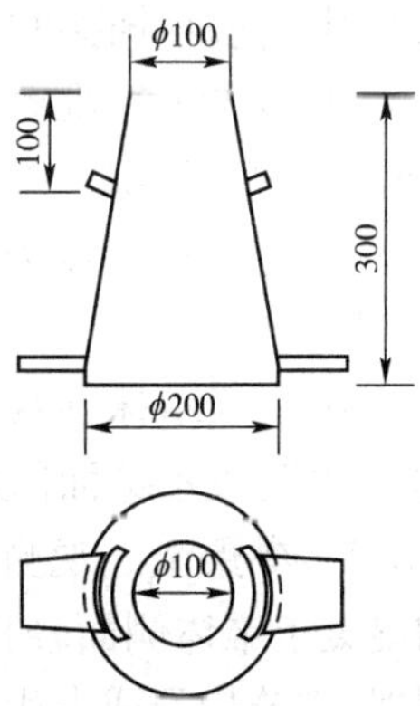

图 T 0522-1　坍落度试验用坍落筒(单位:mm)

4　试验步骤

4.1　试验前将坍落度筒内外洗干净,放在经水润试过的平板上(平板吸水时应垫以塑料布),踏紧踏脚板。

4.2 将代表样分3层装入筒内,每层装入高度稍大于筒高的1/3,用捣棒在每一层横截面上均匀插捣25次。插捣在全部面积上进行,沿螺旋线由边缘至中心,插捣底层时插至底部,插捣其他两层时,应插透本层并插入下层20~30mm、插捣须垂直压下(边缘部分除外),不得冲击。在插捣顶层时,装入的混凝土应高出坍落度筒口,随插捣过程随时添加拌和物。当顶层插捣完毕后,将捣棒用锯和滚的动作,清除掉多余的混凝土,用镘刀抹平筒口,刮净筒底周围的拌和物。而后立即垂直提起坍落度筒。

4.3 将坍落度筒放在锥体混凝土试样一旁,筒顶平放木尺,用小钢尺量出木尺底面至试样顶面最高点的垂直距离,即为该混凝土的坍落度,精确至1mm。

4.4 当混凝土试件的一侧发生崩坍或一边剪切破坏,则应重新取样另测。如果第二次仍发生上述情况,则表示该混凝土和易性不好,应记录。

4.5 当混凝土拌和物的坍落度大于220mm时,用钢尺测量混凝土扩展后最终的最大直径和最小直径,在这两个直径之差小于50mm的条件下,用其算术平均值作为坍落扩展度值;否则,此次试验无效。

4.6 坍落度试验的同时,可用目测方法评定混凝土拌和物的下列性质,并予记录:

4.6.1 棍度。按插捣混凝土拌和物时难易程度评定。分"上"、"中"、"下"三级。

(1)"上":表示插捣容易;

(2)"中":表示插捣时稍有石子阻滞的感觉;

(3)"下":表示很难插捣。

4.6.2 含砂情况。按拌和物外观含砂多少而评定,分"多"、"中"、"少"三级。

(1)"多":表示用镘刀抹拌和物表面时,一至两次即可使拌和物表面平整无蜂窝;

(2)"中":表示抹五六次才可使表面平整无蜂窝;

(3)"少":表示抹面困难,不易抹平,有空隙及石子外露等现象。

4.6.3 黏聚性。观测拌和物各组分相互黏聚情况。评定方法是用捣棒在已坍落的混凝土锥体侧面轻打,若锥体在轻打后逐渐下沉,表示黏聚性良好;若锥体突然倒坍、部分崩裂或发生石子离析现象,即表示黏聚性不好。

4.6.4 保水性。指水分从拌和物中析出情况,分"多量"、"少量"、"无"三级评定。

(1)"多量":表示提起坍落筒后,有较多水分从底部析出;

(2)"少量":表示提起坍落筒后,有少量水分从底部析出;

(3)“无”:表示提起坍落筒后,没有水分从底部析出。

5　试验结果计算

混凝土拌和物坍落度和坍落扩展度值以毫米(mm)为单位,测量精确至1mm,结果修至最接近的5mm。

6　试验记录

混凝土表观密度试验记录示例见表T 0522-1。

7　试验规程及评定依据

《公路工程水泥及水泥混凝土试验规程》(JTG E30—2005)。

混凝土坍落度试验记录表　　表T 0522-1

工程名称:________　　合同号:________　　编号:________

坍落度(mm)			扩展度(mm)	评定			
次数	初坍落度	坍损		棍度	含砂情况	保水情况	黏聚性
1	124	—	—	上	中	少量	良好
2	126	—	—				
平均	125	—	—				
备注		—					

复核/旁站:　　记录:　　试验:

8　注意事项

8.1　试验前必须检查所用的仪器设备,确保设备功能正常。

8.2　提筒在5~10s内完成,并使混凝土不受横向及扭力作用。从开始装料到提出坍落度筒整个过程应在150s内完成。

混凝土配合比设计(参照 JGJ 55—2011 执行)

1 目的与适用范围

本方法规定了普通水泥混凝土设计的方法和步骤。

2 主要检测设备

2.1 压力机或万能试验机。

2.2 混凝土搅拌机。

2.3 磅秤:量程为 100kg,感量为 50g。

3 试验准备

3.1 试样准备

3.1.1 拌和前材料应放置在温度 20℃ ±5℃的室内。

3.1.2 试样从抽取至试验完毕过程中,不要风吹日晒。

3.1.3 粗集料、细集料均以干燥状态为基准,计算用水量时应扣除粗集料、细集料的含水率。

3.2 仪器准备

3.2.1 拌制混凝土所用的各种用具,如铁板、铁铲、抹刀,应预先用水润湿。

3.2.2 使用搅拌机前,应先用少量砂浆进行涮膛,再刮出涮膛砂浆。

3.2.3 进行抗压强度试验时,先开启压力机,使压力机预热一段时间。

4 混凝土配制强度的确定

4.1 混凝土配制强度应按下列规定确定。

4.1.1 当混凝土的设计强度等级小于 C60 时,配制强度应按式(JGJ 55-1)计算。

$$f_{cu,0} \geqslant f_{cu,k} + 1.645\sigma \qquad \text{(JGJ 55-1)}$$

式中:$f_{cu,0}$——混凝土配制强度,MPa;

$f_{cu,k}$——混凝土立方体抗压强度标准值,这里取设计混凝土强度等级

值,MPa;

σ——混凝土强度标准差,MPa。

4.1.2　当设计强度等级大于或等于C60时,配制强度应按式(JGJ 55-2)计算。

$$f_{cu,0} \geqslant 1.15 f_{cu,0} \qquad \text{(JGJ 55-2)}$$

4.2　混凝土强度标准差应按照下列规定确定。

4.2.1　当具有近1~3个月的同一品种、同一强度等级混凝土的强度资料时,其混凝土强度标准差σ应按式(JGJ 55-3)计算。

$$\sigma = \sqrt{\frac{\sum_{i=1}^{n} f_{cu,i}^2 - n m_{f_{cu}}^2}{n-1}} \qquad \text{(JGJ 55-3)}$$

式中:σ——混凝土强度标准差;

$f_{cu,i}$——第i组的试件强度,MPa;

$m_{f_{cu}}$——n组试件的强度平均值,MPa;

n——试件组数,n值应大于或者等于30。

对于强度等级不大于C30的混凝土:当σ计算值不小于3.0MPa时,应按式(JGJ 55-3)计算结果取值;当σ计算值小于3.0MPa时,σ应取3.0MPa。对于强度等级大于C30且小于C60的混凝土:当σ计算值不小于4.0MPa时,应按式(JGJ 55-3)计算结果取值;当σ计算值小于4.0MPa时,σ应取4.0MPa。

4.2.2　当没有近期的同一品种、同一强度等级混凝土强度资料时,其强度标准差σ可按表JGJ 55-1取值。

标准差σ值(MPa)　　表JGJ 55-1

混凝土强度标准值	≤C20	C25~C45	C50~C55
σ	4.0	5.0	6.0

5　混凝土配合比计算

5.1　水胶比

5.1.1　混凝土强度等级不大于C60等级时,混凝土水胶比宜按式(JGJ 55-4)计算。

$$W/B = \frac{\alpha_a f_b}{f_{cu,o} + \alpha_a \alpha_b f_b} \qquad \text{(JGJ 55-4)}$$

式中:W/B——混凝土水胶比;

α_a、α_b——回归系数,取值应符合《普通混凝土配合比设计规程》(JGJ 55—2011)中

5.1.2条的规定；

f_b——胶凝材料（水泥与矿物掺和料按使用比例混合）28d 胶砂强度（MPa），试验方法应按现行国家标准《水泥胶砂强度检验方法（ISO 法）》（GB/T 17671—1999）执行；当无实测值时，可按《普通混凝土配合比设计规程》（JGJ 55—2011）中 5.1.3 条的确定。

5.1.2 回归系数 α_a 和 α_b 宜按下列规定确定：

(1)根据工程所使用的原材料，通过试验建立的水胶比与混凝土强度关系式来确定；

(2)当不具备上述试验统计资料时，可按表 JGJ 55-2 采用。

回归系数 α_a、α_b 选用表 表 JGJ 55-2

系数 \ 粗集料品种	碎 石	卵 石
α_a	0.53	0.49
α_b	0.20	0.13

5.1.3 当胶凝材料 28d 胶砂抗压强度值（f_b）无实测值时，可按式（JGJ 55-5）计算。

$$f_b = \gamma_f \gamma_s f_{ce} \tag{JGJ 55-5}$$

式中：γ_f、γ_s——粉煤灰影响系数和粒化高炉矿渣粉影响系数，可按表 JGJ 55-3 选用；

f_{ce}——水泥 28d 胶砂抗压强度，MPa，可实测，也可按《普通混凝土配合比设计规程》（JGJ 55—2011）中 5.1.4 条选用。

粉煤灰影响系数（γ_f）和粒化高炉矿渣粉影响系数（γ_s） 表 JGJ 55-3

掺量 \ 种类	粉煤灰影响系数 γ_f	粒化高炉矿渣粉影响系数 γ_s
0	1.00	1.00
10	0.90~0.95	1.00
20	0.80~0.85	0.95~1.00
30	0.70~0.75	0.90~1.00
40	0.60~0.65	0.80~0.90
50	—	0.70~0.85

注：①采用Ⅰ级、Ⅱ级粉煤灰宜取上限值。

②采用 S75 级粒化高炉矿渣粉宜取下限值，采用 S95 级粒化高炉矿渣粉宜取上限值，采用 S105 级粒化高炉矿渣粉可取上限值加 0.05。

③当超出表中的掺量时，粉煤灰和粒化高炉矿渣粉影响系数应经试验确定。

5.1.4　当水泥28d胶砂抗压强度(f_{ce})无实测值时,可按式(JGJ 55-6)计算。

$$f_{ce} = \gamma_c f_{ce,g} \tag{JGJ 55-6}$$

式中:γ_c——水泥强度等级值的富余系数,可按实际统计资料确定;当缺乏实际统计资料时,也可按表JGJ 55-4选用;

$f_{ce,g}$——水泥强度等级值,MPa。

水泥强度等级值的富余系数(γ_c)　　表JGJ 55-4

水泥强度等级值	32.5	42.5	52.5
富余系数	1.12	1.16	1.10

5.2　用水量和外加剂用量

5.2.1　每立方米干硬性或塑性混凝土的用水量(m_{w0})应符合下列规定:

(1)混凝土水胶比在0.40~0.80时,可按表JGJ 55-5和表JGJ 55-6选取;

干硬性混凝土的用水量(kg/m³)　　表JGJ 55-5

拌和物稠度		卵石最大公称粒径(mm)			碎石最大粒径(mm)		
项目	指标	10.0	20.0	40.0	16.0	20.0	40.0
维勃稠度(s)	16~20	175	160	145	180	170	155
	11~15	180	165	150	185	175	160
	5~10	185	170	155	190	180	165

塑性混凝土的用水量(kg/m³)　　表JGJ 55-6

拌和物稠度		卵石最大粒径(mm)				碎石最大粒径(mm)			
项目	指标	10.0	20.0	31.5	40.0	16.0	20.0	31.5	40.0
坍落度(mm)	10~30	190	170	160	150	200	185	175	165
	35~50	200	180	170	160	210	195	185	175
坍落度(mm)	55~70	210	190	180	170	220	105	195	185
	75~90	215	195	185	175	230	215	205	195

注:①本表用水量系采用中砂时的取值。采用细砂时,每立方米混凝土用水量可增加5~10kg;采用粗砂时,可减少5~10kg。

②掺用矿物掺和料和外加剂时,用水量应相应调整。

(2)混凝土水胶比小于0.40时,可通过试验确定。

5.2.2　掺外加剂时,每立方米流动性或大流动性混凝土的用水量(m_{w0})可按式(JGJ 55-7)计算。

$$m_{w0} = m'_{w0}(1-\beta) \tag{JGJ 55-7}$$

式中：m_{w0}——满足实际坍落度要求的每立方米混凝土用水量，kg/m³；

m'_{w0}——未掺外加剂时推定的满足实际坍落度要求的每立方米混凝土用水量，kg/m³，以《普通混凝土配合比设计规程》(JGJ 55—2011)表5.2.1-2中90mm坍落度的用水量为基础，按每增大20mm坍落度相应增加5kg/m³用水量来计算，当坍落度增大到180mm以上时，随坍落度相应增加的用水量可减少；

β——外加剂的减水率，%，应经混凝土试验确定。

5.2.3 每立方米混凝土中外加剂用量(m_{a0})应按式(JGJ 55-8)计算。

$$m_{a0} = m_{b0}\beta_a \quad \text{(JGJ 55-8)}$$

式中：m_{a0}——每立方米混凝土中外加剂用量，kg/m³；

m_{b0}——计算配合比每立方米混凝土中胶凝材料的用量，kg/m³；计算应符合相关规定；

β_a——外加剂掺量，%，应经混凝土试验确定。

5.3 胶凝材料、矿物掺和料和水泥用量

5.3.1 每立方米混凝土的胶凝材料用量(m_{b0})应按式(JGJ 55-9)计算。

$$m_{b0} = \frac{m_{w0}}{W/B} \quad \text{(JGJ 55-9)}$$

式中：m_{b0}——计算配合比每立方米混凝土中胶凝材料用量，kg/m³；

m_{w0}——计算配合比每立方米混凝土的用水量，kg/m³；

W/B——混凝土水胶比。

5.3.2 每立方米混凝土的矿物掺和料用量(m_{f0})应按式(JGJ 55-10)计算。

$$m_{f0} = m_{b0}\beta_f \quad \text{(JGJ 55-10)}$$

式中：m_{f0}——计算配合比每立方米混凝土中矿物掺和料用量，kg/m³；

β_f——矿物掺和料掺量，%，可结合《普通混凝土配合比设计规程》(JGJ 55—2011)第3.0.5条和第5.1.1条的规定确定。

5.3.3 每立方米混凝土的水泥用量(m_{c0})应按式(JGJ 55-11)计算。

$$m_{c0} = m_{b0} - m_{f0} \quad \text{(JGJ 55-11)}$$

式中：m_{c0}——计算配合比每立方米混凝土中水泥用量，kg/m³。

5.4 砂率

5.4.1 砂率(β_s)应根据集料的技术指标、混凝土拌和物性能和施工要求，参考既有历史资料确定，见表JGJ 55-7。

5.4.2 当缺乏砂率的历史资料时，混凝土砂率的确定应符合下列规定：

(1)坍落度小于 10mm 的混凝土,其砂率应经试验确定。

(2)坍落度为 10 ~ 60mm 的混凝土砂率,可根据粗集料品种、最大公称粒径及水灰比按表 JGJ 55-7 选取。

混凝土的砂率(%)　　　表 JGJ 55-7

水胶比(W/B)	卵石最大公称粒径(mm)			碎石最大粒径(mm)		
	10.0	20.0	40.0	16.0	20.0	40.0
0.40	26 ~ 32	25 ~ 31	24 ~ 30	30 ~ 35	29 ~ 34	27 ~ 32
0.50	30 ~ 35	29 ~ 34	28 ~ 33	33 ~ 38	32 ~ 37	30 ~ 35
0.60	33 ~ 38	32 ~ 37	31 ~ 36	36 ~ 41	35 ~ 40	33 ~ 38
0.70	36 ~ 41	35 ~ 40	34 ~ 39	39 ~ 44	38 ~ 43	36 ~ 41

注:①本表数值系中砂的选用砂率,对细砂或粗砂,可相应地减少或增大砂率。

②采用人工砂配制混凝土时,砂率可适当增大。

③只用一个单粒级粗集料配制混凝土时,砂率应适当增大。

(3)坍落度大于 60mm 的混凝土砂率,可经试验确定,也可在《普通混凝土配合比设计规程》(JGJ 55—2011)表 5.4.2 的基础上,按坍落度每增大 20mm、砂率增大 1% 的幅度予以调整。

5.5　粗、细集料用量

5.5.1　采用质量法计算粗、细集料用量时,应按式(JGJ 55-12)、式(JGJ 55-13)计算。

$$m_{f_0} + m_{c_0} + m_{g_0} + m_{s_0} + m_{w_0} = m_{cp} \qquad \text{(JGJ 55-12)}$$

$$\beta_s = \frac{m_{s_0}}{m_{g_0} + m_{s_0}} \times 100 \qquad \text{(JGJ 55-13)}$$

式中:m_{g_0}——每立方米混凝土的粗集料用量,kg/m³;

m_{s_0}——每立方米混凝土的细集料用量,kg/m³;

m_{w_0}——每立方米混凝土的用水量,kg/m³;

β_s——砂率,%;

m_{cp}——每立方米混凝土拌和物的假定质量,kg/m³,可取 2 350 ~ 2 450kg/m³。

5.5.2　当采用体积法计算混凝土配比时,砂率应按式(JGJ 55-13)计算,粗、细集料用量应按式(JGJ 55-14)计算。

$$\frac{m_{c_0}}{\rho_c} + \frac{m_{f_0}}{\rho_f} + \frac{m_{g_0}}{\rho_g} + \frac{m_{s_0}}{\rho_s} + \frac{m_{w_0}}{\rho_w} + 0.01\alpha = 1 \qquad \text{(JGJ 55-14)}$$

式中：ρ_c——水泥密度，kg/m^3，应按《水泥密度测定方法》(GB/T 208—1994)测定，也可取 2 900 ~3 100 kg/m^3；

ρ_f——矿物掺和料密度，kg/m^3，可按《水泥密度测定方法》(GB/T 208—1994)测定；

ρ_g——粗集料的表观密度，kg/m^3，应按现行行业标准《普通混凝土用砂、石质量及检验方法标准》(JGJ 52—2006)测定；

ρ_s——细集料的表观密度(kg/m^3)，应按现行行业标准《普通混凝土用砂、石质量及检验方法标准》(JGJ 52—2006)测定；

ρ_w——水的密度，kg/m^3，可取 1 000kg/m^3；

α——混凝土的含气量百分数，在不使用引气型外加剂时，α 可取为 1。

6 混凝土配合比的试配、调整与确定

6.1 试配

6.1.1 混凝土试配应采用强制式搅拌机，搅拌机应符合现行行业标准《混凝土试验用搅拌机》(JG 244—2009)的规定，搅拌方法宜与施工采用的方法相同。

6.1.2 试验室成型条件应符合现行国家标准《普通混凝土拌和物性能试验方法标准》(GB/T 50080)的规定。

6.1.3 每盘混凝土试配的最小搅拌量应符合表 JGJ 55-8 的规定，并不应小于搅拌机公称容量的 1/4 且不应大于搅拌机公称容量。

混凝土试配的最小搅拌量 表 JGJ 55-8

粗集料最大公称粒径(mm)	最小搅拌的拌和物量(L)
≤31.5	20
40.0	25

6.1.4 在计算配合比的基础上进行试拌。计算水胶比宜保持不变，并应通过调整配合比其他参数使混凝土拌和机能符合设计和施工要求，然后修正计算配合比，提出试拌配合比。

6.1.5 应在试拌配合比的基础上，进行混凝土强度试验，并应符合下列规定：

(1)应至少采用三个不同的配合比。当采用三个不同的配合比时，其中一个应为本规程条确定的试拌配合比，另外两个配合比的水胶比宜较试拌配合比分别增加和减少 0.05，用水量应与试拌配合比相同，砂率可分别增加和减少 1%。

(2)进行混凝土强度试验时，应继续保持拌和物性能符合设计和施工要求。

(3)进行混凝土强度试验时,每个配合比至少应制作一组试件,标准养护到28d或设计规定龄期时试压。

6.2　配合比的调整与确定

6.2.1　配合比调整应符合下述规定:

(1)根据本规程混凝土强度试验结果,宜绘制强度和胶水比的线性关系图或插值法确定略大于配制强度的强度对应的胶水比。

(2)在试拌配合比的基础上,用水量(m_w)和外加剂用量(m_a)应根据确定的水胶比作调整。

(3)胶凝材料用量(m_b)应以用水量乘以确定的胶水比计算得出。

(4)粗集料和细集料用量(m_g 和 m_s)应根据用水量和胶凝材料用量进行调整。

6.2.2　混凝土拌和物表观密度和配合比校正系数的计算应符合下列规定:

(1)配合比调整后的混凝土拌和物的表观密度应按式(JGJ 55-15)计算。

$$\rho_{c,c} = m_c + m_f + m_g + m_s + m_w \tag{JGJ 55-15}$$

(2)混凝土配合比校正系数按式(JGJ 55-16)计算。

$$\delta = \frac{\rho_{c,t}}{\rho_{c,c}} \tag{JGJ 55-16}$$

式中:δ——混凝土配合比校正系数;

$\rho_{c,t}$——混凝土拌和物表观密度实测值,kg/m^3;

$\rho_{c,c}$——混凝土拌和物表观密度计算值,kg/m^3。

(3)当混凝土拌和物表观密度实测值与计算值之差的绝对值不超过计算值的2%时,按本规程调整的配合比可维持不变;当二者之差超过2%时,应将配合比中每项材料用量均乘以校正系数δ。

6.2.3　生产单位可根据常用材料设计出常用的混凝土配合比备用,并应在使用过程中予以验证或调整。遇有下列情况之一时,应重新进行配合比设计:

(1)对混凝土性能有特殊要求时。

(2)水泥外加剂或矿物掺和料品种质量有显著变化时。

7　数据处理

7.1　抗压强度试验。三个测值中的最大值或最小值中如有一个与中间值之差超过中间值的15%,则取中间值为测定值;如最大值和最小值与中间值之差均超过中间值的15%,则该组试验结果无效。

7.2　坍落度试验。混凝土拌和物坍落度和坍落扩展度值以毫米(mm)为单位,测量精确至1mm,结果修约至最接近的5mm。

8 试验报告

根据试验检测数据,进行试验报告整理。

9 试验规程及评定依据

《普通混凝土配合比设计规程》(JGJ 55—2011)

10 注意事项

试验前必须检查所用的仪器设备,确保设备功能正常。

水泥混凝土拌和物稠度(维勃仪法)
(参照 T 0523—2005 执行)

1　目的与适用范围

1.1　本方法规定用维勃稠度仪来测定水泥混凝土拌和物稠度的方法和步骤。

1.2　本方法适用于集料公称最大粒径不大于 31.5mm 的水泥混凝土及维勃时间在 5 ~30s 的干稠性水泥混凝土的稠度测定。

2　主要检测设备

2.1　稠度仪(维勃仪):符合《维勃稠度仪》(JG/T 250—2009)的规定,稠度仪如图 T 0523-1 所示。

2.2　捣棒、镘刀等。

2.3　秒表:分度值为 0.5s。

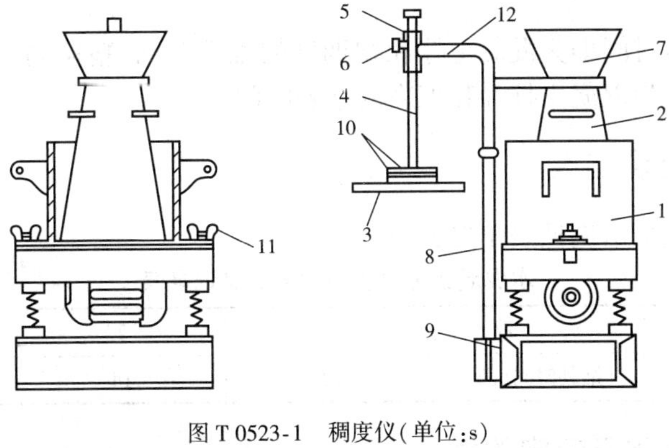

图 T 0523-1　稠度仪(单位:s)

1-容器;2-坍落度筒;3-圆盘;4-滑竿;5-套筒;6-螺钉;7-漏斗;8-支柱;9-定位螺丝;10-荷重块;11-元宝螺母;12-旋转架

3　试验准备

3.1　试样准备

拌和物倾出在铁板上，再经人工翻拌1～2min，务必使拌和物均匀一致。

3.2 仪器准备

拌制混凝土所用的各种用具，如铁板、铁铲、抹刀，应预先用水润湿。

4 试验步骤

4.1 将容器1用螺母固定在振动台上，放入润湿的坍落筒2，把漏斗7转到坍落筒上口，拧紧螺丝9，使漏斗对准坍落筒口上方。

4.2 按坍落度试验步骤，分三层经漏斗装入拌和物，用捣棒每层捣25次，捣毕第三层混凝土后，拧松螺丝6，把漏斗转回到原先的位置，并将筒模顶上的混凝土刮平，然后轻轻提起筒模。

4.3 拧紧螺丝9，使圆盘可定向地向下滑动，仔细转圆盘到混凝土上方，并轻轻与混凝土接触。检查圆盘是否可以顺利滑向容器。

4.4 开动振动台并按动秒表，通过透明圆盘观察混凝土的振实情况，当圆盘底面刚为水泥浆布满时，迅即按停秒表和关闭振动台，记下秒表所记时间，精确至1s。

4.5 仪器每测试一次后，必须将容器、筒模及透明圆盘洗净擦干，并在滑棒等处涂薄层黄油，以备下次使用。

5 试验结果计算

秒表所表示时间即为混凝土拌和物稠度的维勃时间，精确到1s。以两次试验结果的平均值作为混凝土拌和物稠度的维勃时间。

6 试验记录

稠度试验记录示例见表T 0523-1。

水泥混凝土拌和物稠度试验记录表　　表T 0523-1

维勃仪法	次　数	1	2	平　均　值
	维勃时间(s)	12	14	13

7 试验规程及评定依据

《公路工程水泥及水泥混凝土试验规程》(JTG E30—2005)。

8 注意事项

试验前必须检查所用的仪器设备，确保设备功能正常。

水泥混凝土拌和物的拌和方法
(参照 T 0521—2005 执行)

1　目的与适用范围

1.1　本方法规定了在常温环境中室内水泥混凝土拌和物的拌和方法。

1.2　轻质水泥混凝土、防水水泥混凝土、碾压水泥混凝土等其他特种水泥混凝土的拌和与现场取样方法,可以参照本方法进行,但因其特殊性所引起的对试验设备及方法的特殊要求,均应遵照对这些水泥混凝土的有关技术规定进行。

2　主要检测设备

2.1　搅拌机:自由式或强制式。

2.2　振动台:标准振动台。

2.3　磅秤:感量满足称量总量 1% 的磅秤,如图 T 0521-1 所示。

2.4　天平:感量满足称量总量 0.5% 的天平。

2.5　其他:铁板、铁铲等。

图 T 0521-1　磅秤(单位:kg)

3　试验准备

3.1　试样准备

3.1.1　所有材料均应符合有关要求。拌和前材料应放置在温度 20℃ ±5℃的室内。

3.1.2　为防止粗集料的离析,可将集料按不同粒径分开,使用时再按一定比例混合。试样从抽取至试验完毕过程中,不要风吹日晒。必要时应采取保护措施。

3.2　仪器准备

拌制混凝土所用的各种用具,如铁板、铁铲,应预先用水润湿。

4　拌和步骤

4.1　拌和时保持室温 20℃ ±5℃。

4.2　拌和物的总量至少应比所需量高20%以上。拌制混凝土的材料用量应以质量计,称量的精确度:集料为±1%,水、水泥。掺和料和外加剂为±0.5%。

4.3　粗集料、细集料均以干燥状态为基准,计算用水量时应扣除粗集料、细集料的含水率。

4.4　外加剂的加入:

4.4.1　对于不溶于水或难溶于水且不含潮解型盐类,应先和一部分水泥拌和,以保证充分分散。对于不溶于水或难溶于水但含潮解型盐类,应先和细集料拌和。对于水溶性或液体,应先和水拌和。

4.4.2　其他特殊外加剂,应遵守有关规定。

4.5　拌制混凝土所用各种用具,如铁板、铁铲、抹刀,应预先用水润湿,使用完后必须清洗干净。

4.6　使用搅拌机前,应先用少量砂浆进行涮膛,再刮出涮膛砂浆,以避免正式拌和混凝土时水泥砂浆黏附筒壁的损失。涮膛砂浆的水灰比及砂灰比,应与正式的混凝土配合比相同。

4.7　用搅拌机拌和时,拌和量宜为搅拌机公称容量1/4~3/4。

4.8　采用搅拌机搅拌时,按规定称好原材料,往搅拌机内顺序加入粗集料、细集料、水泥。开动搅拌机,将材料拌和均匀,在拌和过程中徐徐加水,全部加料时间不宜超过2min。水全部加入后,继续拌和约2min,而后将拌和物倾出在铁板上,再经人工翻拌1~2min,务必使拌和物均匀一致。

4.9　采用人工拌和时,先用湿布将铁板、铁铲润湿,再将称好的砂和水泥在铁板上拌匀,加入粗集料,再混合搅拌均匀。而后将此拌和物堆成长堆,中心扒成长槽,将称好的水倒入约一半,将其与拌和物仔细拌匀,再将材料堆成长堆,扒成长槽,倒入剩余的水,继续进行拌和,来回翻拌至少6遍。

4.10　从试样制备完毕到开始做各项性能试验不宜超过5min(不包括成型试件)。

5　试验规程及评定依据

《公路工程水泥及水泥混凝土试验规程》(JTG E30—2005)。

6　注意事项

6.1　试验前必须检查所用的仪器设备,确保设备功能正常。

6.2　干燥状态是指含水率小于0.2%的细集料和含水率小于0.2%的粗集料。

水泥混凝土拌和物凝结时间试验方法
（参照 T 0527—2005 执行）

1　目的与适用范围

1.1　本方法规定了测定水泥混凝土拌和物凝结时间的方法，以控制现场施工流程。

1.2　本方法适用于各通用水泥和常见外加剂以及不同水泥混凝土配合比、坍落度值不为零的水泥混凝土拌和物的凝结时间测定。

2　主要检测设备

2.1　贯入阻力仪：最大测量值不小于 1 000N，刻度盘分度值为 10N。

2.2　测针：长约 100mm，平面针头圆面积为 $100mm^2$、$50mm^2$ 和 $20mm^2$ 三种，在距离贯入端 25mm 处刻有标记。

2.3　试模：上口径为 160mm，下口径为 150mm，净高 150mm 的刚性容器，并配有盖子。

2.4　捣棒：直径 16mm，长 650mm，符合 JG/T 248—2009 的规定。

2.5　孔径 4.75mm，符合《试验筛　金属丝编织网、穿孔板和电成型薄板　筛孔的基本尺寸》（GB/T 6005—2008）规定的金属方孔筛。

2.6　其他：铁制拌和板、吸液管和玻璃片。

3　试验准备

3.1　试样准备

3.1.1　取混凝土拌和物代表样，用 4.75mm 筛尽快地筛出砂浆，再经人工翻拌后，装入一个试模。每批混凝土拌和物取一个试样，共取三个试样，分装三个试模。

3.1.2　对于坍落度不大于 70mm 的混凝土宜用振动台振实砂浆，振动应持续到表面出浆为止且应避免过振；对于坍落度大于 70mm 的宜用捣棒人工捣实，沿螺旋方向由外向中心均匀插捣 25 次，然后用橡皮锤轻击试模侧面以排除在捣实过程中留下的空洞。进一步整平砂浆的表面，使其低于试模上沿约 10mm，砂浆试样筒应立即加盖。

3.1.3 试件静置于温度20℃ ±2℃或尽可能与现场相同的环境中,并在以后的试验中,环境温度始终保持20℃ ±2℃。在整个测试过程中,除在吸取泌水或贯入试验外,试筒应始终加盖。

3.1.4 约1h后,将试件一侧稍微垫高约20mm,使其倾斜静置约2min,用吸管吸去泌水。以后每到测试前约2min,同上步骤用吸管吸去泌水(低温或缓凝的混凝土拌和物试样,静置与吸水间隔时间可适当延长)。若在贯入测试前还有泌水,也应吸干。

3.2 仪器准备

拌制混凝土所用的各种用具,如铁板、铁铲、抹刀,应预先用水润湿。

4 试验步骤

4.1 将试件放在贯入阻力仪底座上,记录刻度盘上显示的砂浆和容器总质量。

4.2 根据试样的贯入阻力大小,选择适宜的测针。一般当砂浆表面测孔边出现微裂缝时,应立即改换较小截面积的测针,如表T 0527-1所示。

测针选用参考 表T 0527-1

单位面积贯入阻力(MPa)	0.2 ~ 3.5	3.5 ~ 20.0	20.0 ~ 28.0
平头测针圆面积(mm^2)	100	50	20

4.3 先使测针端面刚刚接触砂浆表面,然后转动手轮,使测针在10s ±2s内垂直且均匀地插入试样内,深度为25mm ±2mm,记下刻度盘显示的增量,精确至10N。并记下从开始加水拌和起所经过的时间(精确至1min)及环境温度(精确至0.5℃)。测定时,测针应距试模边缘至少25mm,测针贯入砂浆各点间净距至少为所用测针直径的两倍且不小于15mm。三个试模每次各测1 ~ 2点,取其算术平均值为该时间的贯入阻力值。

4.4 每个试样做贯入阻力试验应在0.2 ~ 28MPa,且不小于6次,最后一次的单位面积贯入阻力应不低于28MPa。从加水拌和时算起,常温下普通混凝土3h后开始测定,以后每次间隔为0.5h;早强混凝土或在气温较高的情况下,则宜在2h后开始测定,以后每隔0.5h测一次;缓凝混凝土或在低温情况下,可在5h后开始测定,每隔2h测一次。在临近初凝、终凝时可增加测定次数。

5 试验结果计算

5.1 计算公式

单位面积贯入阻力 f_{PR} 按式(T 0527-1)计算。

$$f_{PR}=\frac{P}{A} \tag{T 0527-1}$$

式中：f_{PR}——单位面积贯入阻力，MPa；

P——测针贯入深度为25mm时的贯入压力，N；

A——贯入测针截面面积，mm^2。

试验结果计算精确到0.1MPa。

以单位面积贯入阻力为纵坐标，测试时间为横坐标，绘制单位面积贯入阻力与测试时间关系曲线。经3.5MPa及28MPa画两条平行于横坐标的直线，则直线与曲线相交点的横坐标即为初凝及终凝时间。时间—贯入阻力关系如图T 0527-1所示。

5.2　精确度与允许误差

凝结时间取3个试样的平均值。3个测值中的最大值或最小值，如果有一个与中间值之差超过中间值的10%，则以中间值为试验结果；如果最大值和最小值与中间值之差均超过中间值的10%时，则此试验无效。

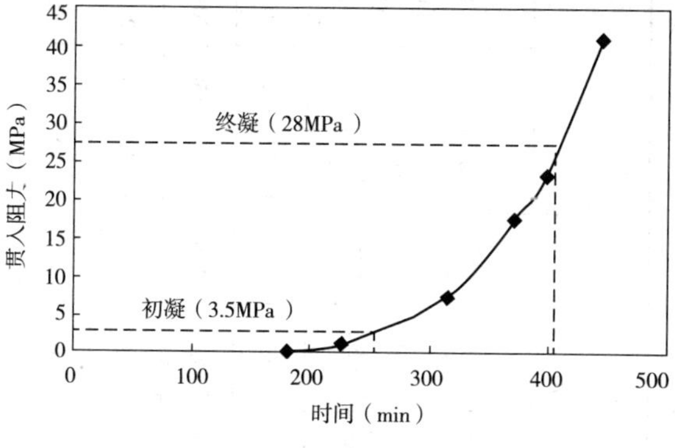

图T 0527-1　时间—贯入阻力曲线

凝结时间用min表示，并精确至5min。

6　试验记录

混凝土拌和物凝结时间记录示例，见表T 0527-2。

表 T 0527-2

水泥混凝土凝结时间试验记录表

编号：ZY06－017－2010(7)

序号：1

任务单号：060711021　　样品名称：基准混凝土

试验环境：温度：20.5℃，相对湿度 63%

试验规程：GB 8076—2008　　使用设备名称及编号：HG－1 000S 贯入阻力仪(3110794)

试样编号	试样 1					试样 2						试样 3					
加水时间	9:40					10:10						10:40					
测试时间	时间 t (min)	环境温度 (℃)	测针圆面积 A (mm²)	贯入压力 P (N)	贯入阻力 f_{PR} (MPa)	测试时间	时间 t (min)	环境温度 (℃)	测针圆面积 A (mm²)	贯入压力 P (N)	贯入阻力 f_{PR} (MPa)	测试时间	时间 t (min)	环境温度 (℃)	测针圆面积 A (mm²)	贯入压力 P (N)	贯入阻力 f_{PR} (MPa)
15:00	320	20.5	100	210	2.1	15:30	320	20.5	100	180	1.8	16:10	330	20.5	100	200	2.0
15:20	340	20.5	100	280	2.8	16:00	350	20.5	100	280	2.8	16:20	340	20.5	100	250	2.5
15:30	350	20.5	100	380	3.8	16:20	370	20.5	100	380	3.8	16:40	360	20.5	100	380	3.8
16:00	380	20.5	50	300	6.0	17:00	410	20.5	50	370	7.4	17:30	410	20.5	50	370	7.4
16:20	400	20.5	50	430	8.6	17:20	430	20.5	50	460	9.2	17:40	420	20.5	50	460	9.2
16:40	420	20.5	50	580	11.6	17:30	440	20.5	50	580	11.6	18:00	440	20.5	50	580	11.6
17:10	450	20.5	20	320	16.0	18:00	470	20.5	20	320	16.0	18:20	460	20.5	20	320	16.0

续上表

试样编号		试样 1				试样 2						试样 3					
加水时间		9:40				10:10						10:40					
测试时间	时间 t (min)	环境温度 (℃)	测针圆面积 A (mm^2)	贯入压力 P (N)	贯入阻力 f_{PR} (MPa)	测试时间	时间 t (min)	环境温度 (℃)	测针圆面积 A (mm^2)	贯入压力 P (N)	贯入阻力 f_{PR} (MPa)	测试时间	时间 t (min)	环境温度 (℃)	测针圆面积 A (mm^2)	贯入压力 P (N)	贯入阻力 f_{PR} (MPa)
17:30	470	20.5	20	440	22.0	18:30	500	20.5	20	440	22.0	18:40	480	20.5	20	440	22.0
17:50	490	20.5	20	600	30.0	18:50	520	20.5	20	580	29.0	19:20	520	20.5	20	640	32.0

初凝时间(h:min)			终凝时间(h:min)		
试样编号	凝结时间	测值	试样编号	凝结时间	测值
1	5:48	5:55	1	8:07	8:25
2	6:01		2	8:39	
3	5:59		3	8:25	
凝结时间差(min)	—				
备注	—				

试验：　　　　复核：　　　　日期：

7 试验规程及评定依据

《公路工程水泥及水泥混凝土试验规程》(JTG E30—2005)。

8 注意事项

试验前必须检查所用的仪器设备,确保设备功能正常。

水泥混凝土拌和物表观密度试验方法
（参照 T 0525—2005 执行）

1　目的与适用范围

1.1　本方法规定了水泥混凝土拌和物表观密度测定的试验步骤。

1.2　本方法适用于测定水泥混凝土拌和物捣实后的密度，以备修正、核实水泥混凝土配合比计算中的材料用量。当已知所用原材料密度时，还可以算出拌和物近似含气量。

2　主要检测设备

2.1　试样筒：试样筒为刚性金属圆筒，两侧装有把手，筒壁坚固且不漏水。对于集料公称最大粒径不大于 31.5mm 的拌和物采用 5L 的试样筒，其内径与内高均为 186mm ± 2mm，壁厚为 3mm。对于集料公称最大粒径大于 31.5mm 的拌和物所采用试样筒，其内径与内高均应大于集料公称最大粒径的 4 倍，如图 T 0525-1 所示。

2.2　捣棒、振动台、金属直尺、镘刀、玻璃板等。

2.3　磅秤：量程感量为 100kg，感量为 50g，如图 T 0525-2 所示。

图 T 0525-1　试样筒（单位：L）

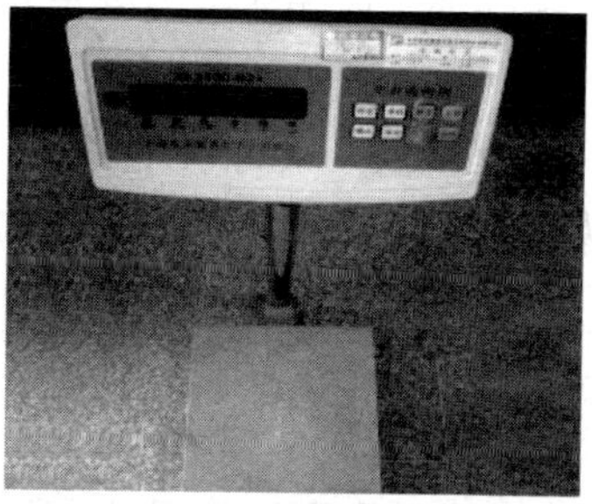

图 T 0525-2　磅秤（单位：kg）

3　试验准备

3.1　试样准备

拌和物倾出在铁板上，再经人工翻拌 1 ~ 2min，务必使拌和物均匀一致。

3.2　仪器准备

拌制混凝土所用的各种用具，如铁板、铁铲、抹刀，应预先用水润湿。

4　试验步骤

4.1　试验前用湿布将试样筒内外擦拭干净，称出质量（m_1），精确至 50g。

4.2　当坍落度不小于 70mm 时，宜用人工捣固：对于 5L 试样筒，可将混凝土拌和物分两层装入。

4.3　当坍落度小于 70mm 时，宜用振动台振实，应将试样筒在振动台上夹紧，一次将拌和物装满。

4.4　用金属直尺齐筒口刮去多余的混凝土，用镘刀抹平表面，并用玻璃板检验，而后擦净试样筒。

5　试验结果计算

5.1　计算公式

按式（T 0525-1）计算拌和物表观密度 ρ_h。

$$\rho_h = \frac{m_2 - m_1}{V} \times 1\,000 \quad \text{(T 0525-1)}$$

式中：ρ_h——拌和物表观密度，kg/m³；

m_1——试样筒质量，kg；

m_2——捣实或振实后混凝土和试样筒总质量，kg；

V——试样筒容积，L。

5.2　精确度与允许误差

以两次试验结果的算术平均值作为测定值，精确到 10kg/m³，试样不得重复使用。

6　试验记录

混凝土表观密度试验记录示例见表 T 0525-1。

7　试验规程及评定依据

《公路工程水泥及水泥混凝土试验规程》（JTG E30—2005）。

混凝土密度试验记录表　　表 T 0525-1

工程名称：________　　合同号：________　　编号：________

试验次数	1	2
容量筒质量(kg)	1.10	1.10
容量筒＋混凝土质量(kg)	13.15	13.10
混凝土质量(kg)	12.05	12.00
容量筒体积(L)	5.00	5.00
混凝土拌和物表观密度(kg/L)	2.41	2.40
混凝土拌和物表观密度(kg/L)	2.40	
混凝土拌和物平均表观密度(kg/m^3)	2 400	

复核/旁站：　　记录：　　试验：

8　注意事项

试验前必须检查所用的仪器设备，确保设备功能正常。

水泥混凝土抗渗性试验方法

(参照 T 0568—2005 执行)

1 目的与适用范围

1.1 本方法规定了水泥混凝土抗渗性试验的方法和步骤。

1.2 本方法适用于检测水泥混凝土硬化后的防水性能以及测定其抗渗等级。

2 主要检测设备

2.1 水泥混凝土渗透仪:应能使水压按规定方法稳定地作用在试件上,如图 T 0568-1所示。

图 T 0568-1 水泥混凝土渗透仪

2.2 成型试模:上口直径 175mm,下口直径 185mm,高 150mm 的锥台或上下直径与高度均为 150mm 的圆柱体。

2.3 螺旋加压器、供箱、电炉、浅盘、铁锅、钢丝刷等。

2.4 密封材料:如石蜡,内掺松香约 2%。

3 试验准备

3.1 试样准备

3.1.1 试块养护期不少于 28d,不超过 90d。

3.1.2 试件成型后 24h 拆模,用钢丝刷刷净两端面水泥浆膜,标准养护龄期为 28d。

3.2　仪器准备

开启水泥混凝土渗透仪,检测仪器工作是否正常。

4　试验步骤

4.1　试件到龄期后取出,擦干表面,用钢丝刷刷净两端面,待表面干燥后,在试件侧面滚涂一层熔化的密封材料,然后立即在螺旋加压器上压入经过烘箱或电炉预热过的试模中,使试件底面和试模底平齐,待试模变冷后,即可解除压力,装在渗透仪上进行试验。如在试验过程中,水从试件周边渗出,说明密封不好,要重新密封。

4.2　试验时,水压从0.1MPa开始,每隔8h增加水压0.1MPa,并随时注意观察试件端面情况,一直加至6个试件中有3个试件表面发现渗水,记下此时的水压力,即可停止试验。

5　试验结果计算

混凝土的抗渗等级以每组6个试件中4个未发现有渗水现象时的最大水压力表示。抗渗等级按式(T 0568-1)计算。

$$S = 10H - 1 \qquad (T\ 0568\text{-}1)$$

式中:S——混凝土抗渗等级;

H——第三个试件顶面开始有渗水时的水压力,MPa。

6　试验记录

抗渗性试验记录示例见表T 0568-1。

7　试验规程及评定依据

7.1　《公路工程水泥及水泥混凝土试验规程》(JTG E30—2005)

7.2　《公路桥涵施工技术规范》(JTG/T F50—2011)

8　注意事项

8.1　试验前必须检查所用的仪器设备,确保设备功能正常。

8.2　当加压至设计抗渗等级,经8h后第三个试件仍不渗水,表明混凝土已满足设计要求,也可停止试验。

8.3　混凝土抗渗等级分级为S2、S4、S6、S8、S10、S12,若压力加至1.2MPa,经过8h,第三个试件仍未渗水,则停止试验,试件的抗渗等级以S12表示。

表 T 0568-1

水泥混凝土抗渗性试验原始记录表

工程名称：____________ 合同号：____________ 编号：____________

施工路段		环境条件		温度 ℃ 湿度 %			
试验规程及方法	T 0568—2005	试验设备及编号		混凝土渗透仪(3110856)			
样品描述	表面无蜂窝麻面	试验日期		2011 年 5 月 5 日—2011 年 5 月 8 日			
试验数据信息							
设计抗渗标号	S6	水灰比	—	砂率(%)	—		
水泥用量(kg)	—	混凝土强度等级(MPa)	—	养护方法	温度	20.5℃	
					湿度	99%	
水泥品种	—	成型日期	—	外加剂	—		
混凝土抗渗性试验							
加压时间	水压 H (MPa)	试件透水情况记录					
		1	2	3	4	5	6
9:00	0.1	不渗透	不渗透	不渗透	不渗透	不渗透	不渗透
17:00	0.2	不渗透	不渗透	不渗透	不渗透	不渗透	不渗透
1:00	0.3	不渗透	不渗透	不渗透	不渗透	不渗透	不渗透
9:00	0.4	不渗透	不渗透	不渗透	不渗透	不渗透	不渗透
17:00	0.5	不渗透	不渗透	不渗透	不渗透	不渗透	不渗透
1:00	0.6	不渗透	不渗透	不渗透	不渗透	不渗透	不渗透
9:00	0.7	不渗透	不渗透	不渗透	不渗透	不渗透	不渗透
备注							

复核/旁站： 记录： 试验：

水泥混凝土抗弯拉强度试验方法
(参照 T 0558—2005 执行)

1　目的与适用范围

1.1　本方法规定了测定水泥混凝土抗弯拉极限强度的方法,以提供设计参数,检查水泥混凝土施工品质和确定抗弯拉弹性模量试验加荷标准。

1.2　本方法适用于各类水泥混凝土棱柱体试件。

2　主要检测设备

2.1　压力机或万能试验机:应符合 T 0558—2005 中 2.3 的规定。

2.2　抗弯拉试验装置(即三分点处双点加荷和三点自由支承式混凝土抗弯拉强度与抗弯拉弹性模量试验装置),如图 T 0558-1 所示。

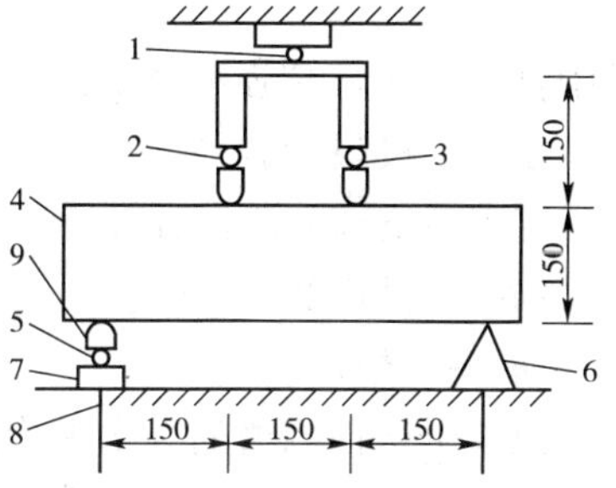

图 T 0558-1　抗弯拉试验装置(尺寸单位:mm)
1、2-一个钢球;3、5-两个钢球;4-试件;6-固定支座;7-活动支座;8-机台;9-活动船形垫块

3　试验准备

3.1　试件尺寸应符合 T 0551—2005 中表 T 0551-1 的规定,同时在试件长向中部 1/3 区段内表面不得有直径超过 5mm、深度超过 2mm 的孔洞。

3.2　混凝土抗弯拉强度试件应同龄期者为一组,每组为 3 个同条件制作和养护的混凝土试块。

4　试验步骤

4.1　试件取出后,用湿毛巾覆盖并及时进行试验,保持试件干湿状态不变。在试件中部量出其宽度和高度,精确至 1mm。

4.2　调整两个可移动支座,将试件安放在支座上,试件成型时的侧面朝上,几何对中后,务必使支座及承压面与活动船形垫块的接触面平稳、均匀,否则应垫平。

4.3 加荷时,应保持均匀、连续。强度等级小于 C30 的混凝土取 0.02 ~ 0.05MPa/s 的加荷速度;强度等级大于等于 C30 且小于 C60 时,则取 0.05 ~ 0.08MPa/s的加荷速度;强度等级大于等于 C60 的混凝土取 0.08 ~ 0.10MPa/s 的加荷速度。当试件接近破坏而开始迅速变形时,应停止调整试验机油门,直至试件破坏,记下破坏极限荷载 F(N)。

4.4 记录下最大荷载和试件下边缘断裂的位置。

5 试验结果计算

5.1 计算公式

当断面发生在两个加荷点之间时,抗弯拉强度按式(T 0558-1)计算。

$$f_{\mathrm{f}} = \frac{FL}{bh^2} \tag{T 0558-1}$$

式中:f_{f}——抗弯拉强度,MPa;

F——极限荷载,N;

L——支座间距离,mm;

b——试件宽度,mm;

h——试件高度,mm。

以 3 个试件测值的算术平均值为测定值,计算精确至 0.01MPa。

5.2 精确度与允许误差

3 个试件中最大值或最小值中如有一个与中间值之差超过中间值的 15%,则把最大值和最小值舍去,以中间值作为试件的抗弯拉强度;如最大值和最小值与中间值之差值均超过中间值 15%,则该组试验结果无效。

3 个试件中如有一个断裂面位于加荷点外侧,则混凝土抗弯拉强度按另外两个试件的试验结果计算。如果这两个测值的差值不大于这两个测值中较小值的 15%,则以两个测值的平均值为测试结果,否则结果无效。

如果有两根试件均出现断裂面位于加荷点外侧,则该组结果无效。

6 试验记录

水泥混凝土抗弯拉强度试验记录示例见表 T 0558-1。

7 试验规程及评定依据

7.1 《公路工程水泥及水泥混凝土试验规程》(JTG E30—2005)。

水泥混凝土弯拉强度试验记录表　　　　表 T 0558-1

设计强度(MPa) M5.0　　成型方式 机械拌和加人工插捣
养护方式 标准养护　　成型日期 2009-3-20
龄期(d) 28

试样编号	试件编号	试件宽度 B (mm)	试件高度 H (mm)	抗弯拉支座上两钢棒轴心间距 L (mm)	破坏极限荷载 p(kN)	抗弯拉强度测值 R (MPa)	抗弯拉强度测定值 R_Z (MPa)	备注
020209077	1	150	150	450	38.33	5.11	5.19	
	2	150	150	450	38.51	5.13		
	3	150	150	450	40.05	5.34		

7.2 《公路水泥混凝土路面施工技术规范》(JTG F30—2003)。

8　注意事项

8.1　试验前必须检查所用的仪器设备,确保设备功能正常。

8.2　断面位置在试件断块短边一侧的底面中轴线上量得。

水泥混凝土抗压强度试验方法
（参照 T 0553—2005 执行）

1　目的与适用范围

1.1　本方法规定了测定水泥混凝土抗压极限强度的方法和步骤。

1.2　本方法可用于确定水泥混凝土的强度等级，作为评定水泥混凝土品质的主要指标。本方法适于各类水泥混凝土立方体试件的极限抗压强度试验。

2　主要检测设备

2.1　压力机或万能试验机：应符合 T 0553—2005 中表 T 0553-1 的规定，如图 T 0553-1 所示。

图 T 0553-1　压力机（单位：kN）

2.2　球座：应符合 T 0553 的 2.4 规定。

2.3　混凝土强度等级不小于 C60 时，试验机上、下压板之间应各垫一钢垫板，平面尺寸应不小于试件的承压面，其厚度至少为 25mm。钢垫板应机械加工，其平面度允许偏差 ±0.04mm；表面硬度大于等于 55HRC；硬化层厚度约 5mm。试件周围应设置防崩裂网罩。

3　试验准备

混凝土抗压强度试件应同龄期者为一组，每组为 3 个同条件制作和养护的混凝土试块。

4　试验步骤

4.1　至试验龄期时，自养护室取出试件，应尽快试验，避免其湿度变化。

4.2　取出试件，检查其尺寸及形状，相对两面应平行。量出棱边长度，精确至1mm。试件受力截面积按其与压力机上下接触面的平均值计算。在破型前，保持试件原有湿度，在试验时擦干试件。

4.3　以成型时侧面为上下受压面，试件中心应与压力机几何对中。

4.4　强度等级小于C30的混凝土取0.3～0.5MPa/s的加荷速度；强度等级大于等于C30小于C60时，则取0.5～0.8MPa/s的加荷速度；强度等级大于等于C60的混凝土取0.8～1.0MPa/s的加荷速度。当试件接近破坏而开始迅速变形时，应停止调整试验机油门，直至试件破坏，记下破坏极限荷载F(N)。

5　试验结果计算

5.1　计算公式

混凝土立方体试件抗压强度按式(T 0553-1)计算

$$f_{cu}=\frac{F}{A} \tag{T 0553-1}$$

式中：f_{cu}——混凝土立方体抗压强度，MPa；

F——极限荷载，N；

A——受压面积，mm^2。

以3个试件测值的算术平均值为测定值，计算精确至0.1MPa。

5.2　精确度与允许误差

三个测值中的最大值或最小值中如有一个与中间值之差超过中间值的15%，则取中间值为测定值；如最大值和最小值与中间值之差均超过中间值的15%，则该组试验结果无效。

6　试验记录

水泥混凝土抗压强度记录示例见表T 0553-1。

7　试验规程及评定依据

7.1　《公路工程水泥及水泥混凝土试验规程》(JTG E30—2005)。

7.2　《公路桥涵施工技术规范》(JTG/T F50—2011)。

水泥混凝土抗压强度试验原始记录表 表 T 0553-1

工程名称:________ 合同号:________ 编号:________

设计强度等级	C25			养护方式	标养			
试件尺寸(mm)	150×150×150			成型日期	2011.3.28			
龄期(d)	试件编号	承压面积 A (mm^2)	破坏荷载 F_l (kN)	破坏荷载 F (N)	尺寸换算系数	抗压强度测值 f_{cu} (MPa)	抗压强度测定值 f'_{cu} (MPa)	备注
28	1	225 000	722.81	722 810	1.00	32.1	32.3	—
	2	225 000	728.21	728 210	1.00	32.4		
	3	225 000	726.02	726 020	1.00	32.3		

复核/旁站: 记录: 试验:

8 注意事项

试验前必须检查所用的仪器设备,确保设备功能正常。

水泥混凝土试件制作方法
(参照 T 0551—2005 执行)

1　目的与适用范围

1.1　本方法规定了在常温环境中室内试验时水泥混凝土试件制作方法。

1.2　轻质水泥混凝土、防水水泥混凝土、碾压混凝土等其他特种水泥混凝土的制作与硬化水泥混凝土现场取样方法,可以参照本方法进行,但因其特殊性所引起的对验设备及方法的特殊要求,均应遵照对这些水泥混凝土试件制作和取样的有关技术规定进行。

2　主要检测设备

2.1　搅拌机:自由式或强制式。

2.2　振动台:标准振动台。

2.3　试模:常见的几种试件尺寸(试件内部尺寸)规定见表 T 0551-1。

2.4　捣棒:直径 16mm,长约 600mm 并具有半球形端头的钢制圆棒。

2.5　橡皮锤:应带有质量约 250g 的橡皮锤头。

试件尺寸　　表 T 0551-1

试件名称	标准尺寸(mm)	非标准尺寸(mm)
立方体抗压强度试件	150×150×150(31.5)	100×100×100(26.5) 200×200×200(53)
圆柱抗压强度试件	ϕ150×300(31.5)	ϕ100×200(26.5) ϕ200×400(53)
芯样抗压强度试件	$\phi 150\times l_m$(31.5)	$\phi 100\times l_m$(26.5)
立方体劈裂抗拉强度试件	150×150×150(31.5)	100×100×100(26.5)
圆柱劈裂抗拉强度试件	ϕ150×300(31.5)	ϕ100×200(26.5) ϕ200×400(53)
芯样劈裂强度试件	$\phi 150\times l_m$(31.5)	$\phi 100\times l_m$(26.5)

续上表

试件名称	标准尺寸(mm)	非标准尺寸(mm)
轴心抗压强度试件	150×150×300(31.5)	200×200×400(53) 100×100×300(26.5)
抗压弹性模量试件	150×150×300(31.5)	200×200×400(53) 100×100×300(26.5)
圆柱抗压弹性模量试件	ϕ150×300(31.5)	ϕ100×200(26.5) ϕ200×400(53)
抗弯拉强度试件	150×150×600(31.5) 150×150×550(31.5)	100×100×400(26.5)
抗弯拉弹性模量试件	150×150×600(31.5) 150×150×550(31.5)	100×100×400(26.5)
水泥混凝土干缩试件	100×100×515(19)	150×150×515(31.5) 200×200×515(50)
抗渗试件	上口直径175mm,下口直径185mm,高150mm的锥台	上下直径与高度均为150mm的圆柱体

3 试验准备

3.1 试样准备

3.1.1 所有材料均应符合有关要求。拌和前材料应放置在温度20℃±5℃的室内。

3.1.2 为防止粗集料的离析,可将集料按不同粒径分开,使用时再按一定比例混合。试样从抽取至试验完毕过程中,不要风吹日晒。必要时应采取保护措施。

3.2 仪器准备

拌制混凝土所用的各种用具,如铁板、铁铲,应预先用水润湿。

4 试件制作步骤

4.1 非圆柱体试件成型

4.1.1 成型前试模内壁涂一薄层矿物油。

4.1.2 取拌和物的总量至少应比所需量高20%以上,并取出少量混凝土拌和物代表样,在5min内进行坍落度或维勃试验。认为品质合格后,应在15min内开始制件或作其他试验。

4.1.3　对于坍落度小于25mm时,可采用ϕ5mm的插入式振捣棒成型。将混凝土拌和物一次装入试模,装料时应用抹刀沿各试模壁插捣,并使混凝土拌和物高出试模口;振捣时振捣棒距底板10~20mm,且不要接触底板。振捣直到表面出浆为止,且应避免过振,以防止混凝土离析,一般振捣时间为20s。振捣棒拔出时要缓慢,拔出后不得留有孔洞。用刮刀刮去多余的混凝土,在临近初凝时,用抹刀抹平。试件抹面与试模边缘高低差不得超过0.5mm。

4.1.4　当坍落度大于25mm且小于70mm时,用标准振动台成型。将试模放在振动台上夹牢,防止试模自由跳动,将拌和物一次装满试模并稍有富余,开动振动台至混凝土表面出现乳状水泥浆时为止。振动过程中随时添加混凝土使试模常满,记录振动时间(约为维勃秒数的2~3倍,一般不超过90s)。振动结束后,用金属直尺沿试模边缘刮去多余混凝土,用镘刀将表面初次抹平,待试件收浆后,再次用镘刀将试件仔细抹平,试件抹面与试模边缘的高低差不得超过0.5mm。

4.1.5　当坍落度大于70mm时,用人工成型。拌和物分厚度大致相等的两层装入试模。捣固时按螺旋方向从边缘到中心均匀地进行。插捣底层混凝土时,捣棒应到达模底;插捣上层时,捣棒应贯穿上层后插入下层20~30mm处。插捣时应用力将捣棒压下,保持捣棒垂直,不得冲击,捣完一层后,用橡皮锤轻轻击打试模外端面10~15下。以填平插捣过程中留下的孔洞。每层插捣次数100cm^3截面积内不得少于12次。试件抹面与试模边缘高低差不得超过0.5mm。

4.2　圆柱体试件制作

4.2.1　成型前试模内壁涂一薄层矿物油。

4.2.2　取拌和物的总量至少应比所需量高20%以上,并取出少量混凝土拌和物代表样,在5min内进行坍落度或维勃试验,认为品质合格后,应在15min内开始制件或作其他试验。

4.2.3　对于坍落度小于25mm时,可采用ϕ5mm的插入式振捣棒成型。拌和物分厚度大致相等的两层装入试模。以试模的纵轴为对称轴,呈对称方式填料。插入密度以每层分三次插入。振捣底层时,振捣棒距底板10~20mm且不要接触底板;振捣上层时,振捣拌插入该层底面下15mm深。振捣直到表面出浆为止,且应避免过振,以防止混凝土离析。一般时间为20s。捣完一层后,如有棒坑留下,可用橡皮锤敲击试模侧面10~15下。振捣棒拔出时要缓慢。用刮刀刮去多余的混凝土,在临近初凝时,用抹刀抹平,使表面略低于试模边缘1~2mm。

4.2.4　当坍落度大于25mm且小于70mm时,用标准振动台成型。将试模放在振动台上夹牢,防止试模自由跳动,将拌和物一次装满试摸并稍有富余,开动振动台至混凝土表面出现乳状水泥浆时为止。振动过程中随时添加混凝土使试模常满,记录振动时间(为维勃秒数的 2 ~ 3 倍,一般不超过 90s)。振动结束后,用金属尺沿试模边缘刮去多余混凝土,用镘刀将表面初次抹平,待试件收浆后,再次用镘刀将试件仔细抹平,使表面略低于试模边缘1 ~ 2mm。

4.2.5 当坍落度大于 70mm 时,用人工成型。对于试件直径为 200mm 时,拌和物分厚度大致相等的三层装入试模。以试模的纵轴为对称轴,呈对称方式填料。每层插捣 25 下,捣固时按螺旋方向从边缘到中心均匀地进行。插捣底层时,捣棒应到达模底,插捣上层时,捣棒插入该层底面下 20 ~ 30mm 处。插捣时应用力将捣棒压下,不得冲击,捣完一层后,如有棒坑留下,可用橡皮锤敲击试模侧面 10 ~ 15 下。用镘刀将试件仔细抹平,使表面略低于试模边缘 1 ~ 2mm。而对于试件直径为 100mm 或 150mm 时,分两层装料,各层厚度大致相等。试件直径为 150mm 时,每层插捣 15 下;试件直径为 100mm 时,每层插捣 8 下。捣固时按螺旋方向从边缘到中心均匀地进行。插捣底层时,捣棒应到达模底,插捣上层时,捣棒插入该层底面下 15mm 深。用镘刀将试件仔细抹平,使表面略低于试模边缘 1 ~ 2mm。当所确定的插捣次数使混凝土拌和物产生离析现象时,可酌情减少插捣次数至拌和物不产生离析的程度。

4.2.6 对试件端面应进行整平处理,但加盖层的厚度应尽量薄。拆模前当混凝土具有一定强度后,用水洗去上表面的浮浆,并用干抹布吸去表面水之后,抹上干硬性水泥净浆,用压板均匀地盖在试模顶部。加盖层应与试件的纵轴垂直。为防止压板和水泥浆之间的黏结,应在压板下垫一层薄纸。对于硬化试件的端面处理,可采用硬石膏或硬石膏和水泥的混合物,加水后平铺在端面,并用压板进行整平。在材料硬化之前,应用湿布覆盖试件。对不采用端部整平处理的试件,可采用切割的方法达到端面和纵轴垂直。

4.3 养护

4.3.1 试件成型后,用湿布覆盖表面(或其他保持湿度办法),在室温 20℃ ± 5℃,相对湿度大于 50% 的环境下,静放一个到两个昼夜,然后拆模并作第一次外观检查、编号,对有缺陷的试件应除去或加工补平。

4.3.2 将完好试件放入标准养护室进行养护,标准养护室温度 20℃ ±2℃,相对湿度在 95% 以上,试件宜放在铁架或木架上,间距至少 10 ~ 20mm,试件表面应保持一层水膜,并避免用水直接冲淋。当无标准养护室时,将试件放人温度 20℃ ±2℃的不流动的 $Ca(OH)_2$ 饱和溶液中养护。

4.3.3 标准养护龄期为 28d(以搅拌加水开始)。非标准的龄期为 1d、3d,7d、60d、90d、180d。

5　试验规程及评定依据

《公路工程水泥及水泥混凝土试验规程》(JTG E30—2005)。

6　注意事项

6.1　试验前必须检查所用的仪器设备,确保设备功能正常。

6.2　干燥状态是指含水率小于0.5%的细集料和含水率小于0.2%的粗集料。

水泥混凝土圆柱体轴心抗压强度试验方法
（参照T 0554—2005 执行）

1 目的与适用范围

1.1 本方法规定了测定圆柱体水泥混凝土极限抗压强度的方法。

1.2 本方法适用于各类水泥混凝土的圆柱体试件及现场芯样的极限抗压强度试验。

2 主要检测设备

2.1 压力机或万能试验机，如图 T 0554-1 所示。

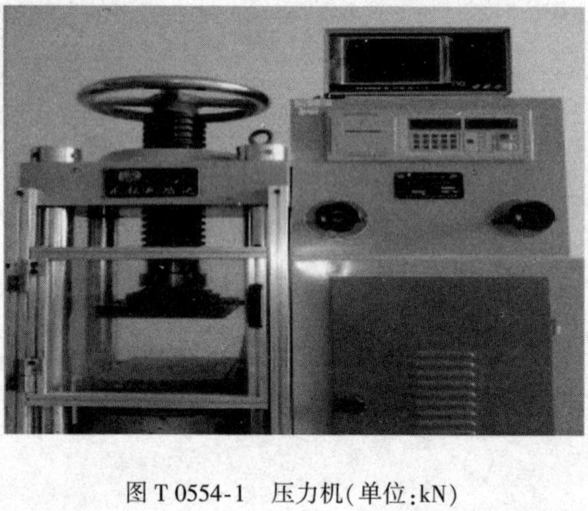

图 T 0554-1 压力机(单位:kN)

2.2 球座:应符合 T 0554—2005 的 2.4 规定。

2.3 混凝土强度等级大于等于 C60 时，试验机上、下压板之间应各垫一钢垫板，平面尺寸应不小于试件的承压面，其厚度至少为 25mm。钢垫板应机械加工，其平面度允许偏差 ±0.04mm；表面硬度大于等于 55HRC；硬化层厚度约 5mm。试件周围应设置防崩裂网罩。

2.4 游标卡尺：量程 300mm，分度值 0.02mm。

3　试验准备

3.1　对于现场芯样，长径比大于等于1。适宜的长径比为1.9～2.1，最大长径比不能超过2.1。芯样最小直径为100mm，直径至少是公称最大粒径的2倍。

3.2　混凝土抗压强度试件应同龄期者为一组，每组为3个同条件制作和养护的混凝土试块。

4　试验步骤

4.1　圆柱试件在试验前，务必进行端面整平。

4.2　在破型前，保持试件原有湿度，在试验时擦干试件。测量其尺寸及外观。首先测量沿试件高度中央部位相互垂直的两个方向的直径，分别记为d_1、d_2。再分别测量相互垂直两个方向直径端点的四个高度。

4.3　将试件置于上下压板之间，试件中心应与压力机几何对中。

4.4　强度等级小于C30的混凝土取0.3～0.5MPa/s的加荷速度；强度等级大于或等于C30，小于C60时，则取0.5～0.8MPa/s的加荷速度；强度等级大于或等于C60的混凝土取0.8～1.0MPa/s的加荷速度。当试件接近破坏而开始迅速变形时，应停止调整试验机油门，直至试件破坏，记下破坏极限荷载F(N)。

5　试验结果计算

5.1　计算公式

5.1.1　圆柱体试件抗压强度按式(T 0554-1)计算。

$$f_{cc} = \frac{4F}{\pi d^2} \quad (T\ 0554\text{-}1)$$

式中：f_{cc}——混凝土圆柱体抗压强度，MPa；

F——极限荷载，N；

d——试件计算直径，mm。

其中d按式(T 0554-2)计算。

$$d = \frac{d_1 + d_2}{2} \quad (T\ 0554\text{-}2)$$

式中：d_1、d_2——分别为两个垂直方向的直径，mm，精确至0.1mm。

以3个试件测值的算术平均值为测定值，计算精确至0.1MPa。

5.1.2　混凝土强度等级小于C60时，非标准试件的抗压强度应乘以尺寸换算系数，见表T 0554-1，并应在报告中注明。当混凝土强度等级大于等于C60时，宜用标准试件,使用非标准试件时,换算系数由试验确定。

圆柱体抗压尺寸换算系数　　表 T 0554-1

试件尺寸(mm)	尺寸换算系数	试件尺寸(mm)	尺寸换算系数
$\phi100\times200$	0.95	$\phi200\times400$	1.05

5.1.3　对于现场采取的非标准芯样,有如下修正:

对于长径比不为 2 的试件,按表 T 0554-2 修正。

抗压强度尺寸修正系数　　表 T 0554-2

长度比直径比,L/d	修 正 系 数	说　明
2.00	1.00	当 L/d 为表列中间值,修正系数可用插入法求得
1.75	0.98	
1.50	0.96	
1.25	0.93	
1.00	0.87	

5.2　精确度与允许误差

三个测值中的最大值或最小值中若有一个与中间值之差超过中间值的 15%,则取中间值为测定值;若最大值和最小值与中间值之差均超过中间值的 15%,则该组试验结果无效。

6　试验记录

水泥混凝土圆柱体轴心抗压强度试验记录示例,见表 T 0554-3。

7　试验规程及评定依据

7.1　《公路工程水泥及水泥混凝土试验规程》(JTG E30—2005)。

7.2　《公路桥涵施工技术规范》(JTG/T F50—2011)。

8　注意事项

8.1　试验前必须检查所用的仪器设备,确保设备功能正常。

8.2　标准立方体试件 150mm × 150mm × 150mm 的抗压强度一般比标准圆柱体试件 ϕ150mm × 300mm 的抗压强度要高,约为 1.25 倍。

表 T 0554-3

水泥混凝土路面钻孔取芯及强度试验原始记录表

工程名称：＿＿＿＿＿＿　　合同号：＿＿＿＿＿＿　　编号：＿＿＿＿＿＿

施工路段					环境条件	温度　℃　湿度　%		
试验规程及方法	T 0554—2005				试验设备及编号	压力试验机		
样品描述	表面无蜂窝麻面				试验日期	2011　年 5　月 15　日		
试件制作方法：取芯					芯样养护方法：			
试件编号	取芯位置	外观检查		芯样尺寸		劈裂抗拉试验	抗压试验	
		集料均匀性	密实性	平均厚度（cm）	平均尺寸（cm）	极限荷载（kN）	试件尺寸（cm）	极限荷载（kN）
1		均匀	密实	100	100	—	100	208.9
2		均匀	密实	100	100	—	100	209.7
3		均匀	密实	100	100	—	100	212.3
备注								

复核/旁站：　　　　记录：　　　　试验：

回弹法检测混凝土抗压强度试验
（参照 JGJ/T 23—2011 执行）

1 目的与适用范围

1.1 为统一使用回弹仪检测普通混凝土抗压强度的方法,保证检测精度,制定本规程。

1.2 本规程适用于工程结构普通混凝土抗压强度的检测。当对结构的混凝土强度有检测要求时,可按本规程进行检测,检测结果可作为处理混凝土质量问题的一个依据。本规程不适用于表层与内部质量有明显差异或内部存在缺陷的混凝土结构或构件的检测。

2 主要的试验仪具与设备

2.1 回弹仪:标准能量应为2.207J。

2.1.1 回弹仪的技术要求

(1)检测回弹值的仪器,可为数字式的,可为指针直读式的。

(2)回弹仪必须具有制造厂得产品合格证及检定单位的检定合格证,并应在回弹仪的明显位置上具有下列标志:名称、型号、制造厂名(或商标)、出厂编号等。

(3)回弹仪应符合下列标准状态的要求:

①水平弹击时,弹击锤脱钩的瞬间,回弹仪的标准能量应为2.207J;

②弹击锤与弹击杆碰撞的瞬间,弹击拉簧应处于自由状态,此时弹击锤起跳点应相应于指针指示刻度尺上“0”处;

③在洛式硬度HRC为60±2的刚钻上,回弹仪的率定值应为80±2。

④数字式回弹仪应带有指针直读式值系统;数字显示的回弹值与指针直读示值相差不超过1。

(4)回弹仪使用时的环境温度应为-4~40℃。

2.1.2 检定

(1)回弹仪检定周期为半年,当回弹仪具有下列情况之一时,应由法定计量机构按现行标准《混凝土回弹仪》(JJG 817)进行检定:

①新回弹仪启用前；

②超过检定有效期限(有效期为半年)；

③数字式回弹仪应带有指针直读式值系统；数字显示的回弹值与指针直读示值相差大于1；

④经保养后，在钢钻上的率定值不合格；

⑤遭受严重撞击或其他损害。

(2)回弹仪的率定试验应符合下列规定：

①率定试验应在室温为5~35℃的条件下进行；

②刚钻表面应干燥、清洁，并应稳固地平放在刚度大的物体上；

③回弹值应取连续向下弹击三次的稳定回弹结果的平均值；

④率定试验应分为四个方向进行，且每个方向弹击前弹击杆应分四次旋转，每次旋转宜为90°。弹击杆每旋转一次的率定平均值应为80±2。

(3)回弹仪率定试验所用的钢砧应每2年送授权计量检定机构检定或校准。

2.1.3　保养

(1)回弹仪具有下列情况之一时应进行常规保养：

①弹击超过2 000次；

②对检测值有怀疑时；

③在钢钻上率定值不合格。

(2)回弹仪的保养应按下列步骤进行：

①先将弹击脱钩，取出机芯，然后卸下弹击杆，取出里面的缓冲压簧，并取出弹击锤、弹击拉簧和拉簧座；

②清洁机芯各零部件，并应重点清理中心导杆、弹击锤和弹击杆的内孔及冲击面。清洗后，应在中心导杆上薄薄涂抹钟表油，其他零部件均不得抹油；

③清理机壳内壁，卸下刻度尺，并应检查指针，其摩擦力应为0.5~0.8N；

④对于数字式回弹仪，还应按产品要求的维护程序进行维护；

⑤保养时，不得旋转尾盖上已定位紧固的调零螺丝，不得自制或更换零部件；

⑥保养后应按本规程的要求进行率定试验。

(3)回弹仪使用完毕，应使弹击杆伸出机壳，并应清除弹击杆、杆前端球面以及刻度尺表面和外壳上的污垢、尘土。回弹仪不用时，应将弹击杆压入仪器内，经弹击后方可按下按钮，锁住机芯，然后装入仪器箱。仪器箱应平放在干燥阴凉处。当数字式回弹仪长期不用时，应取出电池。

2.2　辅助工具：碳化深度仪、钢砧、簪子、洗耳球、毛刷等，如图JGJ/T 23-1~图JGJ/T 23-3所示。

图 JGJ/T 23-1　回弹仪

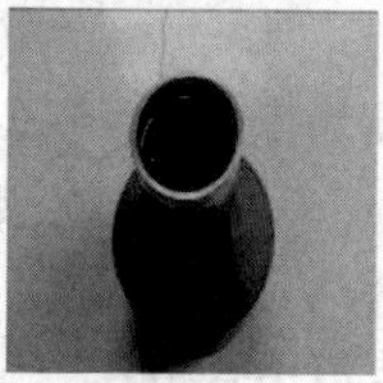

图 JGJ/T 23-2　钢砧

图 JGJ/T 23-3　碳化深度仪

3　检测技术

3.1　一般规定

3.1.1　采用回弹法检测混凝土强度时,宜具有下列资料:

(1)工程名称、设计单位、施工单位;

(2)结构名称、数量及混凝土类型、强度等级;

(3)水泥安全性,外加剂、掺和料品种,混凝土配合比等;

(4)施工模板,混凝土浇筑、养护情况及成型日期等;

(5)必要的设计图纸和施工记录;

(6)检测原因。

3.1.2　回弹仪在检测前后,均应在钢砧上做率定试验,并符合本规程回弹仪率定试验的规定。

3.1.3　混凝土强度可按单个结构或批量进行检测,并应符合下列规定:

(1)单个构件的检测应符合相关规定;

(2)对于混凝土生产工艺、强度等级相同,原材料、配合比、养护条件基本一致且龄期相近的一批同类构件的检测应采用批量检测。按批进行检测的构件时,应随机抽取构件,抽检数量不得少于同批构件总数的30%且不宜少于10件。当检验批构件数量大于30个时,抽样构件数量可适当调整,并不得少于国家现行有关标准规定的最少抽样数量。

3.1.4　单个构件的检测应符合下列规定:

(1)对于一般构件,测区数不宜少于10个。当受检构件数量大于30个且不需提供单个构件推定强度或受检构件某一方向尺寸不大于4.5mm且另一方向尺寸大于0.3m的,每个构件的测区数量可适当减少,但不应少于5个;

(2)相邻两测区的间距不大于2m,测区离构件端部或施工缝边缘的距离不宜大于0.5m,且不宜小于0.2m;

(3)测区宜选在能使回弹仪处于水平方向的混凝土浇筑侧面。当不能满足这一要求时，也可选在使回弹仪处于非水平方向检测混凝土浇筑表面或底面；

(4)测区宜布置在构件的两个对称可测面上，当不能布置在对称的可测面上时，也可以布置在同一个可测面上，且应均匀分布。在构件的重要部位及薄弱部位应布置测区，并应避开预埋件；

(5)测区的面积不宜大于 $0.04m^2$；

(6)测区表面应为混凝土原浆面，并应清洁、平整，不应有疏松层、浮浆、油垢、涂层以及蜂窝、麻面。

(7)对于弹击时产生颤动的薄壁、小型构件，应进行固定。

3.1.5　测区应标有清晰的编号，并宜记录纸上绘制测区布置示意图和描述外观质量情况。

3.1.6　当检测条件与测强曲线的适用条件有较大差异时，可采用在构件上钻取混凝土芯样或同条件试块对测区混凝土强度换算值进行修正，同一强度等级混凝土修正时，芯样数量不应少于 6 个，公称直径宜为 100mm，高径比应为 1。芯样应在测区内钻取，每个芯样应只加工一个试件。同条件试块修正时，试块数量不应少于 6 个，试块边长应为 150mm。计算时，测区混凝土强度修正量及测区混凝土换算值的修正应符合相关规定。

4　回弹值测量

4.1　测量回弹值时，回弹仪的轴线应始终垂直于混凝土检测面，并应缓慢施压、准确读数、快速复位。

4.2　每一测区应记取 16 个回弹值，每一测点的回弹值读数估读至 1。测点宜在测区范围内均匀分布，相邻两侧点的净距不宜小于 20mm；测点距外露钢筋、预埋件的距离不宜小于 30mm；测点不应在气孔或外露石子上，同一测点应只弹击一次。

5　碳化深度值测量

5.1　回弹值测量完毕后，应在有代表性的位置上测量碳化深度值，测点数不少于构件测区数的 30%，应取其平均值为该构件每个测区的碳化深度值。当碳化深度值极差大于 2.0mm 时，应在每一测区测量碳化深度值。

5.2　碳化深度值测量，可采用适当的工具在测区表面形成直径约 15mm 的孔洞，其深度应大于混凝土的碳化深度；应清除孔洞中的粉末和碎屑，且不得用水擦洗；应采用浓度为 1% ~2% 的酚酞酒精溶液滴在孔洞内壁的边缘处，当已碳化与未碳化界限清晰时，应采用碳化深度测量仪测量已碳化与未碳化混凝土交界面到混凝土表面的垂直距离，并应测量 3 次，每次读数精确至 0.25mm；应取三次测量的平均值作为检测结果,并应精确至0.5mm。

5.3　检测泵送混凝土强度时,测区应选在混凝土浇筑侧面。

6　数据处理

6.1　回弹值计算

6.1.1　计算测区平均回弹值时,应从该测区的16个回弹值中剔除3个最大值和三个最小值,其余的10个回弹值应按下式计算:

$$R_m = \frac{\sum_{i=1}^{10} R_i}{10} \tag{JGJ/T 23-1}$$

式中:R_m——测区平均回弹值,精确至0.1;

R_i——第i个测点的回弹值。

6.1.2　非水平方向检测混凝土浇筑侧面时,测区的平均回弹值应按下式修正:

$$R_m = R_{m\alpha} + R_{a\alpha} \tag{JGJ/T 23-2}$$

式中:$R_{m\alpha}$——非水平状态检测测区的平均回弹值,精确至0.1;

$R_{a\alpha}$——非水平状态检测时回弹值修正值。

6.1.3　水平方向检测混凝土浇筑表面或浇注底面时,测区的平均回弹值应按下式修正:

$$R_m = R_m^t + R_a^t \tag{JGJ/T 23-3}$$

$$R_m = R_m^b + R_a^b \tag{JGJ/T 23-4}$$

式中:R_m^t、R_m^b——水平方向检测混凝土浇筑表面、底面时,测区的平均回弹值,精确至0.1;

R_a^t、R_a^b——混凝土浇筑表面、底面时回弹值的修正值。

6.1.4　当回弹仪为非水平方向且测试面为混凝土的非浇筑侧面时,应先对回弹值进行角度修正,并应对修正后的回弹值进行浇筑面修正。

6.2　测强曲线

6.2.1　一般规定

(1)混凝土强度换算值可采用以下三类测强曲线计算:

①统一测强曲线:有全国有代表性的材料、成型养护工艺配制的混凝土试件,通过实验所建立的曲线;

②地区测强曲线:由本地区常用的材料、成型工艺配制的混凝土试件,通过试验所建立的测强曲线;

③专用测强曲线:由与结构或构件混凝土相同的材料、成型养护工艺配制的混凝土试件,通过试验所建立的测强曲线。

(2)有条件的地区和部门,应制定本地区的测强曲线或专用测强曲线。检测单位宜按专用测强曲线、地区测强曲线、统一测强曲线的次序选用测强曲线。

6.2.2 统一测强曲线

(1)符合下列条件的混凝土应采用JGJ/T 23—2011附录A进行测区混凝土强度换算:

①混凝土采用的水泥、砂石、外加剂、掺和料、拌和用水符合国家现行有关标准;

②采用普通成型工艺;

③采用符合国家标准规定的模板;

④蒸气养护出池经自然养护7d以上,且混凝土表层为干燥状态;

⑤自然养护且龄期为14~1 000d;

⑥抗压强度为10~60MPa。

(2)符合本规程规定的泵送混凝土,测区强度可按JGJ/T 23—2011附录B的曲线方程计算或按附录B的规定进行强度换算。

(3)测区混凝土强度换算表所依据的统一测强曲线,其强度误差值应符合下列规定:

①平均相对误差(δ)不应大于±15.0%;

②相对标准差(e_r)不应大于18.0%。

(4)当有下列情况之一时,测区混凝土强度值不得按JGJ/T 23—2011附录A换算或附录B进行强度换算:

①非泵送混凝土粗集料最大公称粒径大于60mm泵送混凝土粗集料最大公称粒径大于31.5mm;

②特种成型工艺制作的混凝土;

③检测部位曲率半径小于250mm;

④潮湿或浸水混凝土。

6.2.3 地区和专用测强曲线

(1)地区和专用测强曲线的强度误差值应符合下列规定;

①地区测强曲线:平均相对误差(δ)不应大于±14.0%;相对标准差(e_r)不应大于17.0%;

②专用测强曲线:平均相对误差(δ)不应大于±12.0%;相对标准差(e_r)不应大于14.0%;

③平均相对误差(δ)和相对标准差(e_r)的计算应符合本规程附录E的规定。

(2)地区和专用测强曲线应按本规程(JGJ/T 23—2011)附录E的方法制定。使用地区或专用测强曲线时,被检测的混凝土应与制定该类测强曲线混凝土的适应条件相同,不得超出该类测强曲线的适用范围,并应每半年抽取一定数量的同条件试件进行校核,当存在显著差异时,应查找原因,不得继续使用。

7 混凝土强度的计算

7.1 构件第i个测区混凝土强度换算值,可按5.0.1所求得的平均回弹值(R_m)及按本规程第4.2条所求得的平均碳化深度值(d_m)由本规程附录A、附录B查表或计算得出。当有地区或专用测强曲线时,混凝土强度的换算值宜按地区或专用测强曲线计算或查表得出。

7.1.1 构件的测区混凝土强度平均值应根据各测区的混凝土强度换算值计算。当测区数为10个及以上时,还应计算强度标准差。平均值及标准差应按下列公式计算:

$$m_{f_{cu}^{c}} = \frac{\sum_{i=1}^{n} f_{cu,i}^{c}}{n} \quad \text{(JGJ/T 23-5)}$$

$$s_{f_{cu}^{c}} = \sqrt{\frac{\sum_{i=1}^{n} (f_{cu,i}^{c})^2 - n(m_{f_{cu}^{c}})^2}{n-1}} \quad \text{(JGJ/T 23-6)}$$

式中:$m_{f_{cu}^{c}}$——结构或构件测区混凝土强度换算的平均值(MPa),精确到0.1MPa;

n——对于单个检测的构件,取一个构件的检测;对批量检测的构件,取被抽检构件测区数之和;

$s_{f_{cu}^{c}}$——结构或构件测区混凝土强度换算值的标准差(MPa),精确至0.01MPa。

7.1.2 构件的现龄期混凝土强度推定值($f_{cu,e}$)应符合下列规定:

(1)当构件测区数少于10个时,应按下式计算:

$$f_{cu,e} = f_{cu,min}^{c} \quad \text{(JGJ/T 23-7)}$$

式中:$f_{cu,min}^{c}$——构件中最小的测区混凝土强度换算值。

(2)当构件的测区强度值中出现小于10.0MPa时,应按下式计算:

$$f_{cu,e} < 10.0\text{MPa} \quad \text{(JGJ/T 23-8)}$$

(3)当该构件测区数不少于10个时,应按下式计算:

$$f_{cu,e} = mf_{cu}^{c} - 1.645Sf_{cu}^{c} \qquad (JGJ/T\ 23\text{-}9)$$

(4)当批量检测时,应按下式计算:

$$f_{cu,e} = mf_{cu}^{c} - kSf_{cu}^{c} \qquad (JGJ/T\ 23\text{-}10)$$

式中:k——推定系数,宜取1.645.当需要进行推定强度区间时,可按国家现行有关标准的规定取值。

7.1.3　对按批量检测的构件,当该批构件混凝土强度标准差出现下列情况之一时,该构件应全部按单个构件检测:

(1)当该批构件混凝土强度平均值小于25MPa、Sf_{cu}^{c}大于4.5MPa;

(2)当该批构件混凝土强度平均值不小于25MPa且不大于60MPa、Sf_{cu}^{c}大于5.5MPa。

8　试验结果整理

试验记录示例见表JGJ/T 23-1和表JGJ/T 23-2。

混凝土强度(回弹法)检测记录表　　　　表JGJ/T 23-1

测区编号	回弹值(R_i)																	碳化深度
	1	2	3	4	5	6	7	8	9	10	11	12	13	14	15	16	Rm	d_i(mm)
1	46	48	43	46	45	42	45	40	45	47	47	45	48	46	46	40	45.4	1.00
2	47	49	43	45	43	48	45	44	47	43	46	44	44	45	46	44	45.0	1.00
3	43	43	45	43	46	47	48	48	47	46	43	44	45	48	46	42	45.2	1.00
4	52	46	46	48	50	47	51	49	47	48	46	47	43	48	46	50	47.6	
5	46	46	48	48	46	45	49	44	45	44	44	46	48	48	44	46	46.0	
6	46	50	46	44	47	47	47	48	44	46	47	48	44	46	46	44	46.2	
7	44	50	44	50	41	49	42	46	47	52	48	42	48	46	45	48	46.5	
8	44	50	46	48	48	48	47	46	44	47	48	50	49	48	44	44	47.0	
9	44	44	45	50	46	46	44	52	42	44	45	44	46	48	50	47	45.5	
10	47	44	45	47	45	48	46	46	49	47	47	45	44	42	46	48	46.1	
侧面状态及角度				侧面	表面	底面	干	潮湿	光洁	粗糙	+90	+60	+45	+30	0	-30	-45	-60　-90

回弹法检测混凝土强度计算表 表 JGJ/T 23-2

<table>
<tr><td colspan="2" rowspan="2">项　目</td><td colspan="10">测　区　号</td></tr>
<tr><td>1</td><td>2</td><td>3</td><td>4</td><td>5</td><td>6</td><td>7</td><td>8</td><td>9</td><td>10</td></tr>
<tr><td rowspan="5">回弹值</td><td>测区平均值</td><td>45.4</td><td>45.0</td><td>45.2</td><td>47.6</td><td>46.0</td><td>46.2</td><td>46.5</td><td>47.0</td><td>45.5</td><td>46.1</td></tr>
<tr><td>角度修正值</td><td>0</td><td>0</td><td>0</td><td>0</td><td>0</td><td>0</td><td>0</td><td>0</td><td>0</td><td>0</td></tr>
<tr><td>角度修正后</td><td>45.4</td><td>45.0</td><td>45.2</td><td>47.6</td><td>46.0</td><td>46.2</td><td>46.5</td><td>47.0</td><td>45.5</td><td>46.1</td></tr>
<tr><td>浇筑面修正值</td><td>0</td><td>0</td><td>0</td><td>0</td><td>0</td><td>0</td><td>0</td><td>0</td><td>0</td><td>0</td></tr>
<tr><td>浇筑面修正后</td><td>45.4</td><td>45.0</td><td>45.2</td><td>47.6</td><td>46.0</td><td>46.2</td><td>46.5</td><td>47.0</td><td>45.5</td><td>46.1</td></tr>
<tr><td colspan="2">碳化深度值
(mm)</td><td>1.00</td><td>1.00</td><td>1.00</td><td>1.00</td><td>1.00</td><td>1.00</td><td>1.00</td><td>1.00</td><td>1.00</td><td>1.00</td></tr>
<tr><td colspan="2">泵送混凝土强度
换算值(MPa)</td><td>—</td><td>—</td><td>—</td><td>—</td><td>—</td><td>—</td><td>—</td><td>—</td><td>—</td><td>—</td></tr>
<tr><td colspan="2">测区强度值
(MPa)</td><td>49.4</td><td>48.5</td><td>48.9</td><td>54.3</td><td>50.6</td><td>51.1</td><td>51.8</td><td>52.9</td><td>49.6</td><td>50.8</td></tr>
<tr><td colspan="2">强度计算
(MPa)</td><td colspan="2">平均值
(MPa)</td><td colspan="2">标准差
(MPa)</td><td colspan="2">变异系数
(%)</td><td colspan="2">最小值
(MPa)</td><td colspan="2">代表值
(MPa)</td></tr>
<tr><td colspan="2">N=10　K=1.645</td><td colspan="2">50.8</td><td colspan="2">1.83</td><td colspan="2">3.6</td><td colspan="2">48.5</td><td colspan="2">47.8</td></tr>
<tr><td colspan="2">强度平均值(MPa)</td><td colspan="10">47.8</td></tr>
<tr><td colspan="2">使用测区强度
换算表名称</td><td>规程</td><td>√</td><td>地区</td><td></td><td>专用</td><td></td><td>备注</td><td colspan="3"></td></tr>
<tr><td>结论</td><td colspan="11">强度代表值满足设计值 C40 混凝土强度要求</td></tr>
</table>

9　试验规程及判定依据

9.1　《回弹法检测混凝土抗压强度技术规程》(JGJ/T 23—2011)。

9.2　工程设计文件相关要求。

10　注意事项

10.1　回弹仪的检定周期为半年。

10.2　回弹仪每次使用之前必须进行率定和保养。

10.3　回弹仪使用时要轻拿轻放。

第九分册　钢筋及水泥试验

第一部分　钢 筋 试 验

钢筋闪光对焊接头拉伸、弯曲试验方法
（参照 JGJ/T 27—2001 执行）

1 目的与适用范围

1.1 接头拉伸试验目的是测定焊接接头抗拉强度、观察断裂位置和断口特征，判定塑性断裂或脆性断裂。接头弯曲试验目的是检验钢筋焊接接头承受规定弯曲角度的弯曲变形性能和可能存在的焊接缺陷。

1.2 接头拉伸试验适用于电阻点焊、闪光对焊、电弧焊、电渣压力焊、气压焊和预埋件埋弧压力焊。接头弯曲试验适用于闪光对焊、窄间隙焊、气压焊。

2 主要检测设备

2.1 万能试验机（图 JGJ/T 27-1）：准确度等级 1 级或优于 1 级。

2.2 游标卡尺：精度为 0.02mm。

图 JGJ/T 27-1 万能试验机（准确度：1 级）

3 试验准备

3.1 根据钢筋的规格型号分别截取相应长度的 3 根拉伸和 3 根弯曲试样。

3.2 拉伸试样满足：试样长度宜为 8 倍的钢筋的直径另加试验机夹具所夹持部分的长度。

3.3 弯曲试样满足：试样长度一般宜为两支辊内侧距离另加 150mm。

4　试验步骤

4.1　试验环境要求。

试验一般在室温为10～35℃进行。

4.2　钢筋闪光对焊接头拉伸试验。

4.2.1　根据试样的规格选择相应量程的万能试验机，其两端的夹持长度不小于夹头长度的3/4。

4.2.2　关闭回油阀，打开送油阀。在试验开始时，试验机夹头的分离速率应连续而平稳，并使其应力速率控制在10～30MPa/s。

4.2.3　一直施加试验力，直至接头破裂，记录最大试验力（F_m）。

4.2.4　试样断裂后，应立即打开回油，同时关闭送油阀，将试样取出。

4.2.5　根据试验结果计算出闪光对焊接头的抗拉强度试验指标及钢筋的断裂位置和断裂特征。

4.2.6　试验中，当试验设备发生故障或操作不当而影响试验数据时，试验结果应视为无效。

4.3　钢筋闪光对焊接头弯曲试验。

4.3.1　将试样受压面的金属毛刺和镦粗凸起部分消除，使之与母材外表齐平。

4.3.2　选择合适弯头并根据试样规格调节两支辊间的距离：

（1）弯曲直径的选择根据《钢筋焊接及验收规程》（JGJ 18—2012）中表5.1.8进行选择。

（2）除非另有规定，支辊间内侧距离l应按$l=D+2.5a$进行调整。

4.3.3　试样应放在两支点上，并使焊缝中心与压头中心线一致，应缓慢地对试样施加弯曲力，直至达到规定的弯曲角度或出现裂纹、破断为止。

4.3.4　试验结束后，观察试样是否破裂。

5　试验结果计算

5.1　抗拉强度的计算按式（JGJ/T 27-1）计算。

$$R_m = \frac{F_m}{S_0} \quad \text{(JGJ/T 27-1)}$$

式中：R_m——试验最大力下的抗拉强度，MPa；

F_m——试验最大力，N；

S_0——试样的原始截面积，mm^2。

5.2　性能结果数值的修约。

抗拉强度试验结果数值应修约至5MPa。

5.3 试验结果数据判定。

5.3.1 符合下列条件之一,应评定该检验批接头拉伸试验合格。

①三个试件均断于钢筋母材,呈延性断裂,其抗拉强度大于或等于钢筋母材抗拉强度标准值。

②两个试件断于钢筋母材,呈延性断裂,其抗拉强度大于或等于钢筋母材抗拉强度标准值;另一试件断于焊缝,呈脆性断裂,其抗拉强度大于或等于钢筋母材抗拉强度标准值的1.0倍。

注:试件断于热影响区,呈延性断裂,应视作与断于钢筋母材等同;试件断于热影响区,呈脆性断裂,应视作与断于焊缝等同。

5.3.2 符合下列条件之一,应进行复检。

①两个试件断于钢筋母材,呈延性断裂,其抗拉强度大于或等于钢筋母材抗拉强度标准值;另一试件断于焊缝,呈脆性断裂,其抗拉强度小于钢筋母材抗拉强度标准值的1.0倍。

②一个试件断于钢筋母材,呈延性断裂,其抗拉强度大于或等于钢筋母材抗拉强度标准值;另两个试件断于焊缝或热影响区,呈脆性断裂。

5.3.3 三个试件均断于焊缝,呈脆性断裂,其抗拉强度大于或等于钢筋母材抗拉强度标准值的1.0倍,应进行复检。当三个试件中有一个试件的抗拉强度小于钢筋母材抗拉强度标准值的1.0倍,应判该检验批接头拉伸试验不合格。

5.3.4 复检时,应切取6个试件进行试验,试验结果有4个或4个以上试件断于钢筋母材,呈延性断裂,其抗拉强度大于或等于钢筋母材抗拉强度标准值,另2个或2个以下试件,断于焊缝或热影响区,呈脆性断裂,其抗拉强度大于或等于钢筋母材抗拉强度标准值的1.0倍,应评定该批接头拉伸试验复验合格。

5.3.5 弯曲试验结果的评定

(1)接头弯曲至90°,有2个或3个试样外侧(含焊缝和热影响区)未发生宽度达0.5mm的裂纹,应评定该批接头弯曲试验合格。

(2)有2个试件发生宽度达0.5mm的裂纹,应进行复检。

(3)有3个试件发生宽度达0.5mm的裂纹,应评定该检验批接头弯曲试验不合格。

(4)复检时,应切取6个试件进行试验。当不超过2个试件发生宽度达0.5mm的裂纹时,应评定该检验批接头弯曲试验复检合格。

6 试验记录

钢筋闪光对焊接头拉伸、弯曲试验记录示例见表JGJ/T 27-1。

钢筋焊接力学性能试验记录表

表 JGJ/T 27-1

钢筋牌号		HRB335			—					
连接方式		闪光对焊			—			—		
拉伸	试样编号	1	2	3	—	—	—	—	—	—
	公称直径 a(mm)	25			—					
	截面积 S_0(mm^2)	490.9			—			—		
	最大力 F_m	275.5	276.8	274.2	—	—	—	—	—	—
	抗拉强度 R_m	560	565	560	—	—	—	—	—	—
	断口形式	延断	延断	延断	—	—	—	—	—	—
	断口离焊口距离(mm)	75	84	69	—	—	—	—	—	—
弯曲	试样编号	4	5	6	—	—	—	—	—	—
	弯心直径 d(mm)	100			—			—		
	弯心角度 α(°)	90			—			—		
	结果	试样弯曲至90°,钢筋未断裂	试样弯曲至90°,钢筋未断裂	试样弯曲至90°,钢筋未断裂	—	—	—	—	—	—

7　试验规程及评定依据

7.1　《钢筋焊接接头试验方法标准》(JGJ/T 27—2001)

7.2　《钢筋焊接及验收规程》(JGJ 18—2012)

8　注意事项

8.1　每次试验前要检查设备是否可以正常工作，检查夹具是否与试样匹配，不匹配的应及时调换；检查每个螺丝的松紧情况，发现松动应及时拧紧。

8.2　试验机移动横梁只是起到调整试验空间的作用，严禁采用移动横梁加载，应通过油缸进行加荷试验。

8.3　试验过程中，如果由于特殊原因油泵停止工作，应先卸载检查，严禁在高油压下检查。

8.4　试验过程中严禁站在试验机的正面，严禁触摸试件。

钢筋原材拉伸、弯曲试验方法
(参照 GB/T 228.1—2010、GB/T 232—2010 执行)

1　目的与适用范围

1.1　金属材料的拉伸性能主要反映其屈服强度、抗拉强度、断后伸长率是否满足设计要求,弯曲性能试验是测定其弯曲塑性变形能力的。

1.2　金属材料的拉伸试验的测定对于小横截面积的金属产品,例如金属箔、超细丝和毛细管等的拉伸试验需要协议;弯曲性能不适用于金属管材和金属焊接接头的弯曲试验。

2　主要检测设备

2.1　万能试验机:准确度等级1级或优于1级,如图 GB/T 228.1-1 所示。

2.2　连续式钢筋标点机。

2.3　游标卡尺:精度为0.02mm。

图 GB/T 228.1-1　万能试验机
(准确度:1级)

3　试验准备

3.1　根据钢筋的规格型号,每批任取2根钢筋,各截取1根拉伸和1根冷弯试件。

3.2　拉伸试样满足:试验机两夹头间的自由长度应足够,以使试样原始标距的标记与最接近夹头间的距离不小于$\sqrt{S_0}$。

3.3　弯曲试样满足:试样长度应根据试样厚度(或直径)和所使用的试验设备确定。

4　试验步骤

4.1　试验环境要求

试验一般在室温在10~35℃进行,对温度要求严格的试验,试验温度应为

23℃ ±5℃。

4.2 钢筋原材拉伸试验

4.2.1 将准备好的钢筋原材试样进行标距 $L_0 = K\sqrt{S_0}$(L_0 为试样的原始标距,S_0 为试样的原始截面积)。修约至最接近 5mm 的倍数。原始标距的标记应精确到 ±1%。

4.2.2 根据试样的规格选择相应量程的万能试验机,其两端的夹持长度不小于夹头长度的 3/4。

4.2.3 关闭回油阀,打开送油阀。在试验开始时,试验机夹头的分离速率应尽量保持恒定,并使其应力速率控制在 6~60MPa/s,同时还需在相应阶段控制其应变速率。

4.2.4 一直施加试验力。读取屈服力(F_{el})后调节加载速率直至原材破裂,记录最大试验力(F_m)。

4.2.5 试样断裂后,应立即打开回油,同时关闭送油阀,将试样取出。

4.2.6 量取标距为 $K\sqrt{S_0}$ 的断后标距(L_u)并记录,精确至 ±0.25mm。

原则上只有断裂处与最接近原始标距的距离不小于原始标距的三分之一的情况方为有效,但断后伸长率大于或等于规定值,不管断裂位置处于何处测量均有效。

4.2.7 根据试验结果计算出钢筋原材的屈服强度、抗拉强度、断后伸长率等的试验指标。

4.3 钢筋原材弯曲试验

4.3.1 根据试样的规格型号,选用相应的弯曲压头,并调节支辊间距:

(1)弯曲压头直径根据相关产品规范中给定的弯心直径进行选择。

(2)除非另有规定,支辊间距 l 可按 $l = (D + 3a) \pm 0.5a$ 进行调整。

4.3.2 试样轴线应与弯曲压头轴线垂直,弯曲压头在两支座之间的中点处对试样连续施加力使其弯曲,直至达到规定的弯曲角度。如不能直接达到规定的弯曲角度,应将试样置于两平行压板之间,连续施加力使其进一步弯曲,直至达到规定的弯曲角度。

4.3.3 弯曲试验时,应缓慢施加弯曲力,以使材料能够自由地进行塑性变形。当出现争议时,试验速率应为 1mm/s ±0.2mm/s。

4.3.4 如未有具体规定要求,弯曲试验后不使用放大仪器观察,观察试样外表面有无可见裂纹。

5　试验结果计算

5.1　计算公式

5.1.1　屈服强度按式(GB/T 228.1-1)计算。

$$R_{el} = \frac{F_{el}}{S_0} \qquad \text{(GB/T 228.1-1)}$$

式中：R_{el}——屈服强度，MPa；

F_{el}——屈服力，N；

S_0——试样的原始截面积，mm^2。

5.1.2　抗拉强度按式(GB/T 228.1-2)计算。

$$R_m = \frac{F_m}{S_0} \qquad \text{(GB/T 228.1-2)}$$

式中：R_m——试验最大力下的抗拉强度，MPa；

F_m——试验最大力，N；

S_0——试样的原始截面积，mm^2。

5.1.3　断后伸长率按式(GB/T 228.1-3)计算。

$$A = \frac{L_u - L_0}{L_0} \qquad \text{(GB/T 228.1-3)}$$

式中：A——断后伸长率，%；

L_u——试样断后标距，mm，修约至 ±0.25mm；

L_0——试样的原始标距，mm，修约至最接近5的倍数。

5.2　性能结果数值的修约

5.2.1　数值修约应按相关产品规范进行修约，若相关产品规范中未具体要求，则按下述要求进行修约：

(1)强度性能值修约至1MPa。

(2)屈服点延伸率修约至0.1%，其他延伸率和断后伸长率修约至0.5%。

(3)断面收缩率修约至1%。

5.2.2　热轧带肋钢筋与热轧光圆钢筋性能结果数值的修约按照相关产品规范要求进行修约，见表 GB/T 228.1-1。

5.3　试验数据结果判定

钢筋原材试验结果的任一指标不符合其规范规定值时，应双倍取样复检，当复检仍有不合格，则该批钢筋不合格。

性能结果数值的修约间隔 表 GB/T 228.1-1

性 能	范 围	修约间隔
R_{el}、R_m	≤200MPa	1MPa
	>200～1 000MPa	5MPa
	>1 000MPa	10MPa
A	≤10%	0.5%
	>10%	1%

6 试验记录

钢筋原材拉伸、弯曲试验记录示例见表 GB/T 228.1-2。

钢材力学性能试验记录表 表 GB/T 228.1-2

<table>
<tr><td colspan="3">钢筋牌号</td><td colspan="2">HRB335</td><td colspan="2">—</td><td colspan="2">—</td></tr>
<tr><td rowspan="11">拉伸</td><td colspan="2">试样编号</td><td>1</td><td>2</td><td>—</td><td>—</td><td>—</td><td>—</td></tr>
<tr><td colspan="2">公称直径 d(mm)</td><td colspan="2">25</td><td colspan="2">—</td><td colspan="2">—</td></tr>
<tr><td colspan="2">截面积 S_0(mm^2)</td><td colspan="2">490.9</td><td colspan="2">—</td><td colspan="2">—</td></tr>
<tr><td colspan="2">标距 L_0(mm)</td><td colspan="2">125</td><td colspan="2">—</td><td colspan="2">—</td></tr>
<tr><td rowspan="2">拉伸荷载
(kN)</td><td>屈服荷载</td><td>190.2</td><td>189.1</td><td>—</td><td>—</td><td>—</td><td></td></tr>
<tr><td>最大力 F_m</td><td>270.1</td><td>268.9</td><td>—</td><td>—</td><td>—</td><td>—</td></tr>
<tr><td rowspan="2">强度
(Pa)</td><td>屈服强度 R_e</td><td>385</td><td>385</td><td>—</td><td>—</td><td>—</td><td>—</td></tr>
<tr><td>抗拉强度 R_m</td><td>550</td><td>550</td><td>—</td><td>—</td><td>—</td><td>—</td></tr>
<tr><td rowspan="2">断后
伸长率</td><td>断后标距 L_u(mm)</td><td>157.50</td><td>156.50</td><td>—</td><td>—</td><td>—</td><td>—</td></tr>
<tr><td>断后伸长率 A(%)</td><td>26</td><td>25</td><td>—</td><td>—</td><td>—</td><td>—</td></tr>
<tr><td colspan="2">断口形式</td><td>延断</td><td>延断</td><td>—</td><td>—</td><td>—</td><td>—</td></tr>
</table>

弯曲	试样编号	3	4	—	—	—	—
	弯心直径 d(mm)	75		—		—	
	弯心角度 α(°)	180		—		—	
	结果	试样弯曲至180°后，钢筋外表面无肉眼可见裂纹	试样弯曲至180°后，钢筋外表面无肉眼可见裂纹	—	—	—	—

7　试验规程及评定依据

7.1　《金属材料拉伸试验第1部分：室温试验方法》(GB/T 228.1—2010)

7.2　《金属材料弯曲试验方法》(GB/T 232—2010)

7.3　《钢筋混凝土用钢　第2部分　热轧带肋钢筋》(GB 1499.2—2007)

7.4　《钢筋混凝土用钢　第1部分　热轧光圆钢筋》(GB 1499.1—2008)

8　注意事项

8.1　每次试验前要检查设备是否可以正常工作，检查夹具是否与试样匹配，不匹配的应及时调换。检查每个螺丝的松紧情况，发现松动应及时拧紧。

8.2　试验过程中，应采取足够的安全措施和防护装置，如果由于特殊原因油泵停止工作，应先卸载检查，严禁在高油压下检查。

8.3　试验过程中严禁站在试验机的正面，严禁触摸试件。

第二部分　水 泥 试 验

水泥比表面积测定方法(勃氏法)
(参照 GB/T 8074—2008 执行)

1 目的与适用范围

1.1 本方法规定了用勃氏透气仪来测定水泥细度的试验方法。

1.2 本方法适用于测定水泥的比表面积及适合采用本标准(勃氏法)方法的、比表面积在 2 000 ~ 6 000cm^2/g 范围的其他各种粉状物料,不适用于测定多孔材料及超细粉状物料。

2 主要仪器检测

2.1 透气仪:见图 GB/T 8074-1,本方法采用的勃氏比表面积透气仪分手动和自动两种,均应符合 JC/T 956—2005 的要求,由透气圆筒、压力计、抽气装置三部分组成。

2.1.1 透气圆筒:内径为 $12.7^{+0.05}_{0}$mm,由不锈钢制成。圆筒内表面的粗糙度 $R_a = 1.60\mu m$,圆筒上口边应与圆筒主轴垂直,圆筒下部锥度应与压力计上玻璃磨口锥度一致,两者应紧密连接。在圆筒内壁,距离圆筒上口边 55mm ± 10mm 处有一突出的宽度为 0.5 ~ 1mm 的边缘,用于放置金属穿孔板。

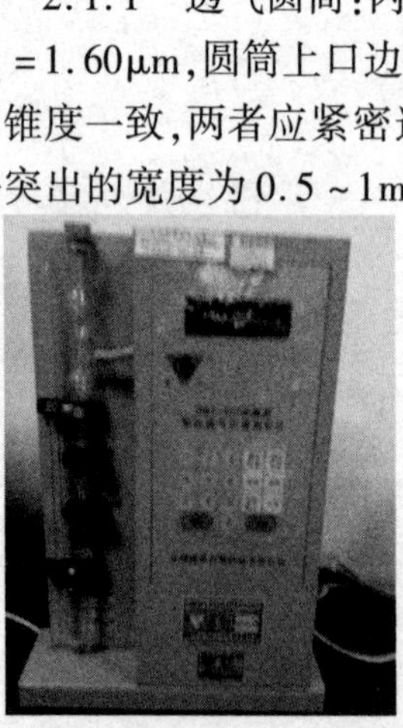

图 GB/T 8074-1 透气仪(单位:s)

2.1.2 穿孔板:由不锈钢或其他不受腐蚀的金属制成,厚度为 $1.0^{0}_{-0.1}$ mm,在其面上等距离地打有 35 个直径 1mm 的小孔,穿孔板应与圆筒内壁密合。穿孔板两平面应平行。

2.1.3 捣器:用不锈钢制成,插入圆筒时,其间隙不大于 0.1mm。捣器的底面应与主轴垂直,侧面有一个扁平槽,宽度 3.0mm ± 0.3mm。捣器的顶部有一个支持环,当捣器放入圆筒时,支持环与圆筒上口边接触,这时捣器底面与穿孔圆板之间的距离为15.0mm ± 0.5mm。

2.1.4 压力计:U 形压力计由外径为 9mm 的具有标准厚度的玻璃管制成。

压力计一个臂的顶端有一个锥形磨口与透气圆筒紧密连接,在连接透气圆筒的压力计臂上刻有环行线。从压力计底部往上 280 ~ 300mm 处有一个出口管,管上装有一个阀门,用于连接抽气装置。

2.1.5　抽气装置:用小型电磁泵,也可用抽气球。

2.2　滤纸:采用符合 GB/T 1914—2007 的中速定量滤纸。

2.3　天平:见图 GB/T 8074-2,分度值为 0.001g。

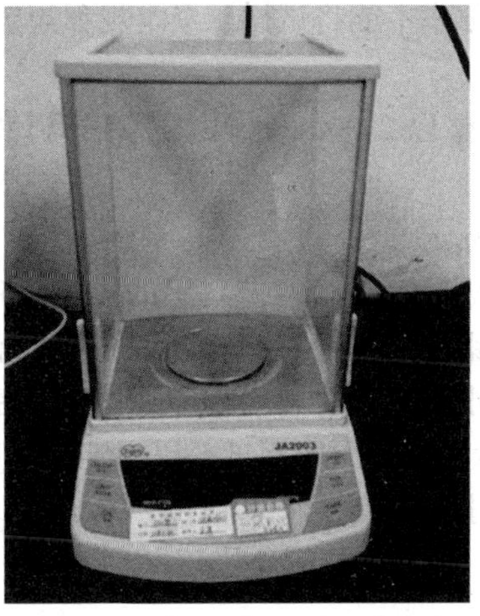

图 GB/T 8074-2　天平(单位:g)

2.4　其他:烘干箱、干燥箱和毛刷等。

3　试验准备

3.1　材料

3.1.1　压力计液体采用带有颜色的蒸馏水或直接采用无色蒸馏水。

3.1.2　水泥样品:按 GB 12573—2008 进行取样,先通过 0.9mm 方孔筛,再在 110℃ ±5℃下烘干 1h,并在干燥器中冷却至室温。

3.1.3　基准材料:GSB 14—1511 或相同等级标准物质。有争议时以 GSB 14—1511为准。

3.1.4　汞:分析纯汞。

3.2　试验环境

相对湿度不大于 50%。

3.3　仪器校准

仪器校准按 JC/T 956—2005 进行。

3.4　漏气检查

将透气圆筒上口用橡皮塞塞紧，接到压力计上。用抽气装置从压力计一臂中抽出部分气体，然后关闭阀门，观察是否漏气。如发现漏气，用活塞油脂加以密封。

3.5　孔隙率的确定

3.5.1　P·Ⅰ、P·Ⅱ型水泥的孔隙率采用0.500±0.005，其他水泥或粉料的孔隙率采用0.530±0.005。

3.5.2　当按上述孔隙率不能将试样压至本规程规定的位置时，则允许改变孔隙率。

3.5.3　孔隙率的调整以2 000g砝码（5等砝码）将试样压实至规定的位置为准。

3.6　试料层体积的标定方法

3.6.1　用水银排代法标定圆筒的试料层的体积：将穿孔板平放入圆筒内，再放入两片滤纸，然后用水银注满圆筒，用玻璃片挤压圆筒上口多余的水银，使水银面与圆筒上口平齐，倒出水银称量（ρ_1），然后取出一片滤纸，在圆筒内加入适量的试样。再盖上一片滤纸后用捣器压实至试料层规定的高度。取出捣器并用水银注满圆筒，再同样用玻璃片挤压平后，将水银倒出称量（ρ_2），圆筒试料层体积按式（GB/T 8074-1）计算。

$$V = \frac{\rho_1 - \rho_2}{\rho_{水银}} \qquad (GB/T\ 8074\text{-}1)$$

式中：V——透气圆筒的试料层体积，cm^3；

ρ_1——未装水泥时，充满圆筒的水银质量，g；

ρ_2——装水泥后，充满圆筒的水银质量，g；

$\rho_{水银}$——试验温度下水银的密度，g/cm^3。

试料层体积要重复测定两遍，取平均值，计算精确至$0.001cm^3$。

3.6.2　勃氏仪标准时间的标定方法：

用水泥细度和比表面积标准样标定标准时间。

3.6.3　标准样的处理：

将水泥细度和比表面积标准样在110℃±5℃下烘干1h并在干燥器中冷却至室温。

3.6.4　标准样质量的确定：

标准样质量按式（GB/T 8074-2）计算。

$$W = \rho V(1 - \varepsilon) \qquad (GB/T\ 8074\text{-}2)$$

式中：W——称取水泥细度和比表面积标准样的质量，g；

ρ——水泥细度和比表面积标准样的密度，g/cm^3；

V——透气圆筒的试料层体积试料层体积，cm^3；

ε——取0.5。

3.6.5 试料层制备：将穿孔板放入透气圆筒内，取一片滤纸放入，并放平。将准确称取的水泥细度和比表面积标准样倒入圆筒，使其表面平坦，再放入一片滤纸，用捣器均匀压实标准样直至捣器的支持环紧紧接触圆筒顶边，旋转捣器1～2圈，慢慢取出捣器。

3.6.6 透气试验：将装好标准样的圆筒下锥涂一薄层凡士林，把它连接到U形压力计上。打开阀门，缓缓地从压力计一臂中抽出空气，直到压力计内液面上升到超过第三条刻度线时关闭阀门。当压力计内液面的凹月面下降到第三条刻度线时开始计时，当液面的凹月面下降到第二条刻度线时停止计时。记录液面从第三条刻线到第二条刻线所需的时间，精确至0.1s。透气试验要重复称取两次标准样分别进行，当两次透气时间的差超过1.0s时，要测第三遍，取两次不超过1.0s的平均透气时间作为仪器的标准时间。

3.6.7 校准周期：至少每年进行一次，若仪器设备使用频繁则应半年进行一次；仪器设备维修后也要重新标定。

4 试验步骤

4.1 测定水泥密度

按GB/T 208测定水泥密度。

4.2 确定试样量

试样量按式(GB/T 8074-3)计算：

$$W = \rho V(1 - \varepsilon) \qquad \text{(GB/T 8074-3)}$$

式中：W——需要的试样量，g；

ρ——试样密度，g/cm^3；

V——试料层体积，按JC/T 956—2005测定cm^3；

ε——试料层空隙。

4.3 试料层制备

4.3.1 将穿孔板放入透气圆筒的突缘上，用捣棒把一片滤纸送到穿孔板上，边缘放平并压紧。称取按本方法确定的水泥量，精确至0.001g，倒入圆筒。轻敲圆筒的边缘，使水泥层表面平坦。再放入一片滤纸，用捣器均匀捣实试料直至捣器的支持环与圆筒顶边接触，并旋转1～2周，慢慢取出捣器。

4.3.2 穿孔板上的滤纸为ϕ12.7mm边缘光滑的圆形滤纸片。每次测定需用新的滤纸片。

4.4 透气试验

4.4.1 把装有试料层的透气圆筒下锥面涂一薄层活塞油脂,然后把它插入压力计顶端锥形磨口处,旋转1~2圈。要保证紧密连接不至漏气,并不振动所制备的试料层。

4.4.2 打开微型电磁泵,慢慢从压力计一臂中抽出空气,直到压力计内液面上升到扩大部下端时关闭阀门。当压力计内液体的凹月面下降到第一个刻度线时开始计时,当液体的凹月面下降到第二条刻度线时停止计时,记录液面从第一条刻度线到第二刻度线所需的时间。并记下试验时的温度(℃)。每次透气试验,应重新制备试料层。

5 试验结果计算

5.1 当被测试样的密度、试料层中空隙率与标准试样相同,试验时的温度与校准温度之差≤3℃时,可按式(GB/T 8074-4)计算。

$$S_c = \frac{S_s\sqrt{T}}{\sqrt{T_s}} \qquad \text{(GB/T 8074-4)}$$

如试验时温差 > ±3℃时,则按式(GB/T 8074-5)计算。

$$S_c = \frac{S_s\sqrt{T}\sqrt{\eta_s}}{\sqrt{T_s}\sqrt{\eta}} \qquad \text{(GB/T 8074-5)}$$

式中:S_c——被测试样的比表面积,cm^2/g;

S_s——标准试样的比表面积,cm^2/g;

T——被测试样试验时,压力计中液面降落测得的时间,s;

T_s——标准试样试验时,压力计中液面降落测得的时间,s;

η——被测试样试验温度下的空气黏度,μPa·s;

η_s——标准试样试验温度下的空气黏度,μPa·s。

5.2 当被测试样的试料层中空隙率与标准样品试料层中空隙率不同,试验时的温度与校准温度之差为3℃时,可按式(GB/T 8074-6)计算。

$$S_c = \frac{S_s\sqrt{T}(1-\varepsilon_s)\sqrt{\varepsilon^3}}{\sqrt{T_s}(1-\varepsilon)\sqrt{\varepsilon_s^3}} \qquad \text{(GB/T 8074-6)}$$

如试验时的温度与校准温度之差 >3℃,则按式(GB/T 8074-7)计算。

$$S_c = \frac{S_s\sqrt{T}(1-\varepsilon_s)\sqrt{\varepsilon^3}\sqrt{\eta_s}}{\sqrt{T_s}(1-\varepsilon)\sqrt{\varepsilon_s^3}\sqrt{\eta}} \qquad (GB/T\ 8074\text{-}7)$$

式中：ε——被测试样试料层中的空隙率；

ε_s——标准试样试料层的空隙率。

5.3　当被测试样的密度和空隙率均与标准试样不同，试验时温差≤3℃时，可按式（GB/T 8074-8）计算。

$$S_c = \frac{S_s\sqrt{T}(1-\varepsilon_s)\sqrt{\varepsilon^3}\rho_s}{\sqrt{T_s}(1-\varepsilon)\sqrt{\varepsilon_s^3}\rho} \qquad (GB/T\ 8074\text{-}8)$$

如试验时的温度与校准温度之差大于3℃时，则按式（GB/T 8074-9）计算：

$$S_c = \frac{S_s\sqrt{T}(1-\varepsilon_s)\sqrt{\varepsilon^3}\rho_s\sqrt{\eta_s}}{\sqrt{T_s}(1-\varepsilon)\sqrt{\varepsilon_s^3}\rho\sqrt{\eta}} \qquad (GB/T\ 8074\text{-}9)$$

式中：ρ——被测试样的密度，g/cm^3；

ρ_s——标准试样的密度，g/cm^3。

5.4　精确度与允许误差

5.4.1　水泥比表面积应由两次透气试验结果的平均值确定。若两次试验结果相差2%以上时，应重新试验。计算结果保留至$10cm^2/g$。

5.4.2　当一水泥用手动勃氏透气仪测定的结果与自定勃氏透气仪测定的结果有争议时，以手动勃氏透气仪测定结果为准。

6　试验记录

水泥比表面积试验记录示例见表GB/T 8074-1。

7　试验规程及评定依据

7.1　《水泥比表面积测定方法》（GB/T 8074—2008）。

7.2　《通用硅酸盐水泥》（GB 175—2007）。

8　注意事项

8.1　试验前要进行漏气检查。

8.2　校准周期：至少每年进行一次。仪器设备使用频繁则应半年进行一次；仪器设备维修后要重新标定。

水泥比表面积原始记录表

表 GB/T 8074-1

试验室温度（℃）	水银密度 $\rho_{水银}$（g/cm³）	试验次数	未装标准样品时充满圆筒的水银质量（g）ρ_1	装标准样品时充满圆筒的水银质量（g）ρ_2	试料层体积（cm³）$V=(\rho_1-\rho_2)/\rho_{水银}$	平均（cm³）
27	13.53	1	84.82	59.93	1.840	1.840
		2	84.82	59.94	1.840	

备注：试料层体积按规范要求每半年测定一次，上述数据为检定后的结果

水泥密度（李氏瓶法）试验

试验次数	水泥质量 m（g）	李氏瓶液面读数：初始（第一次）无水煤油体积的读数 V_1（cm³）	李氏瓶液面读数：水槽的温度（℃）	李氏瓶液面读数：装入水泥后无水煤油体积的读数 V_2（cm³）	李氏瓶液面读数：水槽的温度（℃）	水泥所排开无水煤油的体积 V（cm³）	密度（g/cm³）	平均（g/cm³）
1	60.00	0.2	20.0	20.0	20.0	19.8	3.03	3.02
2	60.00	0.4	20.0	20.3	20.0	19.9	3.02	

水泥比表面积（勃氏法）试验　　试验环境：

标准试样的比表面积 $S_s=$ 3 450 cm²/g　　标准试样试料层中的空隙率 $\varepsilon_s=$ 0.500　　标准试样的密度 $\rho_s=$ 3.14 g/cm³

试验次数	被测试样试料层中的空隙率（ε）	试样量 $W=\rho_v(1-\varepsilon)$（g）	被测试样的密度 ρ（g/cm³）	被测试样试验时，压力计中液面降落测得的时间 T(s)	温度（℃）	标准试样试验时，压力计中液面降落测得的时间 T_s(s)	温度（℃）	被测试的比表面积（m²/kg）	平均（m²/kg）
1	0.530	2.620	3.02	76.25	25.9	111.2	27.0	345	345
				76.31	25.9	111.2	27.0	345	

水泥标准稠度用水量、凝结时间、安定性检验方法
(参照 GB/T 1346—2011 执行)

1　目的与适用范围

1.1　本试验方法规定了水泥标准稠度用水量、凝结时间和体积安定性的测试方法。

1.2　本试验方法适用于硅酸盐水泥、普通硅酸盐水泥、矿渣硅酸盐水泥、粉煤灰硅酸盐水泥、火山灰硅酸盐水泥、复合硅酸盐水泥、道路硅酸盐水泥以及指定采用本方法的其他品种水泥。

2　主要检测设备

2.1　水泥净浆搅拌机:如图 GB/T 1346-1 所示符合 JC/T 729—2005 的要求。

注:通过减小搅拌翅和搅拌锅之间间隙,可以制备更加均匀的净浆。

2.2　标准法维卡仪:如图 GB/T 1346-2 所示标准稠度测定用试杆,有效长度为 50mm ± 1mm、由直径为 10mm ± 0.05mm 的圆柱形耐腐蚀金属制成,初凝用试针由钢制成,其有效长度初凝针为 50mm ± 1mm,终凝针为 30mm ± 1mm,直径为 1.13mm ± 0.05mm。滑动部分的总质量为 300g ± 1g。与试杆、试针连接的滑动杆表面应光滑,能靠重力自由下落,不得有紧涩和旷动现象。

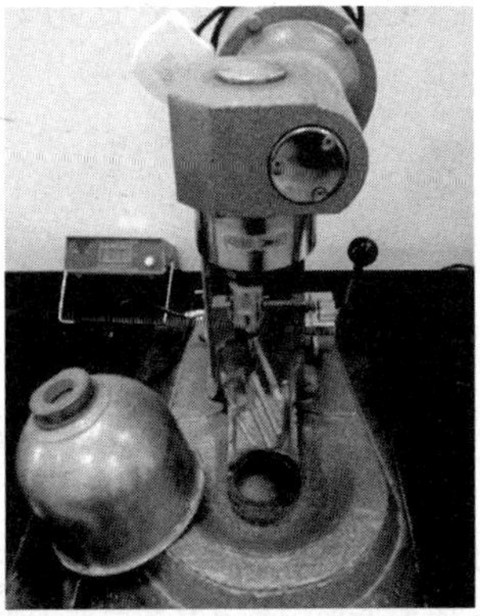

图 GB/T 1346-1　水泥净浆搅拌机(单位:min)

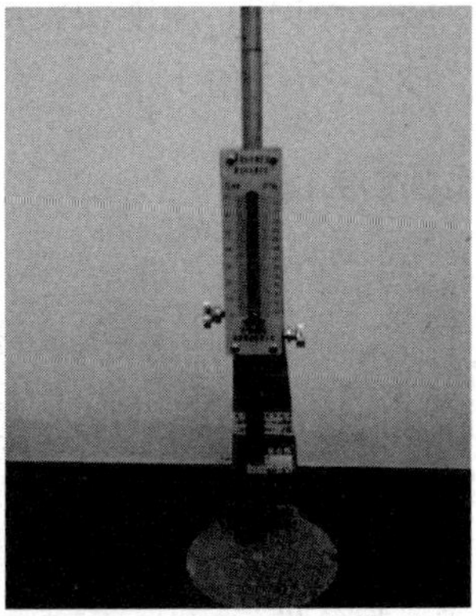

图 GB/T 1346-2　标准法维卡仪(单位:mm)

盛装水泥净浆的试模应由耐腐蚀、有足够硬度的金属制成。试模为深 40mm ± 0.2mm，顶内径 ϕ65mm ±0.5mm，底内径 75mm ±0.5mm 的截顶圆锥体。每个试模应配备一个边长或直径为 100mm，厚度 4～5mm 的平板玻璃底板或金属底板。

2.3 雷氏夹：由铜质材料制成。首先将一根指针的根部先悬挂在一根金属丝或尼龙丝上，另一根指针的根部再挂上 300g 质量的砝码时，两根指针针尖的距离增加应在 17.5mm ±2.5mm 范围内，即 $2x$ = 17.5mm ±2.5mm，当去掉砝码后针尖的距离应能恢复至挂砝码前的状态。

2.4 沸煮箱：如图 GB/T 1346-3 所示，符合 JC/T 955—2005 的要求。

2.5 雷氏夹膨胀值测定仪：如图 GB/T 1346-4 所示，标尺最小刻度为 0.5mm。

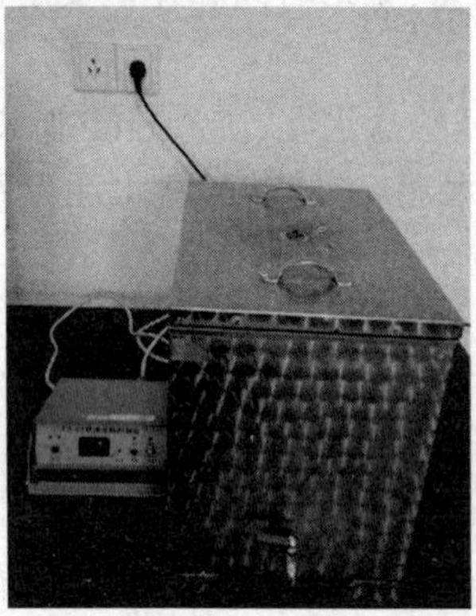

图 GB/T 1346-3 沸煮箱（单位：min）

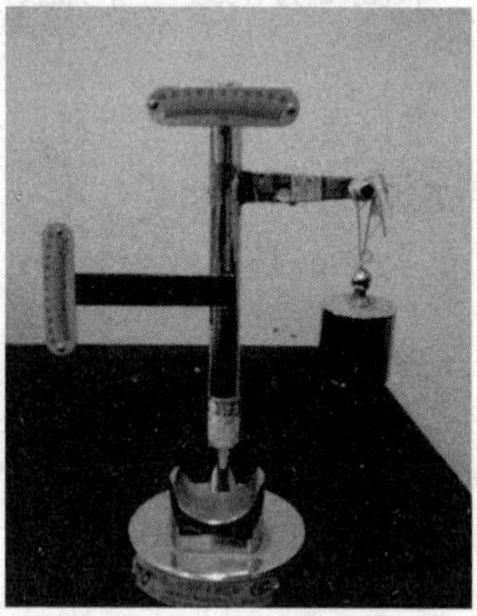

图 GB/T 1346-4 雷氏夹膨胀值测定仪（单位：mm）

2.6 量筒或滴定管：精度 ±5mL。

2.7 天平：最大称量不小于 1 000g，分度值不大于 1g。

2.8 湿气养护箱：应能使温度控制在 20℃ ±1℃，相对湿度大于 90%。

2.9 秒表：分度值 1s。

3 试验准备

3.1 试样及用水

3.1.1 水泥试样从取样至试验要保持 24h 以上时，应将其储存在基本装满和气密的容器里，这个容器不与水泥起反应。通过 0.9mm 方孔筛并记录筛余物情况，但要防止过筛时混进其他水泥。

3.1.2 试验用水应是洁净的饮用，若有争议时应以蒸馏水为准。

3.2 试验条件

3.2.1　试验室的温度为20℃ ±2℃,相对湿度大于50%;水泥试样、拌和水、仪器和用具的温度应与试验室一致。

3.2.2　湿气养护箱的温度为20℃ ±1℃,相对湿度不低于90%。

3.3　试验前工作准备

3.3.1　维卡仪的滑动杆能自由滑动。试模和玻璃底板用湿布擦拭,将试模放在底板上。

3.3.2　调整至试杆接触玻璃板时指针对准零点。

3.3.3　搅拌机运行正常。

4　试验步骤

4.1　水泥净浆拌制

用水泥净浆搅拌机搅拌,将搅拌机和搅拌叶片先用湿布擦过,再将拌和水倒入搅拌锅内,然后在5 ~ 10s内小心将称好的500g水泥加入水中,防止水和水泥溅出;拌和时,先将锅放在搅拌机的锅座上,升至搅拌位置,启动搅拌机,低速搅拌120s,停15s,同时将叶片和锅壁上的水泥浆刮入锅中间,高速搅拌120s停机。

4.2　标准稠度用水量的测定步骤

拌和结束后,立即取适量水泥净浆一次性将其装入已置于玻璃板上的试模中,浆体超过试模上端,用宽约25mm的直边刀轻轻拍打超出试模部分的浆体5次以排除浆体中的孔隙,然后在试模上表面约1/3处,略倾斜于试模分别向外轻轻锯掉多余净浆,再从试模边缘轻抹顶部一次,使净浆表面光滑。在锯掉多余净浆和抹平的操作过程中,注意不要压实净浆;抹平后迅速将试模和底板移到维卡仪上,并将其中心定在试杆下,降低试杆直至与水泥净浆表面接触,拧紧螺丝1 ~ 2s后,突然放松,使试杆垂直自由沉入水泥净浆中。在试杆停止沉入或释放试杆30s时记录试杆距底板之间的距离,升起试杆后,立即擦净;整个操作应在搅拌后1.5min内完成。以试杆沉入净浆中并距地板6mm ±1mm的水泥净浆为标准稠度净浆。其拌和水量为该水泥的标准稠度用水量(P),按水泥质量的百分比计。

4.3　凝结时间测定方法

4.3.1　试验前准备工作。调整凝结时间测定仪的试针接触玻璃板时指针对准零点。

4.3.2　试件的制备。以标准稠度用水量按4.1制成标准稠度净浆,按4.2装模和刮平后,立即放入湿气养护箱中。记录水泥全部加入水中的时间作为凝结时间的起始时间。

4.3.3　初凝时间的测定。试件在湿气养护箱中养护至加水后30min时进行第一次测定。测定时,从湿气养护箱中取出试模放到试针下,降低试针与水泥净浆表面接触。拧紧螺钉 1～2s 后,放松,使试针垂直自由地沉入水泥净浆。观察试针停止下沉或释放试针 30s 时指针的读数。临近初凝时间时每隔 5min(或更短时间)测定一次,当试针沉至距底板 4mm ±1mm 时,为水泥达到初凝状态;由水泥全部加入水中之初凝状态的时间为水泥的初凝时间,用分钟来表示。

4.3.4　终凝时间测定。为了准确观察时间沉入的状况,在终凝针上安装了一个环形附件。在完成初凝时间测定后,立即将试模连同浆体以平移的方式从玻璃板下翻转 180°,直径大端向上,小端向下放在玻璃板上,再放入湿气养护箱中继续养护。临近终凝时间时每隔 15min(或更短时间)测定一次,当试针沉入试体 0.5mm时,即环形附件开始不能在试体上留下痕迹时,为水泥达到终凝状态。由水泥全部加入水中至终凝状态的时间为水泥的终凝时间,用分钟来表示。

4.3.5　测定注意事项。测定时应注意,在最初测定的操作时应轻轻扶持金属柱,使其徐徐下降,以防止试针撞弯,但结果以自由下落为准;在整个测试过程中试针沉入的位置至少要距试模内壁 10mm。临近初凝时,每隔 5min(或更短时间)测定一次,在临近终凝时每隔 15min(或更短时间)测定一次,到达初凝时应立即重复测一次,当两次结论相同才能确定到达初凝状态,到达终凝时,需要在试体另外两个不同点测试,确认结论相同才能确定达到终凝状态,每次测定不能让试针落入原针孔,每次测试完毕须将试针擦净并将试模放回湿气养护箱内,整个测试过程要防止试模受振。

4.4　安定性测定方法(标准法)

4.4.1　试验前准备工作。每个试样需成型两个试件,每个雷氏夹需配备两个边长或直径约 80mm、厚度 4～5mm 的玻璃板,凡与水泥净浆接触的玻璃板和雷氏夹内表面都要稍稍涂上一层油。

4.4.2　雷氏夹试件的成型。将预先准备好的雷氏夹放在已稍擦油的玻璃板上,并立即将已制好的标准稠度净浆一次装满雷氏夹,装浆时一只手轻轻扶持雷氏夹,另一只手用宽约 25mm 的直边刀在浆体表面轻轻插捣 3 次,然后抹平,盖上稍涂油的玻璃板,接着立即将试件移至湿气养护箱养护 24h ±2h。

4.4.3　沸煮。

(1)调整好沸煮箱内的水位,使能保证在整个沸煮过程中都超过试件,不需中途添补试验用水,同时又能保证在 30min ±5min 内加热升至沸腾。

(2)脱去玻璃板取下试件,先测量雷氏夹指针端间的距离(A),精确到 0.5mm,接着将试件放入沸煮箱水中试件架上,指针朝上,然后在 30min ±5min 内加热至沸并恒沸 180min ±5min。

(3)沸煮结束后,立即放掉沸煮箱中的热水,打开箱盖,待箱体冷却至室温,取出试件进行判别。

5　试验结果计算

测量雷氏夹指针尖端间的距离 C,精确至 0.5mm,当两个试件煮后增加距离($C-A$)的平均值不大于 5.0mm 时,即认为该水泥安定性合格,当两个试件煮后增加距离($C-A$)值相差大于 5.0mm 时,应用同一样品立即重做一次试验。以复检结果为准。

6　试验记录

水泥物理性能试验记录示例见表 GB/T 1346-1。

水泥物理性能试验记录表　　　　表 GB/T 1346-1

<table>
<tr><td colspan="12">一、标准稠度用水量</td></tr>
<tr><td colspan="3">试杆距底板距离
(mm)</td><td colspan="3">拌和用水量
(mL)</td><td colspan="3">标准稠度用水量
(%)</td><td colspan="3">备注</td></tr>
<tr><td colspan="3">7.0</td><td colspan="3">136.0</td><td colspan="3">27.2</td><td colspan="3">—</td></tr>
<tr><td colspan="12">二、凝结时间试验</td></tr>
<tr><td colspan="2">起始时间</td><td colspan="2">到达初凝
状态时间</td><td colspan="2">初凝时间
(min)</td><td colspan="2">到达终凝
状态时间</td><td colspan="2">终凝时间
(min)</td><td colspan="2">备注</td></tr>
<tr><td colspan="2">9:45</td><td colspan="2">13:10</td><td colspan="2">205</td><td colspan="2">14:45</td><td colspan="2">300</td><td colspan="2">—</td></tr>
<tr><td colspan="12">三、安定性试验</td></tr>
<tr><td colspan="2">雷氏夹号</td><td colspan="2">沸煮前
针尖间距
A(mm)</td><td colspan="2">沸煮后
针尖间距
C(mm)</td><td colspan="2">$C-A$ 测值
(mm)</td><td colspan="2">$C-A$ 平均值
(mm)</td><td colspan="2">备注</td></tr>
<tr><td colspan="2">89</td><td colspan="2">11.0</td><td colspan="2">12.0</td><td colspan="2">1.0</td><td colspan="2" rowspan="2">1.5</td><td colspan="2" rowspan="2">—</td></tr>
<tr><td colspan="2">95</td><td colspan="2">11.0</td><td colspan="2">13.0</td><td colspan="2">2.0</td></tr>
</table>

7　试验规程及评定依据

7.1　《水泥标准稠度用水量、凝结时间、安定性检验方法》(GB/T 1346—2011)。

7.2 《通用硅酸盐水泥》(GB 175—2007)。

8 注意事项

8.1 维卡仪的滑动杆能自由滑动。试模和玻璃底板用湿布擦拭,将试模放在底板上。

8.2 调整至维卡仪试杆接触玻璃板时指针对准零点。

8.3 搅拌机运行正常。

8.4 标准稠度用水量测定的整个操作应在搅拌后 1.5min 内完成。

水泥胶砂强度检验方法(ISO 法)
(参照 T 0506—2005 执行)

1　目的与适用范围

1.1　本试验方法规定水泥胶砂强度检验基准方法的仪器、材料、胶砂组成、试验条件、操作步骤和结果计算等。其抗压强度测定结果与 ISO 679:1989 结果等同。同时也列入可代用的标准砂和振实台,当代用后结果用异议时以基准方法为准。

1.2　本方法适用于硅酸盐水泥、普通硅酸盐水泥、矿渣硅酸盐水泥、粉煤灰硅酸盐水泥、复合硅酸盐水泥、道路硅酸盐水泥以及石灰石硅酸盐水泥的抗折与抗压强度检验。采用其他水泥时必须研究本方法规定的适用性。

2　主要检测设备

2.1　搅拌机:如图 T 0506-1 属于行星式,其搅拌叶片和搅拌锅作相反方向的转动。叶片和锅由耐磨的金属材料制成,叶片与锅底、锅壁之间的间隙为叶片为锅壁最近的距离 3mm ± 1mm,应每月检查一次。制造质量应符合 JC/T 681—2005 要求。

2.2　振实台:图 T 0506-2 应符合 JC/T 682—2005 的规定。由装有两个对称偏心轮的电动机产生振动,使用时固定于混凝土基座上。基座高约 400mm,混凝土体积约 0.25m^3,质量约 600kg。为防止外部振动影响振实效果,可在整个混凝土下放一层厚约 5mm 的天然橡胶衬垫。

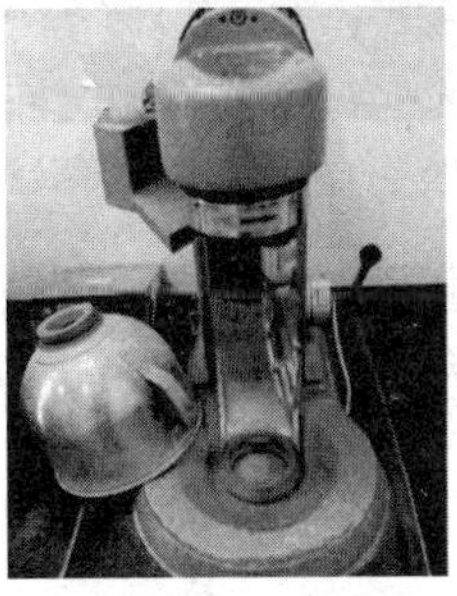

图 T 0506-1　搅拌机

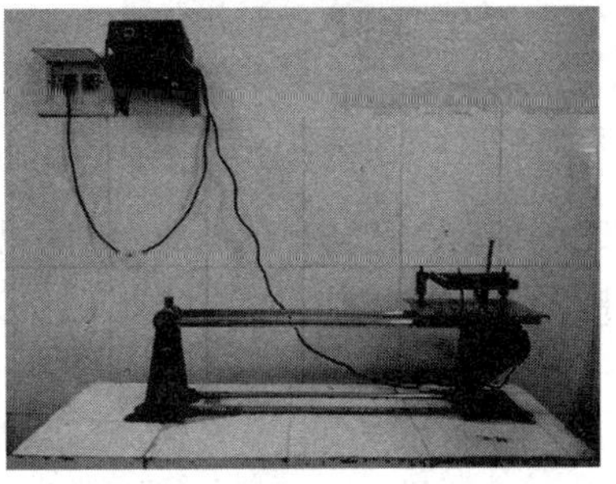

图 T 0506-2　振实台

将仪器用地脚螺钉固定在基座上，安装后设备成水平状态，仪器底座与基座之间要铺一层砂浆以确保它们完全接触。

2.3　试模为可装卸的三联模，由横隔板、端板、底座等部分组成，制造质量应符合《水泥胶砂试模》(JC/T 726—2005)的规定。可同时成型三条截面为 40mm × 40mm × 60mm 的棱形试件。

2.4　抗折试验机和抗折夹具。

2.4.1　见图 T 0506-3 抗折试验机应符合 JC/T 721—2006 中的要求，一般采用双缸式，也可采用能符合要求的其他试验机。加荷与支撑圆柱体必须用硬质钢材制作。通过三根圆柱轴的三个竖向平面应该平行，并在试验时继续保持平行和等距离垂直试件的方向，其中一根支撑圆柱应能轻微地倾斜使圆柱与试件完全接触，以便荷载沿试件宽度方向均匀分布，同时不产生任何扭转应力。

2.4.2　抗折夹具应符合 JC/T 724—2005 中的要求。抗折强度也可用抗压强度试验机来测定，此时应使用符合上述规定的夹具。

2.5　抗压试验机和抗压夹具。

2.5.1　见图 T 0506-4 抗压试验机的吨位以 200 ~ 300kN 为宜。抗压试验机，在较大的 4/5 量程范围内使用时，记录荷载应有 ±1.0% 的精度，并具有按 2 400N/s ± 200N/s 速率的加荷能力，应具有一个能指示试件破坏时荷载的指示器。压力机的活塞竖向轴应与压力机的竖向轴重合，而且活塞作用的合力要通过试件中心。压力机的下压板表面应与该机的轴线垂直并在加荷过程中一直保持不变。

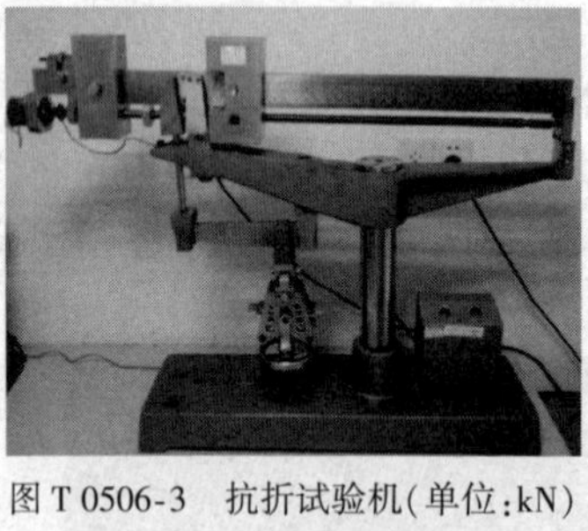

图 T 0506-3　抗折试验机(单位:kN)

图 T 0506-4　抗压试验机(单位:kN)

2.5.2　当试验机没有球座，或球座已不灵活或直径大于 120mm 时，应采用抗压夹具，抗压夹具由硬质钢材制成，受压面积为 40mm × 40mm，并应符合 JC/T 683—2005 的规定。

2.6　天平：感量为 1g。

2.7　标准砂、注水器、拨料器、刮尺等。

3　试验准备

3.1　材料

3.1.1　水泥试样从取样至试验要保持24h以上时，应将其储存在基本装满和气密的容器里，这个容器不与水泥起反应。

3.1.2　ISO标准砂，各国生产的ISO标准砂都可以用来按本方法测定水泥强度。中国ISO标准砂中要求，其质量控制按GB/T 17671—1999中11章的规定进行。

3.1.3　试验用水为饮用水，仲裁试验用蒸馏水。

3.2　温度与相对湿度

3.2.1　试件成型试验室应保持试验室温度为20℃±2℃（包括强度试验室），相对湿度大于50%，水泥试样、ISO砂、拌和水及试模等的温度与室温相同。

3.2.2　养护箱或雾室温度20℃±1℃，相对湿度大于90%，养护水的温度在20℃±1℃。

3.2.3　试件成型试验室的空气温度和相对湿度在工作期间每天应至少记录一次。养护箱或雾室温度和相对湿度至少每4h记录一次。

4　试验步骤

4.1　试件成型

4.1.1　成型前将试模擦净，四周的模板与底座的接触面上应涂黄油，紧密装配，防止漏浆，内壁均匀地刷以薄层机油。

4.1.2　水泥与ISO砂的质量比为1∶3，水灰比为0.5。

4.1.3　每成型三条试件需称量的材料及用量为：水泥450g±2g；ISO砂1 350g±5g；水225g±1g。

4.1.4　将水加入锅里，再加入水泥，把锅放在固定架上并上升至固定位置。然后立即开动机器，低速搅拌30s后，在第二个30s开始的同时均匀将沙子加入。当砂是分级装时，应从最粗粒级开始，依次加入，再高速搅拌30s。

停拌90s后，在停拌中的第一个15s内用胶皮刮具将叶片和锅壁上的胶砂刮入锅中。再在高速下继续搅拌60s，各个阶段时间误差应在±1s内。

4.1.5　用振实台成型时，将空试模和模套固定在振实台上，用适当的勺子直接从搅拌锅中将胶砂分为两层装入试模。装第一层时，每个槽里约放300g砂浆，用大播料器垂直架在模套顶部，沿每个模槽来回一次将料层拨平，接着振实60次，再装入第二层胶砂，用小播料器播平，再振实60次，移走模套，从振实台上取下试模,并用刮尺以90°架在试模顶的一端,沿试模长度方向以横向锯割动作慢慢向另一端移走,一次将超出试模的胶砂刮去。并用直尺在近乎水平的情况下将试体表面抹平。

4.1.6 在试模上作标记或加字条标明试件的编号和试件相对于振实台的位置。两个龄期以上的试体,编号应将同一试模中的三条试件分在两个以上的龄期内。

4.1.7 试验前或更换水泥品种时,须将搅拌锅、叶片和下料漏斗等擦干净。

4.2 养护

4.2.1 编号后,将试模放入养护箱养护,养护箱内壁板必须水平。水平放置时刮平面应朝上。对于24h龄期的,应在破型试验前20min内脱模。对于24h以上龄期的,应在成型后20~24h内脱模。脱模时要非常小心,应防止试件损伤。硬化较慢的水泥允许延期脱模,但须记录脱模时间。

4.2.2 试模脱模后即放入水槽中养护,试件之间间隙和试件上表面的水深不得小于5mm。每个养护池中只能养护同类水泥试件,并应随时加水,保持恒定水位,不允许养护期间全部换水。

4.2.3 除24h龄期或延迟48h脱模的试件外,任何到龄期的试件应在试验(破型)前15min从水中取出。抹去试件表面沉淀物,并用湿布覆盖。

4.3 强度试验

各龄期(试件龄期从水泥加水搅拌开始算起)的试件应在下列试件内进行强度试验:

龄期	试验时间
——24h	24h ±15min
——48h	48h ±30min
——72h	72h ±45min
——28d	28d ±8h

4.4 抗折强度试验

4.4.1 用中心加荷法测定抗折强度。

4.4.2 采用杠杆式抗折试验机试验时,试件放入前,应使杠杆成水平状态,将试件成型侧面朝上放入抗折试验机内。试件放入后调整夹具,使杠杆在试件折断时尽可能地接近水平位置。

4.4.3 抗折试验加荷速度为50N/s ±10N/s,直至折断,并保持两个半截棱柱体试件处于潮湿状态直至抗压试验。

4.5 抗压强度试验

4.5.1　抗折试验后的断块应立即进行抗压试验。抗压试验须用抗压夹具进行，试件受压面为试件成型时的两个侧面 40mm×40mm，试验前应清除试件受压面与加压板间的砂粒或杂物，试件的底面靠紧夹具定位销，断块试件应对准抗压夹具中心，并使夹具对准压力机压板中心。半截棱柱体中心与压力机压板中心差应在±0.5mm 内，棱柱体露在压板外的部分约为 10mm。

4.5.2　压力机加荷速度应控制在 2 400N/s±200N/s 范围内，在接近破坏时更应严格掌握。

5　试验结果计算

5.1　抗折强度

5.1.1　抗折强度按式(T 0506-1)计算。

$$R_f = \frac{1.5F_fL}{b^3} \qquad (T\ 0506\text{-}1)$$

式中：R_f——抗折强度，MPa；

F_f——破坏荷载，N；

L——支撑圆柱中心距，mm；

b——试件断面正方形的边长，为 40mm。

抗折强度计算值精确到 0.1MPa。

5.1.2　抗折强度结果取三个试件平均值，精确至 0.1MPa。当三个强度值中有超过平均值±10%的，应剔除后再平均，以平均值作为抗折强度试验结果。

5.2　抗压强度

5.2.1　抗压强度按式(T 0506-2)计算。

$$R_c = \frac{F_c}{A} \qquad (T\ 0506\text{-}2)$$

式中：R_c——抗压强度，MPa；

F_c——破坏荷载，N；

A——受压部分面积，40mm×40mm＝1 600mm^2。

5.2.2　抗压强度结果为一组 6 个断块试件抗压强度的算术平均值，精确至 0.1MPa。如果 6 个强度值中有一个值超过平均值±10%的，应剔除后以剩下的 5 个值的算术平均值作为最后结果。如果 5 个值中再有超过平均值±10%的，则此组试件无效。

6　试验记录

水泥力学性能试验记录示例见表 T 0506-1。

水泥力学性能试验记录表

表 T 0506-1

试体编号	试件龄期 t(d)	抗折强度							抗压强度				
		破坏荷载 P(kN)	破坏荷载 P(N)	支点间距 L(mm)	试件尺寸(mm) 宽度 b	高度 h	抗折强度 R_f(MPa)		破坏荷载 P(kN)	破坏荷载 P(N)	受压面面积 $S(mm^2)$	抗压强度 Rc(MPa)	
(1)	(2)	(3)	(4)	(5)	(6)	(7)	(8)	平均	(9)	(10)	(11)	(10)/(11)	平均
1	3	2.038	2 038	100	40	40	4.8	5.1	39.07	39 070	1 600	24.4	24.6
									37.71	37 710	1 600	23.6	
2		2.186	2 186	100	40	40	5.1		40.57	40 570	1 600	25.4	
									39.03	39 030	1 600	24.4	
3		2.363	2 363	100	40	40	5.5		41.75	41 750	1 600	26.1	
									37.92	37 920	1 600	23.7	
1	28	3.556	3 056	100	40	40	8.3	8.3	71.27	71 270	1 600	44.5	45.8
									73.86	73 860	1 600	46.2	
2		3.441	3 441	100	40	40	8.1		72.35	66 350	1 600	45.2	
									71.72	71 720	1 600	44.8	
3		3.667	3 667	100	40	40	8.6		74.88	78 880	1 600	46.8	
									75.31	79 310	1 600	47.1	

7　试验规程及评定依据

7.1　《公路工程水泥及水泥混凝土试验规程》(JTG E30—2005)。

7.2　《通用硅酸盐水泥》(GB 175—2007)。

8　注意事项

8.1　试验前必须检查所用的仪器设备,确保设备功能正常。

8.2　检查试验环境是否符合规范要求。

8.3　成型前将试模擦净,四周的模板与底座的接触面上涂上黄油(或凡士林)紧密装配,防止漏浆。

8.4　搅拌过程中,更换水泥品种时,将搅拌锅、叶片、模套擦干净。

8.5　两个龄期以上的试体,在编号时应将同一试模中的三条试体分在两个以上龄期内。

8.6　脱膜后即放入水池中养护,试体间间隔或试体上表面的水深大于5mm。

水泥密度测定方法(参照 T 0503—2005 执行)

1 目的与适用范围

1.1 本方法规定了水泥密度的测量方法。

1.2 本方法适用于硅酸盐水泥、普通硅酸盐水泥。矿渣硅酸盐水泥、粉煤灰硅酸盐水泥、火山灰硅酸盐水泥、复合硅酸盐水泥、道路硅酸盐水泥的密度及指定采用本方法的其他粉状物料密度测定。

2 主要检测设备

2.1 李氏瓶检定水泥密度用的李氏瓶应符合关于公差、符号、长度以及均匀刻度的要求。容积为 220 ~ 250mL,带有长 180 ~ 200mm、直径约 10mm 的细颈。细颈上刻度读数由 0mL 至 24mL 且 0 ~ 1mL 和 18 ~ 24mL 应具有 0.1mL 刻度线。

图 T 0503-1 恒温水槽(单位:℃)

2.2 见图 T 0503-1,恒温水槽或其他保持恒温的盛水玻璃容器。

2.3 天平,量程大于 100g,感量不于 0.01g。

2.4 温度计,分度值不大于 0.1℃。

2.5 滤纸。

3 试验准备

水泥预先通过 0.9mm 的方孔筛,在 110℃ ±5℃温度下干燥 1h,并在干燥器内冷却至室温。

4 试验步骤

4.1 将无水煤油注入李氏瓶中,液面至 0mL 到 1mL 到度线内(以弯月液面的下部为准)。盖上瓶塞并放入恒温水槽内。使刻度部分侵入水中(水温控制在李氏瓶刻度上的温度),恒温 30min,记下第一次读数。

4.2 从恒温水槽中取出李氏瓶,用滤纸将李氏瓶内零点以上没有煤油的部分仔细擦净。

4.3　称取水泥 60g，精确至 0.01g，用小匙借助洗净烘干的玻璃漏斗装入李氏瓶中，反复摇动，直至没有气泡排出，再次放入恒温水槽，在相同温度下恒温 30min，并记下第二次读数。

4.4　两次读数时，恒温水槽温差不大于 0.2℃。

5　试验结果计算

5.1　水泥密度按式（T 0503-1）计算。

$$\rho = 1\ 000 \times \frac{P}{V} \tag{T 0503-1}$$

式中：ρ——水泥的密度，kg/m^3；

P——装入密度瓶的水泥质量，g；

V——在试验所确定温度条件下被水泥所排出的液体体积，即李氏瓶第二次读数减去第一次读数，cm^3。

5.2　密度须以两次试验结果的平均值确定，计算精确至 $10kg/m^3$。两次试验结果之差不得超过 $20kg/m^3$。

6　试验记录

水泥密度试验记录示例见表 T 0503-1。

水泥密度试验记录表　　表 T 0503-1

水泥密度（李氏瓶法）试验								
试验次数	水泥质量 m(g)	李氏瓶液面读数				水泥所排开无水煤油的体积 $V(cm^3)$	密度 (kg/cm^3)	平均 (kg/cm^3)
		初始（第一次）无水煤油体积的读数 V_1 (cm^3)	水槽的温度（℃）	装入水泥后无水煤油体积的读数 V_2 (cm^3)	水槽的温度（℃）			
1	60.00	0.2	20.0	20.0	20.0	19.8	3 030	3 020
2	60.00	0.4	20.0	20.3	20.0	19.9	3 020	

7　试验规程及评定依据

《公路工程水泥及水泥混凝土试验规程》（JTG E30—2005）

8 注意事项

8.1 试验前必须检查所用的仪器设备,确保设备功能正常。

8.2 两次读数时,恒温水槽温差不大于0.2℃。

8.3 试验过程中使刻度部分浸入水中,水温控制在李氏瓶刻度上的温度。

水泥细度检验方法(筛析法)
(参照 T 0502—2005 执行)

1　目的与适用范围

1.1　本方法适用于 80μm 筛检验水泥细度。

1.2　本方法适用于矿渣硅酸盐水泥、粉煤灰硅酸盐水泥、火山灰硅酸盐水泥、硅酸盐水泥、普通硅酸盐水泥、复合硅酸盐水泥、道路硅酸盐水泥及指定采用本方法的其他品种水泥。

2　主要检测设备

2.1　试验筛

2.1.1　试验筛由圆形筛框和筛网组成,分负压筛和水筛两种,负压筛应附有透明筛盖,筛盖与筛上口应有良好的密封性。

2.1.2　筛网应紧绷在筛框上,筛网和筛框接触处,应用防水胶密封,防止水泥嵌入。

2.2　负压筛析仪

2.2.1　负压筛析仪由筛座、负压筛、负压源及收尘器组成,见图 T 0502-1,其中筛座由转速为 30r/min ± 2r/min 的喷气嘴、负压表、控制板、微电机及壳体等部分组成。

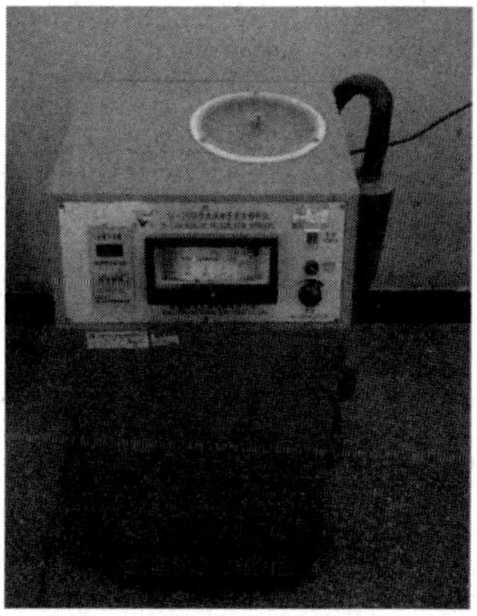

图 T 0502-1　水泥细度负压筛析仪
(单位:s)

2.2.2　筛析仪负压可调范围为 4 000 ~ 6 000Pa。

2.2.3　负压筛和收尘器,由功率≥600W 的工业吸尘器和小型旋风收尘筒等组成或用用其他具有相当功能的设备替代。

2.3　水筛架和喷头。水筛架和喷头的结构尺寸应符合 JC/T 728—1996《水泥物理检验仪器标准筛》的规定，但其中水筛架上筛座内径为 $140\ _{-3}^{\ 0}$mm。

2.4　天平，量程应大于100g，感量不大于0.05g。

3　试验准备

水泥试样从取样至试验要保持24h以上时，应将其储存在基本装满和气密的容器里，这个容器不与水泥起反应。通过0.9mm方孔筛，记录筛余物情况，防止过筛时混进其他水泥。

4　试验步骤

4.1　负压筛法

4.1.1　筛析试验前，应把负压筛放在筛座上，盖上筛盖，接通电源，检查控制系统，调压至4 000～6 000Pa。

4.1.2　称取试样25g，置于洁净的负压筛中，放在筛座上，盖上筛盖，开动筛析仪连续筛析2min，在此期间如有试样附着在筛盖上，可轻轻地敲击筛盖使试样落下。筛毕，用天平称量筛余物。

4.1.3　当工作负压小于4 000Pa时，应清理吸尘器内水泥，使负压恢复正常。

4.2　水筛法

4.2.1　筛析试验前，使水中无泥、沙，调整好水压及水筛架的位置，使其能正常运转。喷头底面和筛网之间距离为35～75mm。

4.2.2　称取试样25g，置于洁净的水筛中，立即用淡水冲洗至大部分细粉通过后，放在水筛架上，用水压为0.05MPa±0.02MPa的喷头连续冲洗3min。筛毕，用少量水把筛余物冲至蒸发皿中，等水泥颗粒全部沉淀后，小心倒出清水，烘干并用天平称量筛余物。

5　水泥试验筛的标定方法

5.1　试验条件

5.1.1　水泥细度标准样品符合GSB 14—1511要求，或相同等级的标准样品，有争议时以GSB 14—1511标准样品为准。

5.1.2　仪器设备同2.1、2.2、2.3

5.2　标定操作：将标准样装入干燥洁净的密闭广口瓶中，盖上盖子摇动2min，清除结块。静置2min后，用一根干燥洁净的搅拌棒搅匀样品。称量标准样品25g精确至0.01g，将标准样品倒进标定试验筛，中途不得有任何损失。接着按4.1和4.2进行操作。每个试验筛的标定应称取两个标准样品连续进行，中间不得插做其他样品试验。

6　试验结果计算

6.1　计算公式

水泥试样筛余百分数按式(T 0502-1)计算。

$$F = \frac{R_s}{m} \times 100 \quad (\text{T 0502-1})$$

式中：F——水泥试样的筛余百分数，%；

R_s——水泥筛余物的质量，g；

m——水泥试样的质量，g。

6.2　筛余结果的修正

6.2.1　为使试验结果可比，应采用试验筛修正系数方法来修正计算结果。

6.2.2　试验筛修正系数按式(T 0502-2)计算。

$$C = \frac{F_n}{F_t} \quad (\text{T 0502-2})$$

式中：C——试验筛修正系数；

F_n——标准样给定的筛余百分数，%；

F_t——标准样在试验筛上的筛余百分数，%。

修正系数计算精确至0.01。

注：修正系数C在0.80～1.20范围时，试验筛可继续使用，C可作为结果修正的系数；当C值超出0.80～1.20范围时，试验筛应予淘汰。

6.2.3　水泥试样筛余百分数结果修正按式(T 0502-3)计算。

$$F_C = C \times F \quad (\text{T 0502-3})$$

式中：F_C——水泥试样修正后的筛余百分数，%；

C——试验筛修正系数；

F——水泥试样修正前的筛余百分数，%。

6.3　精确度与允许误差

6.3.1　试验筛余结果：计算至0.1%；每个试样应称取两个试样分别筛析，取筛余平均值为筛析结果。若两次筛余结果绝对误差大于0.5%时(筛余值大于5.0%时可放至1.0%)，应该再做一次，取两次相近结果的算术平均值作为最终结果。

6.3.2　负压筛的修正系数：计算至0.01；两个样品记过的算术平均值为最终值，但当两个样品筛余结果相差大于0.3%时应称第三个样品进行试验，并取接近的两个结果的算术平均值作为最终结果。

7 试验记录

水泥细度试验和水泥负压筛标定试验记录示例见表T 0502-1 和表 T 0502-2。

水泥细度试验记录表 表 T 0502-1

样品质量(g)	筛余质量(g)	筛余百分率(%)	筛余百分率平均值(%)	修正系数	修正后的筛余百分率(%)
25.00	0.30	1.2	1.3	0.95	1.2
25.00	0.32	1.3			
—	—	—			

水泥负压筛标定记录 表 T 0502-2

样品质量(g)	筛余质量(g)	筛余百分率(%)	筛余百分率平均值(%)	修正系数	修正后的筛余百分率(%)
25.00	0.30	1.2	1.3	0.95	1.2
25.00	0.32	1.3			
—	—	—			

8 试验规程及评定依据

8.1 《公路工程水泥及水泥混凝土试验规程》(JTG E30—2005)。

8.2 《通用硅酸盐水泥》(GB 175—2007)。

9 注意事项

9.1 试验前必须检查所用的仪器设备,确保设备功能正常。

9.2 检查负压筛析仪,看负压是否为4 000 ~6 000Pa。

第十分册　桥梁、隧道及交通安全设施检验

第一部分　桥 梁 检 验

钢筋保护层厚度试验方法
(参照 JGJ/T 152—2008 执行)

1 目的与适用范围

本方法对结构实体钢筋保护层厚度的检测,其检测范围主要是有代表性的部位,应由监理(建设)、施工等各方根据结构构件的重要性共同选定。

2 仪具与材料技术要求

2.1 连接。

2.1.1 用连接电缆(图 JGJ/T 152-1)将定位探头(图 JGJ/T 152-2)连接到主机输入端 A(INPUT A)(图 JGJ/T 152-3),连接后的状态如图 JGJ/T 152-4 所示。

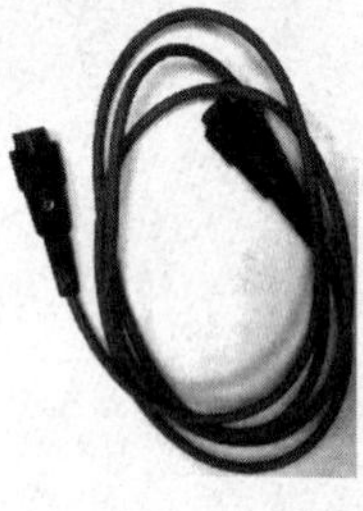

图 JGJ/T 152-1 连接电缆

图 JGJ/T 152-2 定位探头

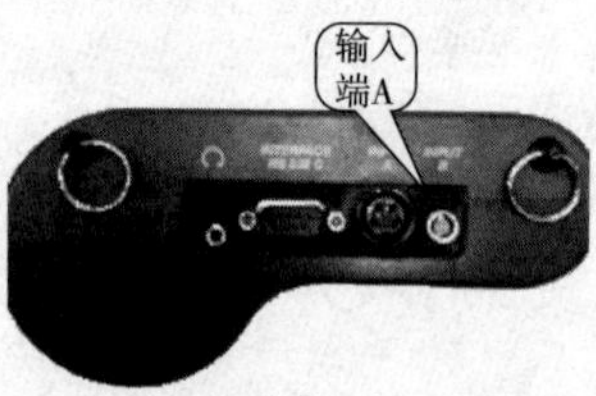

图 JGJ/T 152-3 输入端 A

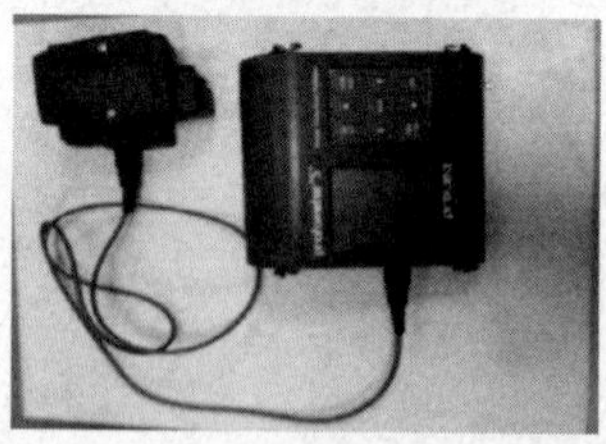

图 JGJ/T 152-4 仪器连接后状态

2.1.2 打开主机上“ON/OFF”键,启动仪器,显示:仪器型号、序列号、软件版本、自动自检 OK、电池剩余寿命;若无显示,则需更换电池。

2.2　调试设置。

2.2.1　开机后，按“MENU”键，出现图 JGJ/T 152-5 界面，根据检测需要进行钢筋直径、编号等设置。

2.2.2　首先进行钢筋直径设置。按“START/RESET”进入设置界面，界面如图 JGJ/T 152-6 所示。按“↑”和“↓”键进行设置，完成后按“END”返回。

2.2.3　然后进行编号设置。按“START/RESET”进入设置界面，界面如图 JGJ/T 152-7所示。按“↑”“↓”“→”“←”键进行编号设置，如果要用数字方式检测，编号的首位设为 1。

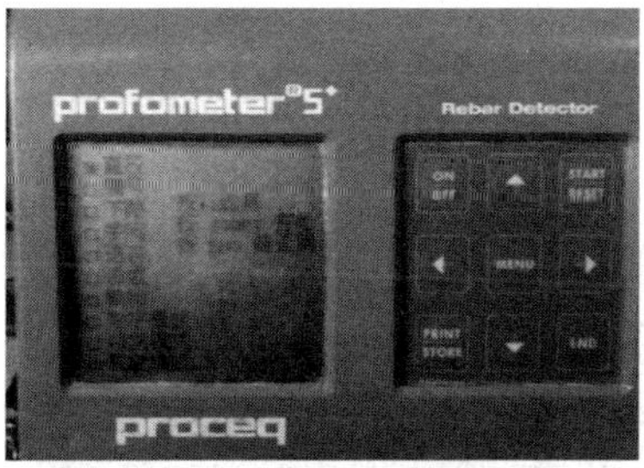

图 JGJ/T 152-5　菜单设置界面

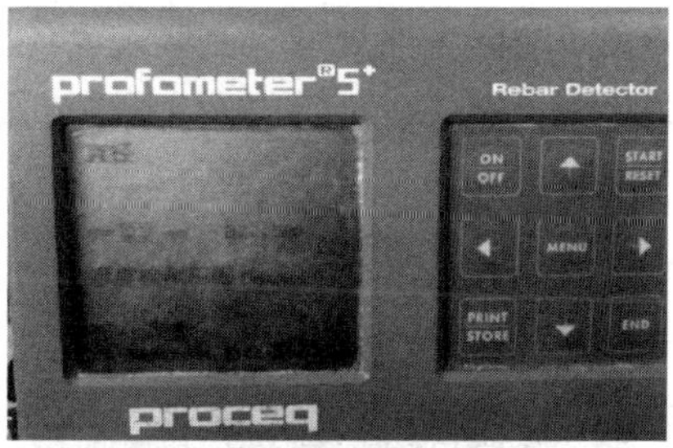

图 JGJ/T 152-6　钢筋直径设置界面

图 JGJ/T 152-7　检测编号设置界面

2.3　存储。

2.3.1　按“PRINT/STORE”键可存储数值。

2.3.2　用“↓”键可删除该数值，或当同一个编号下有几个值时，删除最后一个值。

2.3.3　按“END”键显示所存储的记忆值的统计评价（平均值、方差等）。

2.3.4　如果设置最小保护层厚度，则小于最小保护层厚度的百分比会显示出来。

3　方法与步骤

3.1　测区、测点的选择与布置。

3.1.1　钢筋保护层厚度检验的结构部位,应由监理(建设)施工等各方根据结构构件的重要性共同选定,根据设计图纸确定钢筋保护层厚度设计值;试验前应用标准块进行率定。

3.1.2　对梁类、板类构件,应各抽取构件数量的2%,且不少于5个构件进行检验,当有悬挑构件时,抽取的构件中悬挑梁类、板类构件所占比例均不宜小于50%。

3.1.3　对选定的梁类构件,应对全部纵向受力钢筋的保护层厚度进行检验,对选定的板类构件,应抽取不少于6根纵向受力钢筋的保护层厚度进行检验,对每根钢筋应在有代表性的部位测量一点。

3.2　测区表面处理。测区表面应清洁,无涂料、浮浆、污物或尘土等,可采用打磨机、钢丝刷或砂纸等打磨工具进行表面处理,如图 JGJ/T 152-8、图 JGJ/T 152-9 所示。

图 JGJ/T 152-8　结构表面处理

图 JGJ/T 152-9　表面处理后效果

3.3　预先确定待测结构物的钢筋位置和所测钢筋直径。

3.4　根据待测结构物钢筋直径,在仪器中输入钢筋直径后,将探头放在远离金属物1m左右,按"START/RESET"键开始测试,测试结果应为0。

3.5　根据结构物钢筋布置情况,把传感器探头置于待测构造物上进行检测。

3.6　每次按"START/RESET"键开始测试,待读数提示器响,显示屏上的读数即为钢筋保护层厚度数据,记录该数据,如图 JGJ/T 152-10 所示。

图 JGJ/T 152-10　钢筋保护层厚度现场检测

4　数据处理

钻孔、剔凿验证规定：遇到下列情况时，应选取不少于30%的已测钢筋，且不少于6处（当实际检测数量不到6时应全部选取），采用钻孔、剔凿方法验证。

4.1　认为相邻钢筋对检测结果有影响。

4.2　钢筋公称直径未知或有异议。

4.3　钢筋实际根数、位置与设计有较大偏差。

4.4　钢筋以及混凝土材质与校准试件有显著差异。

5　注意事项

5.1　本试验属于现场试验，应符合现场试验操作相关安全规定的要求。

5.2　试验前先检查仪器是否在检定有效期范围内。

5.3　本试验的主要仪器应防尘、防潮、避免漏电。

5.4　进行结构物表面处理时，应避免清理杂物过程中对仪器及人员的损伤。

5.5　长途运输时，应将仪器装入有泡沫塑料的运输包装箱内，避免仪器碰撞损坏。

6　试验记录（表JGJ/T 152-1）

桥涵构造物钢筋保护层厚度检测记录表　　表JGJ/T 152-1

编号：　　序号：

项目名称及编号：　　试验环境：

仪器设备名称及型号：　　检测依据：

结构物名称	实　测　值 (mm)					设计值 (mm)	允许偏差 (mm)
1—1梁	76	72	71	70	69	60	+10，-7
	70	72	74	75	78		
1—2梁	56	59	58	56	58	60	+10，-7
	53	51	55	52	52		
1—3梁	57	57	53	52	57	60	+10，-7
	55	53	52	51	55		
1—4梁	52	51	53	55	55	60	+10，-7
	53	53	51	57	57		

续上表

结构物名称	实　测　值（mm）					设计值（mm）	允许偏差（mm）
1—5 梁	53	55	56	55	59	60	+10，-7
	51	51	55	50	55		
1—6 梁	57	56	54	59	54	60	+10，-7
	58	58	51	52	58		
1—7 梁	54	57	52	58	56	60	+10，-7
	51	54	54	56	54		
1—8 梁	58	53	59	56	56	60	+10，-7
	55	60	59	52	52		

混凝土碳化深度检测(参照 JGJ/T 23—2011 执行)

1　目的与适用范围

本方法适用于工程结构普通混凝土碳化深度的检测,对回弹法检测混凝土强度测定值进行修正;推定混凝土中钢筋锈蚀情况。

2　主要检测设备

2.1　碳化深度仪。

2.2　钢尺。

2.3　1%酚酞酒精试剂。

2.4　钢丝刷。

2.5　其他:锤子、凿子、洗耳球、粉笔等。

3　试验准备

准备工作:测区及测孔布置。

3.1　测试表面应为混凝土原浆面,并应清洁、平整,不应有疏松层、浮浆、油垢、涂层以及蜂窝、麻面。

3.2　必要时允许用钢丝刷对测面进行适当的处理。

3.3　测区数不应小于 3 个,测区应均匀布置。

3.4　每一测区应布置三个测孔,三个测孔应呈"品"字排列,孔距根据构件尺寸大小确定,但应大于 2 倍孔径。

3.5　测孔距构件边角的距离应大于 2.5 倍保护层厚度。

4　试验步骤

4.1　回弹值测量完毕后,应在有代表性的位置上测量碳化深度,测点不应少于构件测区数的 30%,取其平均值为该构件每测区碳化深度值。当碳化深度值极差大于 2.0mm 时,应在每一测区测量碳化深度值;检测泵送混凝土碳化深度时应检测侧面。

4.2　可采用适当的工具在测区表面形成直径约15mm的孔洞。

4.3　当孔洞周围的混凝土表面不平整时,应用钢丝刷磨平,以免造成测量误差。

4.4　孔洞中的粉末和碎屑应采用洗耳球或小皮老虎吹掉清除,不得用水擦洗。

4.5　采用1%酚酞酒精溶液滴在孔洞内壁边缘处。

4.6　测量时应将仪器的底座平面贴紧孔洞一侧平整的混凝土表面上。

4.7　挪动仪器位置使触针靠近孔洞壁,同时使触针上下移动直至停留在碳化与未碳化层的交界处。

4.8　当触针停留在已碳化与未碳化交界处时,此时指针在刻度尺上所指示的一刻度即为碳化深度值,测量不应少于3次,每次读数应精确至0.25mm,应取三次测量的平均值作为检测结果,并应精确至0.5mm。

4.9　当条件不利读数时,可按下按钮锁住触针、将仪器移至它处读数。

4.10　当检测完毕之后,应及时清理维护仪器,待下一次使用。

5　试验记录

填写原始记录,检测员将任务单号、仪器名称及其他信息填写完整。

6　试验规程及评定依据

6.1　《回弹法检测混凝土抗压强度技术规程》(JGJ/T 23—2011)。

6.2　《公路桥梁承载能力检测评定规程》(JTG/T J21—2011)。

7　注意事项

7.1　操作过程中,仪器要轻拿轻放,并严格按照仪器操作规程检测。

7.2　检测人员在检测过程中要注意安全,戴好安全帽,尤其在较高位置检测时,必须保证爬梯等辅助工具的稳固安全。

7.3　检测过程中,应注意保护仪器,避免产生的杂物污染或损坏仪器。

7.4　若现场有需要进行破损检测时,应按规范要求操作,避免意外。

7.5　检测泵送混凝土强度时,测区应选在混凝土浇筑侧面。

混凝土碳化深度记录,如表JGJ/T 23-1所示。

混凝土碳化深度记录表　　表 JGJ/T 23-1

编号：　　序号：

项目名称及编号：　　试验环境：

仪器设备名称及型号：　　检测依据：

构件编号			第一次测量（mm）	第二次测量（mm）	第三次测量（mm）	三次测量平均值（mm）
构件	测区	测点				
0 号桥台	1	1	3	3	3	3
		2	3	3	3	3
		3	3	3	3	3
	2	1	3	3	3	3
		2	3	3	3	3
		3	3	3	3	3
	3	1	4	4	4	4
		2	4	4	4	4
		3	4	4	4	4
平均值（mm）						3
最大值（mm）						4
最小值（mm）						3
保护层厚度（mm）						41.84
碳化深度/保护层厚度						0.07
评定标度						1

试验者：　　复核：　　日期：

钢板厚度试验方法(参照 JT/T 281—2007 执行)

1 目的与适用范围

1.1 为了检测交通工程产品使用的金属钢板板厚。

1.2 本方法适用于采用钢板制作的交通工程产品板厚的测量。

2 主要检测设备

2.1 板厚千分尺(图 JT/T 281-1)。

2.2 涂层测厚仪(图 JT/T 281-2)。

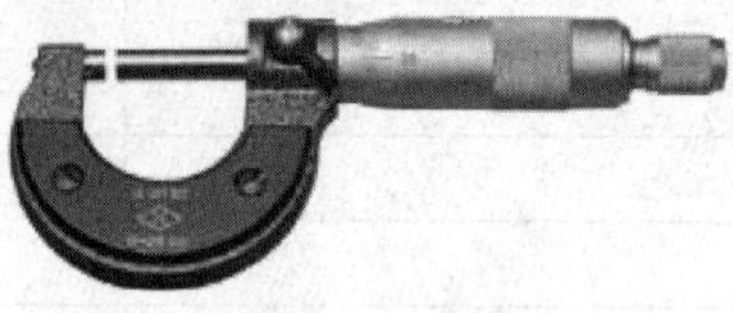

图 JT/T 281-1 板厚千分尺

JT/T 281-2 涂层测厚仪

3 试验准备

试验样品:波形梁钢护栏板三件。

4 试验步骤

4.1 测量板厚取点

4.1.1 试验室取点(图 JT/T 281-3),使用板厚千分尺,距离板边缘 3cm 处,在板两侧三个区域,两端各取 3 点,合计 6 点。

图 JT/T 281-3 试验室取点

4.1.2　现场取点(图 JT/T 281-4)。使用板厚千分尺,距离板边缘 3cm 处,在板中间两端三个区域,上侧取 2 点,下侧取 1 点,或上侧取 1 点,下侧取 2 点,合计 3 点。

图 JT/T 281-4　现场取点

4.2　读数。

4.2.1　读固定刻度,再读半刻度,若半刻度线已露出,记作 0.5mm;若半刻度线未露出,记作 0.0mm。

4.2.2　再读可动刻度(注意估读),记作 $n \times 0.01$mm。

4.2.3　最终读数结果为固定刻度 + 半刻度 + 可动刻度,如图 JT/T 281-5 所示。

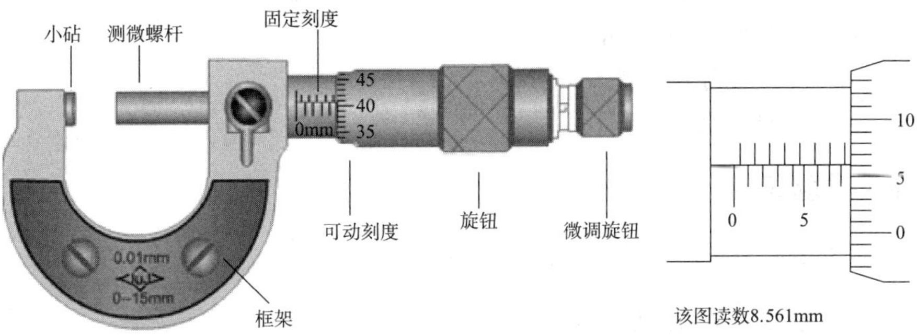

图 JT/T 281-5　千分尺读数方法

镀锌板板厚测量,如图 JT/T 281-6 所示。

图 JT/T 281-6　镀锌板板厚测量

4.3　涂层厚度测量。

在板厚测量位置的相应反正面各测一点,如图 JT/T 281-7 所示。

图 JT/T 281-7　反正面涂层厚度测量

5　试验结果计算

每个被测点的数值均满足标准要求,结果取平均值。

$$\bar{d}=\sum^{n}(D_i-t_{1i}-t_{2i})/n \qquad (JT/T\ 281\text{-}1)$$

式中:D_i——经防腐处理的板厚,mm;

$\bar{d}$——未经防腐处理板厚,mm;

t_{1i}——一侧涂层厚度,mm;

t_{2i}——另一侧涂层厚度,mm;

n——测试点数。

6　试验记录

钢板厚度试验原始记录,见表 JT/T 281-1。

7　试验规程及评定依据

《公路波形梁钢护栏》(JT/T 281—2007)。

《公路三波形梁钢护栏》(JT/T 457—2007)。

8　注意事项

8.1　待检样品已做防腐处理,试验室检测采取先去掉防腐层,现场检测采取减去防腐层厚度。

8.2　设备标定合格,才可以用于试验。

钢板厚度试验原始记录　　表 JT/T 281-1

<table>
<tr><th>序号</th><th>经防腐处理的板厚 D(mm)</th><th>涂层厚度 t(mm)</th><th>未经防腐处理板厚 d(mm)</th><th>平均值(mm)</th></tr>
<tr><td rowspan="2">1</td><td rowspan="2">4.151</td><td>0.076</td><td rowspan="2">4.00</td><td rowspan="12">4.00</td></tr>
<tr><td>0.075</td></tr>
<tr><td rowspan="2">2</td><td rowspan="2">4.161</td><td>0.081</td><td rowspan="2">4.00</td></tr>
<tr><td>0.079</td></tr>
<tr><td rowspan="2">3</td><td rowspan="2">4.184</td><td>0.092</td><td rowspan="2">4.00</td></tr>
<tr><td>0.088</td></tr>
<tr><td rowspan="2">4</td><td rowspan="2">4.175</td><td>0.072</td><td rowspan="2">4.00</td></tr>
<tr><td>0.083</td></tr>
<tr><td rowspan="2">5</td><td rowspan="2">4.181</td><td>0.086</td><td rowspan="2">4.00</td></tr>
<tr><td>0.095</td></tr>
<tr><td rowspan="2">6</td><td rowspan="2">4.171</td><td>0.090</td><td rowspan="2">4.00</td></tr>
<tr><td>0.081</td></tr>
</table>

注:现场检测请记录三点。

金属材料洛氏硬度试验方法
（参照 GB/T 230.1—2009 执行）

1 目的与适用范围

1.1 硬度是金属材料及合金材料力学性能的重要指标，通常指的是一种材料抵抗另一较硬的具有一定形状、尺寸，本身不发生残余变形的物体压入其表面的能力。

1.2 洛氏硬度试验需要按照试样的材质、硬度范围及尺寸来选择不同的压头及试验力，使用不同的标尺表示。

2 主要检测设备

布洛维光学硬度计（图 GB/T 230.1-1）。

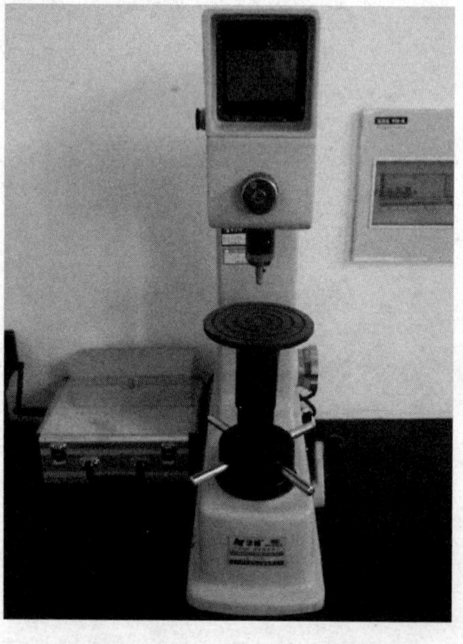

图 GB/T 230.1-1 布洛维光学硬度计

3　试验准备

3.1　硬度计应能施加相应标尺的预定试验力，测量系统及所用压头均应符合《金属材料　洛氏硬度试验　第2部分：硬度计（A、B、C、D、E、F、G、H、K、N、T标尺）的检验与校准》（GB/T 230.2）的要求。

3.2　除非材料或产品标准另有规定，试样表面应平坦光滑，并且不应有氧化皮及外来污物，尤其不应有油脂，试样表面应能保证压痕深度的精确测量，建议试样表面粗糙度 R_a 不大于1.6μm。

4　试验步骤

4.1　试验环境要求：试验一般在室温（10～35℃）范围进行。

4.2　试样应平稳地放在刚性支承物上，并使压头轴线与试样表面垂直，避免试样产生位移。如果使用固定装置，应与GB/T 230.2的规定一致。

4.3　使压头与试样表面接触，无冲击和振动地施加初试验力 F_0，初试验力保持时间不应超过3s。

注：对于电子控制的硬度计，施加初始试验力的时间（T_a）和初始试验力保持时间（T_{pm}）之和满足式（GB/T 230.1-1）。

$$T_p = \frac{T_a}{2} + T_{pm} \leqslant 3s \qquad (GB/T\ 230.1\text{-}1)$$

式中：T_p——初始试验力施加总时间；

T_a——初始试验力施加时间；

T_{pm}——初始试验力保持时间。

4.4　无冲击和无振动或无摆动地将测量装置调整至基准位置，从初试验力 F_0 施加至总试验力 F 的时间应不小于1s且不大于8s。

注：一般情况下，对于约为60HRC的试样从 F_0 至 F 的时间为2～3s。对于N和T标尺的硬度，约为78HR30N的试样建议加力时间为1～1.5s。

4.5　总试验力 F 保持时间为4s±2s。然后卸除主试验力 F_1，保持初试验力 F_0，经短时间稳定后，进行读数。

4.6　对于压头持续压入而呈现过度塑性流变（压痕蠕变）的试样，应保持施加全部试验力。当产品标准中另有规定时，施加全部试验力的时间可以超过6s。这种情况下，实际施加试验力的时间应在试验结果中注明（例如，65HRFW，10s）。

4.7　两相邻压痕中心之间的距离至少应为压痕直径的4倍，并且不应小于2mm。

5 试验结果计算

5.1 洛氏硬度计算按式(GB/T 230.1-2)计算。

$$洛氏硬度 = N - \frac{h}{S} \qquad (GB/T\ 230.1\text{-}2)$$

式中:N——给定标尺的硬度数;

h——卸除主试验力,在初始试验力下压痕残留的深度,mm;

S——给定标尺的单位,mm。

5.2 洛氏硬度试验结果处理。

5.2.1 洛氏硬度值应至少精确至0.5HR。

5.2.2 对于圆柱面和球面上测得的洛氏硬度值,应按规定进行修正。

5.2.3 应尽量避免将洛氏硬度值换算成其他硬度值或抗拉强度,除非通过对比试验得到可比较的换算方法。

6 试验记录

金属材料洛氏硬度试验原始记录表(GB/T 230.1-1)。

金属材料洛氏硬度试验原始记录表 表 GB/T 230.1-1

样品名称		—		样品编号		—	
试验依据		GB/T 230.1—2009		样品描述		表面平坦光滑,无油脂及外来污物,无肉眼可见机械损伤和裂痕	
试验条件		温度:22℃		试验日期		—	
主要仪器设备及编号		—					
试样编号	硬度范围	20~70HRC		试样编号	硬度范围 —		
01	55.5	57.0	57.0	—	—	—	—
02	53.5	55.0	54.5	—	—	—	—
03	57.5	57.0	58.0	—	—	—	—

7 试验规程

《金属材料 洛氏硬度试验 第1部分:试验方法(A、B、C、D、E、F、G、H、K、N、T标尺)》(GB/T 230.1—2009)。

8 注意事项

8.1 每次试验前要检查设备是否可以正常工作及准确性,检查所选压头和试验力是否与试样匹配,不匹配的应及时调换。检查每个螺栓的松紧情况,发现松动应及时拧紧。

8.2　试验过程中,硬度计应避免受到冲击或振动。

8.3　在大量试验前或距上次试验超过24h,以及移动和更换压头或载物台之后,应确定硬度计的压头和载物台安装正确,并进行标定。上述调整之后的前两次试验结果应舍弃。

8.4　应对圆柱形试样作适当支承,例如放置在洛氏硬度值不低于60HRC的带有V型槽的试台上。尤其应注意使压头、试样、V型槽与硬度计支座中心对中。

8.5　如果施加全部试验力的时间超过6s,应注明准确施加试验力的时间。

钻芯法混凝土抗压强度检测方法
(参照 CECS 03:2007 执行)

1 目的和适用范围

用于钻芯法检测结构中强度不大于 80MPa 的普通混凝土强度;检测及推定普通混凝土强度。

2 仪具与材料技术要求

2.1 钻取芯样及芯样加工、测量的主要设备与仪器均应有产品合格证,计量器具应有检定证书并在有效使用期内。

2.2 钻芯机应具有足够的刚度、操作灵活、固定和移动方便,应有水冷却系统。

2.3 钻取芯样时宜采用金刚石或人造金刚石薄壁钻头。钻头胎体不得有肉眼可见的裂缝、缺边、少角、倾斜及喇叭口变形。

2.4 锯切芯样时使用的锯切机和磨平芯样的磨平机,应具有冷却系统和牢固夹紧芯样的装置;配套使用的人造金刚石圆锯片应有足够的刚度。

2.5 芯样宜采用补平装置(或研磨机)进行芯样端面加工。补平装置除应保证芯样的端面平整外,尚应保证芯样端面与芯样轴线垂直。

2.6 探测钢筋位置的定位仪,应适用于现场操作,最大探测深度不应小于 60mm,探测位置偏差不宜大于 ±5mm。

2.7 其他设备。数显式液压万能压力机、钢尺、游标卡尺。

3 准备工作

3.1 仪器有效性检查。

试验前先检查仪器是否在检定有效期范围内。

3.2 仪器准备。

(1)压力试验机应安装在稳固的基础上,环境应清洁干燥,无腐蚀性气体,附近没有强震源。

(2)使用前须对油箱油标位置进行检查,油源须稳定,油路系统无漏油现象。

4　测试步骤

4.1　钻芯机钻芯取样操作步骤。

(1)选取好取芯样位置。

(2)钻机牢固平稳地安放在取样地点。

(3)安装上合适直径的空心钻头。

(4)将钻孔移至所需工作处,用膨胀螺栓将钻孔固定,调整地脚螺栓,使钻机稳定。

(5)接上水源,检查是否有水流出。

(6)启动发电机,打开电路开关。

(7)垂直对准构件放下钻头,旋转手柄将钻头轻轻接触被切削处,待钻头切进约10mm时,可通过手柄加压来加快旋进速度。

(8)待切削完毕,可保持旋转,提升钻头,距试件表面约有5mm时,可关闭电源,钻头离开试件表面,关闭水源。

(9)卸去固定螺栓,拖离取芯机,取出试样。

(10)将钻取的芯样,妥善存放于盛样器中,必要时用塑料袋封装。填写样品标签,一式两份,一份粘贴在试样上,另一份作为记录备查。

(11)待取芯结束后,关闭仪器电源,对仪器进行及时清理维护,待下一次使用。

具体钻孔取芯机使用与检测,如图CECS 03-1所示。

a)钻芯　　b)取样

图CECS 03-1　取芯机钻芯取样

4.2　压力试验机检测结构物混凝土强度的试验步骤。

4.2.1　抗压芯样试件的高度与直径之比(H/d)宜为1.00。

4.2.2　芯样试件内不宜含有钢筋。如不能满足此项要求时,抗压试件应符合下列要求:

(1)标准芯样试件,每个试件内最多只允许有两根直径小于10mm的钢筋。

(2)公称直径小于100mm的芯样试件,每个试件内最多只允许有一根直径小于 10mm 的钢筋。

(3) 芯样内的钢筋应与芯样试件的轴线基本垂直并离开端面 10mm 以上。

4.2.3 锯切后的芯样应进行端面处理,宜采取在磨平机上磨平端面的处理方法。承受轴向压力芯样试件端面,也可采取下列处理方法:

(1)用环氧胶泥或聚合物水泥砂浆补平。

(2)抗压强度低于 40MPa 的芯样试件,可采用水泥砂浆、水泥净浆或聚合物水泥砂浆补平,补平层厚度不宜大于 5mm;也可采用硫磺胶泥补平,补平层厚度不宜大于 1.5mm。

4.2.4 在试验前应按下列规定测量芯样试件尺寸:

(1)平均直径用游标卡尺在芯样试件中部相互垂直的两个位置上测量,取测量的算术平均值作为芯样试件的直径,精确至 0.5mm。

(2)芯样试件高度用钢卷尺或钢板尺进行测量,精确至 1mm。

(3)垂直度用游标量角器测量芯样试件两个端面与母线的夹角,精确至 0.1°。

(4)平整度用钢板尺或角尺紧靠在芯样试件端面上,一面转动钢板尺,一面用塞尺测量钢板尺与芯样试件端面之间的缝隙;也可采用其他专用设备量测。

4.2.5 芯样试件尺寸偏差及外观质量超过下列数值时,相应的测试数据无效:

(1)芯样试件的实际高径比(H/d)小于要求高径比的 0.95 或大于 1.05 时。

(2)沿芯样试件高度的任一直径与平均直径相差大于 2mm。

(3)抗压芯样试件端面的不平整度在 100mm 长度内大于 0.1mm。

(4)芯样试件端面与轴线的不垂直度大于 1°。

(5)芯样有裂缝或有其他较大缺陷。

4.2.6 芯样试件应在自然干燥状态下进行抗压试验。

4.2.7 当结构工作条件比较潮湿,需要确定潮湿状态下混凝土的强度时,芯样试件宜在 20℃ ±5℃ 的清水中浸泡 40 ~48h,从水中取出后立即进行试验。

4.2.8 试件从养护地点取出并测量芯样试件尺寸后,将试件表面与上下承压板面擦干净。

4.2.9 将试件安放在试验机的下压板或垫板上,试件的承压面与成型时的顶面垂直。试件的中心与试验机下压板中心对准(图 CECS 03-2),开动试验机,当上压板与试件或钢垫板接近时,调整球座,使接触均衡。

4.2.10 在试验过程中持续均匀地加荷,混凝土强度等级 < C30 时,加荷速度取 0.3 ~0.5MPa/s;混凝土强度等级 ≥C30 且 < C60 时,取 0.5 ~0.8MPa/s;混凝土强度等级 ≥C60 时,取 0.8 ~1.0MPa/s。

4.2.11　当试件接近破坏开始急剧变形时,应停止调整试验机油门,直至破坏。然后记录破坏荷载 F(N)。

4.2.12　当试件接近破坏开始急剧变形时,应停止调整试验机油门,直至破坏(图 CECS 03-3)。

4.2.13　然后记录破坏荷载。

图　CECS 03-2

图　CECS 03-3

4.3　芯样试件的混凝土抗压强度可按下式计算:

$$f_{cu,cor} = \frac{F_c}{A}$$

式中:$f_{cu,cor}$——芯样试件的混凝土抗压强度值,MPa;

F_c——芯样试件的抗压试验测得的最大压力,N;

A——芯样试件抗压截面面积,mm^2。

5　试验规程

《钻芯法检测混凝土强度技术规程》(CECS03:2007)

6　注意事项

6.1　操作人员需要熟悉仪器操作规程,能熟练操作仪器,方可进行本试验。

6.2　所使用的仪器应通过技术检定,必须具有产品合格证和检定证。

6.3　操作仪器时,应严格按照操作规程操作。

6.4　钻芯前应检查钻芯机是否正常、安装是否牢固、搭设平台是否牢固。

6.5　漏电保护装置是否正常。

6.6　当混凝土钻孔取芯机在钻孔时,应保证进给速度均匀,为 3 ~ 5cm/min,如发现钻头受卡,可适当降低进给速度,必要时可将钻头提升一段,然后再慢慢钻入,忌硬性钻进,以免打坏钻头及机器。

6.7　在整个钻进过程中,必须保持充分水冷却。

6.8　钻进过程中,不得超载,当电机温度超过 70℃(手感烫时),应降低加载力,并更换新钻头。

7 试验记录(表 CECS 03-1)

混凝土抗压强度检测(钻芯法)记录表 表 CECS 03-1

试验室名称: 记录编号:ZY06-023—2015-12

工程部位/用途	—	委托/任务编号	—
样品名称	混凝土芯样	样品编号	—
试验依据	《钻芯法检测混凝土强度技术规程》(CECS 03:2007)	样品描述	—
试验条件	—	试验日期	—
主要仪器设备及编号	WES-1000 数显式液压试验机(3110791)、游标卡尺(02XX026)		

试件编号	设计强度(MPa)	试验日期	试件直径1(mm)	试件直径2(mm)	试件直径平均(mm)	破坏载荷(kN)	抗压强度(MPa)	抗压强度代表值(MPa)	备注
—	—	—	150.0	150.0	150.0	763.4	43.2	40.9	
			150.0	150.0	150.0	721.9	40.9		
			150.0	150.0	150.0	729.7	41.3		

试验: 复核: 日期: 年 月 日

预应力混凝土用钢绞线拉伸试验方法
（参照 GB/T 5224—2003 执行）

1　目的与适用范围

1.1　拉伸试验的目的是测定钢绞线最大力、规定非比例延伸力、最大力总伸长率、弹性模量以及观察断裂位置和断口特征，对样品做出评定。

1.2　适用于由冷轧光圆钢丝及刻痕钢丝捻制的用于预应力混凝土结构的钢绞线。

2　主要检测设备

万能试验机系统（图 GB/T 5224-1）。

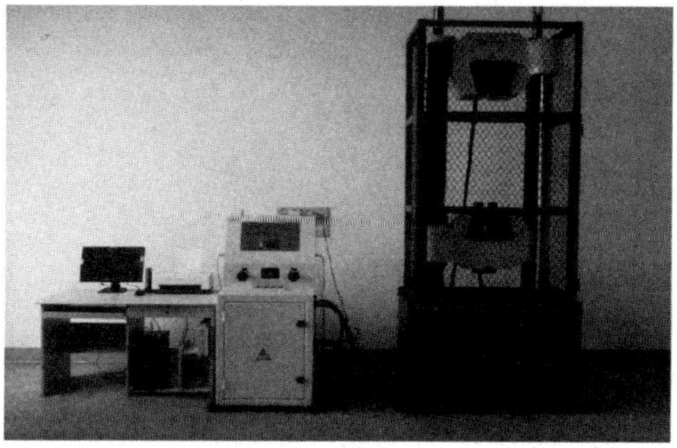

图 GB/T 5224-1　万能试验机系统

3　试验准备

3.1　每批取 3 根拉伸试样，每根试样不小于 1m。

3.2　试样制备后，不得进行任何热处理和冷加工。

4　试验步骤

4.1　试验环境要求：试验在室温 10 ~ 35℃范围进行。

4.2　钢绞线拉伸试验。

4.2.1　打开计算机,进入钢绞线试验程序,输入试样编号和平行长度,选择相应的规格代号和公称直径,将负荷通道、变形和位移通道清零。

4.2.2　夹持试样(夹持时试样两夹持区应垫上铝—金刚砂垫片),其夹持长度不少于150mm。

4.2.3　量取上下夹头间的平行长度 L_c。

4.2.4　打开送油阀,施加初荷载接近规定非比例延伸力10%时,迅速安装好引伸计;当初荷载达到规定非比例延伸力10%时,变形通道清零,开始记录变形—位移曲线。

4.2.5　调控送油阀控制应力速率为6~60MPa/s,并尽量保持恒定。

4.2.6　当达到一定力值(此值即为 $F_{p0.2}$)时,系统提示取下引伸计。关紧送油阀,点击"取引伸计"按钮并确定操作,取下引伸计。

4.2.7　继续加荷直至钢绞线破坏,取下试样。系统自动计算并显示出该钢绞线的弹性模量 E、规定非比例延伸力 $F_{p0.2}$、最大力 F_m、最大力总伸长率 A_{gt} 等信息。

5　试验结果计算

5.1　钢绞线拉伸试验计算按式(GB/T 5224-1)计算。

$$R_m = \frac{F_m}{S_0} \qquad (GB/T\ 5224\text{-}1)$$

式中:R_m——抗拉强度;

F_m——钢绞线的最大负荷,kN;

S_0——钢绞线的参考截面积,mm^2。

5.2　性能结果数值的修约。

5.2.1　强度性能值修约至1MPa。

5.2.2　最大力下总伸长率修约至0.5%。

5.3　试验结果数据判定。

5.3.1　当试验结果中有一项不符合标准规定时,则该盘卷不得交货。并从同一批未经试验的钢绞线盘卷中取双倍数量的试样进行该不合格项复验。

5.3.2　复验结果中,只要有一个试样不合格,应进行逐盘检验合格后方可交货。

6　试验记录

预应力混凝土用钢绞线拉伸试验原始记录,见表GB/T 5224-1。

预应力混凝土用钢绞线拉伸试验原始记录表　　表 GB/T 5224-1

试样编号	直径(mm)	公称截面积(mm^2)	平行长度(mm)	规定的非比例延伸力 $F_{p0.2}$		最大力 F_m		最大力总伸长率 A_{gt}(%)	弹性模量 E(GPa)
				荷载(kN)	强度(MPa)	荷载(kN)	强度(MPa)		
1	15.20	140	625	246.8	1763	272.7	1948	5.5	203.1
2	15.20	140	619	249.1	1779	271.9	1942	6.0	202.4
3	15.20	140	617	247.3	1766	272.8	1949	6.0	200.7
备注	—								

7　试验规程及评定依据

7.1　《预应力混凝土用钢绞线》(GB/T 5224)。

7.2　《金属材料　拉伸试验　第1部分:室温试验方法》(GB/T 228.1—2010)。

8　注意事项

8.1　每次试验前要检查设备是否可以正常工作,检查夹具是否与试样匹配。检查每个螺栓的松紧情况,发现松动应及时拧紧。

8.2　试验机移动横梁只是起到调整试验空间的作用,严禁采用移动横梁加载,应通过油缸进行加荷试验。

8.3　试验过程中,如果由于特殊原因油泵停止工作,应先卸载检查,严禁在高油压下检查。

8.4　试验过程中,严禁站在试验机的正面,严禁触摸试件。

预应力钢绞线拉伸应力松弛室温试验方法
（参照 GB/T 10120—2013 执行）

1 目的与适用范围

1.1 在规定温度下，对试样施加试验力，保持初始应变、变形或位移恒定，测定应力随时间变化的关系。

1.2 适用于由冷轧光圆钢丝及刻痕钢丝捻制的用于预应力混凝土结构的钢绞线。

2 主要检测设备

松弛试验机（图 GB/T 10120-1）：试验机力示值误差不应超过 ±1%，试验机力的同轴度不应大于 10%。

图 GB/T 10120-1 松弛试验机

3 试验准备

3.1 每合同批取不少于 1 根试样。

3.2 试样制备后，不得进行任何热处理和冷加工。

3.3 试样的标距长度不小于公称直径的 60 倍。

4　试验步骤

4.1　试验环境要求：试验环境温度应保持在20℃ ±2℃内。

4.2　试样应置于试验环境中足够的时间，确认达到温度平衡后施加初始试验力。

4.3　在试验机上安装试样，系统自动进行预加载工作，当力值达到1kN左右，系统自动停止加力。此时对钢绞线进行对中调整，再均匀加载至初始试验力。

4.4　初始负荷应在3～5min内均匀施加完成，在加力过程中不应超过初始试验力。

4.5　初始试验力保持时间为1min。保持时间结束点作为零时间，在零时间应立刻保持初始总应变或标距恒定。

4.6　连续或定时记录试验力与试验温度，必要时监测试样的初始总应变或标距，绘制关系曲线，直至达到试验所规定的时间。

4.7　试验中断时，按照以下步骤进行：

4.7.1　在剩余应力 F_{rt} 条件下冷却。

4.7.2　测定室温弹性模量。

4.7.3　如果弹性模量的测定值是可以接受的，采用试样在中断时刻的剩余应力 F_{rt} 的半值。

4.7.4　加热至规定温度并保温1h。

4.7.5　增加力至 F_{rt}，观察引伸计的输出信号，5min后记录引伸计输出值，用这个值作为重新进行的控制数据。

5　试验结果计算

5.1　钢绞线应力松弛试验结果的计算按式(GB/T 10120-1)计算。

$$R(\%) = \frac{F_0 - F_r}{F_0} \times 100 \qquad (GB/T\ 10120\text{-}1)$$

式中：F_0——应力松弛试验开始时对试样所施加的应力，kN；

F_r——应力松弛试验结束时试样上所保持的应力，kN。

5.2　可以采用试验数据的(时间采用对数)一次线性回归分析方法对试验数据进行推算。推算1000h的应力松弛性能时，最短试验时间不小于100h。试验测定的性能结果数值应按照相关产品标准的要求进行修约，如未规定具体要求，应按表GB/T 10120-1要求进行修约。

数　据　　表 GB/T 10120-1

规定温度(T)	修约至1℃
直径(d)	修约至0.01mm
长径比(L_0/d)	修约至1位小数
初始应力和剩余应力	修约至3位有效数值
时间	修约至3位有效数值

5.3　试验结果数据判定。

5.3.1　当试验结果不符合标准规定时,则该盘卷不得交货。并从同一批未经试验的钢绞线盘卷中取双倍数量的试样进行复验。

5.3.2　复验结果不合格,应进行逐盘检验合格后方可交货。

6　试验记录

钢绞线应力松弛试验原始记录,见表 GB/T 10120-2。

钢绞线应力松弛试验原始记录表　　表 GB/T 10120-2

钢绞线种类	1×7－15.20－1860	级别规格	1860MPa
试样名称		预应力混凝土用钢绞线	
公称直径(mm)		15.20	
公称面积(mm^2)		140	
理论初始荷载(kN)		182.00	
实际初始荷载(kN)		181.98	
试验温度范围(℃)		18.7～20.8	
试验周期(h)		100	
松弛力 ΔF_t(kN)		2.761	
实测应力松弛率(%)		1.517	
外推1000h 松弛率(%)		1.904	
备注:			

7　试验规程及评定依据

7.1　试验规程:《金属材料　拉伸应力松弛试验方法》(GB/T 10120—2013)。

7.2　评定依据:《预应力混凝土用钢绞线》(GB/T 5224)。

8　注意事项

8.1　试验环境温度应保持在 20℃ ±2℃内。

8.2　保持试验机表面清洁。

8.3　试验过程中,如果由于特殊原因停止工作,应先卸荷检查,不应在高压下检查。

8.4　试验时,试验机两端严禁有人随意走动和停留。

静载锚固性能试验方法
（参照 GB/T 14370—2007 执行）

1　目的与适用范围

1.1　本试验的目的是确保能在预应力混凝土中合理应用预应力筋用锚具、夹具和连接器，保证锚固区、锚固节点安全可靠，确保质量。

1.2　适用于预应力混凝土结构、房屋建筑预应力钢结构、岩锚和地锚等工程中预应力筋用锚具、夹具和连接器的应用。

2　主要检测设备

静载锚固试验系统（图 GB/T 14370-1）。

图 GB/T 14370-1　静载锚固试验系统

3　试验准备

试验用的预应力筋—锚具（夹具或连接器）组装件应由全部锚具（夹具或连接器）零件和预应力筋组装而成，试验用的零件应是在进场验收时经过外观检查和硬度检验合格的产品。组装时锚固零件应与产品出厂状态一致。

组装件应符合下列规定：

3.1　组装件中各根预应力筋应等长、平行、初应力均匀，初应力可取预应力筋抗拉强度标准值（F_{ptk}）的 5% ~10%，不包括组装件两端夹持部位的受力长度不应小于3m;单根钢绞线的组装件试件,不包括组装件两端夹持部位的受力长度不应小于0.8m;其他单根预应力筋的组装件最小长度可按照试验设备确定。

3.2　试验用预应力筋应提供该批预应力筋的质量保证书。所选用的预应力筋,应具有良好的均匀性,其直径公差应在受检锚具、夹具或连接器设计要求的容许范围之内。试验用预应力应先在有代表性的部位至少取6根试件进行母材力学性能试验,试验结果应符合国家现行标准的规定,且实测抗拉强度平均值应符合工程选定的强度等级,超过上一个预应力筋强度等级时不应采用。已受损伤的预应力筋不应用于组装件试验。

4　试验步骤

4.1　接通试验机各项电源,预热30min。

4.2　打开计算机试验软件,输入试验所需信息。

4.3　开启油泵,向张拉油缸供油,使活塞伸出10~20mm。

4.4　将预应力筋从试验机中心孔穿过,在试验机两端装上跟锚具相对应的挡板,并在两挡板外侧装夹试验锚具。

4.5　用张拉千斤顶对每根预应力筋施加初应力(初应力可取预应力筋抗拉强度标准值f_{ptk}的5%~10%),并应使每根预应力筋受力均匀。

4.6　开启加载油泵,按预应力筋抗拉力标准值F_{ptk}的20%、40%、60%、80%分4级等速加载($F_{ptk}-f_{ptk}\times n$,n为试验所用预应力筋的根数),加载速度不应大于100MPa/min,预应力筋拉力达到$0.8F_{ptk}$时应持荷1h,然后用低于100MPa/min的加载速度缓慢加载至完全破坏。

注:用试验机进行单根预应力筋—锚具组装件静载锚固性能试验时,加载速度不应大于200MPa/min;预应力筋拉力达到$0.8F_{ptk}$后持不应少于10min,然后逐渐加载至完全破坏,加载速度不应大于100MPa/min。

4.7　在试验过程中,选取有代表性的若干根预应力筋,对施加荷载的前4级逐级量测预应力筋与锚具(或连接器、夹具)之间的相对位移Δa和锚板与夹片之间的相对位移Δb。

4.7.1　Δa应与预应力筋的受力增量成比例变化,如不成比例,应检查预应力筋是否失锚滑动。

4.7.2　Δb应与预应力筋的受力增量成比例变化,如不成比例,应检查相关零件(锚环、锚板等)是否发生了塑性变形。

4.7.3　在预应力筋应力达到$0.8F_{ptk}$时,持荷1h,Δa与Δb应保持恒定。如持

续增加、不能稳定，表明已失去可靠锚固能力。

4.8 静载试验应连续进行三个组装件的试验，全部试验结果均应做出记录。

4.9 检查断口及锚具，对试样作标记并保存。到此，已完成一次试验。

5 试验结果计算

5.1 锚具效率系数的计算按式（GB/T 14370-1）计算。

$$\eta_a = \frac{F_{apu}}{\eta_p \cdot F_{pm}} \qquad (GB/T\ 14370\text{-}1)$$

式中：η_a——锚具效率系数；

F_{apu}——预应力筋—锚具组装件的实测极限拉力，N；

F_{pm}——按预应力筋试件实测破断荷载平均值计算的预应力筋的实际极限拉力，N；

η_p—预应力筋的效率系数。η_p 的取用：预应力筋—锚具组装件中预应力筋为 1～5 根时 $\eta_p = 1$，6～12 根时 $\eta_p = 0.99$，13～19 根时 $\eta_p = 0.98$，20 根以上时 $\eta_p = 0.97$。

5.2 试验结果数据判定。

5.2.1 合格的锚具试验结果应首先满足以下两点：

（1）锚具的静载锚固性能应同时满足下列两项要求：

$$\eta_a \geqslant 0.95\ ;\ \varepsilon_{apu} \geqslant 2.0\%$$

（2）在预应力筋—锚具组装件达到实测极限拉力时，应当是由预应力筋的断裂，而不应由锚具的破坏所导致；试验后锚具部件会有残余变形，但应能确认锚具的可靠性。

5.2.2 静载试验应连续进行三个组装件的试验，全部试验均应作出记录，并计算锚具的锚固效率系数 η_a 和相应的总应变 ε_{apu}。三个试验结果均应满足上述规定的要求，不得进行平均。

5.2.3 当有一个试件不符合要求时，应取双倍数量的样品重做试验；在重做试验中仍有一个试件不符合要求时，该批锚具（或夹具）应判定为不合格。

6 试验记录

静载锚固性能试验原始记录，见表 GB/T 14370-1。

静载锚固性能试验原始记录表 表 GB/T 14370-1

锚具型号		YJM15-15						试验时钢绞线根数		15		
钢绞线规格		1×7-15.20-1860		钢绞线实测力(kN)		269		钢绞线计算极限拉力之和 F_{pm}(kN)		4035		
试验编号	组装件实测长度(mm)	组装件实测极限拉力 F_{apu}(kN)	位移量(mm)	持荷时间	加载量(占 f_{ptk} 比例)	组装件内缩量 Δa(mm)		夹片滑移量 Δb(mm)		破坏情况		
						张拉端	锚固端	张拉端	锚固端	颈缩丝数	斜切断口丝数	破坏部位
1	3 080	3 821.4	128.7	1h	20%	1.1	1.0	1.1	1.1	0	1	锚口
					40%	2.2	2.1	2.2	2.2			
					60%	3.2	3.2	3.2	3.3			
					80%	4.3	4.2	4.3	4.4			
2	3 080	3 803.7	122.1	1h	20%	1.0	1.1	1.1	1.1	0	2	锚口
					40%	2.1	2.2	2.2	2.2			
					60%	3.2	3.2	3.2	3.3			
					80%	4.2	4.3	4.3	4.4			
3	3 080	3 809.1	121.5	1h	20%	1.0	1.0	1.0	1.0	0	2	锚口
					40%	2.0	2.0	2.1	2.1			
					60%	3.0	3.1	3.2	3.2			
					80%	4.0	4.1	4.2	4.2			
备注	$\eta_a 1$		0.97		$\eta_a 2$		0.96		$\eta_a 3$		0.96	
	$\varepsilon_{apu}1$(%)		4.1		$\varepsilon_{apu}2$(%)		3.9		$\varepsilon_{apu}3$(%)		3.9	

7 试验规程及评定依据

《预应力筋用锚具、夹具和连接器》(GB/T 14370 —2007)。

8 注意事项

8.1 每次试验前要检查设备是否可以正常工作,检查夹具是否与试样匹配,不匹配的应及时调换。检查每个螺栓的松紧情况,发现松动应及时拧紧。

8.2 试验时,试验机两端必须有挡板,严禁有人随意走动和停留。

8.3 预应力钢绞线严禁互相缠绕。

8.4 静载锚固性能试验应符合下列规定：

8.4.1 测量总变形(f_{um})的量具的标距不宜小于1m。

8.4.2 预应力筋—连接器组装件应在预应力筋转角处设置转向约束钢环，试验中转向约束钢环与预应力筋不应产生相对滑动。

8.4.3 试验用测力系统的不确定度不应大于1%；测量总应变的量具，其标距的不确定度不应大于标距的0.2%，指示应变的不确定度不应大于0.1%。

基桩完整性超声波法检测方法
(参照 JTG/T F81-01—2004 执行)

1　目的与适用范围

1.1　本方法适用于直径不小于 800mm 的混凝土灌注桩的桩身完整性检测。

1.2　使用本方法时,被检桩须已预埋声测管。

2　主要检测设备

2.1　非金属超声检测仪(JTG/T F81-01-1)。

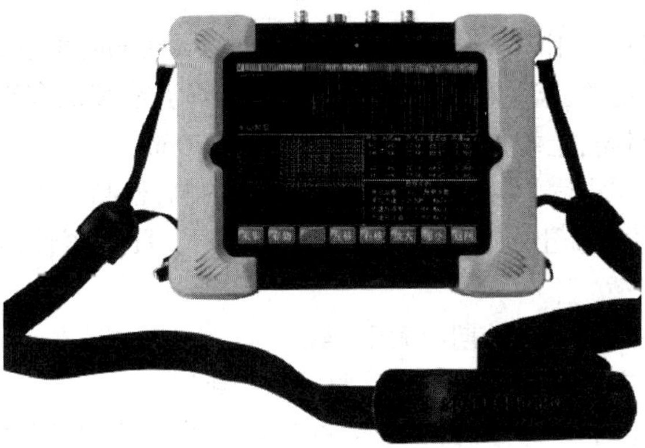

图 JTG/T F81-01-1　非金属超声检测仪

检测仪应具有一发双收功能,声波发射应采用高压阶跃脉冲或矩形脉冲,其电压最大值不应小于 1 000V。

2.2　径向振动换能器。

径向振动换能器应符合下列规定:

(1)径向水平面无指向性。

(2)谐振频率宜大于 25kHz。

(3)在 1MPa 水压下能正常工作。

(4)收、发换能器的导线均应有长度标注,其标注允许偏差不应大于10mm。

(5)接收换能器宜带有前置放大器,频带宽度宜为5~60kHz。

3 试验准备

3.1 桩径$D \leqslant 1\ 500$mm的桩埋设三管、$D > 1\ 500$mm埋设四管(图JTG/T F81-01-2),声测管均匀埋设,管底端应与桩底高程相同。

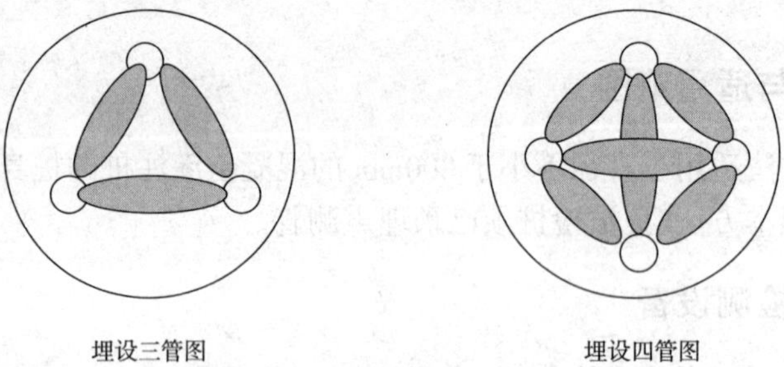

图JTG/T F81-01-2 检测管布置示意图

3.2 检测管宜采用钢管,检测管内径宜为50~60mm,可以螺纹连接、加套管焊接、液压套管连接等,但均应保证接缝处内侧无焊渣或其他有碍换能器上下移动的凸起物。下端封闭,上端加盖,管口宜高出桩顶30cm以上。

3.3 检测管应牢固焊接或绑扎在钢筋笼的内侧,检测管之间应互相平行。

3.4 在灌注混凝土前,检测管内应注满清水,且水密性满足1MPa水压不渗水。

3.5 被检桩的混凝土龄期应大于14d。

3.6 标定超声波检测仪发射至接收的系统延时t_0。

3.7 准确量测声测管的内外径和两相邻声测管外壁间的距离,量测精度为±1mm。

4 试验步骤

4.1 设置采样的参数,主要包括工程名称、检测桩号、桩径、桩长、声测管间距、测试剖面等。声测管编号以路线前进方向的顶点为起始点,按顺时针旋转方向进行编号和分组。在同一检测剖面的检测过程中,声波发射电压和仪器设置参数应保持不变。将发射换能器和接收换能器分别置于两根声测管的测点位置处。以两根管为一检测剖面,因此埋设三根管的基桩需检测3个剖面,埋设四根管的基桩需检测6个剖面。

4.2　发射换能器和接收换能器分别在两根声测管中，可置于同一高程，或有一定的高差，水平角度一般为30°～40°。

4.3　发射与接收声波换能器应以相同高程或保持固定高差同步升降，规范要求测点间距不应大于25cm。发射与接收换能器同步升降，随时校正相对高差，使之不大于2cm。当数据异常时，应加密检测。采用加密观测、斜测、扇形扫测（图JTG/T F81-01-3）进行复测，进一步确定桩身缺陷的位置和范围。

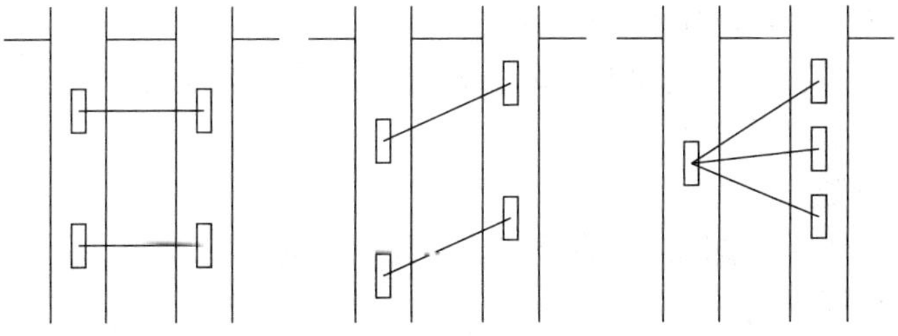

图 JTG/T F81-01-3　平测、斜测、扇形扫测示意图

5　试验数据分析与判定

5.1　声时修正可按公式（JTG/T F81-01-1）计算。

$$t' = \frac{D-d}{v_t} + \frac{d-d'}{v_w} \qquad \text{(JTG/T F81-01-1)}$$

式中：t'——声时修正值，μs；

D——声测管外径，mm；

d——声测管内径，mm；

d'——换能器外径，mm；

v_t——声测管壁厚度方向声速值，km/s；

v_w——水的声速值，km/s。

5.2　声时、声速和声速平均值按公式计算，并绘制声速—深度曲线、波幅—深度曲线。

$$t = t_i - t_0 - t' \qquad \text{(JTG/T F81-01-2)}$$

$$v_i = \frac{l}{t} \qquad \text{(JTG/T F81-01-3)}$$

$$v_m = \sum_{i=1}^{n} \frac{v_i}{n} \qquad \text{(JTG/T F81-01-4)}$$

式中：t——声时值，μs；

t_i——超声波第 i 测点声时值，μs；

t_0——声波检测系统延迟时间，μs；

t'——声时修正值，μs；

v_i——第 i 个测点声速值，km/s；

l——两根检测管外壁间的距离，mm；

v_m——混凝土声速平均值，km/s；

n——测点数。

5.3　桩身混凝土缺陷应根据下列方法综合判定。

(1)声速判据。

当实测混凝土声速值低于声速临界值时应将其作为可疑缺陷区。

$$v_i < v_D \qquad \text{(JTG/T F81-01-5)}$$

式中：v_i——第 i 个测点声速值，km/s；

v_D——声速临界值，km/s。

声速临界值采用正常混凝土声速平均值与 2 倍声速标准差之差，即：

$$v_D = \bar{v} - 2\sigma_v \qquad \text{(JTG/T F81-01-6)}$$

$$\bar{v} = \sum_{i=1}^{n} \frac{v_i}{n} \qquad \text{(JTG/T F81-01-7)}$$

$$\sigma_v = \sqrt{\sum_{i=1}^{n} \frac{(v_i - \bar{v})^2}{n-1}} \qquad \text{(JTG/T F81-01-8)}$$

式中：$\bar{v}$——正常混凝土声速平均值，km/s；

σ_v——正常混凝土声速标准差；

v_i——第 i 个测点声速值，km/s；

n——测点数。

当检测剖面 n 个测点的声速值普遍偏低且离散性很小时，宜采用声速低限值判据。即实测混凝土声速低于声速低限值时，可直接判定为异常。

$$v_i < v_L \qquad \text{(JTG/T F81-01-9)}$$

式中：v_i——第 i 个测点声速值，km/s；

v_L——声速低限值，km/s。

声速低限值由预留同条件混凝土试件的抗压强度与声速对比试验结果，结合本地区实际经验确定。

(2)波幅判据。

用波幅平均值减 6dB 作为波幅临界值，当实测波幅低于波幅临界值时，应将其作为可疑缺陷区。

$$A_D = A_m - 6 \qquad (JTG/T\ F81\text{-}01\text{-}10)$$

$$A_m = \sum_{i=1}^{n} \frac{A_i}{n_i} \qquad (JTG/T\ F81\text{-}01\text{-}11)$$

式中：A_D——波幅临界值，dB；

A_m——波幅平均值，dB；

A_i——第 i 个测点相对波幅值，dB；

n——测点数。

(3)PSD 判据。

采用斜率法作为辅助异常判据，当 PSD 值在某测点附近变化明显时，应将其作为可疑缺陷区。

$$PSD = \frac{(t_i - t_{i-1})^2}{z_i - z_{i-1}} \qquad (JTG/T\ F81\text{-}01\text{-}12)$$

式中：t_i——第 i 个测点声时值，μs；

t_{i-1}——第 $i-1$ 个测点声时值，μs；

z_i——第 i 个测点深度，m；

z_{i-1}——第 $i-1$ 个测点深度，m。

5.4　对于混凝土声速和波幅值出现异常并判定为可疑缺陷区的部位，应采用水平加密、等差同步或扇形扫测等方法进行细测，确定混凝土缺陷的位置及影响程度。

5.5　桩身完整性类别应按下列原则判定(图 JTG/T F81-01-4 ~ 图 JTG/T F81-01-7)：

Ⅰ类桩：各声测剖面每个测点的声速、波幅均大于临界值，波形正常。

Ⅱ类桩：某一声测剖面个别测点的声速、波幅略小于临界值，但波形基本正常。

Ⅲ类桩：某一声测剖面连续多个测点或某一深度桩截面处的声速、波幅值小于临界值，PSD 值变大，波形畸变。

Ⅳ类桩：某一声测剖面连续多个测点或某一深度桩截面处的声速、波幅值明显小于临界值，PSD 值突变，波形严重畸变。

工程名称	11	基桩名称	CHX2-1
设计桩径	1500mm	设计强度	C30
施工桩长	56.00m		

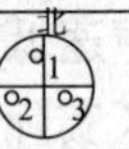

内定	2-3 声速 km/s	2-3 幅度 dB	1-2 声速 km/s	1-2 幅度 dB	1-3 声速 km/s	1-3 幅度 dB
最大值	4.394	106.29	5.392	106.90	4.026	106.45
最小值	3.849	101.31	4.238	102.61	3.737	99.44
平均值	4.081	104.10	4.904	105.06	3.869	104.34
标准差	0.1118	0.651	0.3177	0.755	0.0656	0.899
临界值1	3.780	98.10	4.050	99.06	3.693	98.34

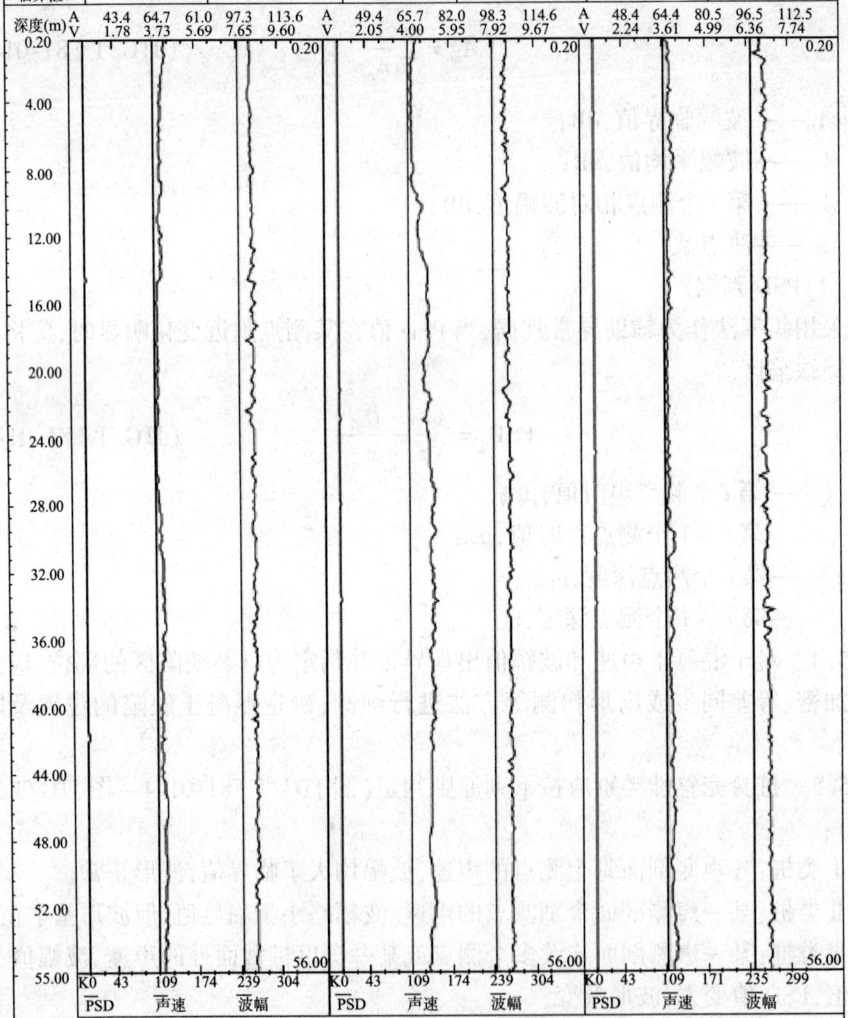

图 JTG/T F81-01-4　Ⅰ类桩曲线波形示意图

工程名称	TQ		基桩名称	D3-0-1	
设计桩径	1200mm	设计强度	C30	施工桩长	42.00m

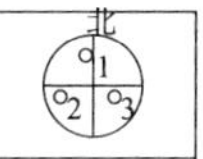

内定	1-2		1-3		2-3	
	声速 km/s	幅度 dB	声速 km/s	幅度 dB	声速 km/s	幅度 dB
最大值	5.243	109.83	5.299	109.71	4.762	109.71
最小值	3.935	97.79	4.372	103.81	4.124	102.43
平均值	4.876	106.83	4.747	106.83	4.399	106.89
标准差	0.1464	1.299	0.1806	1.061	0.1361	1.011
临界值1	4.497	100.83	4.278	100.83	4.046	100.89

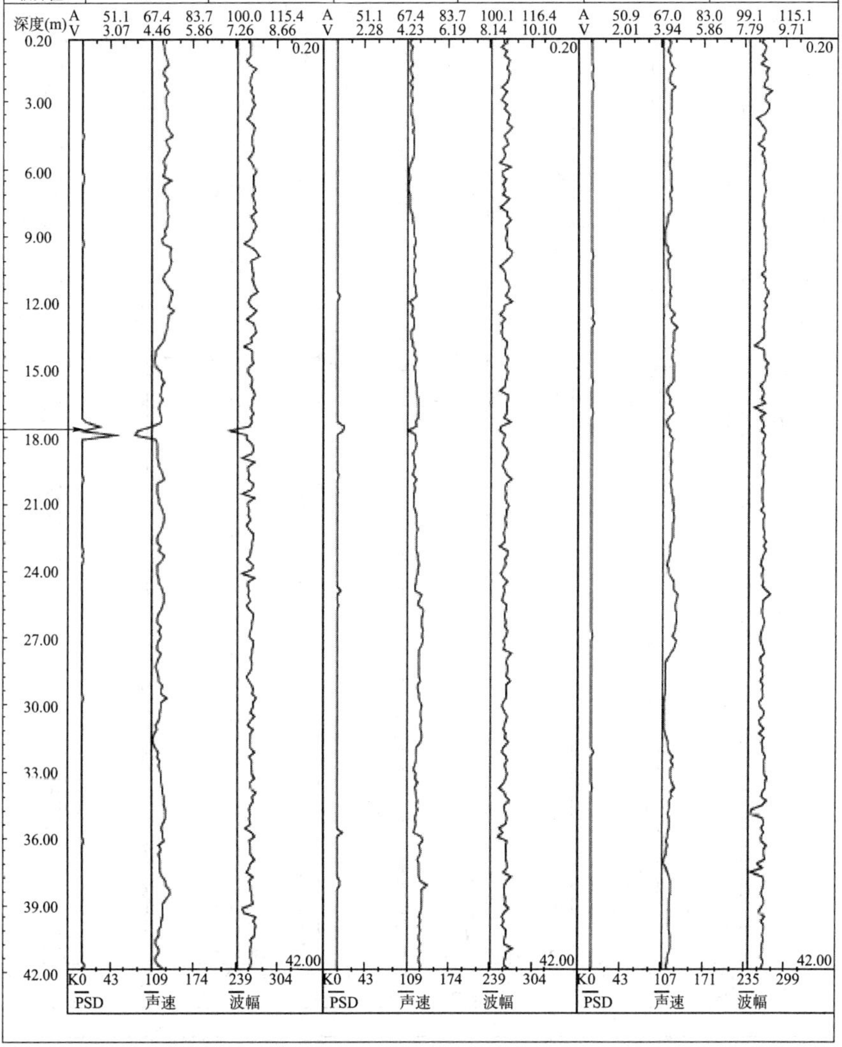

图 JTG/T F81-01-5　Ⅱ类桩曲线波形示意图

工程名称	YGL		基桩名称	3-2	
设计桩径	1200mm	设计强度	C30	施工桩长	43.30m
检测依据					

内定	2-3 声速 km/s	2-3 幅度 dB	1-3 声速 km/s	1-3 幅度 dB	1-2 声速 km/s	1-2 幅度 dB
最大值	4.032	107.47	5.292	109.01	4.213	108.44
最小值	2.940	91.79	3.591	91.06	3.370	93.98
平均值	3.560	102.62	4.936	104.91	3.960	103.95
标准差	0.1773	2.279	0.1101	2.165	0.1002	1.898
临界值1	3.098	96.62	4.651	98.91	3.699	97.95

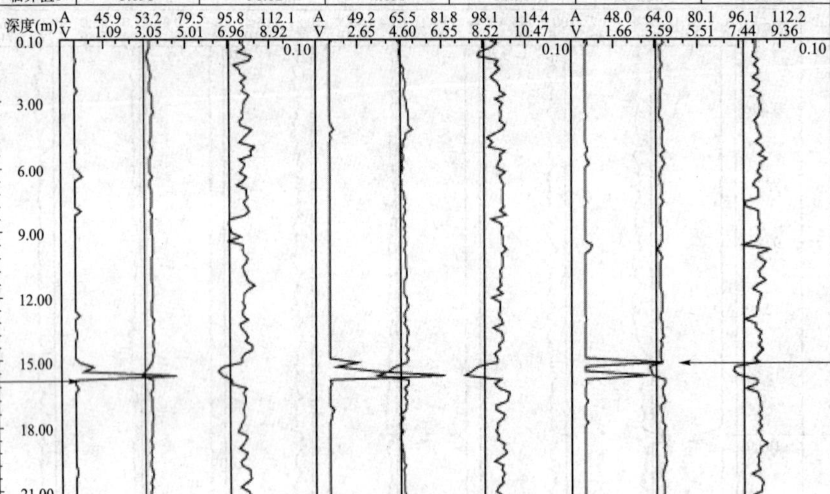

图 JTG/T F81-01-6 Ⅲ类桩曲线波形示意图

工程名称	PC			基桩名称	PC1-4	
设计桩径	1200mm	设计强度	C30	施工桩长	60.00m	
内定	1-3		1-2		2-3	
	声速 km/s	幅度 dB	声速 km/s	幅度 dB	声速 km/s	幅度 dB
最大值	5.729	109.46	4.822	109.03	4.717	109.11
最小值	1.482	60.25	1.448	60.25	1.528	80.18
平均值	4.518	105.37	4.304	105.01	4.378	105.38
标准差	0.2683	4.185	0.1398	5.610	0.1342	3.550
临界值1	3.796	99.37	3.928	99.01	4.017	99.38

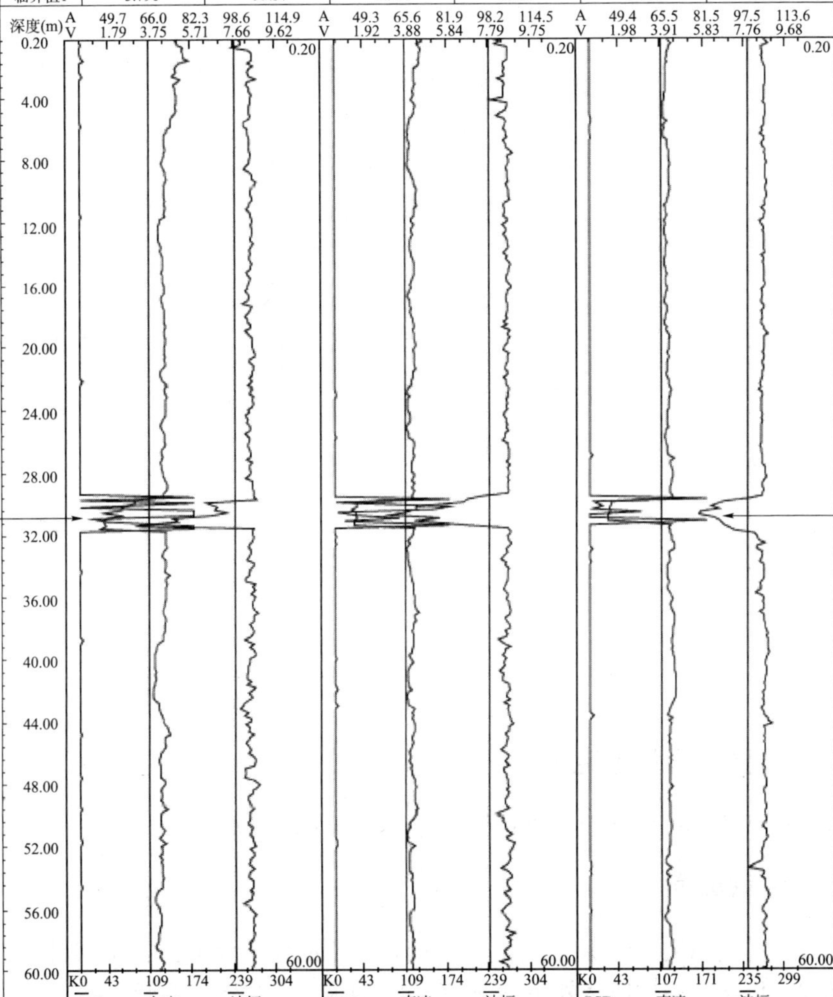

图 JTG/T F81-01-7　Ⅳ类桩曲线波形示意图

6 试验记录

基桩超声波法完整性检测记录示例,见表 JTG/T F81-01-1。

基桩完整性试验检测记录表(超声波法) 表 JTG/T F81-01-1

第 页 共 页

QJ0304a

实验室名称: 记录编号:ZY05-010—2014-1

<table>
<tr><td colspan="2">工程部位/用途</td><td colspan="3">10 号承台</td><td colspan="3">委托/任务编号</td><td colspan="3">001</td></tr>
<tr><td colspan="2">试 验 依 据</td><td colspan="3">《公路工程基桩动测技术规程》</td><td colspan="3">样 品 编 号</td><td colspan="3">1-1</td></tr>
<tr><td colspan="2">样 品 描 述</td><td colspan="3">水下灌注桩</td><td colspan="3">样 品 名称</td><td colspan="3">基桩</td></tr>
<tr><td colspan="2">试 验 条 件</td><td colspan="3">龄期满足检测要求</td><td colspan="3">试 验 日 期</td><td colspan="3">2013-5-4</td></tr>
<tr><td colspan="2">主要仪器设备及编号</td><td colspan="9">非金属超声波检测仪(311169)</td></tr>
<tr><td>桩号</td><td>桩径
(mm)</td><td>桩长
(m)</td><td>施工
日期</td><td>桩状态</td><td>强度
(MPa)</td><td>断面
组合</td><td>声测
管间距
(mm)</td><td>平均
波速
(m/s)</td><td>缺陷
情况</td><td>判定</td></tr>
<tr><td rowspan="3">9-1</td><td rowspan="3">1200</td><td rowspan="3">56.0</td><td rowspan="3">2013-3-3</td><td rowspan="3">龄期满足
检测要求,
声测管中
已注满清水</td><td rowspan="3">C30</td><td>0102</td><td>820</td><td>4 010</td><td>完整</td><td>I</td></tr>
<tr><td>0103</td><td>840</td><td>4 122</td><td>完整</td><td>I</td></tr>
<tr><td>0203</td><td>780</td><td>4 009</td><td>完整</td><td>I</td></tr>
<tr><td colspan="2">声测管布置
示意图</td><td colspan="9"></td></tr>
</table>

试验: 复核: 日期: 年 月 日

7 试验规程及评定依据

《公路工程基桩动测技术规程》(JTG /T F81-01—2004)

8 注意事项

8.1 在使用交流电源工作时,必须接带必要的稳压设备,或不间断电源。

8.2 设备装卸时应格外小心,避免生拉硬拽造成电缆接头断线。

8.3 注意管口的保护,避免电缆磨损。

8.4 仪器使用完毕后,应将残留水迹、灰尘擦拭干净,并立即归入仪器箱中。

基桩完整性低应变反射波法检测方法
(参照 JTG/T F81-01—2004 执行)

1 目的与适用范围

1.1 本方法适用于混凝土灌注桩和预制桩等刚性材料桩的桩身完整性检测。

1.2 低应变反射波法是通过分析实测桩顶速度响应信号的特征来检测桩身的完整性,判定桩身缺陷位置及影响程度,判断桩端嵌固情况。

1.3 使用本方法时,被检桩的桩端反射信号应能有效识别。

2 主要检测设备

桩身完整性测试仪(图 JTG/T F81-01-1),所配加速度传感器灵敏度应大于100mV/g,速度传感器灵敏度应大于200mV/cm · s^{-1}。

信号采集及处理仪应符合下列规定:

(1)数据采集装置的模-数转换器不得低于12bit。

(2)采样间隔宜为10~500μs,可调。

(3)单通道采样点不少于1 024点。

(4)放大器增益宜大于60dB,可调,线性度良好,其频率影响范围应满足5~5kHz。

图 JTG/T F81-01-1 桩身完整性测试仪

3 试验准备

桩顶条件和桩头处理好坏直接影响测试信号的质量。因此在检测之前,桩头应满足以下条件,并做相应处理。

3.1 搜集被测工程地质资料、基桩设计图和施工记录、监理日志等,了解施工工艺及施工过程中出现的异常情况。

3.2 受检桩桩顶的混凝土质量、截面尺寸应与桩身设计条件基本等同。

3.3 应凿除桩顶浮浆或松散、破损部分,并露出坚硬的混凝土表面。

3.4 桩顶表面应平整干净且无积水。

3.5 妨碍正常测试的桩顶外露主筋应割掉。

3.6 当桩头与承台或垫层相连时,相当于桩头处存在很大的截面阻抗变化,对测试信号会产生影响,因此,测试时桩头应与桩身混凝土承台断开;当桩头侧面与垫层相连时,除非对测试信号没有影响,否则应断开。

3.7 混凝土灌注桩的检测宜在成桩 14d 以后进行;打入或静压式预制桩的检测应在相邻桩打完后进行。

4 试验步骤

4.1 传感器的安装。

(1)实心桩的激振点宜选择在桩头中心部位,传感器应粘贴在距桩中心 1/2 ~ 2/3R 处,且距离桩的主筋不宜小于 50mm,见图 JTG/T F81-01-2。当桩径不大于 1 000mm 时不宜少于 2 个测点,当桩径大于 1 000mm 时不宜少于 4 个测点。因为敲击产生的应力波除向下传播外,也沿径向向周边传播,从周边反射回来的波与由圆心外散的波会发生叠加。理论和实践表明,2/3R 处波的干扰最小。空心桩的激振点及传感器安装位置应选择在桩壁厚的 1/2 处且应在同一水平面上,与桩中心连线形成的夹角宜为 90°。检测测点数应不少于 4 个,每个测点至少有 3 个锤击点。另外,检测点与锤击点应有足够的距离以消除二维效应。

(2)传感器的耦合剂可采用橡皮泥、黄油、凡士林等,黏结层应尽可能薄。传感器应粘贴牢固,保证有足够的黏结强度,安装面应与桩顶面紧密接触。不良的安装会导致较低的安装谐振频率,这时传感器的测试上限就降低到安装谐振频率,影响测试效果,甚至不能满足测试对象的带宽要求。

4.2 检测工作要求。

(1)混凝土灌注桩、混凝土预制桩的激振点宜在桩顶中心部位;预应力混凝土管桩的激振点和传感器安装点与桩中心连线的夹角不应小于 45°。

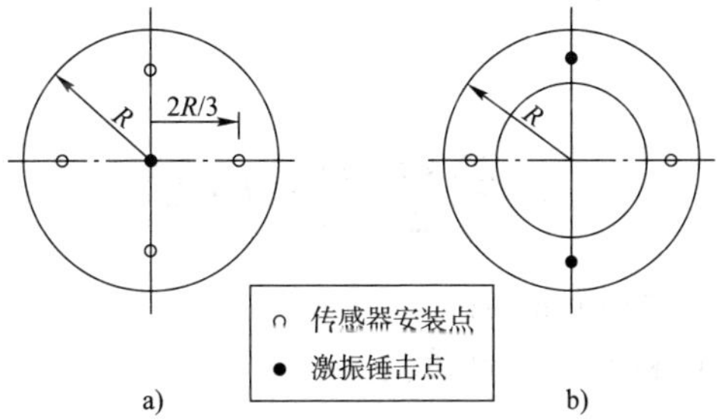

图 JTG/T F81-01-2　传感器安装点、锤击点布置示意图

(2)短桩或浅部缺陷桩的检测宜采用轻锤短脉冲激振;长桩、大直径桩或深部缺陷桩的检测宜采用重锤宽脉冲激振,也可采用不同的锤垫来调整激振脉冲宽度。

(3)采用力棒激振时,应自由下落;采用力锤敲击时,应使其作用力方向与桩顶面垂直。

(4)对每根被检测的单桩,均应重复测试,时域波形应有较好的重复性。当重复性不好时应及时清理激振点,改善传感器安置条件或排除仪器故障后重新进行测试。

(5)对于异常波形(图 JTG/T F81-01-3),应在现场及时分析研究,首先排除可能存在的激振或接收条件不良因素的影响后,再重复测试。

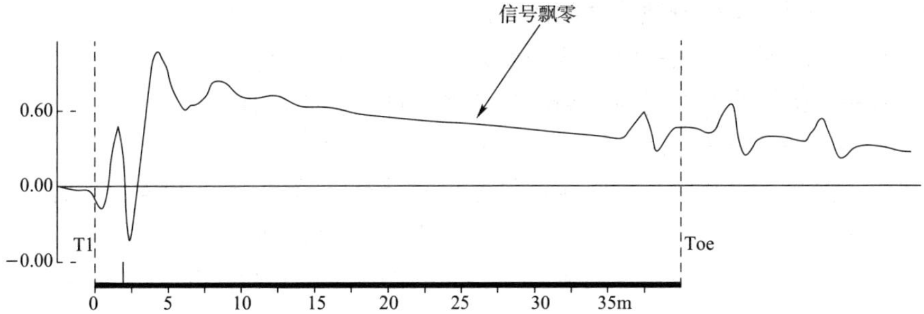

图 JTG/T F81-01-3　异常波形示意图

5　试验数据分析与判定

5.1　桩身完整性分析宜以时域曲线为主,辅以频域分析,并结合施工情况、岩土工程勘察资料和波型特征等因素进行综合分析判定。

5.2　桩身波速平均值的确定。

(1)当桩长已知、桩端反射信号明显时,选取相同条件下不少于 5 根 I 类桩的桩身波速按下式计算其平均值:

$$c_m = \frac{1}{n}\sum_{i=1}^{n} c_i \quad \text{(JTG/T F81-01-1)}$$

$$c_i = \frac{2L \times 1\,000}{\Delta T} = 2L \cdot \Delta f \quad \text{(JTG/T F81-01-2)}$$

式中：c_m——桩身波速平均值，m/s；

c_i——第 i 根桩的桩身波速计算值，m/s；

L——完整桩桩长，m；

ΔT——时域信号第一峰与桩端反射波峰间的时间差，ms，计算时不宜取第一与第二峰；

Δf——幅频曲线桩端相邻谐振峰间的频差，Hz；

n——基桩数量（$n \geq 5$）。

(2)当桩身波速平均值无法按上款确定时，可根据本地区相同桩型及施工工艺的其他桩基工程的测试结果，并结合桩身混凝土强度等级与实践经验综合确定。

5.3　桩身缺陷位置应按下列公式计算：

$$x = \frac{1}{2\,000} \cdot \Delta tx \cdot c = \frac{1}{2} \cdot \frac{c}{\Delta fx} \quad \text{(JTG/T F81-01-3)}$$

式中：x——测点至桩身缺陷之间的距离，m；

Δtx——时域信号第一峰与缺陷反射波峰间的时间差，ms；

Δfx——频幅曲线所对应缺陷的相邻谐振峰间的频差，Hz；

c——桩身波速，m/s，无法确定时用 cm 值替代。

5.4　混凝土灌注桩采用时域信号分析时，应结合有关施工和岩土工程勘察资料，正确区分由扩径处产生的二次同向反射与因桩身截面渐扩后急速恢复至原桩径处的一次同向反射，以避免对桩身完整性的误判。扩径处产生的二次同向反射，如图 JTG/T F81-01-4 所示。

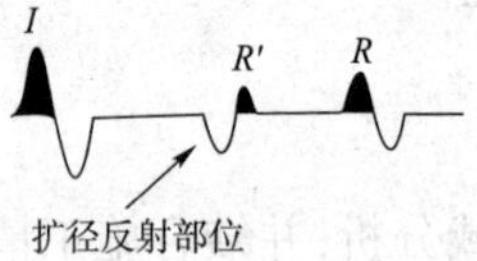

图 JTG/T F81-01-4　扩径处产生的二次同向反射波形图

5.5　对于嵌岩桩，当桩端反射信号为单一反射波且与锤击脉冲信号同相时，应结合岩土工程勘察和设计等有关资料以及桩端同向反射波幅的相对高低来推断嵌岩质量，必要时采取其他合适方法进行核验。

5.6　桩身完整性的分析当出现下列情况之一时，宜结合其他检测方法。

(1)超过有效检测长度范围的超长桩，其测试信号不能明确反映桩身下部和桩端情况。

(2)桩身截面渐变或多变,且变化幅度较大的混凝土灌注桩。

(3)当桩长的推算值与实际桩长明显不符,且又缺乏相关资料加以解释或验证。

(4)实测信号复杂、无规律,无法对其进行准确的桩身完整性分析和评价。

(5)对于预制桩,时域曲线在接头处有明显反射,但又难以判定是断裂错位还是接桩不良。

5.7　桩身完整性类别应按下列原则判定。

I 类桩:桩端反射较明显,无缺陷反射波,振幅谱线分布正常,混凝土波速处于正常范围。

II 类桩:桩端反射较明显,但有局部缺陷所产生的反射信号,混凝土波速处于正常范围。

III 类桩:桩端反射不明显,可见缺陷二次反射波信号,或有桩端反射但波速明显偏低。

IV 类桩:无桩端反射信号,可见因缺陷引起的多次强反射信号,或按平均波速计算的桩长明显短于设计桩长。

各类基桩典型波形见图 JTG/T F81-01-5:

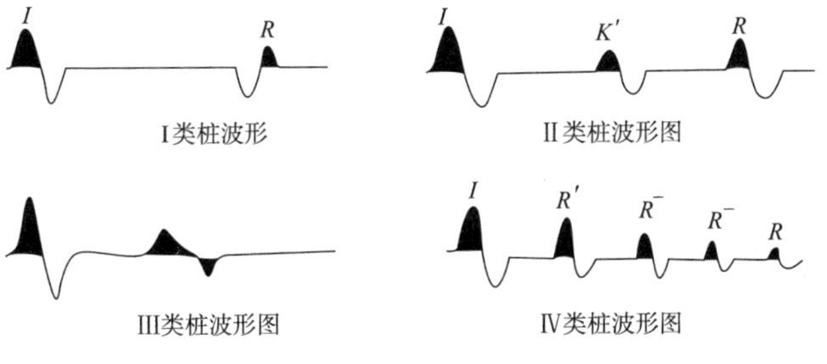

图 JTG/T F81-01-5　基桩典型波形图

6　试验记录

基桩低应变法完整性检测记录示例,见表 JTG/T F81-01-1。

7　试验规程及评定依据

《公路工程基桩动测技术规程》(JTG /T F81-01—2004)。

基桩完整性试验检测记录表(反射波法)　　表 JTG/T F81-01-1

第　页　共　页

QJ0304b

实验室名称：　　　　记录编号：ZY05-011-2014-1

工程部位/用途		1号承台		委托/任务编号	001
试验依据		《公路工程基桩动测技术规程》		样品编号	1—1
样品描述		水下灌注桩		样品名称	基桩
试验条件		龄期满足检测要求		试验日期	2013-1-2
主要仪器设备及编号		桩基完整性测试仪(311208)			
桩号	桩径(mm)	桩长(m)	施工日期	桩状态	判定
1—1	1 000	26.0	2012-10-9	桩顶已磨平至坚实混凝土	Ⅰ类
备注					

试验：　　　　复核：　　　　日期：　　年　　月　　日

8　注意事项

8.1　仪器的正常工作温度为0～40℃，温度过低则感应式触摸屏无法正常工作，阳光过度直射将降低液晶屏幕的可见度。

8.2　传感器装卸时应格外小心，避免生拉硬拽造成接头断线。

8.3　应避免硬物划伤感应式触摸屏表面。

8.4　仪器使用完毕后，应将残留水迹、灰尘及黄油擦拭干净，并立即归入仪器箱中。

8.5　检测仪器应符合现行行业标准的规定，并按时检定。

梁板静载试验(参照 JTG/T J21—2011 执行)

1　目的与适用范围

1.1　通过对梁板静载试验,检验梁板的实际受力及变形情况,了解试验梁板的受力性能,验证其是否满足设计及规范要求;为竣工验收提供技术依据。

1.2　本方法适用于桥梁结构梁板的静载试验。

2　主要检测设备

2.1　变形测量仪器:百分表、精密水准仪、位移计、挠度计等。测量精度不低于0.05mm。

2.2　应变测量仪器:应变片或振弦式应变计等以及配套数据采集仪或振弦式应变读数仪。测试精度不低于1F。

2.3　裂缝观测仪器:裂缝观测仪,测量精度不低于0.02mm。

2.4　其他:与百分表组装好的磁性表座、配合精密水准仪使用的钢尺等。

2.5　加载方式:反力系统(千斤顶、反力架和地锚)、堆载等。

2.6　常用仪器(图 JTG/T J21-1 ~ 图 JTG/T J21-6):

图 JTG/T J21-1　百分表

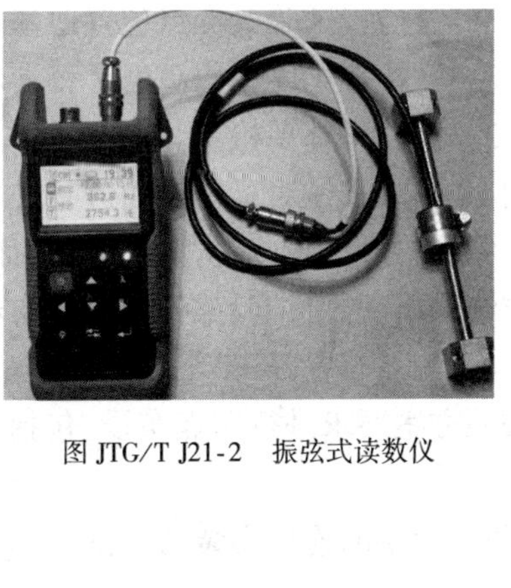

图 JTG/T J21-2　振弦式读数仪

图 JTG/T J21-3　裂缝观测仪

图 JTG/T J21-4　精密水准仪

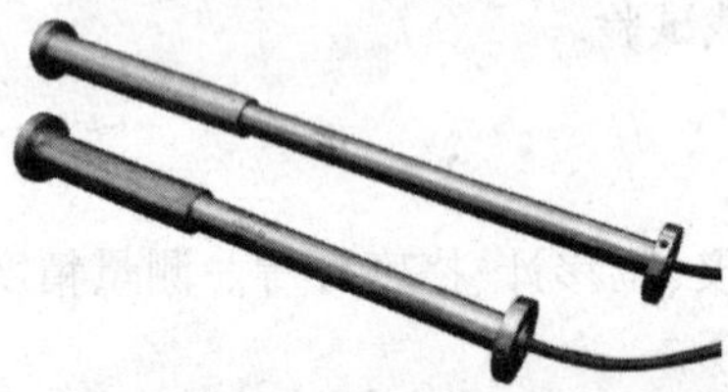

图 JTG/T J21-5　位移计

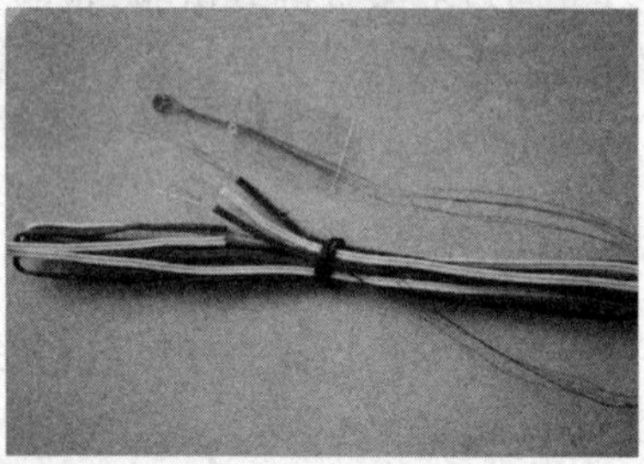

图 JTG/T J21-6　应变片

3　试验准备

3.1　仪器有效性检查。

试验前应对试验所需设备进行检查。

3.2　试验梁安装就位。

3.2.1　检查试验梁是否按设计跨径的要求摆放支座。

3.2.2　检查试验梁支点位置地基的稳定性。

3.2.3　检查梁体就位高度是否满足试验操作需要。

3.3　试验梁外观检查。

用10倍放大镜对梁体全面进行外观检查，重点检查梁体1/4～3/4跨度范围内的下缘和梁底外观；对初始裂缝（表面收缩裂缝和表面损伤裂缝）及局部缺陷用黑笔详细描出，并对试验梁外观进行初步评定。

3.4　测点布置。

按照方案要求进行测点布设，包括应变、位移、裂缝观测点进行布设的介绍及演示。

3.5　设备的连接安装与调试。

包括对混凝土打磨、混凝土表面应变计粘贴、导线的连接、测点编号以及加载位置的放样等。完成表面应变计的标定、导线的编排、仪器设备的调试等项目，为现场试验的顺利进行做好准备。

3.6　加载方法的选择。

按照内力等效原则进行加载，加载方式有反力架加载、重物堆载等。

在跨中布置反力架，通过反力架上的千斤顶在跨中集中加载。千斤顶、反力架和地锚布置，如图 JTG/T J21-7 所示。

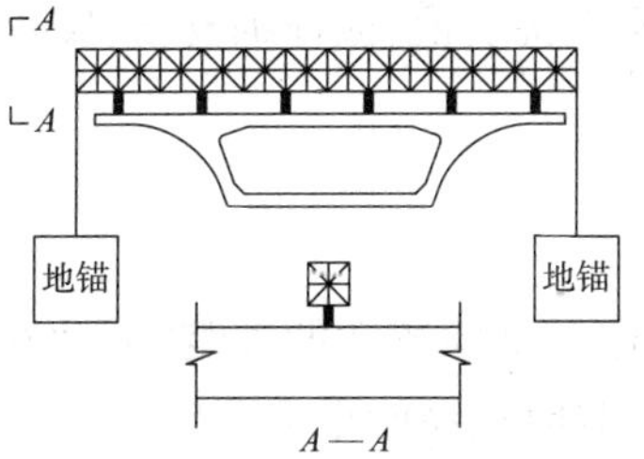

图 JTG/T J21-7　反力架加载系统示意

在梁面根据加载位置枕木，将预制混凝土标准块通过枕木模拟集中力进行加载。重物堆载，如图 JTG/T J21-8 所示。

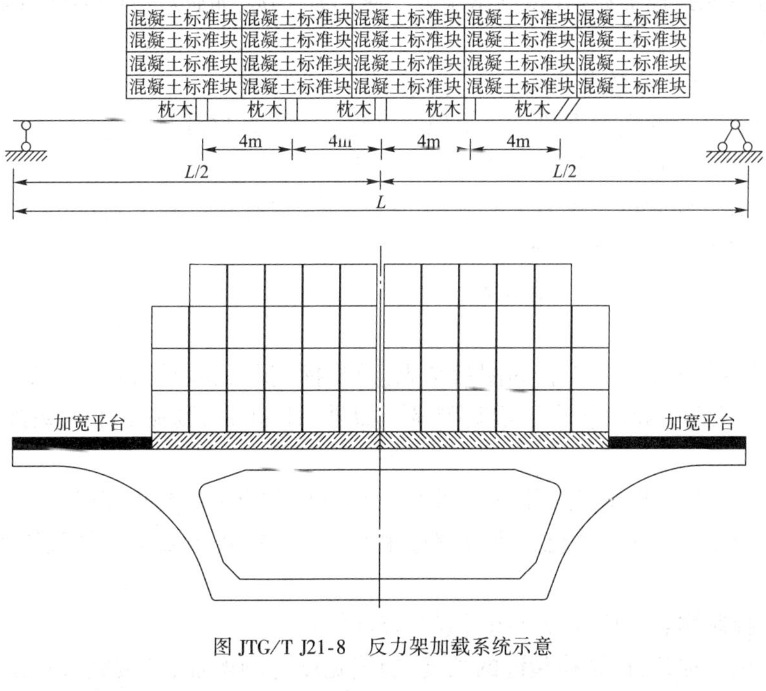

图 JTG/T J21-8　反力架加载系统示意

加载注意事项：

(1)每一混凝土标准块在吊装加载时，加载速度不宜超过 3kN/s。

(2)每级加载后，均应仔细检查梁体下缘有无裂缝出现。如出现裂缝或(和)初始裂缝的延伸，应用红铅笔标注，并注明荷载等级，量测裂缝宽度。

(3)每级加载后，均应测量梁体跨中和各支座中心截面两侧竖向位移变化，以同一截面的两侧平均值分别作为相应截面的竖向位移量或支点沉降量。跨中截面的竖向位移量减去支座沉降影响量即为该级荷载下的实测挠度值。

(4)对每级加载下的实测挠度值，应仔细复核，发现异常立即查明原因。

4 试验步骤

4.1 仪器调试、预压。

试验仪器能否正常工作是试验成功的关键，因此在预压时对相关测试仪器进行调试，以保证正式加载试验时仪器的正常工作。

4.2 静载初读数。

测量、读数记录人员各司其职，进行正式加载开始时的零荷载读数。

4.3 加载。

安排专人指挥加载，并根据试验方案对加载工况、加载对应的加载数量及位置进行检查。

4.4 稳定后读数及观测。

加载后结构的变形需要有一个稳定过程，试验时以控制点的挠度值稳定为准，只要读数波动值在测试仪器的精度范围以内，就认为结构已处于相对稳定状态，可以测量读数。同时进行梁体结构观察，是否出现裂缝等。各个测量小组完成本工况各自的测量任务后，向总指挥报告。

4.5 下一级加载及终止加载。

4.5.1 下一级加载。

根据各个测量小组汇报的测量结果，总指挥判断试验是否正常。如果测量结果有异样，则命令相应的小组重新测量。如果一切正常，则命令下一级加载，直至加载结束。

4.5.2 在试验加载过程中，如果发现以下情况应中途终止加载。

(1)控制测点应力值已达到或超过用弹性理论按规范安全条件反算的控制应力值时。

(2)控制测点变位或挠度超过规范容许值时。

(3)由于加载，使结构裂缝的长度、裂缝宽度急剧增加，新裂缝大量出现，缝宽超过允许值的裂缝大量增多，对结构使用寿命造成较大的影响。

(4)发生其他损坏，影响桥梁承载能力或正常使用时。

4.6　卸载读数。

一个加载循环结束，荷载卸去后，各测点要读回零值，同样要有一个稳定过程。读完本次数据后即完成了一个加载循环，重复以上步骤进行下一加载循环的试验测试。

5　试验规程及判定依据

5.1　《大跨径混凝土桥梁的试验方法》。

5.2　《公路桥梁承载能力检测评定规程》(JTG/T J21—2011)。

6　试验记录(表 JTG/T J21-1)

桥梁减载试验数据记录表　　表 JTG/T J21-1

截面位置：　　加载工况：

线编号	通道号	初值	加载工况						备注
			加载 1	加载 2	加载 3	减载 1	减载 2	减载 3	
1	1	3 355	3 397	3 418	3 429	3 387	3 366	3 355	
2	2	3 239	3 285	3 315	3 326	3 280	3 250	3 239	
3	3	3 223	3 267	3 288	3 301	3 257	3 236	3 223	
4	4	3 129	3 171	3 201	3 215	3 173	3 143	3 129	
5	5	3 522	3 569	3 590	3 602	3 555	3 534	3 522	
6	6	3 416	3 466	3 486	3 497	3 447	3 427	3 416	
7	7	3 247	3 294	3 315	3 325	3 278	3 257	3 247	
8	8	3 448	3 492	3 513	3 524	3 480	3 459	3 448	
9	9	3 144	3 190	3 212	3 224	3 178	3 156	3 144	
10	10	3 268	3 311	3 337	3 351	3 308	3 282	3 268	
11	11	3 231	3 273	3 300	3 313	3 271	3 244	3 231	
12	12	3 348	3 392	3 421	3 431	3 387	3 358	3 348	
13	13	3 192	3 239	3 267	3 281	3 234	3 206	3 192	
14	14	3 327	3 374	3 396	3 411	3 364	3 342	3 327	
15	15	3 237	3 278	3 299	3 313	3 272	3 251	3 237	

续上表

线编号	通道号	初值	加载工况						备注
			加载1	加载2	加载3	减载1	减载2	减载3	
16	16	3 278	3 322	3 346	3 357	3 313	3 289	3 278	
17	17	3 540	3 582	3 602	3 614	3 572	3 552	3 540	
18	18	3 521	3 569	3 596	3 607	3 559	3 532	3 521	
19	19	3 300	3 346	3 367	3 381	3 335	3 314	3 300	
20	20	3 315	3 357	3 387	3 400	3 358	3 328	3 315	
21	21	3 491	3 532	3 557	3 567	3 526	3 501	3 491	
22	22	3 488	3 536	3 564	3 577	3 529	3 501	3 488	
23	23	3 355	3 397	3 418	3 429	3 387	3 366	3 355	
24	24	3 239	3 285	3 315	3 326	3 280	3 250	3 239	
25	25	3 223	3 267	3 288	3 301	3 257	3 236	3 223	
26	26	3 129	3 171	3 201	3 215	3 173	3 143	3 129	
27	27	3 522	3 569	3 590	3 602	3 555	3 534	3 522	
28	28	3 416	3 466	3 486	3 497	3 447	3 427	3 416	
29	29	3 247	3 294	3 315	3 325	3 278	3 257	3 247	
30	30	3 448	3 492	3 513	3 524	3 480	3 459	3 448	

7 注意事项

7.1 由于涉及高空、吊装作业,在单梁试验过程中应遵守相关安全操作规定,随时关注试验梁加载装置、反力装置的安全性,以防梁体倾覆、侧翻。

7.2 试验梁就位前,应符合现场加载方式的需要。

7.3 所有仪器仪表在测试时,应避免受外界干扰。

7.4 试验环境应选择在温度变化不大的时间范围内进行测试,应尽量缩短测试时间。

第二部分　隧道检验

地质雷达法隧道支护(衬砌)背后的空洞及衬砌厚度检测方法

(参照 JTG F60—2009 执行)

1 目的与适用范围

1.1 本方法适用于隧道断面空洞及厚度检测。

1.2 隧道断面空洞及厚度检测的目的是检测隧道施工质量,判定隧道施工质量是否合格,为消除安全及质量隐患提供依据,从而保证隧道安全施工和后期正常运营。

2 主要检测设备

探地地质雷达主机、天线(图 JTG F60-1)。

图 JTG F60-1 探地地质雷达

3 试验准备

3.1 天线选择。

根据隧道混凝土厚度及检测要求选择天线,厚度越大,天线频率越低(天线频率越高,有效测试厚度越小)。

3.2 检测参数选择。

3.2.1 行走速度控制在 5km/h 左右。

3.2.2　每道包括512个时间采样点。

3.2.3　900MHz天线的窗口，记录时长为10ns。

3.2.4　根据现场情况采用多点分段增益，由浅至深线性增益。

3.2.5　采用连续检测方式。

衬砌厚度与空洞检测原理示意，如图JTG F60-2所示。

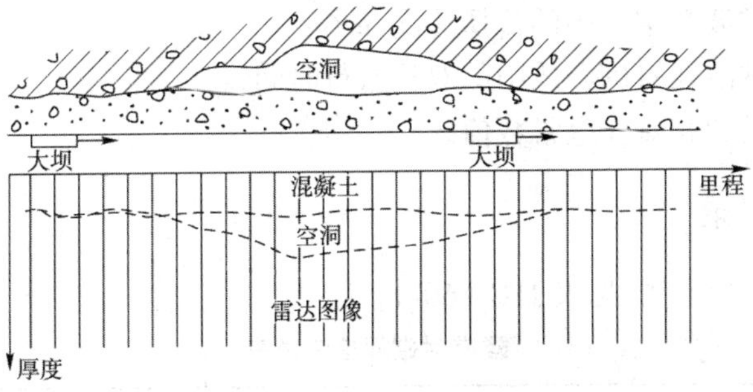

图JTG F60-2　衬砌厚度与空洞检测原理示意图

4　试验步骤

4.1　拱顶、左右拱腰及左右边墙共5条测线，有要求时可在仰拱布置测线，测线沿隧道轴向布置。

4.2　测试前，根据已知的衬砌厚度对混凝土介电常数进行标定。

4.3　对测线以及测线上的距离进行标记，使雷达记录里的标记与场地标记一致。

4.4　对现场可能产生反射干扰的地物及时如实记录，注明性质，与测线的距离、位置关系等。

4.5　连接主机、电缆和天线并开启主机准备采集数据。

4.6　打开电源，进入所需参数主界面。

4.7　输入文件名、参数，选择运行键，开始测量并记录。

4.8　用人工托举或机械设备将雷达天线紧贴隧道衬砌面移动天线，及时保存采集数据。

4.9　按下结束键结束测试点，保存文件并退出，测试结束。

4.10　拆除信号线，拆除天线、支架。

4.11　采用专业软件对雷达检测数据进行处理，判定隧道空洞及混凝土厚度情况。

5 试验要求与计算

按下式确定隧道混凝土的厚度。

$$D=\frac{C\cdot\Delta t}{2\sqrt{\varepsilon_r}} \quad \text{(JTG F60-1)}$$

式中:C——电磁波在空气中的传播速度,m/s;

Δt——电磁波在衬砌介质中的双程旅行时间,s;

ε_r——介质的相对介电常数值。

6 试验记录

隧道厚度记录示例,见表 JTG F60-1。

隧道衬砌厚度汇总表 表 JTG F60-1

里程桩号	设计厚度(cm)	实测厚度(cm)				
		拱顶	左拱腰	右拱腰	左边墙	右边墙
ZK9 +300	60	65	63	60	64	66
ZK9 +305	60	64	62	63	62	63
ZK9 +310	60	63	61	64	63	64
ZK9 +315	60	64	64	65	65	63
ZK9 +320	60	64	65	63	66	64
实测平均厚度		64	63	63	64	64
实测最小厚度(cm)		63	61	60	62	63
设计厚度(cm)		60	60	60	60	60
0.5×设计厚度(cm)		30	30	30	30	30
统计点数		5	5	5	5	5
合格点数		5	5	5	5	5
单点合格率(%)		100	100	100	100	100

7 试验规程及评定依据

7.1 《公路隧道施工技术规范》(JTG F60—2009)。

7.2　《公路工程质量检验评定标准　第一册　土建工程》(JTG F80/1—2004)。

7.3　《铁路隧道衬砌质量无损检测规程》(TB 10223—2004)。

7.4　相关施工技术及设计资料。

8　注意事项

8.1　密切注意雷达图像的变化,对图像异常段做好记录,必要时进行复检。

8.2　控制天线耦合情况,保证天线密贴检测面,减少晃动。

8.3　检测过程中,需要密切注意周围环境,对有可能影响雷达检测的外部因素进行详细记录,以便在资料处理时有目的地排除外部影响,降低误判几率。

隧道周边位移检测方法(参照 JTG F60—2009 执行)

1 目的与适用范围

1.1 本方法适用于隧道周边位移检测。

1.2 隧道周边位移检测的目的是直观反映隧道围岩与支护结构的稳定性,为隧道支护结构稳定性分析提供依据,为二次衬砌浇筑选择最佳时机。

2 主要检测设备

SWJ-Ⅳ型数显收敛计(图 JTG F60-1)。

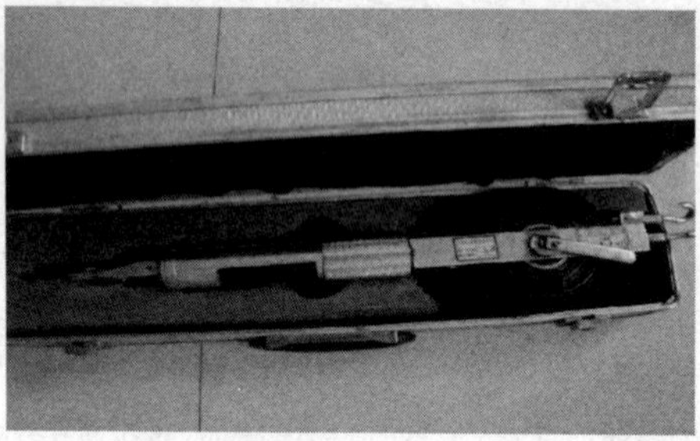

图 JTG F60-1　SWJ-Ⅳ型数显收敛计

3 试验准备

埋设测点:

3.1 在测点处用人工挖孔或凿岩机开挖试验孔,孔径 40 ~ 80mm,深 25cm。

3.2 在孔中填满水泥砂浆。

3.3 插入收敛预埋件,待砂浆凝固。

4 试验步骤(图 JTG F60-2)

4.1 检查预埋设点有无损坏、松动并将测点灰尘擦净。

4.2 打开收敛计钢尺摇把,拉出尺头挂钩放入测点孔内,将收敛计拉至另一端测点,并把尺架挂钩挂入测点孔内,选择合适的尺孔,将尺孔销插入,用尺卡将尺与联尺架固定。

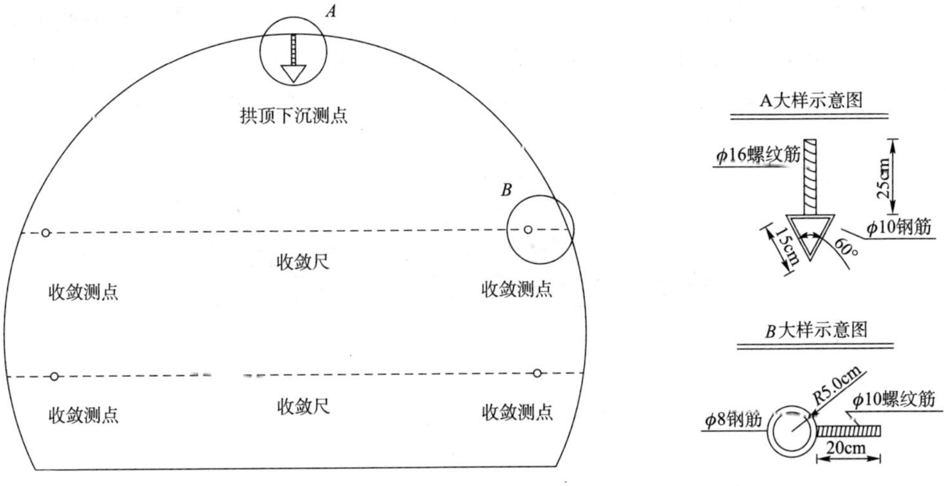

图 JTG F60-2　周边收敛测点、测线布置示意图

4.3　调整调节螺母，仔细观察，使塑料窗口上的刻线对在张力窗口标尺上的白线之间。

4.4　记下钢尺在联尺架端时的基线长度与数显读数。为提高量测精度，每条基线应重复测三次取平均值。当三次读数极差大于 0.5mm 时，应重新测试。

4.5　测试过程中，若数显读数已超过 25mm，则应将钢尺收拢（换尺孔）25mm 重新测试，两组平均值相减，即为两尺孔的实际间距，以消除钢尺冲孔距离不精确造成的误差。

4.6　一条基线测完后，应及时逆时针转动调节螺母，摘下收敛计，打开尺卡收拢钢带尺，为下一次使用做好准备。

4.7　量测频率，如表 JTG F60-1 所示。

隧道周边收敛量测频率　　表 JTG F60-1

位移速度（mm/d）	量测频率	位移速度（mm/d）	量测频率
≥5	2～3 次/d	0.2～0.5	1 次/3d
1～5	1 次/d	<0.2	1 次/（3～7）d
0.5～1	1 次/（2～3）d		

4.8　成果分析与反馈。

4.8.1　每次观测后，现场计算位移发展增量，出现异常情况（列出可能出现的异常情况，侧重于危险信号，并采取相应的措施），现场立即进行复测，排除人为误差后，即刻向相关单位及部门报告并预警。

4.8.2 测回数据交数据处理员输入计算机，进行位移增量、位移发展速率的计算，绘制位移—时间曲线（图 JTG F60-3）和位移发展速率—时间曲线（图 JTG F60-4），并应用函数拟合和灰色预测等方法进行位移发展短期、长期预测。

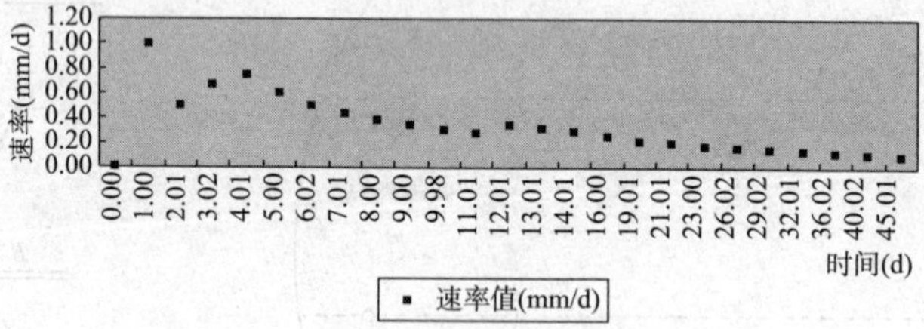

图 JTG F60-3 位移—时间曲线（示意）

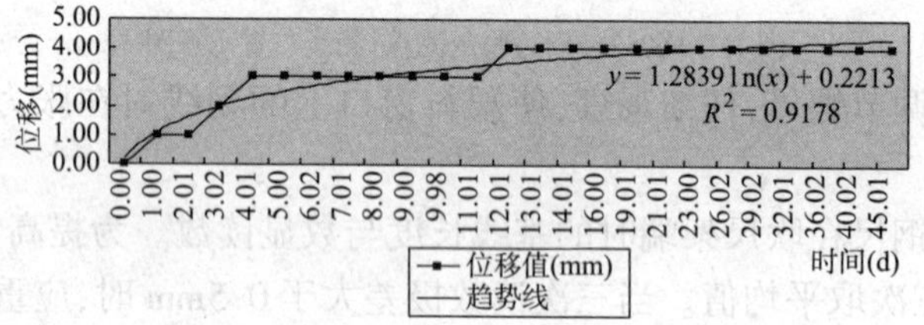

图 JTG F60-4 位移发展速率—时间曲线（示意）

（1）根据位移速率判别围岩情况。

当周边位移速率小于 0.1～0.2mm/d、拱顶下沉速率小于 0.07～0.15mm/d 且累计位移达到最大允许位移值的 80% 时，则认为围岩处于基本稳定状态，是现场施作二次衬砌的最佳时机。

当周边位移或拱顶下沉速率大于 1.0mm/d 时，表明位移不稳定，应加强观测。

当周边位移或拱顶下沉速率大于 5.0mm/d 时，应报警，进行加固。

（2）根据位移时态曲线的形态判别围岩情况。

当位移速率不断下降时（$d^2u/dt^2<0$），表示趋于稳定状态。

当位移速率保持不变时（$d^2u/dt^2=0$），表示不稳定，应考虑加强措施。

当位移速率不断上升时（$d^2u/dt^2>0$），表示进入危险状态，应立即停止施工，须加固。

位移—时态曲线示意，如图 JTG F60-5 所示。

4.8.3 根据分析结果，判断隧道变形管理等级（表 JTG F60-2），其中隧道允许变形量（表 JTG F60-3），出现非正常情况，应及时向相关部门报告。

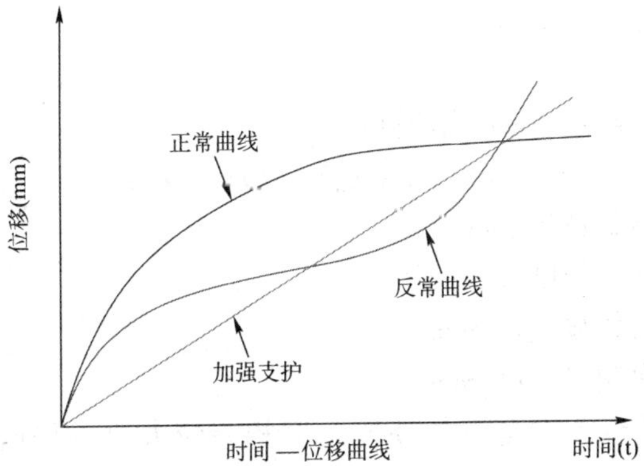

图 JTG F60-5　位移—时态曲线示意图

监测管理等级　　表 JTG F60-2

管理等级	管理位移	施工状态
Ⅲ	$U_0 < (U_t/3)$	可正常施工
Ⅱ	$(U_t/3) < U_0 < (2U_t/3)$	应加强监测
Ⅰ	$U_0 > (2U_t/3)$	预警、应采取特殊措施

注：U_0 为实测值，U_t 为最大允许值。

隧道周边允许位移相对值(%)　　表 JTG F60-3

围岩级别	覆盖层厚度(m)		
	<50	50~300	>300
Ⅲ	0.10~0.30	0.20~0.50	0.40~1.20
Ⅳ	0.15~0.50	0.40~1.20	0.80~2.00
Ⅴ	0.20~0.80	0.60~1.60	1.00~3.00

注：1. 周边位移相对值系指两测点间实测位移累计值与两测点间距离之比。两测点间位移值也称收敛值。

2. 脆性围岩取表中较小值，塑性围岩取表中较大值。

3. 本表适用于高跨比 0.8~1.2 的下列地下工程：Ⅲ级围岩跨度不大于 20m；Ⅳ级围岩跨度不大于 15m；Ⅴ级围岩跨度不大于 10m。

4. Ⅲ、Ⅳ、Ⅴ级围岩中在表注 3 范围之外的地下工程应根据实测数据的综合分析或工程类比方法确定允许值。

5. 本表所列数值可在施工中通过实测和资料积累作适当修正。

5 试验计算

基线两点间收敛值 S 按下式计算：

$$S = (D_0 + L_0) - (D_n + L_n) \qquad \text{(JTG F60-1)}$$

式中：D_0——首次数显读数，mm；

L_0——首次钢尺长度，mm；

D_n——第 n 次数显读数，mm；

L_n——第 n 次钢尺长度，mm。

如第 n 次测量与首次量测的环境温度相差较大时，要进行温度修正。公式如下：

$$L_n' = L_n - a(T_n - T_0) \cdot L_n \qquad \text{(JTG F60-2)}$$

式中：L_n'——温度修正后钢带尺长度，mm；

a——钢带尺线膨胀系数，取 $a = 12 \times 10^{-5}$℃；

T_n——第 n 次观测时的环境温度，℃；

T_0——首次观测时的环境温度，℃。

钢尺温度修正后收敛值 S' 按下式计算：

$$S' = (D_0 + L_0) - (D_n + L'_n) \qquad \text{(JTG F60-3)}$$

基线缩短，S 或 S' 为正值，反之为负。

6 试验记录

隧道周边收敛测量记录示例，见表 JTG F60-4。

7 试验规程及评定依据

7.1 《公路隧道施工技术规范》(JTG F60—2009)。

7.2 《公路隧道设计规范》(JTG D70—2004)。

7.3 《公路工程质量检验评定标准 第一册 土建工程》(JTG F80/1—2004)。

8 注意事项

8.1 调节螺母逆时针转动最大范围，注意不得露出螺纹。

8.2 数显电路本身具有自动断电功能，以提高电池使用寿命。当显示值固定不变 7min 后，显示屏自动断电。转动调节螺母，数值自动出现。

8.3 收敛计使用一段时间后应进行对零校正，检验数显读数是否为零值，如

隧道周边位移量测记录表

表 JTG F60-4

第　页　共　页

QJ1101

实验室名称：

记录编号：ZY05-006-2014-06

工程部位/用途	初支净空收敛	委托/任务编号	—
试验依据	JTG F60—2009、JTG/T D70—2010	样品编号	—
样品描述	—	样品名称	—
试验条件	温度：20°C	试验日期	2015-4-10
主要仪器设备及编号	JSS30A3110964		

检测位置	测线	初始观测			上次观测		本次观测								本次收敛	累计收敛	
		初始值	温度	观测时间	观测值	观测时间	钢尺读数	表盘读数				温度	温度修正系数	温度修正值	测值		
								1	2	3	平均值						
K5+550	1—1	15 275.44	20°C	4月8日	15 275.32	4月9日	15.275	0.25	0.29	0.21	0.25	20°C	—	—	15 275.25	−0.07	−0.19
备注																	

试验：　　　　复核：　　　　日期：　　年　　月　　日

有偏差可进行“对零”。

8.4　收敛计量测完成后,应用棉纱擦除灰尘并应定期对钢尺擦涂机油,以防生锈。

8.5　使用过程中,应尽量避免泥水浸入收敛计及钢尺,并正确使用收敛计各转动部件,保证钢尺平直,不得扭曲。

8.6　测温用的水银温度计应使用分值为0.1℃的,不得用分值大于该值的其他温度计。

8.7　在瓦斯地段使用时,切记不得在井下更换电池。除本说明书规定的电池以外,不得采用其他型号电池代替。

8.8　当发现显示字符暗淡、不稳定或无显示时,应及时更换电池。收敛计长期不用时,应将电池取出。

8.9　更换钢尺方法是,先将钢尺摇把对面一侧的尺架板卸下,再将新钢尺套入尺心轴,并盖好尺架板。

隧道周边位移量测记录,如表 JTG F60-4 所示。

隧道断面尺寸检测方法
（参照 JTG F80/1—2004 执行）

1　目的与适用范围

1.1　本方法适用于隧道断面尺寸检测试验，以及初期支护、二次衬砌断面轮廓和厚度的检测。

1.2　隧道断面尺寸检测的目的是直观反映隧道即时的断面尺寸、实际开挖方量、超挖方量、欠挖方量。

2　主要检测设备

各类型激光断面仪（图 JTG F80/1-1）。

图 JTG F80/1-1　激光断面仪

3　试验准备

3.1　准备所需仪器，包括检测主机、掌上电脑、数据处理软件。

3.2　采用经纬仪或全站仪按一定距离(通常初期支护为10m、二次衬砌为20m)确定隧道中线点及该点地面高程,同时在隧道边墙上放出对应横断面点。

4　试验步骤

4.1　将激光断面仪置于所需检测断面的隧道中线上,安装并调整好仪器,使仪器对中。

4.2　测取仪器高度并记录(仪器高为相对地面的高度)。

4.3　在软件界面中选择“测量断面”。

4.4　再选“等角测量”,输入所测量断面的桩号并设置好所量测断面的起始和终止测量角度和所需量测的点数等参数。

4.5　最后选“测量”,隧道激光断面仪软件控制测头自动完成断面的测量并将角度及斜距等参数保存在文件中,在现场可以看到所测的断面轮廓线。

激光断面仪测量原理,见图 JTG F80/1-2;现场显示超欠挖值,见图 JTG F80/1-3。

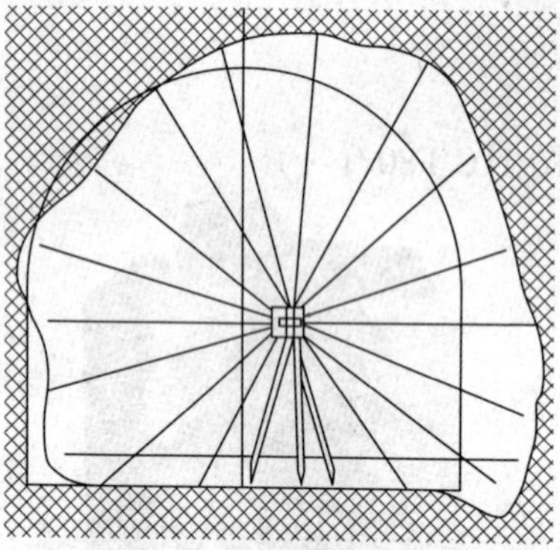

图 JTG F80/1-2　激光断面仪测量原理

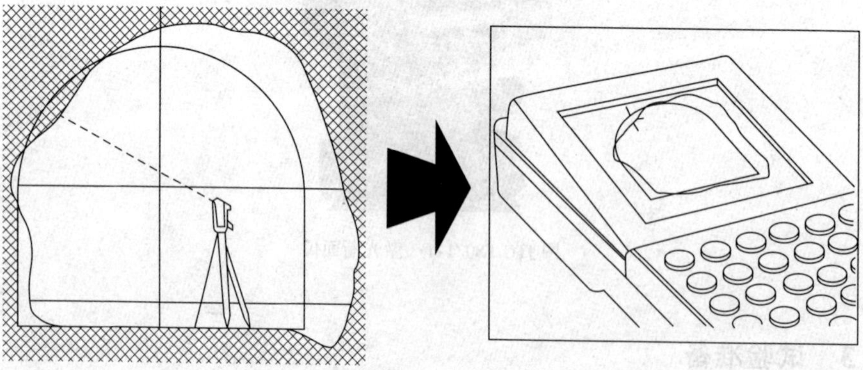

图 JTG F80/1-3　现场显示超欠挖值

5　试验计算

5.1　检测完毕后，将测量数据传输至计算机，对数据进行处理。

5.2　打开标准断面曲线，将测量的断面曲线导入到标准断面中。

5.3　编辑导入的曲线，量测时仪器在隧道的中线上，所以 x 坐标值为零，z 值为仪器高（此处是相对路面高程），利用隧道现场量测时的地面高程 H_1、隧道该点的路面设计高程 H_2 和在现场所量测到的仪器高程计算出 Z_1 值：$Z_1 = Z + (H_2 - H_1)$，并输入此值，然后输入量测的相关信息，即完成当前断面的编辑。

根据表中的标准曲线和实测曲线，判断隧道断面是否侵入衬砌限界，在哪些部位存在侵界，同时也能判断出隧道的净宽净高。

激光断面仪输出的图形成果，见图 JTG F80/1-4。

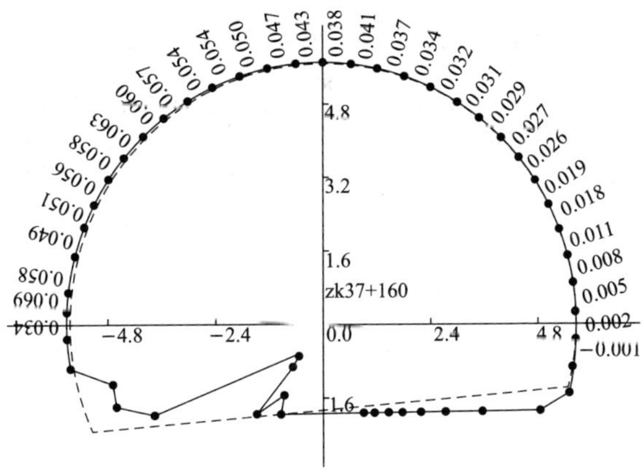

标准面积：55.02m²　　超挖面积：0.62m²　　最大超挖：0.069m
测量面积：55.64m²　　欠挖面积：0.00m²　　最大欠挖：0.001m
线性超挖平均值：0.038m

测量时间：2009年10月27日　　测量人：×××
测量单位：×××
工程名称：×××

打印比例：1∶100.00　　签发　　签收

图 JTG F80/1-4　激光断面仪输出的图形成果

6 试验记录

隧道断面尺寸试验检测记录表,见表 JTG F80/1-1。

隧道断面尺寸试验检测记录表 表 JTG F80/1-1

<table>
<tr><td>工程部位/用途</td><td colspan="2">初支断面尺寸</td><td>委托/任务编号</td><td colspan="2">—</td></tr>
<tr><td>试验依据</td><td colspan="2">JTG F60—2009、
JTG/T D70—2010</td><td>样品编号</td><td colspan="2">—</td></tr>
<tr><td>样品描述</td><td colspan="2">—</td><td>样品名称</td><td colspan="2">—</td></tr>
<tr><td>试验条件</td><td colspan="2">温度:20°C</td><td>试验日期</td><td colspan="2">2015-4-10</td></tr>
<tr><td>主要仪器设备及编号</td><td colspan="5">BJSD-3 3113581</td></tr>
<tr><td>隧道名称及线位</td><td colspan="2">城关隧道 左线</td><td>标准断面面积(m²)</td><td colspan="2">74.818 8</td></tr>
<tr><td rowspan="2">桩号</td><td colspan="3">隧道断面检测数据</td><td rowspan="2">最大超
挖面积
(m²)</td><td rowspan="2">最大欠
挖面积
(m²)</td></tr>
<tr><td>实测断面面积
(m²)</td><td>超挖面积
(m²)</td><td>欠挖
(m²)</td></tr>
<tr><td>K5 +650</td><td>80.702</td><td>6.943 87</td><td>0.610 72</td><td>0.752 587</td><td>0.361 067</td></tr>
<tr><td>K5 +660</td><td>80.749</td><td>5.930 18</td><td>0</td><td>0.229 257</td><td>0</td></tr>
<tr><td>K5 +670</td><td>69.006 7</td><td>0</td><td>5.812 11</td><td>0</td><td>0.587 415</td></tr>
<tr><td></td><td></td><td></td><td></td><td></td><td></td></tr>
<tr><td></td><td></td><td></td><td></td><td></td><td></td></tr>
<tr><td>备注</td><td colspan="5"></td></tr>
</table>

试验: 复核: 日期: 年 月 日

7 试验规程及评定依据

7.1 《公路隧道施工技术规范》(JTG F60—2009)。

7.2 《公路隧道设计规范》(JTG D70—2004)。

7.3 《公路工程质量检验评定标准 第一册 土建工程》(JTG F80/1—2004)。

8 注意事项

8.1 仪器使用时要轻拿轻放,避免磕碰导致仪器的损坏。

8.2　保持激光测距镜头的清洁，保证测量数据的准确。必要时可用擦镜纸轻轻擦拭，不可使用一张擦镜纸反复多次擦拭镜头，严禁使用化学试剂擦拭。

8.3　冬季，未贯通的隧道湿度较大，注意仪器本身的温度较低时会产生结露现象，导致无法测量。应在隧道中放置十分钟后，再打开仪器箱进行测量。

8.4　激光测距头的激光输出符合国际标准：IEC825-1 及 FDA21CFR，第 2 类，可见光，620 ~ 690nm，输出功率 < 1mW。

8.5　在进行仪器操作时，有些用户习惯使用红色油漆在地上标出标志点，当油漆未干或标志点上有泥水时，很容易测量不到，此时无法确立基准点，影响仪器的正常使用。在这种情况下，建议在零点标志位置覆盖一张白纸，可以消除这一问题，此时仪器就可以正常工作了。

隧道裂缝观测试验方法(参照 JTG H12—2003 执行)

1 目的与适用范围

1.1 为了尽可能在早期发现结构物破损情况、掌握土建结构基本技术状况、评定结构功能状态、更新技术档案资料,需要定时去对隧道进行全面检查。

1.2 本方法适用于公路山岭隧道,对于盾构隧道、沉管隧道等不同类型的隧道,可参照本规程执行。

2 主要检测设备

2.1 放大镜。

2.2 游标卡尺。

2.3 手持式裂缝宽度测量仪,如图 JTG H12-1。

2.4 智能型裂缝宽度测量仪,如图 JTG H12-2。

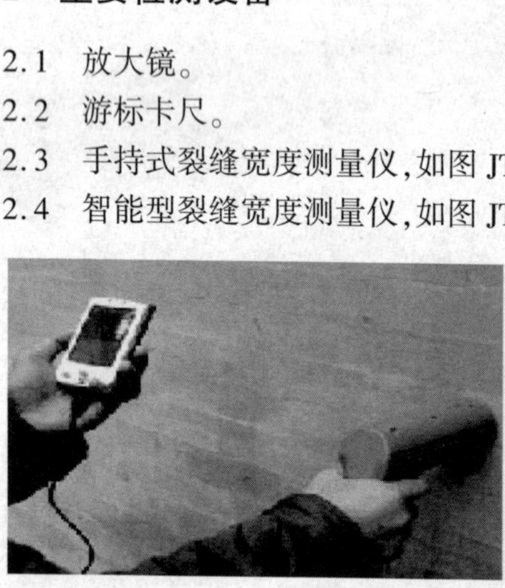

图 JTG H12-1 手持式裂缝宽度测量仪

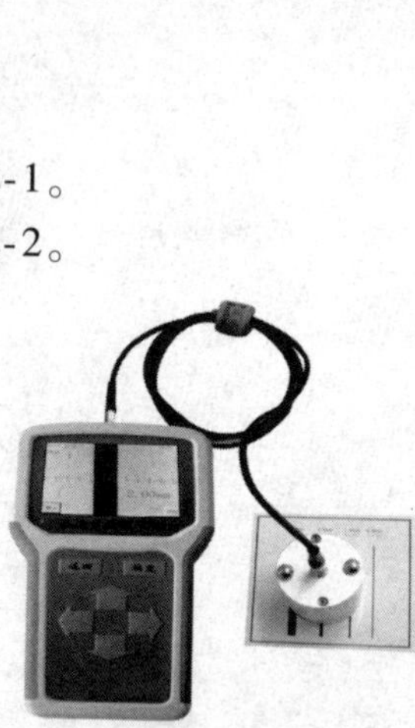

图 JTG H12-2 智能型裂缝宽度测量仪

3 方法与步骤

根据检查的要求不同,将裂缝检查分为简易检查和变形检查。裂缝简易检查有四种检查方法:砂浆扁饼法、标记法、裂缝测量仪法、标点法。

3.1 裂缝简易检查。

3.1.1 砂浆扁饼法:横跨裂缝涂以拌和砂浆(扁饼),观测裂缝有无新的发展

(由于震动等原因,砂浆扁饼可能掉落,因此不宜设置在隧道拱部)。

3.1.2　标记法:目测裂缝末端位置并标记,用油漆等标明检查日期。

3.1.3　裂缝测量仪法:利用手持式裂缝宽度测量仪,在隧道内测量裂缝宽度变化。

3.2　裂缝变形检测

主要针对裂缝的发展变化进行连续观测,可采用智能型裂缝宽度测量仪进行测量,由于季节的变化裂缝宽度会随着混凝土的热胀冷缩而变化,因此宜连续测量1年以上的时间,将检查结果按时间顺序记录整理,掌握裂缝发展速度及其规律等。

3.3　检查时间和周期

周期:1次/月 - 设置后3个月内;1次/3个月 -3个月后。

当确认裂缝处于变化中时,可根据其发展变化程度适当增加检查次数。

地震(4度以上震级)、暴雨后宜增加检查次数。

时间:1到2年(以后监视即可)。

4　试验记录

隧道裂缝观测试验记录示例见表JTG H12-1。

隧道裂缝观测试验记录表　　　　表JTG H12-1

隧道名称:(左洞/右洞)　　　　路线名称:

养护机构:　　　　检测依据:

检测日期	天气	项目名称	里程桩号	检查内容	外观描述及位置、走向	判定结论
2013.5.30	晴	昌泰高速黄金堡隧道1标段	K6 +390 ~ K6 +550	裂缝	无明显裂缝	良好
2013.6.25	晴	昌泰高速黄金堡隧道1标段	K6 +390 ~ K6 +550	裂缝	无明显裂缝	良好
2013.7.28	阴	昌泰高速黄金堡隧道1标段	K6 +390 ~ K6 +550	裂缝	无明显裂缝	良好
2013.8.18	晴	昌泰高速黄金堡隧道1标段	K6 +390 ~ K6 +550	裂缝	K6 +495处行车道旁有一横向扩展裂纹	后期需进行观察
示意图或照片						

5　试验规程及评定依据

5.1　《公路隧道养护技术规范》(JTG H12—2003)。

5.2　《公路隧道施工技术规范》(JTG F60—2009)。

锚杆拉拔力现场检测方法(参照 CECS 22：—2005 执行)

1　目的与适用范围

1.1　本方法适用于公路隧道锚杆拉拔力试验。

1.2　锚杆拉拔力试验的目的是判定隧道围岩的可锚性,评价锚杆、锚固剂、围岩锚固系统的性能和锚杆的锚固力。

2　主要检测设备

锚杆拉拔仪(图 CECS 22-1)(含中空千斤顶、手动油压泵、油压表。应根据设计锚固力大小进行仪器选择,设计拉拔力在拉拔仪量程的20% ~80%范围内,如锚杆设计锚固力为70kN,选量程为100kN 即可)。

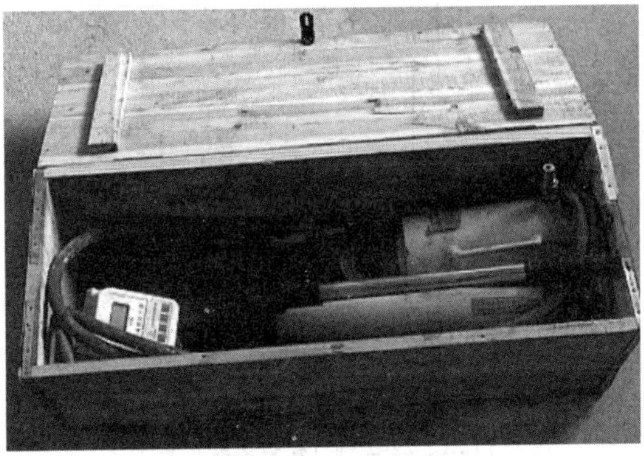

图 CECS 22-1　锚杆拉拔仪

3　试验准备

3.1　使用前,在具有一定资质的试验室对仪器进行标定。

3.2　测试前,现场加工一块铁(或钢)垫板,中间孔径不小于锚杆直径,一侧带有凹槽,凹槽长、宽及厚度稍大于锚杆垫板的相应尺寸。

3.3　仪器设备是否能正常工作、读数仪是否能正常显示读数。

3.4　试验锚杆数为总锚杆数的1%,且不少于3 根,随机抽样。

4 试验步骤

4.1 在待测锚杆端部安装千斤顶、锚具,拉拔仪应放置稳定,检测面的表面应该平整。

4.2 加载前先进行预加载,预加载值为设计拉拔力的10%。

4.3 锚固体与台座的混凝土强度均大于15MPa时(或龄期大于7d),方可进行拉拔试验。

4.4 边加压边观察压力值和变形量。如果压力值未达到设计值锚杆就发生破坏,或锚杆出现较大变形,锚杆抗拔力达不到设计值,记录此时拉拔力,测试结束。

4.5 若拉力达到设计值并稳定一段时间后,锚杆未出现大变形,读数示值稳定,记录此时拉力值,测试结束。

锚杆拉拔试验示意,见图CECS 22-2。

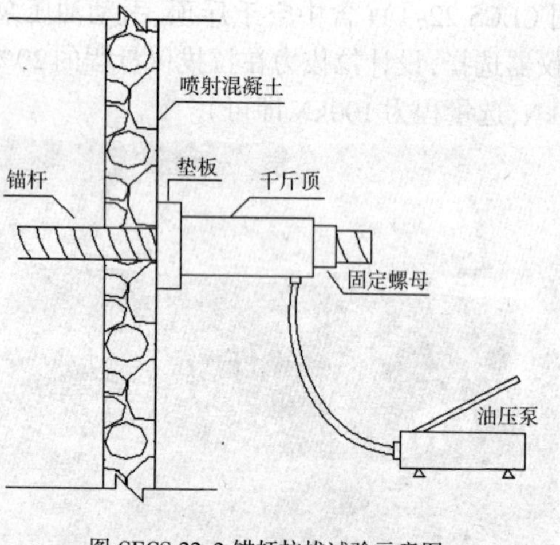

图 CECS 22-2 锚杆拉拔试验示意图

5 试验要求与计算

5.1 按下式确定锚杆质量是否合格。

$$P_{An} \geqslant P_A \qquad (CECS\ 22\text{-}1)$$

$$P_{Amin} \geqslant 0.9P_A \qquad (CECS\ 22\text{-}2)$$

式中:P_{An}——同批试件抗拔力平均值,kN;

P_A——设计抗拔力,kN;

P_{Amin}——同批试件抗拔力最小值,kN。

5.2　试验要求

5.2.1　试验锚杆数为总锚杆数的1%且不少于3根。

5.2.2　同组锚杆抗拔力的平均值应大于或等于设计值。

5.2.3　单根锚杆的抗拔力不得低于设计值的90%。

6　试验记录

锚杆拉拔力试验记录示例,见表CECS 22-1。

锚杆拉拔力试验记录表　　表CECS 22-1

序号	检测锚杆桩号(所处单元)	衬砌类型	设计锚固力(kN)	试验拉拔力(kN)	平均值(kN)	锚固质量评价
1	ZK12+224(左边墙)	S4b	≥50	52	53	合格
2	ZK12+229(右拱腰)	S4b	≥50	54		
3	ZK12+234(左边墙)	S4b	≥50	53		

7　试验规程及评定依据

7.1　《公路隧道施工技术规范》(JTG F60—2009)。

7.2　《公路工程质量检验评定标准　第一册　土建工程》(JTG F80/1—2004)。

8　注意事项

8.1　安装拉拔设备时,应使千斤顶与锚杆同心,避免偏心受拉。

8.2　加载应匀速,一般以每分钟10kN的速率增加。

8.3　如无特殊需要,可不做破坏性试验,拉拔到设计拉力即停止加载。

8.4　千斤顶应固定牢靠,锚杆拉拔时,拉拔装置下方两侧不得站人并有必要的安全保护措施。

第三部分　交通安全设施检验

道路交通反光膜高低温试验
（参照 GB/T 18833—2012 执行）

1 目的与适用范围

1.1 耐高低温性能试验的目的是测试道路交通反光膜在经历高温和低温试验后样品表面的变化情况。

1.2 适用于道路交通标志、轮廓标、交通锥、交通柱、防撞桶（垫）、路栏等交通管理和作业设施所用的反光膜。

2 主要检测设备

可程式恒温恒湿试验箱（图 GB/T 18833-1）。

图 GB/T 18833-1 可程式恒温恒湿试验箱

3 试验准备

3.1 随机抽取整卷反光膜试样。

3.2　从整卷反光膜试样中随机沿幅宽裁取 1m 反光膜，沿对角线从其左、中、右位置分别裁取三块 150mm × 150mm 反光膜试样。

3.3　试样制备后不得进行任何热处理和冷加工，在温度为 23℃ ±2℃，相对湿度 50% ±10% 的环境中放置 24h 以上。

4　试验步骤

4.1　试验环境要求。

试验一般宜在温度为 23℃ ±2℃、相对湿度 50% ±10% 的环境中进行。

4.2　道路交通反光膜耐高低温性能试验。

4.2.1　将试样放入可程式恒温恒湿试验箱内，开动冷源，使箱内温度逐渐降至 −40℃ ±3℃，并在该温度下保持 72h。

4.2.2　关闭电源，使试验箱自然升至室温。

4.2.3　再将试验箱升温至 70℃ ±3℃，并在该温度下保持 24h。

4.2.4　最后关闭电源，使试验箱自然冷却至室温。

4.2.5　取出试样，在标准测试条件下放置 2h。

4.2.6　在照度不少于 150lx 的环境中检查其表面的变化。

5　试验结果判定

高低温试验后，反光膜表面不应出现裂缝、软化、剥落、皱纹、起泡、翘曲或外观不均匀等损坏。

6　试验记录(图 GB/T 18833-1)

道路交通反光膜耐高低温性能试验原始记录表　表 GB/T 18833-1

检测项目	技术要求	检测结果		
		1	2	3
耐高低温性能	经高低温试验后，反光膜表面不应出现裂缝、软化、剥落、皱纹、起泡、翘曲或者外观不均匀等损坏	符合要求	符合要求	符合要求

7　试验规程及评定依据

《道路交通反光膜》(GB/T 18833—2012)。

8 注意事项

8.1 高低温试验箱要满足试验中的温度量程的要求,试验箱空间足够大,箱内温度均匀,温度变化率不大于1℃/min。

8.2 每次试验前要检查设备是否可以正常工作。

8.3 各样品分布摆放在试验箱内,各样品间不允许出现压边、接触等现象。

道路交通反光膜耐弯曲性能试验
(参照 GB/T 18833—2012 执行)

1　目的与适用范围

1.1　耐弯曲性能试验的目的是检验道路交通反光膜在试验环境中承受适度弯曲的能力。

1.2　适用于由道路交通标志、轮廓标、交通锥、交通柱、防撞桶(垫)、路栏等交通管理和作业设施所用的反光膜。

2　主要检测设备

2.1　反光膜耐弯曲性能测定器(图 GB/T 18833-1)。

图 GB/T 18833-1　反光膜耐弯曲性能测定器

2.2　滑石粉。

3　试验准备

3.1　随机抽取整卷反光膜试样。

3.2　从整卷反光膜试样中随机沿幅宽裁取 1m 反光膜,沿对角线从其左、中、右位置分别裁取三块 70mm×230mm 反光膜试样。

3.3　试样制备后不得进行任何热处理和冷加工，在温度为23℃ ±2℃，相对湿度50% ±10%的环境中放置24h以上。

4　试验步骤

4.1　试验环境要求。

试验一般宜在温度为23℃ ±2℃、相对湿度50% ±10%的环境中进行。

4.2　道路交通反光膜耐弯曲性能试验。

方法一：

4.2.1　在1s内，将试样防粘纸朝里，沿长度方向绕直径3.2mm圆棒进行对折弯曲，使试样的防粘纸面与圆棒外表面接触。

4.2.2　放开试样，在照度不少于150lx的环境中检查其表面的变化。

方法二：

4.2.3　撕去反光膜试样防粘纸，在黏结剂表面撒上适量的滑石粉。

4.2.4　在1s内，将试样黏结剂面朝里，沿长度方向绕圆棒进行对折弯曲，使试样的黏结剂面与圆棒外表面接触。

4.2.5　放开试样，在照度不少于150lx的环境中检查其表面的变化。

5　试验结果判定

反光膜表面不应出现裂缝、剥落或层间分离等损坏。

6　试验记录（表GB/T 18833-1）

道路交通反光膜耐弯曲性能试验原始记录表　　表GB/T 18833-1

检测项目	技 术 要 求	检 测 结 果		
		1	2	3
耐弯曲性能	反光膜应能承受适度弯曲，试验后表面不应出现裂缝、剥落或层间分离等损坏	符合要求	符合要求	符合要求

7　试验规程及评定依据

《道路交通反光膜》（GB/T 18833—2012）。

8　注意事项

8.1　方法二中，滑石粉均匀涂抹在反光膜黏结剂表面。

8.2　圆棒尺寸为3.20mm ±0.05mm。

镀锌层厚度试验方法
(参照 GB/T 4956—2003 执行)

1　目的与适用范围

1.1　波形梁钢护栏由波形梁板、立柱、端头、紧固件、防阻块等构件组成。

1.2　镀锌层厚度试验的目的是检测波形梁钢护栏金属构件采取表面镀锌防腐处理后的质量。

1.3　镀锌层厚度试验适用于波形梁钢护栏所有镀锌金属构件检测。

2　主要检测设备

涂层测厚仪(图 GB/T 4956-1)。

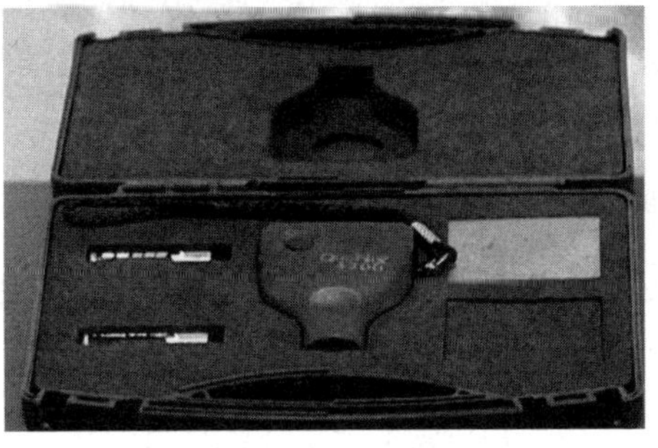

图 GB/T 4956-1　涂层测厚仪

3　试验准备

3.1　波形梁钢护栏板三件。

3.2　经镀锌防腐处理。

4　试验步骤

4.1　仪器核准。

4.1.1　打开涂层测厚仪开关,至显示稳定。

4.1.2　用给定的标准片,按规定程序对测厚仪调零、校准。

4.2　取样点分布。

在被测护栏板样品两端和中间选定3个截面,在截面的波峰、波谷及板侧平面部位,两面分别取一点。

4.3　测试。

在截面的波峰、波谷及板侧平面部位各测3个数据,共9个数据记录在原始记录表中,在同一样品另一面的波峰、波谷及板侧平面部位再各测3个数据,获得另外9个数据。

5　试验结果计算

取这18个数据的算数平均值作为测量结果。

$$\bar{t}=\frac{\sum^{n}t_i}{n} \quad (\text{GB/T 4956-1})$$

式中:$\bar{t}$——涂层厚度,μm;

t_i——每层涂层厚度,μm;

n——测试点数,$n=18$。

6　试验记录

镀锌层厚度试验原始记录,见表GB/T 4956-1。

镀锌层厚度试验原始记录　　　　表GB/T 4956-1

检测项目	试验次数/结果									—
镀锌层厚度(μm)	1	2	3	4	5	6	7	8	9	最低值
	101	106	112	103	106	117	102	100	104	100
	10	11	12	13	14	15	16	17	18	平均值
	105	101	113	114	118	105	107	101	112	107
备注	—									

7　试验规程及评定依据

7.1　试验规程:《磁性基体上非磁性覆盖层　覆盖层厚度测量　磁性法》(GB/T 4956—2003)。

7.2　评定依据:《公路波形梁钢护栏》(JT/T 281—2007)。

7.3　抽样依据:《公路交通安全设施质量检验抽样方法》(JT/T 495—2014)。

8　注意事项

8.1　测试涂层厚度前,把样品待测部位擦拭干净。

8.2　测量时,应避开镀层表面的滴溜、锌渣等凸起缺陷处。

8.3　防腐层如果是镀锌+喷(涂)塑双层防腐处理,需使用除塑溶剂乙酸异戊酯浸泡24h,除掉喷(涂)塑层,再测试镀锌层厚度,为了浸泡方便,按要求在波形梁板上面裁样。

8.4　设备标定合格,才可以用于试验。

8.5　仪器探头必须与被测物表面垂直接触。

抗拉强度与断后伸长率试验方法
(参照 GB/T 228.1—2010 执行)

1 目的与适用范围

1.1 波形梁钢护栏具有降低车辆和驾乘人员冲撞的能力,能起到有效的保护作用,降低事故造成的危害。抗拉强度试验是为了检测波形梁钢护栏的刚性性能,断后伸长率试验是为了检测波形梁钢护栏的柔韧性能。

1.2 本方法适用于波形梁钢护栏板、立柱和防阻块的抗拉强度及断后伸长率试验。

2 主要检测设备

电子拉力试验机(图 GB/T 228.1-1)。

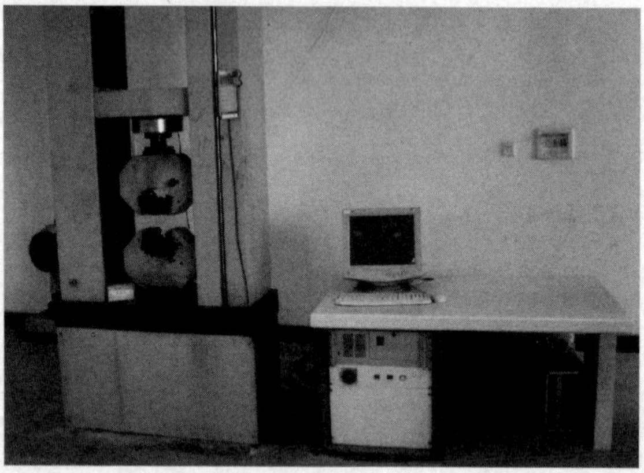

图 GB/T 228.1-1 电子拉力试验机

3 试验准备

3.1 准备样品。

波形梁钢护栏板纵向截取 20cm 哑铃型样品 3 个,见图 GB/T 228.1-2。

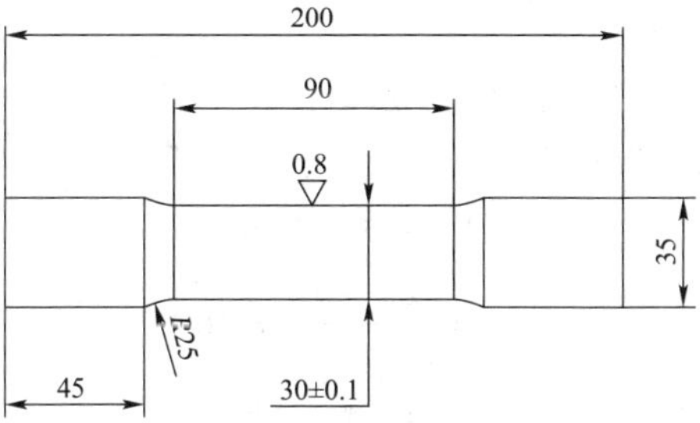

图 GB/T 228.1-2　哑铃型试样(尺寸单位:mm)

3.2　对样品进行打点,点与点之间的间距为 10mm,见图 GB/T 228.1-3。

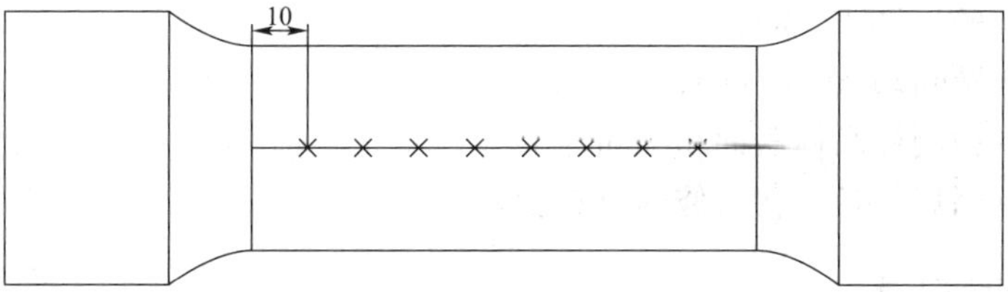

图 GB/T 228.1-3　试样打点(尺寸单位:mm)

4　试验步骤

4.1　试验环境要求:试验一般在室温(10 ~ 35℃)范围进行。

4.2　波形梁板抗拉强度试验。

4.2.1　开机,选择 USB 连接。

4.2.2　拉伸速度 20MPa/s。

4.2.3　将样品夹在拉力试验机夹头的夹持区域,样品顺直,见图 GB/T 228.1-4。

4.2.4　鼠标点击试验。

4.2.5　试验完毕,点击数据分析,并保存。

4.2.6　断后的两部分拼接量取 L。

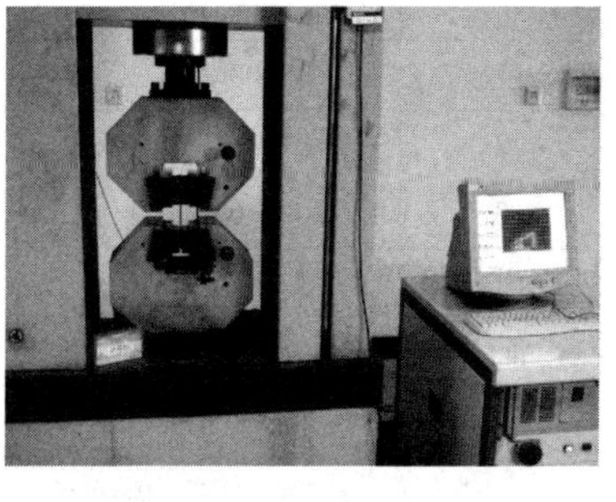

图 GB/T 228.1-4　将样品固定在试验机

5　试验结果计算

5.1　抗拉强度结果计算。

$$R_m = \frac{F_m}{S} = \frac{R_{m1} + R_{m2} + R_{m3}}{3} \qquad (GB/T\ 228.1\text{-}1)$$

式中:$R_m = R_{m(min)}$;

F_m——最大力值,kN;

S——横截面积，mm^2；

R_m——抗拉荷载，MPa，修约至1MPa。

5.2 断后伸长率结果计算。

$$L_0 = 5.65\sqrt{s_0} \qquad (GB/T\ 228.1\text{-}2)$$

$$g_U = \frac{L_U - L_0}{L_0} \times 100$$

$$g = \frac{g_1 + g_2 + g_3}{3} \qquad (GB/T\ 228.1\text{-}3)$$

式中：L_0——初始标距，mm；

L_U——断后标距，mm；

$L_U - L_0$——精确到±0.25mm；

s_0——被测样品横截面积，mm^2；

g——断后伸长率，%，修约至0.5%。

6 试验记录

6.1 抗拉强度试验原始记录，见表 GB/T 228.1-1。

抗拉强度试验原始记录 表 GB/T 228.1-1

试样编号	试样宽度 a_0(mm)	试样厚度 b_0(mm)	截面面积 S_0(mm^2)	最大力 F_m(kN)	抗拉强度 F_m/S_0(MPa)
1	30.08	4.14	124.53	55.39	445
2	31.16	4.09	127.44	58.71	461
3	30.76	4.12	126.73	56.23	444
算术平均值	—	—	—	—	450
备注					

6.2 断后伸长率原始记录，见表 GB/T 228.1-2。

断后伸长率原始记录 表 GB/T 228.1-2

试样编号	板厚 t(mm)	横截面积 S_0(mm^2)	初始标距 L_0(mm)	断后标距 L(mm)	断后伸长率 g(%)
1	4	120	60	78.25	30.5
2				81.00	35.0
3				80.00	33.5
算术平均值	—				33.0
备注	—				

7　试验规程及评定依据

7.1　试验规程:《金属材料　拉伸试验　第1部分:室温试验方法》(GB/T 228.1—2010)。

7.2　评定依据:《公路波形梁钢护栏》(JT/T 281—2007)。

8　注意事项

8.1　每次试验前检查设备正常工作,选择平推夹具。

8.2　试验过程中严禁站在试验机的正面,严禁触摸试件。

8.3　力学试验机准确度为1级或优于1级,量程大于等于200kN,可匀速控制。

8.4　初始标距修约至最接近5mm的倍数。

8.5　断后两部分试样,紧密地对接在一起,保证两部分的轴线位于同一直线,测试样品断后标距。

第十一分册　桥面铺装检测

桥面铺装防水粘结层直接拉伸试验方法
（参照 GB/T 528—2009 执行）

1　目的与适用范围

1.1　测量硫化橡胶、热塑橡胶、环氧树脂、树脂沥青材料在特定温度环境、加载速率下的拉伸应力应变性能，以评价材料的断裂强度以及伸长变形能力。

1.2　本试验方法适用于工业用硫化橡胶、热塑橡胶、高速公路防水黏结层、钢桥面铺装用环氧树脂、树脂沥青类的黏结料或胶结料。

2　主要检测设备

2.1　电子万能试验机：电机伺服微控设备，设备量程为 0 ~ 500N，竖向位移达 80cm 以上，加载速率 1 ~ 500mm/min。

2.2　保温箱：可调节温度变化的环境保温箱，控制温度在 －20℃ ~ 100℃ ±1℃。

2.3　裁刀和裁刀机：主要用于成型哑铃状试件。

2.4　其他设备：四氟乙烯板、游标卡尺、玻璃棒、秒表等。

3　试件尺寸介绍（图 GB/T 528-1）

哑铃状试样的详细尺寸大小，见表 GB/T 528 -1。

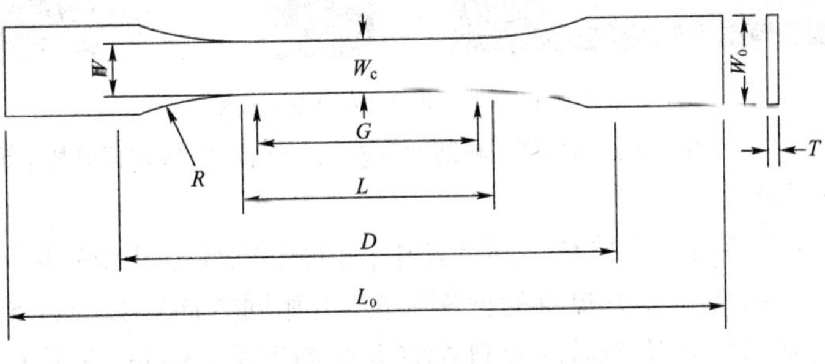

图 GB/T 528-1　哑铃状试样的形状

哑铃状试件的尺寸　　表 GB/T 528-1

项　　目	尺寸(mm)	项　　目	尺寸(mm)
狭窄区域的宽度 W	6 ±0.5	试验长度 G	50 ±0.25
狭窄区域的长度 L	57 ±0.5	夹具控制的距离 D	135 ±5
整体宽度 W_0	19 + 6.4	圆角半径 R	76 ±1
整体长度 L_0	183	试件试验长度的厚度 T	3.2 ±0.4

4　试样制备

4.1　直接成型法。

4.1.1　先将各组分盛放在不同纸杯中,且每个纸杯分开做好标记,各组分加热至要求温度。按照委托方提供的比例掺配,沿相同方向充分搅拌 5min,严禁随意变换搅拌方向。混合均匀后的胶料在室温中静置 2 ~5min,直至无气泡。如果胶料中气泡过多,可以参照委托方材料说明,适当加热胶料,达到加速消泡目的,但是严禁过度加热。出现胶凝现象的试样只能做废弃处理,绝对不能用于试验检测。

4.1.2　将搅拌均匀的试样浇入拉伸模具中。

4.1.3　参照厂家提供的材料养生工艺进行养生,通常环氧类材料标准养生工艺为 60℃下持续加热 16h。

4.1.4　试件养生结束后趁热脱模。

八字膜拉伸成型试模,见图 GB/T 528-2。

图 GB/T 528-2　八字膜拉伸成型试模

注:图 GB/T 528-2 中试模为钢试模,较前面聚四氟乙烯板试模,具有更利于拆卸的优点。

4.2　裁刀法。

4.2.1　先将各组分盛放在不同纸杯中,且每个纸杯分开做好标记,各组分加热至要求温度。按照委托方提供的比例掺配,沿相同方向充分搅拌 5min,严禁随意变换搅拌方向。混合均匀后的胶料在室温中静置 2 ~5min,直至无气泡。如果胶料中气泡过多,可以参照委托方材料说明,适当加热胶料,达到加速消泡目的,但是严禁过度加热,出现胶凝现象的试样只能做废弃处理,绝对不能用于试验检测。

4.2.2　将混合均匀的胶料浇入四氟乙烯板,板材加工中控制刻槽深度为3mm,浇膜过程中应浇满试模,试件厚度控制在3mm±0.5mm。

4.2.3　按厂家提供的材料养生条件进行养生,如需高温养生,待表面干燥后放入烘箱中养生。

4.2.4　取出试样,用裁刀制备哑铃状试件。

浇注的试样,见图GB/T 528-3;标准裁刀,见图GB/T 528-4;标准裁刀尺寸,见图GB/T 528-5。

图GB/T 528-3　浇注的试样

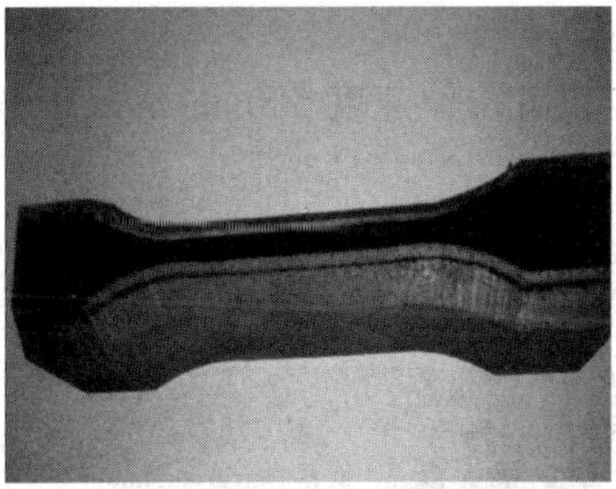

图GB/T 528-4　标准裁刀

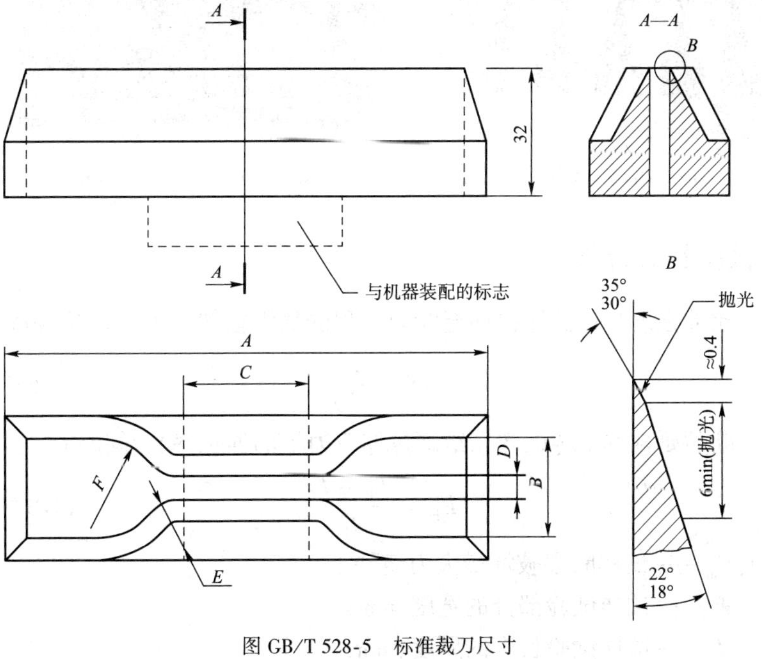

图GB/T 528-5　标准裁刀尺寸

5 试验步骤

5.1 观察试件在制备过程中有无破损、试验长度部位是否光滑、有无微裂缝。

5.2 测量试件的试验长度中间及两端厚度，并记录；3 点厚度测量值超过厚度中位数的 2%，视为不合格试样。

5.3 放入试验温度环境中不少于 30min（通常采用的试验温度为 -10℃、25℃或 70℃）。

5.4 将哑铃状试件对称固定在试验机的上、下夹持器上，使拉力均匀地分布在横截面上。

5.5 设置拉伸速度 500mm/min ± 50mm/min（当特殊要求时，应在报告中注明），开始试验。

5.6 试验结束读取数据，精确到 0.1cm。

拉伸试件，见图 GB/T 528-6，电子万能试验机，见图 GB/T 528-7。

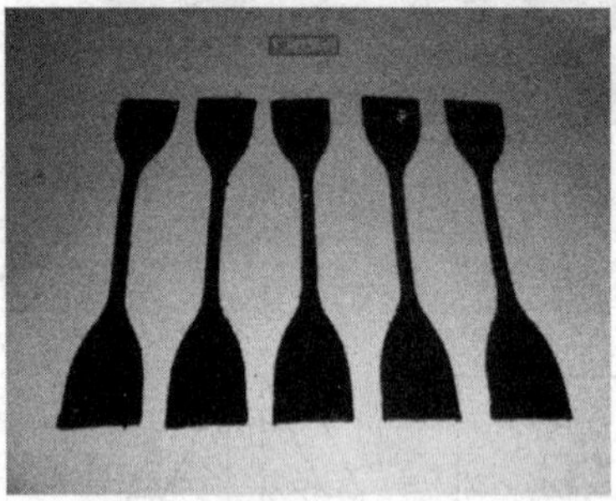

图 GB/T 528-6 拉伸试件

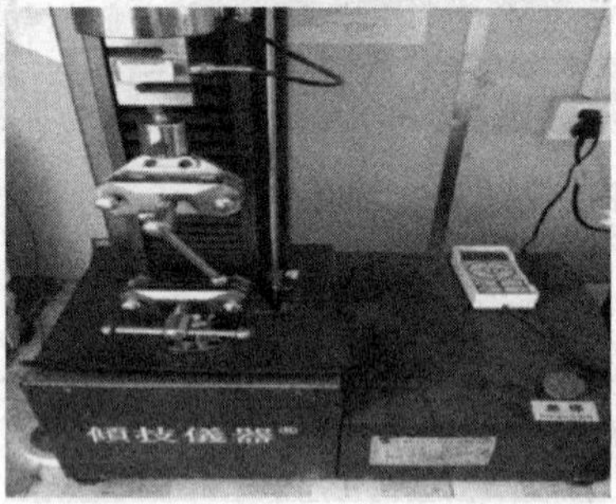

图 GB/T 528-7 电子万能试验机

6 试验结果计算

6.1 拉伸强度 TS（试样拉伸至断裂过程的最大拉伸应力），单位 MPa。

$$TS = \frac{F_m}{WT} \qquad (GB/T\ 528\text{-}1)$$

6.2 断裂延伸率 E_b（试样在给定拉伸应力下的伸长率），单位%。

$$E_b = \frac{L_b - L_0}{L_b} \qquad (GB/T\ 528\text{-}2)$$

上两式中：F_m——试样断裂破坏最大力值，N；

W——试样试验部分的宽度，mm；

T——试样试验长度的厚度，mm；

L_b——断裂时的试验长度,mm;

L_0——初始试验长度,mm。

7　试验记录

防水材料直接拉伸试验记录,见表 GB/T 528-2。

防水材料直接拉伸试验记录表　　　　表 GB/T 528-2

<table>
<tr><td colspan="2">样品名称</td><td colspan="2">环氧树脂防水粘结胶结料</td><td colspan="2">环境条件</td><td colspan="2">23℃,湿度 70%</td></tr>
<tr><td colspan="2">试验规程及方法</td><td colspan="2">GB/T 528—2009</td><td colspan="2">试验设备及编号</td><td colspan="2">万能试验拉伸机</td></tr>
<tr><td colspan="2">样品描述</td><td colspan="2">EBCL-1</td><td colspan="2">试验日期</td><td colspan="2">2014-10-5</td></tr>
<tr><td colspan="3">哑铃状八字膜宽度(mm)</td><td>40</td><td colspan="2">标准长度(mm)</td><td colspan="2">200</td></tr>
<tr><td>序号</td><td>试样厚度(mm)</td><td>最大破坏力(N)</td><td>断裂强度(MPa)</td><td>拉伸长度(mm)</td><td>延伸率(%)</td><td>平均断裂强度(MPa)</td><td>平均延伸率(%)</td></tr>
<tr><td>1</td><td>2.2</td><td>150</td><td>5.0</td><td>40</td><td>20.0</td><td rowspan="4">4.9</td><td rowspan="4">20.8</td></tr>
<tr><td>2</td><td>2.1</td><td>145</td><td>4.8</td><td>45</td><td>22.5</td></tr>
<tr><td>3</td><td>1.9</td><td>155</td><td>5.2</td><td>42</td><td>21.0</td></tr>
<tr><td>4</td><td>1.8</td><td>145</td><td>4.8</td><td>40</td><td>20.0</td></tr>
<tr><td>5</td><td>2.3</td><td>145</td><td>4.8</td><td>40</td><td>20.0</td><td rowspan="4">5.0</td><td rowspan="4">21.1</td></tr>
<tr><td>6</td><td>2.2</td><td>151</td><td>5.0</td><td>42</td><td>21.0</td></tr>
<tr><td>7</td><td>1.9</td><td>154</td><td>5.1</td><td>42</td><td>21.0</td></tr>
<tr><td>8</td><td>2.0</td><td>150</td><td>5.0</td><td>45</td><td>22.5</td></tr>
<tr><td colspan="8">备注</td></tr>
</table>

8　试验规程

《硫化橡胶或热塑性橡胶拉伸应力应变性能的测定》(GB/T 528—2009)。

9　注意事项

9.1　同一试样,每次平行试验不少于 3 个,若最大值或最小值与平均值之差不满足重复性精密度要求时,试验应重新进行。

9.2　重复性试验的允许差为平均值的 20%;复现性试验的允许差为平均值的 30%。

拉脱法漆膜附着力测定试验方法
（参照 GB/T 5210—2006 执行）

1　目的与适用范围

1.1　通过测定色漆、环氧树脂、环氧沥青等单涂层或多涂层体系与界面的粘接拉脱所需的最大拉力值，来评估涂层附着力断点所表现出的断裂面形式。

1.2　本试验对于比较不同涂层的附着力大小是等效的。

1.3　本试验方法适用于多种底材。易变形底材，如薄金属、塑料和木材；坚硬底材，如厚的混凝土板和金属板。

1.4　本试验方法适用于通过室内模拟对涂层进行试验评价，也可在现场直接或间接粘接黏剂的方式采取拉脱法附着力试验方法对涂层与底板的粘接能力进行评价，室内试验环境温度 23℃ ±2℃。

2　主要检测设备

2.1　试验底材：用于室内模拟试验对涂层进行评价的界面，底材表面清洁度、粗糙度尽量与涂层实际用于的界面相符。

2.2　附着力试验仪：包括附着力试验机、拉拔头、切刀。

2.3　打磨器：对底材表面进行磨光、清洁处理。

2.4　电子天平：最大量程 500g 以上，最小感量 0.1g 以下。

2.5　其他：黏剂、刷子、玻璃棒、秒表、容器、温度计等。

3　试验准备

3.1　材料准备

3.1.1　试验底材的准备：制作尺寸不小于 300mm × 300mm 试验板，试验板的材质、强度、清洁度与涂层粘接的界面情况相同。

3.1.2　准备拉拔头：除掉拉拔头黏结面上的氧化物和污物，并根据要求用一块干布或纸帕将打磨拉拔头产生的残留物清除。

注：为了提高拉拔头与涂层间的粘接力，可用酒精或丙酮擦洗涂层表面去除油污、湿气或灰

尘。注意：确保打磨、去油污、湿气或胶水本身不会改变涂层的特性。

3.1.3　涂层用量确定：根据涂层材料用量的大小或膜厚控制要求，以及试验板的尺寸大小计算涂层施涂用量。

3.1.4　涂层材料混合：涂层材料混合时需保证各组分具有良好的相容性，如各组分混合时有温度控制要求，可依据生产厂家提供的方法进行操作。

3.2　试件制备。

3.2.1　将试验板清洁后放置于水平的操作台。

3.2.2　用质地柔软的毛刷将试验板表面的灰尘清理干净（如试验板为钢材质材料，试验板尽量避免空气腐蚀表面产生锈点、锈斑，防止影响与涂层材料的粘接）。

3.2.3　将混合均匀的涂层材料按照纵横交替的方式涂布于试验板上，涂布时要求保证试验板中间部分以及四角的涂层均匀性，涂布时需避免试验板翘曲不平造成的涂层材料的流失。

注：环氧沥青类材料在施涂过程中容易出现涂布不均的现象，针对该类黏度大并且有涂布温度要求的材料，可将试验板放置烘箱中保温一段时间以减小涂层与试验板接触时涂层黏度的增加，达到人工涂布均匀的效果。

3.2.4　待涂层材料略微表面干燥固化后，将试验板放置规定的温度环境中进行养生，养生期间需保证环境的温湿达到涂层材料特性要求。

3.2.5　用黏剂将拉拔头逐个粘接到涂层上，粘接时轻轻转动拉拔头以便拉拔头表面的黏剂能够涂抹均匀；拉拔头与拉拔头之间需有一定的空间位置，拉拔头的分布也应具有代表性。

4　试验步骤

4.1　室内试验。

4.1.1　将养生形成强度的涂层试验板放置室内冷却至室温。

4.1.2　将随试验仪器配备的直径20mm的切刀安装在拉拔头上方，竖向垂直下压、旋转切刀，利用切刀锯齿将拉拔头四周的涂层材料产生的约束影响消除（此过程中要保证切刀与试验板垂直，防止倾斜对涂层造成扰动强度降低）。

4.1.3　连续按两次开机键，LCD显示屏显示“0.00”；选择拉拔头的尺寸（10mm、14mm、20mm和50mm）；并选择测量单位（Psi或MPa）。

附着力试验仪，见图GB/T 5210-1。

4.1.4　逆时针旋转，完全打开卸压阀。

4.1.5　双手相向按压拉拔器两端，将试验仪器泵内部的气体排净。

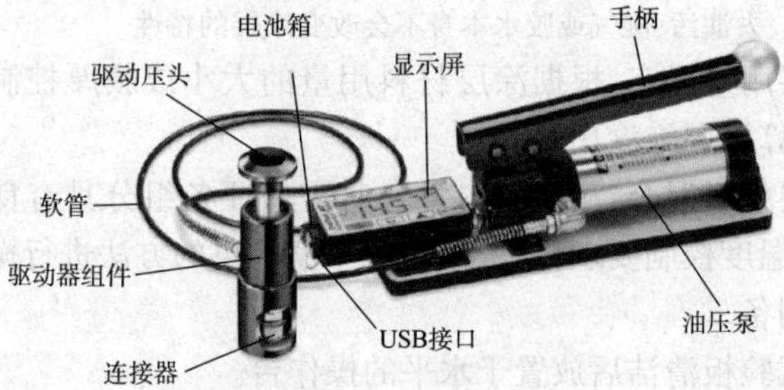

图 GB/T 5210-1　附着力试验仪

4.1.6　向上提起拉拔器一端的固定卡环,并将拉拔器安装在拉拔头上方,保持自由状态(试验过程中需注意拉拔器、拉拔头中心线在同一位置)。

4.1.7　顺时针旋转,完全关闭卸压阀。

卸压阀使用方法,见图 GB/T 5210-2。

图 GB/T 5210-2　卸压阀使用方法

4.1.8　按开机键调零。

4.1.9　固定试验仪器,将液压泵手柄移到垂直位置,然后以 1MPa/s 的速率上下循环按压,直到拉拔头与涂层分开。

4.1.10　记录涂层与试验板的粘接强度值,并详细记录试样破坏位置。

4.1.11　打开卸压阀,从拉拔器中取出拉拔头。

4.1.12　按上述步骤 4.1.5 将试验仪器泵内部的气体排净后,检查仪器设备完整,将仪器放入试验箱内。

4.2　现场试验。

4.2.1　结合现场涂层喷涂的实际情况,可将处理干净的拉拔头放置至涂层表面,同时也可采用黏结强度较高的黏剂将拉拔头固定在涂层表面。

4.2.2　如涂层属于沥青类材料,在使用切刀切除涂层约束影响时容易造成涂层的扰动破坏。此时,可采用锋利的刀片沿着拉拔头四周将拉拔头周围的涂层剪切分离开。

4.2.3　参照室内试验步骤 4.1.3 ~4.1.9 进行试验。

4.2.4　记录现场涂层材料界面的温度、粘接强度以及具体的破坏位置。

4.3　破坏类型。

4.3.1　涂层完全从试验板或界面剥落,说明涂层材料与试验板或界面粘接不良,或试验板或界面处理不净。

4.3.2　部分涂层从试验板或界面剥落,说明涂层材料的内聚力小于涂层与试验板或界面的粘接能力,通常以剥落的面积百分率作为破坏形式记录描述。

4.3.3　粘接拉拔头的粘接处破坏,说明涂层与试验板或界面的粘接强度大于试验数据结果。

4.4　使用量程。

仪器使用时,尽量根据涂层材料的类型选择相应的拉拔头尺寸,试验使用量程尽量不要超出仪器最大使用量程的 80%。

5　试验结果计算

针对不同涂层材料、温度的漆膜拉脱法附着力试验进行 6 个试样的试验,其中剔除试验中出现的最大值、最小值,剩余 4 个试样的试验结果平均值作为最终结果,并详细记录试验破坏的形式、试验温度以及试验所采用拉拔头的尺寸大小。

6　试验记录

漆膜附着力拉脱法测定试验记录,见表 GB/T 5210-1。

7　试验规程

《色漆和清漆　拉开法附着力试验》(GB/T 5210—2006)。

8　注意事项

8.1　试验值比预期低。

8.1.1　如果调零时液压泵系统内仍有压力,容易导致试验结果偏低。

8.1.2　涂层内部或涂层之间或涂层与底材之间有所缺陷,可能导致试验结果偏低,其他因素如拉脱率过高或压力阻塞,也可能导致拉脱值偏低。

8.1.3　选择的拉拔头尺寸可能比实际在程序选定的尺寸大,测试前一定要确认拉拔头尺寸是否正常。

8.2　粘接力超出仪器量程。

现场每 1 000m^2 应放置不少于 6 个拉拔头,对于随机拉拔头为 20mm 量程大于

3 000Psi(20MPa),可以购买其他尺寸选配拉拔头;对于 14mm 拉拔头,仪器的量程可以增加至 6 000Psi(40MPa);对于 10mm 拉拔头,量程可以增加至 10 000Psi(70MPa)。仪器上选择好拉拔头尺寸后,仪器自动进行计算和转换,提供真实的拉脱值。

漆膜附着力拉脱法测定试验记录表 表 GB/T 5210-1

<table>
<tr><td colspan="2">施工路段</td><td colspan="2">K181 +112</td><td colspan="2">环境条件</td><td>35℃,湿度 70%</td></tr>
<tr><td colspan="2">试验规程及方法</td><td colspan="2">GB/T 5210—2006</td><td colspan="2">试验设备及编号</td><td>漆膜附着力拉拔仪</td></tr>
<tr><td colspan="2">样品描述</td><td colspan="2">环氧富锌漆 - 1</td><td colspan="2">试验日期</td><td>2014-5-21</td></tr>
<tr><td>序号</td><td>试验温度(℃)</td><td>粘结强度(MPa)</td><td>最小值(MPa)</td><td>最大值(MPa)</td><td>平均值(MPa)</td><td>破坏形式描述</td></tr>
<tr><td>1</td><td rowspan="5">40</td><td>0.9</td><td rowspan="5">0.8</td><td rowspan="5">1.0</td><td rowspan="5">0.9</td><td>界面内部破坏</td></tr>
<tr><td>2</td><td>0.8</td><td>拉拔头表面脱落</td></tr>
<tr><td>3</td><td>0.8</td><td>钢板表面拉脱</td></tr>
<tr><td>4</td><td>0.9</td><td>界面内部破坏</td></tr>
<tr><td>5</td><td>1.0</td><td>钢板表面拉脱</td></tr>
<tr><td>6</td><td rowspan="5">40</td><td>0.9</td><td rowspan="5">0.8</td><td rowspan="5">1.1</td><td rowspan="5">0.9</td><td>钢板表面拉脱</td></tr>
<tr><td>7</td><td>0.8</td><td>界面内部破坏</td></tr>
<tr><td>8</td><td>0.8</td><td>界面内部破坏</td></tr>
<tr><td>9</td><td>0.9</td><td>拉拔头表面脱落</td></tr>
<tr><td>10</td><td>1.0</td><td>钢板表面拉脱</td></tr>
<tr><td colspan="7">备注</td></tr>
</table>

8.3 拉脱测试时黏结剂没有与拉拔头或涂层粘接

如果黏结剂出现问题,检查黏结剂的混合、表面处理和固化时间是否与厂家指导一致,如果黏结剂确实不适合该涂层,可以选择其他黏结剂,只要黏结剂不会改变涂层性质就可以,对黏结剂的唯一要求是其与涂层、拉拔头之间的粘接力大于涂层与底材之间的粘接力。

8.4 试验完后修补,胶粘剂的品种建议用 AB 胶,胶的涂抹应均匀,应薄不应厚,现场表面要清洁。

钢桥面板表面粗糙度测定试验方法
(参照 GB/T 13288.5—2009 执行)

1　目的与适用范围

1.1　本方法为给定的磨料喷射清理方法清理后钢材料表面粗糙度的现场测定法,适用于钢桥面板防水粘层施工前的钢板处理工序检验。现场测定时间应控制在除锈处理后4h内,测试时环境湿度不应大于85%。

1.2　本方法适用于给定规格(或厚度)的复制带测定相应范围内的粗糙度。目前商用的各规格复制带可测定的粗糙度范围是平均峰谷高度20~115μm。

2　主要检测设备

2.1　复制带(图 GB/T 13288.5-1)。

由一个正方形复制薄膜(边长约10mm)贴在背面带胶的纸带上。复制薄膜应置于纸带(尺寸约53mm×19mm)中间小孔(直径为10mm)上,纸带上印有复制带的规格、尺寸。

注:适用于测量表面粗糙度的复制带规格有20~50μm、33~85μm、40~115μm。

纸带的胶带背面避免了在测试过程中复制薄膜的移动,有利于样品标记和测试记录。

注:微孔塑料膜容易压缩,因此处理时应小心,尤其是在测量其厚度时。

2.2　测量仪(图 GB/T 13288.5-2)。

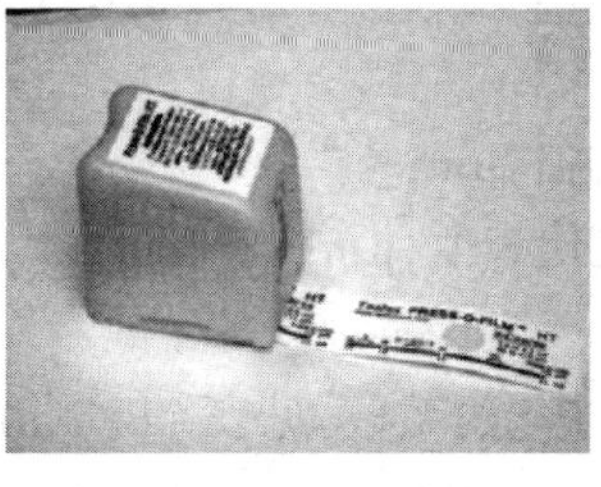

图 GB/T 13288.5-1　条状复制带

图 GB/T 13288.5-2　测量仪(1μm)

使用带有专门为复制带设计的弹簧,回复力1.5N,精度不低于±5μm。探头是圆形的,顶端直径6.3mm,底端直径相同或更大。

2.3　施压工具。

由顶端带有圆球(标称直径9mm)的铸塑棒制成,圆球用于将复制薄膜压紧在待测的样品表面。

3　试验步骤

3.1　选择待测表面的典型区域测定。

3.2　选择一种规格合适的复制带。

3.3　清洁测量仪的触针表面并调整零点到读数为-50μm(即不可压缩的聚酯片厚度)。经过最初的调整,随后所测的读数会自动地减去聚酯片的厚度。在测量仪使用之前,用已校准过厚度的并且可测量的薄片对仪器进行校验,如果校验结果超出产品说明的精度之外,仪器不应使用。

3.4　将一单片去除保护纸的复制带贴在喷射清理后的表面上,用施压工具在复制带中部的复制薄膜上施加稳定的压力,使其接触复制带中部的复制薄膜。随着表面被复制,复制薄膜逐渐变暗,直至整个圆形区域变为均一黑色。

3.5　从表面取下复制带,置于测量仪触针之间的中心位置。将测量仪触针轻轻放下,至复制薄膜上,测量其表面粗糙度。测量仪的读数是喷射清理后表面的平均最大峰谷距离。

3.6　测量编号应与相关部位一致。

3.7　将带有标注的复制薄膜附在试验报告里,记录相应测试结果。

4　试验结果计算

4.1　评价检测区域钢板表面粗糙度的代表值按式(GB/T 13288.5-1)计算。

$$R'_Z = \bar{R}_Z - \frac{t_a S}{\sqrt{N}} \qquad \text{(GB/T 13288.5-1)}$$

式中:$\bar{R}_Z$——检测区域钢材料表面粗糙度平均值,μm;

R'_Z——评价检测区域钢材料表面粗糙度代表值,μm;

S——检测区域面积,m^2;

t_a——t分布表中随自由度和保证率而变化的系数,见表GB/T 13288.5-1;

N——测点数。

$t_a/\sqrt{N}$ 的 值　　　　表 GB/T 13288.5-1

测点数 N	$t_a/\sqrt{N}$	测点数 N	$t_a/\sqrt{N}$	测点数 N	$t_a/\sqrt{N}$
2	4.465	7	0.734	12	0.518
3	1.686	8	0.670	13	0.494
4	1.177	9	0.620	14	0.473
5	0.953	10	0.580	15	0.455
6	0.823	11	0.546	16	0.438

注：测试中通常给定了由两个标准偏差（可信度最低为95%）组成的可信区间。5.4μm 的标准偏差表明由一位随机的测试者单独进行一次复制带测试，落在表面粗糙度标准偏差为10.8μm 的概率为95%。

4.2　精确度要求。

参照 GB/T 13288.5—2009 中对钢板表面粗糙度要求，每一区域钢板表面粗糙度测定结果以代表值作为试验结果，准确至1μm。

5　试验记录

代表施工质量水平的检测区域范围的钢板表面粗糙度代表值作为检测的最终试验结果，钢材表面粗糙度测定试验方法记录，见表 GB/T 13288.5-2 所示。

复制带法测定钢板表面粗糙度试验记录表　表 GB/T 13288.5-2

施工路段		K181+112～K182+112			环境条件				35℃，湿度70%		
试验规程及方法		GB/T 13288.5—2009			试验设备及编号				表面粗糙度测量仪		
样品描述		复制带1			试验日期				2013-9-5		
测点位置		检测区域			粗糙度（μm）						
桩号	横距（m）	长度（m）	宽度（m）	面积（m^2）	单点值				平均值	标准偏差	代表值
K181+112	35	1.5	2	3	87	88	67	72	79	49.4	77.7
					88	75	69	78			
					69	87	90	81			
					82	78	80	78			
K182+112	35	1.5	2	3	81	76	69	67	77	45.9	75.7
					82	85	70	78			
					91	74	79	69			
					80	82	80	69			
备注											

6 试验规程

《涂覆涂料前钢材表面处理　喷射清理后的钢材表面粗糙度特性　第5部分：表面粗糙度的测定方法　复制带法》(GB/T 13288.5—2009)。

7 注意事项

7.1　在测量仪使用之前，用已校准过厚度的并且可测量的薄片对仪器进行校验，如果校验结果超出产品说明的精度之外，仪器不应使用。

7.2　现场测定时间应控制在除锈处理后4h内，测试时环境湿度不应大于85%。

钢桥面环氧富锌漆干湿膜厚度测定试验方法
（参照 GB/T 13452.2—2008 执行）

1　目的与适用范围

1.1　本试验适用于一系列用于测量涂敷至底材上的涂层厚度的方法，包括测量湿膜厚度、干膜厚度及粗糙表面上的漆膜厚度的方法。

1.2　本试验运用的机械原理方法适用于所有漆膜—底材组合。在测试区域，底材至少在一个方向上应是平整的，允许在某个面上表面弯曲（如管道的内表面或外表面）。

2　主要检测设备

2.1　梳规（图 GB/T 13452.2-1）。

由耐腐蚀材料制成的平板，有一系列齿状物排列在其边缘。平板角落处的基准齿形成一条基线，沿着该基线排列的内齿与基准齿间形成了一个累进的间隙系列。每一个内齿用给定的间隙深度值标示出来。

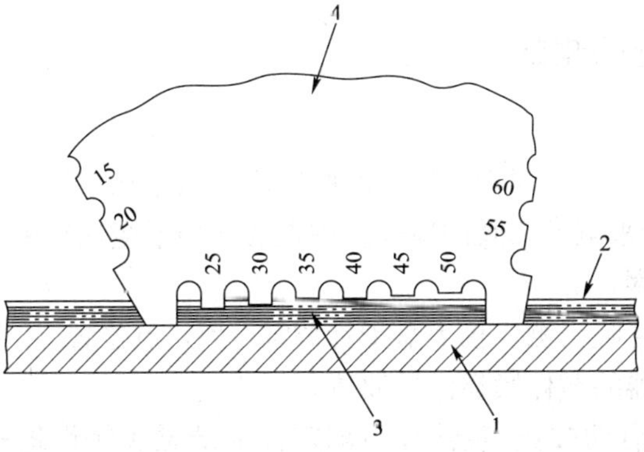

图 GB/T 13452.2-1　梳规示例

1-底材；2-涂层；3-湿接触点；4-梳规

市场上能够买到的梳规，其测得的最大厚度一般为 2 000μm，最小增量一般为 5μm。

2.2　磁性吸引测试仪(图 GB/T 13452.2-2)。

仪器含有磁体,根据磁体与底材间的吸引力来测定漆膜厚度。

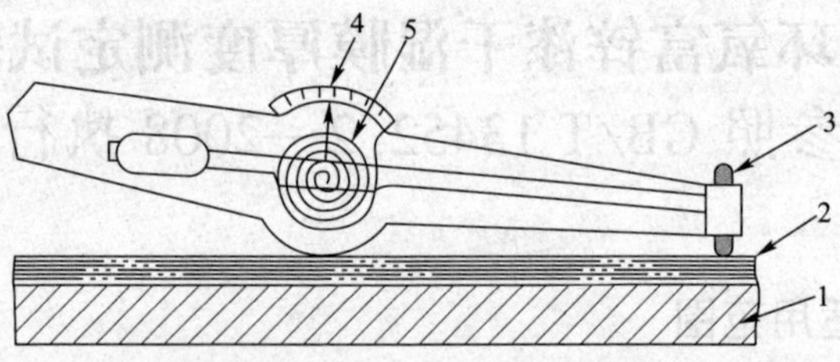

图 GB/T 13452.2-2　磁性吸引测试仪

1-底材;2-涂层;3-磁体;4-刻度盘;5-指针

3　湿膜厚度的测定

3.1　原理。

在所有机械测试方法中,测试仪器的一部分穿过涂层与底材表面接触,仪器的另一部分则同时与涂层表面接触,或者随后与涂层表面接触,湿膜厚度即为这两个接触点之间的高度差,该高度差能直接读出。

3.2　试验步骤。

3.2.1　确保齿状物干净、没有磨损或破坏。把梳规放在平整的试样表面,使齿状物与试样表面垂直。应有足够的时间使涂料润湿齿状物,然后取走梳规。

3.2.2　把被涂料润湿的内齿的最大间隙深度读数记录下来作为湿膜厚度。

4　干膜厚度的测定

4.1　原理。

根据磁场与底材的相互作用测定漆膜厚度。根据从涂层吸引磁体所需要的力或磁体磁场的改变来测定漆膜的厚度。磁性法适用于金属铁磁性的底材上涂层。

4.2　试验步骤。

4.2.1　将磁性吸引测定仪表盘指针调零至"G"点位置。

4.2.2　将仪器的磁体紧靠涂层放置。

4.2.3　点动启动按钮,磁性吸引测定仪前端磁头缓慢地被吸附于金属底材表面。

4.2.4　根据指针所指的位置读取表盘上的数据,即为涂层的干膜厚度。

5　试验结果计算

5.1　以检测区域多点湿膜、干膜厚度的平均值作为试验结果，取点测试应按照每1000m^2不少于6个点。

5.2　精确度要求。

每一区域涂料的湿膜、干膜厚度以多点测定值的平均值作为试验结果，湿膜厚度准确至5μm、干膜厚度准确至1μm。

6　试验记录

环氧富锌漆干湿膜厚度测定试验记录，见表GB/T 13452.2-1。

环氧富锌漆干湿膜厚度测定试验记录表　　表GB/T 13452.2-1

施工路段	K181+500～K183+500			环境条件	30℃，湿度70%		
试验规程及方法	GB/T 13452.2—2008			试验设备及编号	梳规		
样品描述	环氧富锌漆-1			试验日期	2014-2-11		
起止桩号	湿膜厚度(μm)				干膜厚度(μm)			
	单点值			平均值	单点值			平均值
K181+500～K182+500	120	118	119	119	112	110	107	109
	122	115	118		111	107	111	
	123	119	120		110	109	108	
K182+500～K183+500	118	125	120	121	114	112	109	112
	122	116	126		115	109	106	
	124	121	118		114	117	112	
备注								

7　试验规程

《色漆和清漆　漆膜厚度的测定》(GB/T 13452.2—2008)。

8　注意事项

8.1　湿膜厚度的测定。

8.1.1　如果试样的一个面弯曲，梳规应以与弯曲面的轴平行的位置放置。

8.1.2　厚度测量结果与测量的时间有关，因此应在涂料涂敷后，在涂膜表干前测量厚度。

8.2 干膜厚度的测定。

8.2.1 底材的几何形状(尺寸、曲率和厚度)。

8.2.2 底材的性能(如导磁性、导电性及由于任何前处理所产生的性能)。

8.2.3 底材的粗糙度。

8.2.4 其他磁场(底材的残余磁性和外部磁场)。